16	3	2	13
5	10	11	8
9	6	7	12
4	15	14	1

coleção TRANS

André Parente (org.)

IMAGEM-MÁQUINA

A era das tecnologias do virtual

Introdução de André Parente
Posfácio de Éric Alliez

editora 34

EDITORA 34

Editora 34 Ltda.
Rua Hungria, 592 Jardim Europa CEP 01455-000
São Paulo - SP Brasil Tel/Fax (11) 3816-6777 www.editora34.com.br

Edição conforme o Acordo Ortográfico da Língua Portuguesa.

Colaboração na organização do livro e na coordenação editorial:
Katia Maciel

Capa, projeto gráfico e editoração eletrônica:
Bracher & Malta Produção Gráfica

Revisão:
Claudia Moraes

1ª Edição - 1993, 2ª Edição - 1996, 3ª Edição - 1999 (3 Reimpressões),
4ª Edição - 2011

CIP - Brasil. Catalogação-na-Fonte
(Sindicato Nacional dos Editores de Livros, RJ, Brasil)

Parente, André, 1957-
P953i Imagem-máquina: a era das tecnologias do virtual / organização de André Parente; tradução de Rogério Luz *et al.* — Rio de Janeiro: Ed. 34, 1993.
304 p. (Coleção TRANS)

ISBN 978-85-85490-27-0

1. Informática - Aspectos sociais.
2. Inteligência artificial. 3. Ciência - Filosofia.
I. Título. II. Série.

CDD - 303.483

IMAGEM-MÁQUINA

A realização deste livro contou com o apoio de diversas pessoas e instituições as quais gostaríamos de agradecer. Em primeiro lugar, agradecemos aos autores dos textos, por nos terem enviado, tão gentil e desinteressadamente, seus preciosos artigos e ensaios.

Agradecemos à equipe de professores, pesquisadores e bolsistas do Programa Cultura e Tecnologia da Imagem — Rogério Luz, Henri Gervaiseau, Ivana Bentes, Luiz Fernando Perazzo, Alessandra Lariú, Daniel de Carvalho, Antonio de Castro Alves, Samuel Averbug, Rosângela Trolles, e em especial Katia Maciel, que participou do trabalho de organização —, pela colaboração valiosa no trabalho de tradução, revisão, leitura e discussão dos textos.

Agradecemos ainda a Claudio da Costa, Ana Lúcia Barbosa, Diana Domingues e Carlos Pernisa Jr.

Finalmente, mencionamos o apoio do CNPq, da Escola de Comunicação e do Centro de Filosofia e Ciências Humanas da UFRJ e do CETEX da UFRJ pela infraestrutura e serviços prestados.

André Parente

Introdução
OS PARADOXOS DA IMAGEM-MÁQUINA

André Parente

"Para que olhar para trás, no momento em que é preciso arrombar as portas do impossível. O tempo e o espaço morreram ontem. Vivemos já no absoluto, pois criamos a eterna velocidade onipresente."
F. T. Marinetti, *Manifesto futurista*

"O Jogador: 'Giramos com o sol. Não existe mais noite nem dia. Não existe mais tempo, de hoje em diante vivemos no puro instante.'
O Outro: 'Quer dizer que estamos mortos?'
O Jogador: 'Não, é o território, o planeta que está morto. Se não existe mais tempo, não existe mais espaço: só essa imagem. Tudo se tornou mapa para nós.'"
Raoul Ruiz, *Jeu de l'oie*

"Antes, o futuro era apenas a continuação do presente e avistavam-se transformações no horizonte. Mas agora o futuro e o presente se fundiram."
Andrei Tarkovski, *Stalker*

"Não mais representar o visível, mas tornar visível."
Paul Klee

Esta coletânea não é uma somatória. Ela quer registrar a emergência de questões e pensamentos sobre as novas tecnologias da imagem que pontuam nossa atualidade, no nível dos saberes artísticos e científicos. A diversidade de pontos de vista, por vezes antagônicos, na leitura deste recolho de ensaios — escritos por filósofos, físicos, matemáticos, semiólogos, sociólogos, artistas plásticos, videomakers, enfim, teóricos e especialistas de múltiplas disciplinas, algumas delas nascentes, como a infografia —, é esclarecedora: ela nos leva inevitavelmente a uma compreensão transdisciplinar do poder da imagem na modelização do mundo e do sujeito da contemporaneidade, numa dimensão indissociavelmente ontológica e prática.

Os textos presentes nesse livro foram agrupados em quatro módulos distintos: "Novas imagens, novos modelos"; "O virtual e a quarta dimensão da imagem"; "Mídia/pós-mídia"; "A arte e as tecnologias do virtual".

No primeiro módulo, são discutidas as mutações propiciadas pelas tecnologias avançadas da imagem, em particular aquelas nascidas com os processos de digitalização e modelização numérica. Ao analisar a evolução das técnicas de figuração, Edmond Couchot descreve o modo como a imagem numérica modificou os modelos de representação da imagem que se originaram com a perspectiva do *Quattrocento*. Já Rogério Luz se interroga sobre os efeitos das novas imagens, em função de uma visão crítica sobre suas relações com o real, na medida em que, para ele, ao contrário da grande maioria dos especialistas, as novas imagens são o sintoma de um determinado estado da cultura, e não sua causa. Derrick de Kerckhove faz uma espécie de genealogia do digital e questiona as reduções operadas em nosso pensamento pela lógica digital, que se originaram do encontro entre os condicionamentos cognitivos herdados da escrita fonética e do senso comum medieval e o desenvolvimento das máquinas eletrônicas, informatizadas. Se o futuro das novas tecnologias não está no digital, mas na lógica "analógica" das redes neurais, é porque o nosso espírito tende a pensar a realidade em termos de continuidade e não a partir de operações discretas. Para concluir, ele lança uma questão que nos lembra um dos principais temas da filosofia bergsoniana: se a tecnologia das redes neurais nos faz crer que a mente funciona seguindo uma lógica analógica, será que a lógica digital não corresponde à própria lógica da matéria? Gianfranco Bettetini e Julio Plaza abordam os efeitos das novas tecnologias sobre a compreensão do texto artístico e afirmam a necessidade de uma renovação da semiótica textual e das teorias da comunicação, se essas disciplinas quiserem continuar contribuindo para a análise dos textos tecnopoéticos.

O segundo módulo trata fundamentalmente da questão do virtual a partir de perspectivas múltiplas. Após a descrição das mutações técnicas provocadas nos modos de produção da imagem pela imagem de síntese, Philippe Quéau constata os perigos da realidade virtual — desmaterialização do real, perversão das nossas relações com o corpo, idealização, alienação, e esquizofrenização — e conclui: o virtual nos estimula a colocar de forma nova a questão do real. Arlindo Machado nos apresenta uma ideia bastante original, ao refletir sobre as anamorfoses cronotópicas, ou deformações resultantes da inscrição do tempo na imagem, que se torna virtual — sejam elas pictóricas, fotográficas, cinematográficas ou videográficas. No final, ele extrai consequências polêmicas ao afirmar que o cinema não produz senão uma ilusão do movimento, que dificulta a produção de anamorfoses cronotópicas. Segundo ele, as verdadeiras imagens-movimento são videográficas: "as imagens videográficas não são mais expressões de uma geometria, mas de uma geologia, ou seja, de uma inscrição do tempo no espaço". Jean-Louis Weissberg analisa as diversas modalidades da relação do real com a imagem virtual — apresentação do real pelo virtual, interpretação do real pelo virtual, prolongamento do real no virtual, ver o virtual por uma janela real, telepresença real no virtual —, e mostra que, antes mesmo de se tornar uma tecnologia visual, a imagem de síntese transforma radicalmente as condições de modelização dos objetos, dos fenômenos físicos e do mundo, contribuindo para uma renovação do estatuto da percepção. Para ele, as diversas experiências hoje em curso nos laboratórios, e em particular o programa de pesquisa denominado "realidades artificiais" da NASA, são como aplicações e explicitações de questões outrora lançadas pela fenomenologia de Husserl, Bergson e

Merleau-Ponty. Virilio, que sempre tratou da questão do virtual através dos processos de temporalização da imagem, desenvolve a ideia — central no seu livro *Máquina de visão* — de que as novas tecnologias da imagem provocam um processo de industrialização da percepção, ao mesmo tempo em que fazem do mundo uma grande tela tele-visual que obriga a transformação da geopolítica em cronopolítica. Para Serge Dentin a questão do virtual é prolixa, mas não é apenas uma palavra de ordem da ideologia comunicacional. Tanto no domínio da arte quanto no da ciência, o virtual é um conceito rico em definições: ao contrário do que se pensa, ele não remete a um para além do real, mas ao próprio real em suas estruturas e sistemas físicos. Faz-se portanto necessária uma genealogia do virtual, tendo em vista os diversos modelos físicos de "representação" do mundo, desde a física clássica até os sistemas da física e da ciência contemporânea (teorias do caos, estruturas dissipativas, redes neurais), passando pela física quântica e suas partículas virtuais.

No terceiro módulo, propõe-se, por um lado, uma abordagem da televisão a partir da sua configuração como máquina de guerra e, por outro lado, a ideia de que estaríamos entrando numa era pós-midiática devido a uma implosão do caráter dominante da mídia televisiva em função da multiplicação dos agenciamentos tecnológicos, que permitiriam uma reapropriação e uma desterritorialização da televisão. Em toda a sua obra, mas também no texto aqui apresentado, Baudrillard tem insistido que a simulação é uma das principais características da utilização das imagens na cultura contemporânea. No entanto, com a televisão, ao contrário dos outros meios de produção, a imagem se torna puramente virtual, já que ela é uma encenação da ficção como ficção, onde a imagem só remete a si própria. Segundo ele, a Revolução da Romênia e a Guerra do Golfo acentuaram a ideia de uma televisão que não produz mais propriamente imagens, mas sim um buraco negro onde o referente é aniquilado pela informação, uma caixa preta onde se opera a autorreferência mortífera que nos impede de colocar a questão da verdade e da realidade do acontecimento histórico. Laymert Garcia dos Santos e Stella Senra, através de textos que se complementam — assim como as emissões quase fictícias da Guerra do Golfo complementam as ficções tão realistas do filme *Max Headroom* —, tiram uma lição da utilização que hoje é atribuída às novas tecnologias da imagem: que a guerra consagrou a tecnologia da imagem como arma, ao mesmo tempo em que a televisão consagrou a guerra da informação como principal campo de batalha, onde os jornalistas tendem a se confundir com heróis de guerra (Max Headroom), e os militares nos dão aula de manipulação da informação (Guerra do Golfo). Por detrás de todas essas especulações entre as relações da imagem e da guerra encontramos sempre o pensamento de Virilio, o primeiro a mostrar que o cinema, a televisão e as demais máquinas de visão são no fundo uma grande máquina de guerra planetária. Quanto mais a sociedade avança tecnologicamente, mais ela se militariza, como se a máquina de visão fosse sempre e cada vez mais em sua perfeição o órgão aperfeiçoado da logística de batalhas imperceptíveis, atuais e por vir. Antonio Negri observa que as análises que se fazem hoje da mídia são frutos de um pessimismo e de uma impotência que se alimentam de uma ciência da comunicação que toma como base modelos manipulatórios pavlovianos, esvaziando a mídia de toda e qualquer dimensão ontológica e subjetiva, de forma análoga àquelas das análises da linguística estruturalista face aos fenômenos da linguagem e do discurso. Negri desmistifica a mídia enquanto mecanismo monstruoso de escravidão política inelutável, que faria do mundo uma solitária para zumbis prisioneiros. A atividade comunicacional, que é um espaço de luta entre outros para a transformação social, não tem outro limite senão a finitude de nossos desejos — o que nos parece uma resposta importante ao desencantamento de autores como Baudrillard e Virilio. O texto de Guattari é mais do que uma homenagem ao filósofo que, nesses últimos anos, tem se preocupado com as formas atuais de produção de subjetividade: é uma preciosa classificação dos *equipamentos coletivos de subjetivação* que estão na base dos processos de subjetivação das sociedades ocidentais contemporâneas com suas máquinas informacionais e computacionais.

No quarto e último módulo, trata-se de problematizar as novas tecnologias em suas relações com a produção artística. Mandelbrot, pai dos fractais, mostra que, ao lado da arte pela arte e da arte pelo comércio, a geometria fractal parece ter criado uma nova categoria de arte em inter-relação com a ciência. Frank Popper analisa, através de exposições, certas tendências artísticas que, dos anos 60 aos anos 80, promoveram uma interação da arte com a ciência e a tecnologia: *Luz e Movimento* (Paris, 1967), *Cinetismo, Espetáculo, Ambiente* (Grenoble, 1968), *Electra* (Paris, 1983), *Os Imateriais* (Paris, 1985), *Kunst und Technologie* (Bonn, 1984), *Ars Electronica* (Linz, 1979 à 1986), XLII Bienal de Veneza (1986), *As Máquinas Sentimentais* (Villeneuve-lès-Avignon, 1986), *Imaginário e Tecnologias* (Bagneaux, 1987), *Mecânicas do Imaginário* (Paris, 1987). A nova corrente de arte tecnocientífica representa uma ruptura com as experiências dos anos 60 e 70, em razão do fato de que a nova arte privilegia o processo em detrimento da obra acabada, mas também em função de um novo agenciamento entre a arte e a ciência, agenciamento propiciado pelas novas tecnologias da imagem, que provocam ao mesmo tempo um devir científico das modelizações artísticas e um devir artístico das modelizações científicas. Raymond Bellour, num texto belíssimo que articula a *tavoletta* de Brunelleschi às imagens de síntese, mostra que todo o problema da passagem *entre* imagens remete, em última instância, ao pensamento que faz do mundo uma imagem analogizável (representação) ou faz do mundo uma imagem que é pura alteridade (presentificação), para além da tecnologia empregada. Se a imagem é tida como verdadeira pela visão, é porque ela é analogizável pelo espírito (analogia mental). Se a imagem se libera da analogia é porque o que pensa nela, e por ela, é um puro interstício como sua possibilidade de se metamorfosear (passar entre). Jean-Paul Fargier e Nelson Brissac (que retoma a seu modo a ideia de um *entre* imagens) se interrogam sobre a forma como o vídeo leva a uma nova forma de pensar a passagem entre imagens, liberando as imagens de sua função especular, fazendo da realidade uma zona de indiscernibilidade: é na complexidade das passagens, em movimentos e tempos aberrantes, que rompem com a continuidade e a totalidade, que a imagem encontra hoje o seu lugar como o avesso do avesso. Katia Maciel problematiza o destino das imagens cinematográficas num mundo dominado pela produção do clichê, da não-visão e da não-imagem, assim como Lyotard problematiza o destino da arte e do nosso corpo num mundo dominado pelo cálculo numérico e pela televisão, que anulam o aqui e agora, suporte de todo sentimento estético.

Para completar essa coletânea, publicamos em pósfacio uma recreação filosófica de Éric Alliez sobre a questão do virtual, tal como este se apresenta na problematização das questões representativas da imagem de síntese. Tudo se passa como se a ideia de virtual tivesse se tornado possível no pensamento ocidental a partir dos raciocínios — *de potentia dei absoluta* — de Duns Scot, Occam e outros pensadores da escolástica tardia. É que, já no final da Idade Média, se desenvolveu um pensamento que operou uma transformação da coisa em objeto, condição de possibilidade da apreensão das coisas para além da existência fenomenológica. E se a dita Era da Simulação procedesse da ontologia da escolástica tardia, que substitui a representação de uma realidade preexistente por uma imagem conceitual meta-física, uma *realitas*, que libera o ser do real fenomenológico? No entanto, segundo Alliez, a imagem de síntese não soube ainda aproveitar suas potencialidades na medida em que não fez senão produzir imagens analógicas, "desrealizando a realidade do virtual enquanto virtual". Por fim, Alliez nos leva a imaginar uma reapropriação ontológica do virtual suscetível de desconstruir a imagem que o Capital entende construir de si mesmo sob a dupla rubrica da questão da técnica e do fim da arte.

O Iluminismo visionário

Desde a antiguidade, o homem se posicionou diferentemente face à relação do olhar e do mundo. Para uns (Demócrito, Epicuro, Lucrécio) as coisas são causas ativas da percepção: o mundo é um oceano de átomos de fogo cintilantes, um cosmos luminoso constituído por simulacros errantes, capturados pelos olhos. Conhecer é se deixar engolfar sensualmente por esse mar de partículas. Se erramos, é porque o juízo interpreta falsamente o que nos afeta pelos sentidos. Para outros (platônicos e neoplatônicos), são os nossos olhos que fazem as coisas serem vistas: os olhos são fogos e luzes que iluminam as coisas, tornando-as luminosas. Conhecer é olhar para as coisas com o olho do espírito, um olhar geometral, capaz de abstrair dos objetos sensíveis seus formatos, números e formas invariáveis. Modernamente, Husserl, Bergson e Merleau-Ponty tentaram, cada um a seu modo, superar o dualismo das posições perceptivas e emissivas, que ao longo da história da filosofia se cristalizariam em realismo e idealismo, em empirismo e intelectualismo.

Com Descartes e o Iluminismo, não há mais apenas separação entre o olhar e o mundo, mas há mais profundamente uma cisão entre o olhar do corpo (sensível) e o olhar do espírito (inteligível)— é verdade que o *eidos* grego já trazia em germe essa cisão entre a forma aparente das coisas e sua essência. Entretanto, o Iluminismo processa uma mutação no olhar, que não se contenta mais, ao contrário do que se pensa, em tornar a percepção transparente ao exercício do espírito, como em Platão. É verdade que o intelecto, "esse olho hololâmpada", se funda ainda sobre o *Sapere aude!* (Ousa saber!), emblema da iconografia do século XVII e do Iluminismo.[1] Em Descartes, o que o olho vê são ideias e conceitos que remetem a um sujeito e à modelos do conhecimento. O que é a *Dióptrica* senão o breviário de um pensamento que não acredita mais que a nossa visão está destinada ao conhecimento do visível e decide reconstruí-lo, fazendo-a funcionar através dos modelos físico-matemáticos da luz e da fisiologia da visão baseados nos princípios da geometria e da mecânica nascentes?

A defesa que fez Galileu — *Mensageiro sideral* — do telescópio (*perspicillum*) diante dos aristotélicos e o elogio que fez Leibniz do microscópio de Leeuwenhoek mostram muito bem que, para eles, esses dispositivos tecnológicos não são meras extensões do olhar, mas próteses da razão corrigindo a visão, ou melhor, que fundam uma nova visão, ensinando aos nossos olhos a ver: a visão é a melhor "faculdade" do conhecer quando ela é determinada pelas leis da geometria e da luz.

Leibniz faz do *microscópio de Leeuwenhoek* uma metáfora da visão cuja principal dimensão é a temporalidade, uma temporalidade que nos lembra o tempo bergsoniano, fractal. Na introdução dos *Novos ensaios*, Leibniz afirma que o presente da mônada é encarregado de seu passado: "olhos tão penetrantes como os de Deus" poderiam ler nesse presente todo o passado. Essa ideia nos lembra um dos paradoxos do tempo em Bergson (paradoxo da coexistência), que afirma que todo o passado em geral é conservado no presente, e que o presente não é senão o passado inteiro em seu estado mais contraído. De fato, para Leibniz o passado está presente no presente sob a forma de pequenas percepções, traços infinitesimais. A pequena percepção, traço infinitesimal do passado, que Bergson chama de passado puro, se torna imagem-lembrança, evocação do passado. Quando vivemos uma lembrança não fazemos senão nos posicionarmos no passado de uma certa maneira, de tal forma que o gosto da *madeleine* que estava no passado como um traço infinitesimal é ampliado pelo microscópio do tempo, e vem colorir essa lembrança, tornando-a uma imagem pregnante desse passado.

O princípio organizador da visão moderna é a iconografia do ponto de vista. A audácia objetivante dos iluministas tem o aspecto de uma escolha estética passional. Sob a calma aparência da objetividade e da neutralidade científica, o espaço é o fruto da iconografia moderna com seus jogos de permutações e comutações que substituem a imagem justa em sua transparência por uma imagem luminosa em sua potência.[2] Posteriormente, as novas tecnologias vão transformar essa transparência num valor cujo vetor será a velocidade, o cinetismo e a potência de luminosidade. Por um lado, elas tornam o espaço e os corpos transparentes, por outro lado, elas não param de fazer nascer o visível, através de circuitos cada vez mais complexos que formam uma interface luminescente.

No fundo, a visão eletrônica é uma visão monádica, pois ela faz da imagem um fluxo de entrelaçamento vertiginoso que não para de se constituir em circuitos de comutações proteiformes e tramas ativas divergentes e convergentes, numa dimensão planetária, circuitos que transmutam a distância em interface luminosa. Tais circuitos são ao mesmo tempo políticos, geográficos, culturais, espaciais, ideológicos, tecnológicos. Não é a toa que o prefeito de uma certa municipalidade francesa falava de uma "iluminação pública eletrônica" para favorecer a existência política e econômica da sua comunidade.[3] A ideia do olho-lâmpada do Iluminismo se tornou uma realidade através do dispositivo panóptico da videolâmpada embutido nas câmeras de vigilância instaladas nos bancos, nas lojas, nas fábricas, nas entradas das moradias, nas áreas de segurança, mas também nas telas dos dispositivos de realidade virtual, cuja imagem nos vê.

As novas tecnologias de produção, captação, transmissão, reprodução, processamento e armazenagem da imagem estão aí, como uma realidade incontornável: o telescópio, o microscópio, a radiografia, a fotografia, o cinema, a televisão, o radar, o vídeo, o satélite, a fotocopiadora, o ultrassom, a ressonância magnética, o raio laser, a holografia, o telefax, a câmera de pósitrons, a infografia. São as máquinas de visão, que à primeira vista funcionam seja como meios de comunicação, seja como extensões da visão do homem, permitindo-o ver e conhecer um universo jamais visto porque invisível a olho nu. Do infinitamente pequeno ao infinitamente grande, um novo universo se "descobre", se "desvela", se "cria", em seus movimentos regulares e caóticos, em suas miríades de dobras, em outras faixas do espectro luminoso para além daquelas captadas pelo olho humano, em outros espaços e em outros tempos também.

No entanto, a visão moderna estabeleceu entre o homem e o mundo um lugar que não é de simples representação de um espaço, mas de sua objetivação. Visão telescópica, microscópica, videoscópica: de Galileu à Hughes e ao telescópio Hughes, e de Leibniz à Gerard Binning e Heinrich Rohrer, inventores do microscópio de varredura por tunelamento — capaz de abrir a escala atômica à contemplação humana —, o infinitamente pequeno e o infinitamente grande tendem a uma transparência cinemática visionária. Essa visão é visionária porque ela tem a força de tornar real tudo o que ela faz surgir: ela submete a visão ao conhecimento sob a condição de submeter o conhecimento às interfaces tecno-lógicas que tornam o movimento cinemático em potência de iluminação. Com o iluminismo visionário, é como se pudéssemos dizer o que disse Paul Klee num outro contexto: "não mais representar o visível, mas tornar visível".

A partir da utilização do telescópio e do microscópio, primeiras máquinas de visão, a dimensão fundamental da "reprodução" imagética da realidade propiciada pelas tecnologias da imagem não se reduz nem a seu caráter instrumental, como extensão dos sentidos do homem (McLuhan), nem tampouco a sua capacidade manipulatória, como fator condicionador da consciência (marxistas), mas sim a seu valor ontológico, como princípio gerador de um novo real. Para usar a ideia de Benjamin sobre a mutação provocada pela fotografia, diríamos que o telescópio e o microscópio são o novo inconsciente ótico da nova realidade.

O agenciamento homem-máquina

Vivemos hoje numa dessas épocas de crise das antigas ordens de representações e dos saberes, e, mais profundamente, de uma grande complexidade em relação às formas de produção da subjetividade. Nenhuma reflexão séria sobre o devir da cultura contemporânea pode deixar de constatar que existe uma enorme multitude de sistemas maquínicos, em particular a mídia eletrônica e a informática, que incidem sobre todas as formas de produção de enunciados, imagens, pensamentos e afetos. É legítima a preocupação de muitos, que se perguntam se o homem e a vida não estariam ameaçados pela crescente ingerência das ciências e da tecnologia sobre a sociedade. Essa preocupação com o determinismo tecnocientífico remonta, em última instância, à Husserl e Heidegger, para quem a tecnociência é sinônimo do esquecimento do ser, como se ela fosse uma potencia diabólica que ameaçasse o homem; como se ela fosse absolutamente estranha ao homem e à sociedade que a fabrica, e aos agenciamentos coletivos que determinam seu uso.[4] Nesse sentido evocamos Guattari, para quem a informática e a tecnociência não são nada mais do que formas hiperdesenvolvidas da própria subjetividade. Guattari (*O compromisso bárbaro*) observa que não são apenas as atuais máquinas informacionais e comunicativas que nos permitem falar de uma produção maquínica da subjetividade, uma vez que as subjetividades "pré-capitalistas" e "arcaicas" eram engendradas por diversos dispositivos maquínicos de modelização das formas de existência.

Se cada sociedade tem seus tipos de máquinas, é porque elas são o correlato de expressões sociais capazes de lhes fazer nascer e delas se servir como verdadeiros órgãos da realidade nascente. Cada tecnologia suscita questões relativas à sua consistência enunciativa específica que, em última instância, se articula com a produção discursiva de uma sociedade num determinado momento. As mutações e rupturas tecnológicas devem ser avaliadas em funções de duas tendências: a tendência à homogeneização universalizante (territorialização) e a tendência à heterogeneização singularizante (desterritorialização) da subjetividade. Entretanto, o produto das tecnologias imagéticas, embora marcado pelos regimes sociais nos quais ele se produziu, é condicionado por relações de força que o articulam a posições de poder de forma autônoma; ou seja, ele pode ou não liberar o real capturado pelas representações dominantes. A fotografia e o cinema, por exemplo, se bem que pertençam ao regime das sociedades disciplinares que lhes deram origem podem ser utilizados em função de articulações enunciativas que nos permitem integrá-los a outros regimes socioimagéticos. Benjamin observou muito bem que a foto posada, o retrato, ainda remetia à um pensamento da imagem cuja lógica remonta à imagem pictórica com seus elementos formais transcendentes, numa época em que a própria pintura, com o impressionismo, já havia se liberado das sínteses que exprimiam os ideais éticos e estéticos transcendentes.

Quando se indaga a respeito da pré-história do cinema, muitos historiadores veem nele o aparelho mais aperfeiçoado da mais velha ilusão: a lanterna mágica, a *camera obscura*, as sombras chinesas. Mas o cinema provocou uma conversão total da imagem, ao fazer do movimento não mais uma ilusão, mas uma possibilidade de produção do novo. É verdade que o cinema logo estabeleceu alianças variáveis com o Estado disciplinar, e se re-territorializou, fazendo de suas potencialidades estéticas um automatismo de massa, despertando no coração do homem o robô hitleriano e o manequim hollywoodiano. É o que Benjamin temia, quando ele alertava para os perigos de um cinema que poderia fazer coincidir o movimento automático com a automatização das massas. Com o neorrealismo e o cinema novo mundial do pós-guerra, o cinema se liberou do autômato psicológico e encontrou um outro regime imagético que visava a expressão de um automatismo espiritual. Cada tecnologia remete a um agregado homem-máquina que variará conforme o caso. O cinema —tanto quanto a fotografia, a videografia e a infografia — pode, em função de seus diversos usos, integrar regimes socioimagéticos diferentes: o cinema como a mais velha ilusão do movimento, o cinema como arte do movimento, o cinema como arte de reprodução e arte das massas, o cinema como automatismo espiritual.[5] É preciso saber diferenciar o modo dominante de um meio de expressão que, a partir de um determinado período, se impõe como o modo específico de utilização do meio — até hoje, o cinema de ação e a cinematografia americana se impuseram enquanto tal —, na medida em que isso pode gerar inúmeras confusões: ao se fazer uma análise comparada dos meios e das imagens por eles produzidas frequentemente se esbarra nesse problema, o qual remete, em última instância, à mitologia heideggeriana da questão da técnica (tal como ela é posta em cena por Éric Alliez, "Carta a André Parente: entre imagem e pensamento").

A maquinação do tempo

Com a sociedade de controle pós-industrial, a civilização vive, pela primeira vez na história, uma ruptura em que o tempo tem um papel capital: a tecnologia midiática e informática, bem como as hibridações homem-máquina provocam novos processos de memorização em escala planetária, que desterritorializam o tempo da história das culturas orais e escritas. O próprio cinema já se dava como uma máquina que multiplica os jogos da perspectiva temporal, nos fazendo passar do absoluto arraigado para instantes condicionais: esta máquina, que estica ou condensa a duração, demonstra a natureza variável do tempo, prega a sua relativização, criando uma nova subjetividade. "Sem essa máquina, não veríamos materialmente o que pode ser o tempo cinquenta mil vezes mais rápido ou mais lento do que aquele em que vivemos" (Jean Epstein). Ao imperialismo do espaço se substituiu uma maquinação do tempo: o tempo do capital, o tempo dos transportes e o tempo da tele-visão e da tele-realidade. Todas as culturas definem as formas de um para além do real imediato, da atualidade, mas é a primeira vez na história que a realidade do aqui e agora se encontra imersa no fluxo de um tempo virtual, de imagens virtuais. A velocidade, por exemplo, é um modo de temporalizar não apenas o espaço, mas os corpos que o atravessam. Se o final do século XIX e o início do século XX assistiram ao advento do veículo ferroviário, rodoviário e aéreo, esse fim de século anuncia uma última mutação, com o advento do veículo audiovisual (Virilio).[6] O espaço, os acontecimentos, as informações e as pessoas são condicionadas, de alguma forma, pela telecomunicação, assim como a transparência do espaço de nossos percursos tende a ser substituída pela transparência do audiovisual, último horizonte de nossos trajetos, cujo modelo mais perfeito é a máquina de realidade virtual (ciberespaço).

Cada veículo móvel veicula uma visão específica, produzida pelo seu deslocamento e suas velocidades próprias, cada uma das visões produzidas pelos audiovisuais representa um vetor de comunicação inseparável de sua velocidade de transmissão, desde a instantaneidade telescópica das óticas passivas de Galileu, até a ótica ativa e adaptativa da videoinformática. Com o desenvolvimento das tecnologias da telepresença, da realidade virtual e dos mundos virtuais, haverá uma negação progressiva do intervalo de tempo que separa a partida da chegada, a distância de espaço cede o lugar à distância de tempo, transformando as viagens mais distantes em meros entreatos. É como se a tele-realidade conseguisse objetivar tecnicamente o programa do *Cine-Olho* de Dziga Vertov: "por *Cine-Olho* entenda-se o microscópio e o telescópio do tempo, o negativo do tempo, a possibilidade de ver sem fronteiras ou distâncias, o tele-olho". Chegaremos ao tempo em que não haverá mais espaço real, mas apenas espaços virtuais, e o momento de inércia sucederá ao deslocamento contínuo, assim como a interface substituirá o intervalo. Todas as trajetórias se tornam meras probabilidades, como numa cadeia de Markov, de modo que cada lugar e instante do mundo presente realiza o princípio da probabilidade e da indeterminação quântica. Segundo Ernest Mach, o universo estaria presente em cada lugar e em cada instante do mundo, assim como para Mandelbrot, a natureza compõe do infinitamente pequeno ao infinitamente grande, suas formas geométricas irregulares em dimensões flutuantes, fractais.

Vivemos num mundo onde tudo circula. Tudo deve circular o mais rapidamente possível: os veículos, os enunciados, as imagens, as informações, os homens. No entanto, tudo parece estar no lugar, todas as diferenças se anulam, tudo se tornou intermutável. Os homens fazem viagens imóveis, como se eles mudassem de lugar para evitar uma mudança de "clima", assim como os pássaros migratórios. Os turistas, por exemplo, transladados nos mesmos tipos de aviões e ônibus, confrontados aos mesmos tipos de janelas de hotéis e motéis, veem imagens-clichês, mil vezes vistas nas telas de TV, nos *outdoors*, nos prospectos turísticos. A viagem do turista "pós-moderno" se assemelha aos *Hale's Tours* americanos, financiados e realizados entre 1898 e 1910 pelas companhias de estradas de ferro: filmes rodados nas janelas laterais e traseiras das locomotivas eram projetados nas mesmas janelas de uma sala de cinema cujo interior se assemelhava a uma locomotiva. Assim, os espectadores eram verdadeiros turistas. Hoje, com o desenvolvimento das novas tecnologias, os turistas são como os espectadores de outrora. A subjetividade, que parecia ter nas novas tecnologias um aliado no processo de desterritorialização que culminaria num nomadismo generalizado é, desta forma, ameaçada de paralisia. Tal é o paradoxo das novas tecnologias. Só nos resta implodir num espaço cada dia mais reduzido em função de uma mobilidade artificial crescente, a dos veículos audiovisuais, até o dia em que todas as viagens já terão ocorrido e todas as veleidades de evasão e de deslocamento se concentrarão em um só ponto fixo, em uma imobilidade característica da ubiquidade potencial, a da mobilidade absoluta que anula o espaço à força de o tornar tão transparente.

Como não acreditar que um novo regime de Controle e de Poder, com seus suportes de propaganda, suas mídias, seus veículos audiovisuais e televisuais, atue de modo a produzir clichês que circulem do exterior ao interior das pessoas, de tal modo que cada um só possua clichês psíquicos dentro de si, clichês que as impedem de ver as imagens que vêm de fora? Devemos nos perguntar se realmente vivemos a civilização da imagem ou a civilização do clichê.[7] Os clichês são imagens que supõem um espaço de interioridade. Ou seja, territórios capturados e imóveis, conjuntos e fronteiras estáveis, corpos orgânicos. O grande desafio daquele que produz imagens é justamente saber em que sentido é possível extrair imagens dos clichês, imagens que nos permitam realmente "viajar" (devir). Se tudo nos parece uma ficção, uma ficção de ficção, se tudo parece conspirar para uma desmaterialização do mundo, se temos dificuldades em viver a história, é porque tudo parece já ter sido programado, preestabelecido, construído, calculado.

A foto, o cinema, a televisão e a infografia transformaram radicalmente nossas relações com o espaço e o tempo, abolindo as relações comumente estáveis do espaço e do tempo, anulando a presença do aqui e agora através de uma programação que se dá em escala cósmica. A rede eletrônica informatizada não para de sintetizar cada vez mais o tempo, de tal modo que Leibniz diria que esse "progresso" está engendrando uma mônada mais completa e complexa do que a própria humanidade algum dia o foi.[8] Teilhard de Chardin, e mais tarde McLuhan, pressentiu que a humanidade, através da tecnologia e das redes de comunicação, objetivava um organismo ultra-humano; uma só consciência que une a todos numa espécie de co-consciência do etéreo; um sistema nervoso planetário. Resta saber em que medida esse controle do tempo através das novas tecnologias da imagem modificará positivamente ou não o processo e o exercício do pensamento na cultura contemporânea.

Para Virilio, a administração da velocidade e do tempo nos são interditadas pela impermeabilidade do processo de automação da percepção e de industrialização da visão provocada pelas novas tecnologias. Todo o problema das imagens na cultura contemporânea diz respeito ao tempo de exposição como dispositivo virtual que nos permite ou não ver a imagem. Tal preocupação já fazia parte do cinema de vanguarda de Epstein: a utopia de ver tudo ao mesmo tempo (simultaneísmo) é substituída pela aproximação: ver depressa. O ato de ver é, portanto, um ato que antecede a ação, uma espécie de previsão. "Se ver é prever, compreendemos melhor porque a previsão tornou-se, recentemente, uma indústria, com o desenvolvimento da simulação profissional, da antecipação organizacional, até a chegada das "máquinas de visão" destinadas a ver, a prever em nosso lugar; máquina de percepção sintética capaz de nos suplantar em certos domínios, em certas operações ultrarrápidas para as quais as nossas próprias capacidades visuais são insuficientes devido à limitação, não da profundidade de campo de nosso sistema ocular, mas devido à fraca profundidade de campo do nosso golpe de vista fisiológico" (Virilio, "A imagem virtual mental e instrumental"). Como viver verdadeiramente se aqui não é mais e se tudo é agora? Como sobreviver amanhã à telescopagem de uma realidade ubíqua se desdobrando em tempo da realidade atual — e da percepção do aqui e agora da minha atividade cotidiana — e em tempo da telepresença à distância, da percepção do transaparente que entreabre uma janela temporal para interagir alhures?

Para Lyotard, o que é atingido pela imagem de síntese é o espaço e o tempo enquanto suportes da presença, segundo uma forma moderna (só nos resta o espaço e o tempo) e pós-moderna (já não permanece nem mesmo o espaço e o tempo). Como o sentimento estético pode sobreviver a uma representação calculada que destrói a presentação, ao componente tele que anula o aqui e agora, e à interatividade que arruína a passibilidade? Perdemos a arte e a terra, o que ganhamos? Poderá o desenraizamento provocado pelas novas tecnologias nos levar a uma emancipação? O que acontecerá com o nosso corpo diante do desaparecimento do espaço e do tempo? (Lyotard, "Algo assim como: comunicação... sem comunicação").

Se a modernidade nasce da crise da representação é precisamente porque surge com ela, em primeiro plano, a questão da produção do novo. O novo é o que escapa à representação do mundo, como dado, como cópia. O novo significa a emergência da imaginação no mundo da razão, e consequentemente num mundo que se liberou dos modelos disciplinares da verdade. Tanto na filosofia, como na ciência e na arte, o tempo é o operador que põe em crise a verdade e o mundo, a significação e a comunicação. A razão é muito simples: ao tempo da verdade (verdades eternas) se substitui a verdade do tempo como produção de simulacros, ou seja, do novo como processo. "Ou o tempo é invenção, ou ele não é nada" (Bergson).

As novas tecnologias da imagem suscitam o seguinte problema: se por um lado elas nos empolgam ao pôr em crise o sistema de representação, já que com o simulacro não se pode mais distinguir o falso do verdadeiro, a cópia do original, a realidade da ilusão, por outro lado, ela implica a redução do simulacro ao clichê (puro jogo de imagem onde o simulacro se fecha sobre si mesmo). Se para Baudrillard e Virilio a Era do Simulacro é negativa, é porque para eles o simulacro deixa de ser determinado por uma vontade de afirmação do real enquanto novo (diferença livre) e se torna pura repetição do mesmo (simulacro despotencializado). Com o fechamento do simulacro sobre si mesmo, a criação, trabalhada por uma diferença sempre já programada e calculada, se torna puro jogo comunicacional, interativo e lúdico; e o criador unicamente usuário, refém de uma razão cinicomunicacional. Devemos portanto distinguir os processos de temporalização da imagem entre simulacros despotencializados (o virtual como ilusão do desaparecimento do real) e potencializados (o virtual como ilusão que afirma o real).

O virtual tecnológico

Há uma ideia que circula com grande frequência entre os diversos especialistas da mídia eletrônica, da videoarte e da imagem de síntese: a de que cada um desses meios provocou uma ruptura com a pintura, a fotografia e o cinema na medida em que, através deles, a imagem se tornou virtual, autônoma, autorreferente. Para Baudrillard, "o cinema pode se definir como encenação da ficção como realidade, enquanto a televisão, que pretende encenar a realidade como realidade, é de fato a encenação da ficção como ficção. A ficção como realidade ainda é o campo do imaginário. A ficção como ficção é simplesmente o virtual" (Baudrillard, "Televisão/revolução: o caso Romênia").[9] Para Fargier, assim como para Machado e Bellour, "o vídeo é mais um processo da imagem da imagem, que da imagem do real" (Bellour, "A dupla hélice"); "no vídeo, a realidade não é mais problema. No cinema se coloca sempre a questão de saber se o filme a atingiu ou não. No vídeo a realidade nunca comparece ao encontro, porque não é por ela que esperamos" (Fargier, "Poeira nos olhos"); "as imagens videográficas não são mais expressões de uma geometria, mas de uma geologia, ou seja, da inscrição do tempo no espaço" (Arlindo Machado, "Anamorfoses cronotópicas ou a quarta dimensão da imagem"). Para Popper, Couchot, Quéau e Plaza "a imagem de síntese, numérica, não é a projeção ótica de um real preexistente, mas a visualização de um modelo que simula o real".[10] Trata-se portanto da ideia de um corte epistemológico entre a pintura, a fotografia e o cinema como modelos de representação que supõem o real, e a imagem eletrônica e a imagem de síntese como processos de simulação que rompem com os modelos de representação. Para além de qualquer julgamento de valor, gostaríamos de mostrar que tal ideia implica numa certa amnésia quanto à história da arte. Vários autores como Elie Faure, Pierre Francastel e Hubert Damisch tem mostrado que a pintura moderna não se limita a imitar e a restituir efeitos, mas a produzir efeitos de luz, de cor e de movimento, fazer a luz e a cor vibrar, como no impressionismo, no pontilhismo e no simultaneísmo — isso sem falar da pintura abstrata de Klee e Kandinsky, bem como da pintura do pós-guerra. O cinema, seja ele o cinema de vanguarda ou experimental, seja o cinema do pós-guerra, produziu, através de uma série de posturas estéticas mentais e técnicas, uma imagem que problematiza a percepção, o sujeito e o pensamento, rompendo com os modelos dominantes de representação.

A videoarte, através de incrustações, distorções, rotações, fusões, mudanças de escala, entre outros, submeteu o corpo a uma série de deslocamentos e anamorfoses, desafiando as leis da gravidade e os padrões da percepção. Ora, o cinema experimental, que vai da vanguarda europeia dos anos 1920 ao *underground* americano dos anos 1950 e 60 (Brakhage, Kubelka, Benson, Snow, Frampton, entre outros), criaram um cinema-olho (Dziga Vertov) que submete os corpos a uma visão gasosa, uma visão vibratória, imanente à matéria, subvertendo a percepção humana, fazendo das imagens simulacros moleculares que funcionam como causa ativa de uma percepção pura, inumana; imergindo o olho num oceano de partículas cintilantes, de movimentos subliminares errantes, de modo a fazer com que a imagem perca suas coordenadas espaciais, sua verticalidade, seus centros perceptivos, atingindo um mundo cezaniano de antes do homem — "o homem ausente, mas inteiro na paisagem" (Cézanne). "Imagine um olho não governado pelas leis da perspectiva ou pela linguagem, um olho que quer conhecer o mundo através da aventura da percepção. Quantas cores há num gramado para o bebê que engatinha, ainda inconsciente do 'verde'? Quantos arco-íris pode a luz criar para um olho desprovido de tutela? Imagine um mundo animado por objetos incompreensíveis e brilhando com uma variedade infinita de movimentos e gradações de calor. Imagine um mundo antes de 'no princípio era o verbo'".[11]

Por outro lado, o cinema do pós-guerra também rompeu com o modelo clássico da representação, através de uma imagem-tempo (Deleuze), puro simulacro, que atinge, com Welles, Resnais, Bresson, Godard, Glauber Rocha, Tarkovski e tantos outros, um cinema da fabulação e da potência do falso, que torna as ações e identidades de seus personagens indeterminadas, e suas verdades indiscerníveis. Um cinema que soube conquistar um espaço puramente ótico e tátil, de forma correlata ao ocorrido na pintura com o impressionismo e o barroco. Para esse cinema, trata-se, antes de mais nada, de promover encadeamentos paradoxais, que não se referem mais a um real preexistente; de criar uma imagem-tempo que se libera dos movimentos de reconhecimento do esquema sensório-motor e das representações do vivido. O cinema da imagem-tempo é um cinema do virtual. Nele, o que se opõe ao virtual não é o real, mas o ideal de verdade que é a mais pura ficção. A imagem de síntese por si mesma não abole os ideais de verdade, pelo contrário, faz desses ideais uma ficção de ficção, uma ficção universalizante.

Mas os especialistas da imagem de síntese, insistem sobre uma pretensa naturalização da imagem analógica, para dela tirar uma outra consequência da ruptura epistemológica supracitada: a imagem de síntese é uma imagem-linguagem, uma imagem-devir, processual, aberta, que possibilita a interação com o espectador.

Devemos desde logo afirmar que essas supostas mutações não são de nenhum interesse se não forem integradas às dimensões de um devir estético no sentido mais amplo do termo. Não basta boa vontade e prazer em comunicar, produzir, interagir. As imagens dos artistas necessitam da necessidade, da marca da necessidade. É essa necessidade que faz das imagens verdadeiros acontecimentos: a produção de imagens que experimenta o devir na sua dimensão indissociavelmente ontológica e prática. O que conta aqui é a imagem como acontecimento. Trata-se de um problema ontológico, um devir imagem das coisas, uma passagem entre imagens que suprima o ser representado por elas. Se os estoicos se confrontaram com a lógica aristotélica dos atributos, e diziam "a árvore verdeja" em lugar de dizer "a árvore é verde", é porque para eles as categorias remetiam a um real pressuposto que todo pensamento do devir deve evitar. Ou o virtual é uma imagem-acontecimento, uma imagem-devir, ou é apenas uma determinação técnica sem interesse. Ou melhor, uma determinação técnica interessada na reprodução social das representações dominantes (Alliez).

Segundo Maltese, o mecanismo geométrico tecnoconceitual das imagens da Renascença é uma convenção, uma linguagem em que somente uma parte é analógica (fracionamento de certas grandezas), sendo os dispositivos de distribuição das linhas e curvas da perspectiva de natureza digital.[12] A perspectiva renascentista remete ao cálculo algébrico, formalizado posteriormente por Descartes, Desargues e outros; cálculo necessário para a construção da imagem de síntese. Se a ordem visual numérica supõe o cálculo numérico e a automatização desse cálculo nos programas avançados de visualização, como distinguir a imagem numérica da tecno-logia renascentista que fez da geometria e dos perspectivadores verdadeiras máquinas óticas capazes de produzir demonstrações e simulações do espaço? Se se evoca a diferença entre cópia *hard* e cópia *soft* só se torna ainda mais problemática a ideia de virtual. Ao contrário do que se pensa, a ausência de um suporte (cópia *soft*) faz da noção de imagem virtual uma noção desprovida de interesse, porque a cópia *soft* não anula a atualidade da imagem no monitor do computador: a imagem como *output* nunca é virtual.

Se a imagem de síntese não remete a uma realidade preexistente, entretanto ela se reporta, no mais das vezes, a modelos de significação pressupostos do real. Para que se possa simular, através de uma imagem de síntese, um pôr do sol sob um mar agitado por ondas, a construção dos algoritmos e da matriz numérica deve obedecer à modelos tais como os modelos óticos que regem a refração da luz sobre a água do mar e os modelos hidrodinâmicos que regem o deslocamento das ondas (Couchot, "Da representação à simulação"). Ora, de onde vem a homogeneização da grande maioria das imagens de síntese, senão do fato de que nenhum modelo pode dar conta da complexidade e da heterogeneidade do real? No fundo, as imagens de síntese só se limitam a nos dar do sensível uma imagem conforme os modelos de inteligibilidade. Portanto, o devir linguagem da imagem de síntese não é propriamente um devir, mas uma submissão da imagem ao modelo. Todo o processo de compreensão da imagem está no modelo. O programador é como o demiurgo platônico: se ele quer julgar a sua obra deve contemplar diretamente as formas inteligíveis (suas equações, seus algoritmos). A imagem de síntese é a restauração dos velhos modelos do demiurgo platônico: o mito do Timeu é um arquétipo dos programas de tipo CAD/CAM, onde o demiurgo "dobra" a matéria, sujeitando-a aos modelos matemáticos. Portanto, se na imagem de síntese a imagem se opõe ao real, é para melhor desqualificar o sensível, e não para afirmar o simulacro como potência do falso que destrói qualquer modelo de representação (cinema da imagem-tempo). Com a imagem de síntese, o sensível só se torna visível se submetido e controlado pela modelização que faz do possível um cálculo estatístico. Os ideólogos da imagem de síntese não fazem senão reproduzir o pensamento ocidental dominante, que substitui a imagem e a percepção pelo inteligível e pelo juízo, deixando de lado essa outra abertura às coisas proporcionada mais profundamente pelo ser de sensação, pelas cores, e tudo aquilo que faz da imagem uma paisagem que nos furta ao mundo objetivo, mas também a nós mesmos.[13] É interessante notar que os especialistas da imagem de síntese nunca refletem sobre suas imagens e seus aspectos sensíveis, mas sim sobre as proezas de sua construção.

Um dos grandes problemas da imagem de síntese consiste na simulação dos movimentos do corpo e do rosto humano. Os diversos especialistas conjugam os dados obtidos a partir de movimentos reais do corpo com modelos especialistas da inteligência artificial e da robótica para tentar sintetizar tais movimentos. David Zelter concebeu um esqueleto virtual, ao qual ele deu o nome de Georges, capaz de adaptar seus movimentos aos acidentes de uma topografia particular sobre a qual ele anda ou corre. No entanto, ele só sabe se adaptar aos terrenos programados, como as suspensões ativas dos carros de Fórmula 1. O grande desafio enfrentado atualmente nos laboratórios é a tentativa de sintetização de um corpo universal, capaz de se adaptar a qualquer circunstância ambiental e corporal. Mais uma vez a imagem de síntese reencontra o pensamento platônico e seus universais.

Como mostra muito bem Rogério Luz ("Novas imagens: efeitos e modelos"), grande parte das análises das novas imagens supõe uma relação causal direta entre nova tecnologia e nova linguagem, nova estética ou, como se costuma dizer, novo imaginário. Toda imagem, seja ela analógica ou digital, é portadora de intenções, e constitui modelo de mundo possível. Para os especialistas, a imagem virtual contém elementos potenciais ligados à sua forma processual de visualização e à sua interatividade. Essas duas noções de processo e de interatividade são bem conhecidas da arte contemporânea, desde os anos 50-60, quando os artistas passaram a pensar suas obras em inter-relação com os espectadores, como na arte dos objetos transacionais, na arte ambiental, nas instalações, nos *happenings* e performances... Podemos mesmo dizer que todas as grandes correntes artísticas dos anos 60 e 70 remetem a uma ou outra dessas noções. Na própria pintura americana do *Action Painting*, a pintura só existe se fazendo, e aparece como o traço de seu próprio engendramento.

Se a textualidade produzida pela tecnologia infográfica, ao contrário do "texto icônico tradicional", cria, através da interatividade, uma paridade de papéis entre o emissor e o receptor na medida em que o espectador toma para si estes dois papéis (Bettetini, "Semiótica, computação gráfica e textualidade"), resta saber, por um lado, em que medida a interatividade pode ultrapassar uma dimensão puramente sensório-motora e, por outro lado, se a comunicação homem-máquina consegue transcender seus elementos puramente discursivos e semear predisposições afetivas em função da produção de novas formas de existência. Dito de outra forma: se por um lado a interatividade modifica o registro da comunicação imagética, fazendo da comunicação infográfica um intermediário entre a conversação textual e a conversação concreta, resta saber em que medida essa comunicação não reduz as dimensões da subjetividade que estão em jogo no processo na comunicação livre, como a polifonia, a alteridade e as formas de existência. As interfaces interativas reduzem os processos de comunicação à reversibilidade do mesmo ao mesmo, confiscando a alteridade do outro.

A imagem de síntese se distribui entre dois tipos diferentes de simulação: uma simulação que rivaliza com os sistemas de representação do espaço e uma outra que rivaliza com nossos sistemas sensoriais. O primeiro tipo é mais utilizado na criação de efeitos especiais no campo do audiovisual, em particular na publicidade, e na criação de modelos industriais. O segundo tipo de simulação é própria da realidade virtual, na qual se constroem ambientes constritivos de ação baseados em sistemas especialistas utilizados como tecnologia que visa o aprimoramento do desempenho instrumental. Se se fala de uma estética tecnológica — sublime tecnológico, neobarroco eletrônico etc. — é para designar da forma mais ridícula o fato desses dispositivos apelarem aos sentidos (*esthesis*) através dos sistemas de teledetecção que substituem os ambientes simulados. No primeiro caso, a imagem está mais para a indústria do cosmético do que da comunicação. No segundo caso, ela está mais para a indústria da comunicação forçada.

A teleologia da investigação dos sistemas de interface interativas está diretamente ligada às experiências que visam tornar as máquinas cada vez mais sensíveis aos movimentos do corpo humano e, no futuro, de sua mente. As pesquisas de Pierre Henry se orientavam nesse sentido, ao introduzir eletrodos no córtex cerebral para modificar a música sintetizada por seu *Cotisouk*. Hoje, vários grupos de pesquisa trabalham em torno de grandes especialistas como Scott Fisher (NASA), Frank Macdougall (Very Vivid, Vivid Effects, Toronto), Nicholas Negroponte (Media Lab, MIT), David Zelter (Media Lab, MIT), Jaron Lanier (Visual Programming Lab, VPL) no desenvolvimento da tecnologia de realidades e mundos virtuais com o intuito de: simular ambientes utilizados para o treinamento de especialistas; simplificar os equipamentos visando a democratização do seu uso; resolver problemas técnicos, entre eles as dificuldades de autopercepção; e, enfim, aumentar o grau de ilusão de realidade criado pelas interfaces interativas. Tudo se dá em função de esquemas sensório-motores especialistas, esquemas há muito tempo retrógrados na compreensão tanto das formas de comunicação quanto da produção artística. Tudo o que o "homem-entrada-de-dados" faça ou perceba se torna apenas "insumo de máquina".[14]

O desafio lançado pelas novas tecnologias é antes de mais nada estético no sentido mais amplo. A imagem de síntese opera uma destruição do aqui e agora, arruinando o suporte de qualquer experiência estética (Lyotard). O sentimento estético é não apenas imediato, ou seja, sem conceito e finalidade, mas pura sensação, puro afeto, que acolhemos quando somos passíveis. Somos afetados por algo, esse algo nos afeta em nossa passibilidade, algo que é implicado e esquecido na representação: a presentação, a presença. Concordamos inteiramente com Lyotard, que a ideologia interacional, através da oposição entre passivo e ativo, é absolutamente secundária na compreensão do processo de recepção da obra de arte.

Quando se diz que a imagem virtual se define por suas potencialidades e é por isso portadora de mundos possíveis, isso deve ser examinado com bastante prudência. Trata-se de afirmar uma realidade como logicamente possível (possível como provável, estatisticamente possível), ou afirmar o real como possível, mesmo se ele for contraditório e logicamente impossível (possível como potência criadora)? O processo de simulação na imagem de síntese é uma maneira de colocar a questão do possível reduzindo-a à questão do provável e do potencial, de um potencial que se dá como descrição de processos dos quais se conhece tanto o começo como o fim: se no fim do processo ocorre algo, é que ele já existia em potência no seu começo. Mas como a concretização do virtual pela simulação infográfica permitiria recolocar a questão do possível sem o reduzir? Isso só seria possível se pudéssemos conceber uma forma de modelização mais ampla e complexa do que apenas aquelas ligadas à simples execução de um algorítimo ou de uma tarefa. Por exemplo, a simulação de um sistema auto-organizador, que deixasse em aberto o resultado, em função de uma indeterminação fundamental, de uma ação do acaso. Ocorre que os sistemas e programas têm objetivos precisos, e são como os sistemas especialistas, ou seja, programas cuja significação lhes é imposta pelas aplicações às quais eles devem responder.

A reprodução do real é uma consequência da captação das imagens nos sistemas ditos fotomecânicos e não pode se confundir, como princípio, com a questão da representação. Tomemos o caso do cinema. O plano cinematográfico não é apenas um recorte espacial de um pedaço de realidade, mas um corte móvel, uma modulação, uma perspectiva temporal capaz de fazer da imagem cinematográfica tanto a modelizacão de representações pressupostas do real quanto uma modelização que faça da imagem um puro virtual que libera o real das representações dominantes e extrai dos clichês, que remetem a percepções do objeto pressuposto e a estados de um sujeito percepiente, puros perceptos e afetos. O cinema é a primeira tecnologia a produzir uma imagem virtual: como não perceber que com a cronofotografia e com o cinema nós entramos no reino da imagem virtual? O que é a persistência retiniana senão um processo de memorização da percepção imediata (Virilio)? No mais, ao contrário dos outros meios, que visam um irreal no mundo, com o cinema é o real que se torna a sua própria imagem. A imagem virtual só pode ser pensada no tempo como um processo de temporalização. O virtual não se opõe ao real, mas sim ao atual da percepção. O caso da *paramnésia* é exemplar: o sentimento de *déjà-vu* não se funda sobre um passado real, mas faz do passado um puro virtual (passado que nunca foi presente), uma imagem-tempo biface, um curto-circuito indiscernível entre o atual da percepção e o virtual como elemento ontológico do passado. O que é fundamental para a compreensão da imagem de síntese é a anulação da distância que separa a imagem atual do observador na representação ótica. Mas essa anulação é recuperada, reificada, pela produção de um real pressuposto, em função de imagens analógicas e seus modelos dominantes. Se, por um lado, a realidade virtual e a teleconferência parecem efetuar uma mutação análoga àquela concebida pela física quântica, ao operar uma anulação da distância em função de uma potência de emissão e de recepção microfísica, fazendo a ótica ondulatória provocar uma flutuação das aparências, essa indeterminação quântica é anulada pelas relações de estímulo-resposta das interfaces quase-pavlovianas-especialistas.

O processo de telescopagem digital

Não podemos negar que os processos eletrônicos digitais provocarão uma transformação geral, completa, irreversível, de todas as fases da elaboração de uma imagem. Chegará um dia onde tudo será digitalizado e colocado em memória, e o suporte da imagem desaparecerá, tanto quanto o seu valor de revelação e referência. Ignorar ou fingir ignorar as modificações no sistema de informação-comunicação com o advento dos processos de digitalização do sinal eletrônico significa ter uma concepção retrógrada dos processos tecnológicos e uma visão negativa da história. Se recorrermos à história dos suportes — pintura rupestre, pedra gravada, afresco, pintura sobre tela, fotografia sobre papel, projeção cinematográfica e imagem digital — perceberemos que, hoje, as imagens existem menos sobre a durabilidade de um suporte do que na fugacidade de uma memória. Da permanência do suporte (pedra, parede, tela, papel) passamos à persistência retiniana cinematográfica e videográfica. Entramos talvez agora no reino do subliminar, como na Guerra do Golfo, onde os sistemas de telecomunicação e informação funcionam numa velocidade que ultrapassa a percepção humana. Os processos de memorização e visualização digitais se inscrevem dentro de uma mutação mais ampla na constituição dos veículos audiovisuais planetários.

A televisão digital (HDTV) é o objetivo último das mutações tecnológicas projetadas hoje no campo do audiovisual. As vantagens da televisão digital são imensas: maior resolução e compacidade dos circuitos, unificação dos sistemas de transmissão das cores, durabilidade, interação com os sistemas informatizados. A imagem digital torna simples algumas operações impensáveis até há pouco tempo em sistemas do tipo fotomecânico: alteração das cores, das texturas, dos movimentos e da perspectiva, inserção de imagens sobre porções e cores desejadas de uma outra imagem, refocagem e reenquadramento da imagem, mesmo após a captação da mesma, entre outras possibilidades. Ressaltamos ainda que, com a televisão digital, as diferentes fases da produção audiovisual — pré-produção, produção e finalização — serão completamente reformuladas. A interação da televisão com a informática e a telemática, o fato que teremos um mesmo monitor para a televisão, o computador e o telefone, poderá propiciar ao usuário uma programação criativa, ao reintroduzir certos aspectos da subjetividade no processo de comunicação, provocando um novo tipo de socialidade. O paradoxo das conquistas técnico-científicas é que elas não estão sendo apropriadas criativamente pelas forças sociais em função de novas sensibilidades e pensamentos.

O nascimento dos processos de digitalização da imagem não se deu por acaso: a captação e transmissão de imagens de pontos distantes do universo, via satélite, tornam necessária a digitalização da imagem, pois, de outra forma, ela sofreria muitas deformações. Por outro lado, os processos digitais permitem uma supercodificação da imagem necessária ao seu controle. Em *Soft and Hard*, Godard se pergunta, com razão, se o fato de as imagens terem sido lançadas para fora da terra não as fará perder seu poder de fabulação.

Essa supercodificação confere à imagem um novo poder de controle que lhe possibilita absorver e reciclar as imagens as mais heterogêneas, o que pode acarretar uma hibridização ou uma homogeneização das mesmas.

A imagem é, em primeiro lugar, uma decupagem, um corte espacial, visor de câmera, janela de projeção, quadro, tela, página. Ela vale tanto pelo que mostra quanto pelo que esconde: ela mostra se escondendo e esconde se mostrando. Fragmentária, a imagem é uma desmistificação do todo. A televisão, com suas imagens indiferenciadas, o digital, com suas imagens homogeneizadas, e o holograma, com suas imagens totalizadoras (a parte vale pelo todo), demonstram que as novas tecnologias podem se cristalizar em racionalidades totalizantes, desrealizando a violência do real em contínuos de informação-desinformação (televisão), desmaterialização numérica (imagem digital) e profundidade totalitária (holograma).

O fato é que a televisão, e também a infografia e as novas tecnologias avançadas, não buscaram ou não encontraram ainda, senão de forma muito incipiente, suas especificidades numa função estética, mas sim numa função de controle e de poder, recusando toda aventura da percepção em nome de um olho profissional ou, o que dá no mesmo, de um processo de industrialização do olho que passa necessariamente pela implantação de um circuito de informação e comunicação que se constitui cada vez mais como uma mônada expandida. Podemos dizer que a imagem do cérebro-cidade e a imagem do cérebro-eletrônico tendem, hoje, a suplantar os antigos regimes da imagem como janela da alma e a imagem da natureza-corpo. O cérebro é a face oculta de todos os circuitos, que pode tanto fazer triunfar o controle da imagem e do olhar, como liberá-los, liberando as funções potenciais criativas dos meios de produção de imagem, sejam eles televisivos ou infográficos, possibilitando tanto a criação de imagens como de mundos possíveis.

Hoje a tela não é mais um simulacro da alma do mundo ou mesmo uma metáfora da transparência destinada ao saber, mas uma mesa de controle de conversão *input-output*, uma mesa de comutação da informação e do capital, sobre a qual as imagens deslizam como dados. Tal como na física quântica, a complementaridade corpúsculo/onda e a ubiquidade das partículas quânticas podem ser observadas na partícula imagética. O poder das imagens integradas à mônada eletrônica planetária está baseado na ubiquidade da partícula imagética em função do poder de reversão e de conversão da unidade capital-imagem-informação.

Imagem e pensamento

Eis a imagem, eis no que devemos prestar a máxima atenção. Não podemos considerar a imagem como um objeto, nem como um espaço exterior a ser descrito, analisado, julgado, fundado, cidade a defender ou lugar a investir, templo a proteger de toda impureza. É a linguagem que faz da imagem um objeto, e do olho um sujeito — geometrização abstrata, espaços de interioridade, clichês. É a linguagem (o inteligível) que faz da imagem, de Platão a Hegel, um geometral, objeto ideal, templo protegido de toda impureza, de toda multiplicidade, de toda indiscernibilidade. A cor como sensação, irrecuperável pelos esquematismo da figura e do discurso.

Se a imagem se torna um objeto, é para melhor falar a linguagem que se lhe impõem, e que diz: eis o meu corpo (realidade empírica ou transcendental). Conhecemos a imagem por esse sinal, em função do que através dela se faz dizer, a imagem como um lugar próprio, uma ideia distinta. Em qual lugar tal discurso sobre a imagem provoca um certo consenso? Onde você mora? Corpo ou espírito? Como encontrá-la (ou melhor, perdê-la)?

Encontramos a imagem de uma maneira muito nova. Primeiro a encontramos, como Lucrécio, uma imagem que faz cintilar nossa percepção, nosso pensamento. Em seguida nos encontramos mergulhados nela, para pensar com ela, como Bergson. Ei-la mergulhada em nós agora. A imagem pensou fora de nós. Depois ela passou a pensar em nós, comandada pela linguagem. Hoje, com a industrialização da imagem, a imagem pensa em nosso lugar. Havíamos feito da imagem nossa morada, doravante ela faz de nós sua morada, uma morada onde o hóspede, há muito tempo passou a ser um convidado indesejável. Perdemos de fato a terra, o aqui e agora da experiência sensível, devemos nos conformar com um novo corpo que se nos emprestam, como uma roupa de dados que determina as possibilidades de uma ação já programada?

A linguagem impôs o dado a ser representado pela imagem como objeto: a imagem se torna objeto. A tecnociência toma o lugar da linguagem substituindo o sujeito que ainda dava suporte ao pensamento da imagem. Tudo isso, não podemos esquecer, sob o pretexto de que a imagem se deixava enganar pela aparência sensível do mundo.

A imagem não reproduz o real, o real é um Aberto que não se deixa reproduzir, como cópia ou dado, senso comum. Se a imagem reproduz o real ela, o faz literalmente, ela o produz uma segunda vez. A imagem mora do lado do sujeito, pessoal ou coletivo. Se ela supõe a linguagem, é para brincar com ela — como na poesia —, para se fazer desaparecer do lado do objeto (linguagem da transparência).

Levamos muito tempo para compreender a aparição da imagem entre nós, nosso pensamento ainda balança com a sua aparição. Mas desde o momento que a imagem passou a se reproduzir, ela passou reproduzir o sujeito: a imagem na era da sua reprodutibilidade técnica é a imagem na era da automatização do sujeito. A imagem, que integrava uma cultura, se colocou ao lado da tecnociência como forma de estabelecer seu pequeno império de sujeição.

Quando se discute hoje sobre a complexidade estética da passagem entre imagens (hibridação, opacidade, barroco tecnológico), há uma pergunta que apenas entrevemos: como passar de uma imagem à outra se elas são cada vez mais indiferenciadas-indiferentes? Como passar de uma imagem à outra senão rompendo o curto-circuito que faz as imagens circularem em nós como clichês que nos impedem de ver as que vêm de fora? Como sustentar com o olhar isso que de todo modo vemos? Como deslizar para dentro da imagem, já que cada imagem desliza sobre outras e que o fundo das imagens já é, hoje, uma imagem, e o nosso olho vazio não é senão uma lente de contato que nos colam aos olhos? Como escapar de uma ortopedização do olho, tanto quanto do corpo? Como extrair dos clichês imagens que nos façam crer no mundo em que vivemos (Deleuze)?

De fato nós temos duas maneiras de pensar a imagem: a imagem como uma ilusão que deve ser submetida ao inteligível, que a domestica, a ensina a falar, e a imagem como puro sensível e ser de sensação que afirma o real como novo. Podemos dizer que há um combate na arte e na filosofia, desde os pré-socráticos, quanto a essas duas posições. As novas tecnologias da imagem não abalaram essas posições; pelo contrário, como mostra muito bem Bellour, da *tavoletta* à imagem de síntese, o que está em jogo, em dupla hélice, é o caráter analogizável ou não da imagem.

Poderemos dizer que existem como dois personagens conceituais da imagem na mitologia grega: Ulisses e Proteu. Se partimos de um pensamento da representação encontraremos Ulisses, que descreditou as sereias sobre o pretexto de que elas eram pura ilusão, que deveria ser evitada. Se Ulisses resistiu ao canto das sereias, e as venceu, é que existe em Ulisses essa determinação cautelosa e prudente que conduz ao império universal. Diante da imagem, Ulisses olharia para trás, para ver o mecanismo produtor de ilusão.

Se partimos de Proteu, chegamos a um pensamento da diferença em que a imagem é pura metamorfose: Proteu é um mito fractal, tanto no nome quanto na forma do encadeamento paradoxal que ele propõe — Proteu é um caos de aparência, corolário de *Kane*. Proteu é fogo, é pantera e rio. A cada uma das perguntas que sua filha faz sobre sua identidade, ele se metamorfoseia. Cada resposta nos dá uma resposta local e uma impossibilidade de resposta global. Mas quem é realmente Proteu, por trás deste caos de aparência? Quem é Proteu quando ele não é mais fogo e não é ainda pantera? Puro interstício, puro possível, virtualidade criadora. Proteu é a substância mesma do tempo. A imagem-tempo. Ulisses se recusou a escutar o canto das sereias, recusou a metamorfose que caracteriza Proteu. Depois da prova, Ulisses se encontra tal qual, e o mundo se encontra talvez mais pobre, mas mais seguro. Proteu não se encontra, e o mundo ele mesmo ameaça de mergulhar num puro caos.

Proteu é ponto, é linha, é plano, é volume e é tempo. Qual a dimensão de Proteu? Depende do ponto de vista, diria Mandelbrot. A uma grande distância ele é um ponto (dimensão 0). Mais de perto ele é um novelo de linha (dimensão 3). Mais de perto ainda, ele parece um plano (dimensão 2). Mais de perto chega-se ao ponto zero. O que é Proteu quando ele não é mais ponto e não é ainda novelo de linha? Um fractal, um interstício, um entre radical, uma dobra, que nos permite ver e viver a imagem em dimensões e frequências diferentes, cada uma delas com suas problemáticas e formas de existência. As imagens fractais, auto-organizadoras, se repetem e, ao se repetirem, se metamorfoseiam. O fractal como imagem do infinito: a imagem como mesmo, dimensão zero, e outro, dimensões múltiplas, infinitesimais.

Notas

[1] Ver Marilena Chaui, "A janela do mundo", in *O olhar*, organizado por Adauto Novaes, São Paulo, Companhia das Letras, 1988.

[2] Sobre alguns dos aspectos do Iluminismo visionário, ver Guy Hocquengheim e René Scherer, *L'âme atomique: pour une esthétique d'ère nucleaire*, Paris, Albin Michel, 1986.

[3] Ver Paul Virilio, "La lumière indirecte", *Communications*, nº 48, 1988.

[4] Ver Pierre Lévy, *As tecnologias da inteligência: o futuro do pensamento na era da informática*, Rio de Janeiro, Editora 34, 1993. Ver também Félix Guattari, *Caosmose: um novo paradigma estético*, Rio de Janeiro, Editora 34, 1992.

Podemos dizer que existem três tipos de imagens-máquinas, tendo em vista a classificação de Foucault e Deleuze, que distinguiram três regimes sociais (sociedade de soberania, sociedade disciplinar, sociedade de controle); a classificação de Guattari, que distinguiu três eras dos equipamentos coletivos de subjetivação (era da cristandade europeia, era da desterritorialização capitalista dos saberes e das técnicas, e era da informatização planetária); e a classificação de Virilio, que distinguiu três regimes das máquinas de visão (era formal, era dialética e era paradoxal). Estas classificações (que se respondem), malgrado seus aspectos um tanto esquemáticos, são ao mesmo tempo históricas, lógicas e programáticas. Sobre a classificação de Foucault e Deleuze, cf. Gilles Deleuze, "A sociedade de controle", in *Conversações*, Rio de Janeiro, Editora 34, 1992. Sobre a classificação de Guattari, cf. "O compromisso bárbaro", publicado neste recolho. Sobre a classificação de Virilio, ver Paul Virilio, *La machine de vision*, Paris, Galilée, 1988. É preciso observar que um mesmo dispositivo imagético pode, tendo em vista o seu uso (agenciamento coletivo), participar de regimes socioimagéticos diferentes.

[5] Sobre essas questões relativas aos regimes socioimagéticos cinematográficos, cf. Gilles Deleuze, *Cinéma 1: l'image-mouvement* e *Cinéma 2: l'image-temps*, Paris, Minuit, 1983 e 1985.

[6] Sobre todos esses aspectos relativos ao cinema como máquina de pensar o tempo, veículo dinâmico que cria visões próprias devido à sua velocidade, reportar-se aos textos dos cineastas da vanguarda europeia dos anos 20, em particular Epstein e Vertov, que já anteciparam alguns das ideias de Virilio sobre as máquinas de visão e suas velocidades específicas como processos de temporalização: Jean Epstein, *Écrits sur le cinéma*, Paris, Seghers, 1974, 2 vols., e Dziga Vertov, *Articles, journaux, projets*, Paris, 10/18, 1972. Ver também Paul Virilio, "O último veículo", *34 Letras*, nº 5/6, set. 1989.

[7] Cf. Gilles Deleuze, *Cinéma 2: l'image-temps*, *op. cit.*, cap. 1, "Para além da imagem-movimento".

[8] Sobre a ideia de uma mônada expandida, cf. Jean-François Lyotard, *L'inhumain*, Paris, Galilée, 1988, cap. "Le temps aujourd'hui".

[9] Ao analisar o modelo linguístico quanto aos mecanismos pelos quais os signos excluem radicalmente toda a referência — "A miragem do referente", in *Pour une critique de l'économie politique du signe*, Paris, Gallimard, 1972 —, Baudrillard entendeu que poderia utilizar esses mesmos modelos "linguísticos" na compreensão da mídia e da imagem como dispositivo privilegiado na lógica da simulação, na qual a realidade não é senão uma miragem, porque já foi capturada antes pelo signo ou imagem. Trata-se de uma concepção despotencializada do simulacro, uma forma de resignação e de desencantamento nostálgico do mundo perdido.

[10] Para esses autores, a virtualidade da imagem de síntese ora é definida em função de seu aspecto tecnológico (ela não reproduz um real preexistente) ora é definida em função de seus aspectos ontológico (autorreferência) e ideológico (interatividade).

[11] Trata-se de uma citação livre de parte do texto de Stan Brakhage, "The Metaphors on Vision", in *Visionary Film: The American Avant-Garde*, Nova York, Oxford University Press, 1974. Toda uma série de pesquisas é realizada hoje no sentido de mostrar que o cinema experimental americano dos anos 50/60 está na base de algumas das principais tendências da videoarte e dos videoclipes. Obviamente, algumas tendências que deram origem à videoarte como as instalações de Paik e de Vostell são tendências que exploram uma característica própria da tecnologia do vídeo que não poderiam jamais ser realizadas em cinema.

[12] Cf. C. Maltese, "Linguagem analógica e linguagem digital", in G. T. Aristarco (org.), *O novo mundo das imagens eletrônicas*, Lisboa, Edições 70, 1990. A oposição analógico/digital é, para Deleuze, um falso problema: o analógico remete a dois tipos de semelhanças: a semelhança produtora e a semelhança produzida. No primeiro caso, a analogia é figurativa, já que nela a semelhança é determinante. No segundo caso, ela

é o resultado de relações completamente diferentes das que é encarregada de produzir, e "surge como um produto brutal de meios não semelhantes". É o que caracterizaria, segundo Deleuze, *uma analogia estética*, propriamente pictural, ao mesmo tempo não figurativa e não codificada. É essa dimensão estética que Lyotard batizou com o nome de *figural*. Deleuze distingue ainda duas formas distintas de digital. O digital que opera por código e programa, e implica operações de homogeneização, segundo um código qualquer, em particular o código binário, e funciona por conversão-transdução de informações. Por outro lado, o digital opera por *código paradoxal*, que se opõe à analogia e a toma por objeto: "ele é a expressão digital da analogia enquanto tal". Cf. Gilles Deleuze, *La logique de la sensation*, Paris, Éditions de La Différence, 1981.

[13] Autores como Merleau-Ponty, Lyotard e Deleuze, tentam pensar o sensível e a sensação como pura alteridade, irrecuperável pelos esquematismos da figura (forma geométrica) e do discurso (linguagem).

[14] Num trabalho inédito e bastante original — *Elementos para a avaliação crítica das interfaces homem-computador*, dissertação de mestrado em Comunicação e Cultura, ECO-UFRJ, 1993 —, Luis C. B. Paternostro mostra que a realidade virtual ao contrário da virtualidade incorporada (PADs, TABs etc.), é, constritiva e só cresce para dentro, enquanto que a virtualidade incorporada libera as forças produtivas. Ver "Realidade virtual & virtualidade incorporada".

I.

NOVAS IMAGENS, NOVOS MODELOS

DA REPRESENTAÇÃO À SIMULAÇÃO: EVOLUÇÃO DAS TÉCNICAS E DAS ARTES DA FIGURAÇÃO

Edmond Couchot

A evolução das técnicas de figuração indica, desde o *Quattrocento*, a constância de uma pesquisa quase obsessiva que visa *automatizar* cada vez mais os processos de criação e reprodução da imagem. Essa preocupação começou, primeiro entre pintores e artistas que, eram também, de fato na época experimentados engenheiros, tais como Brunelleschi, Alberti ou da Vinci. Os efeitos da automatização da imagem, obtidos com o aperfeiçoamento da *perspectiva de projeção central*, foram além dos limites do campo pictórico e se estenderam a outros domínios, tais como as matemáticas, a física e a mecânica, e mesmo a indústria. Essa busca de um automatismo que liberasse cada vez mais o olhar e a mão foi retomada no século XIX por inventores, muitos dos quais também pintores: os fotógrafos. Graças a eles a imagem gerada automaticamente na câmara escura inscrevia-se definitivamente em seu suporte sem nenhuma intervenção manual. Depois da fotografia e do cinema, o qual permitiu o registro automático do próprio movimento e sua reconstituição visual, as técnicas tornaram-se mais e mais complexas e a investigação sobre o automatismo prosseguiu, principalmente através de engenheiros ou técnicos. Nasceu assim a televisão, que acrescentou ao cinema a capacidade de registrar, transmitir e reproduzir simultânea e quase instantaneamente uma imagem em movimento.

DA AUTOMATIZAÇÃO ANALÓGICA À AUTOMATIZAÇÃO NUMÉRICA DA IMAGEM

A automatização das técnicas de figuração não progrediria sem o progresso paralelo do conhecimento dos processos analíticos que permitem decompor a imagem. A busca da automatização foi reforçada, em consequência, por uma outra linha de pesquisa que visava definir, para melhor dominá-lo, o elemento mínimo constituinte da imagem.[1] A fotografia permitira dominar a unidade de imagem obtida a partir de um centro organizador — o furo para a entrada da luz — mas não possibilitara descer abaixo do nível de organização do *plano* (impossibilidade de ter acesso diretamente a cada um dos grãos argênticos da placa sensível). Rapidamente foi possível decompor a imagem em linhas, com o fito de não reproduzi-la ou criá-la mas de transmiti-la. Essa decomposição analítica da imagem fixa em elementos lineares descontínuos e paralelos, realizou-a pela primeira vez Caselli, entre 1855 e 1861. O *pantelégrafo*, máquina elétrica que funciona sob o duplo princípio da varredura e da sincronização — sob esse aspecto incontestável antepassado da televisão — conseguia transmitir imagens em contorno, entre Paris e Lyon, em quinze minutos.[2]

Os pintores contribuíram mais uma vez, a seu modo, para essa pesquisa. O impressionismo e sobretudo o pós-impressionismo, apoiando-se na técnica do divisionismo e do pontilismo, tentaram sintetizar as formas coloridas da pintura a partir da mistura (ótica) de pinceladas de pigmentos puros, pontos de cores justapostos funcionando como constituintes elementares. Mas essa decomposição analítica da imagem, totalmente dependente da mão e do olho, não era ainda automatizável. Foi preciso que se inventasse a trama em fotogravura (técnica "*halftone*") para que se chegasse a uma decomposição automática satisfatória, ao menos tecnicamente, da imagem em pontos. A trama tornava possível a reprodução (não a transmissão) de uma foto em branco e preto com matizes. Os pontos da fotogravura, contudo, não eram ainda elementos verdadeiramente primeiros, atômicos, pois suas formas variavam num *continuum* entre o puro ponto negro e o puro ponto branco.

Ao decompor a imagem móvel, obtida por projeção ótica sobre o fundo fotossensível de uma câmera eletrônica, em finas linhas paralelas, semelhante ao pantelégrafo, a televisão tornava-se capaz de analisar cada ponto de cada linha da imagem e de reconstituir a imagem sob a forma de uma espécie de mosaico luminoso. Esse mosaico era composto de pontos elementares discretos, vermelhos, verdes e azuis (os luminósforos) que, por síntese aditiva, podiam reconstituir qualquer cor do espectro visível. Mas nem sempre era possível controlar o ponto de imagem com perfeita exatidão, agir por exemplo sobre um único ponto, independente dos outros. Faltava ao mosaico eletrônico ser completamente *ordenado*, ao ponto da imagem ser *numerizada*, isto é, indicável exatamente na tela através de coordenadas especiais e cromáticas definidas por um *cálculo automático*.

Essa última etapa na busca do menor elemento constituinte da imagem foi superada graças ao computador. O computador permitia não somente dominar totalmente o ponto da imagem — *pixel* — como substituir, ao mesmo tempo, o *automatismo analógico* das técnicas televisuais pelo *automatismo calculado*, resultante de um *tratamento numérico da informação* relativa à imagem. A procura do constituinte último da imagem concluía-se com o pixel, ponto de convergência, se pode dizer isso, de duas linhas de investigação tecnológica: uma que procurava o máximo de automatismo na geração da imagem; outra, o domínio completo de seu constituinte mínimo. A imagem é, daí por diante, reduzida a um mosaico de pontos perfeitamente ordenado, um quadro de números, uma *matriz*. Cada *pixel* é um permutador minúsculo entre imagem e número, que permite passar da imagem ao número e vice-versa.[3] Ao mesmo tempo, o *pixel* lançava as técnicas numéricas de figuração numa lógica em total ruptura com a lógica figurativa subjacente à imagem gerada até então pelos procedimentos óticos (ótico-químicos e ótico-eletrônicos). A hibridação inesperada de um calculador eletrônico e de uma tela de televisão iria provocar no universo das imagens a mutação mais radical desde o aparecimento — há mais ou menos uns vinte e cinco mil anos — das primeiras técnicas de figuração.

Lógicas figurativas

Pode-se chamar a lógica figurativa ótica de uma *morfogênese por projeção*. Na *camera obscura* a projeção se dá por meio de um raio luminoso que emana do objeto a ser figurado e vem bater no fundo da caixa preta, através do orifício mínimo que desempenha a função de centro de projeção. No dispositivo de anteparo de vidro de Leonardo da Vinci ou do tecido, transparente e estendido, de Alberti, a projeção se faz por meio de um raio imaginário que parte do olho e se reúne a cada ponto do objeto, depois de ter interceptado o plano da vidraça ou do pano (na verdade, esse raio percorre o caminho inverso ao da luz). O olho funciona então como centro de projeção e deve permanecer necessariamente imóvel. O pintor traça manualmente a lápis os contornos do objeto, percebido através do anteparo de vidro ou do tecido, nesses suportes. O princípio da fotografia permanece idêntico ao da *camera obscura*, com a diferença que o orifício é substituído por uma objetiva, comportando em geral inúmeras lentes, sendo o fundo polido substituído por uma película ou placa sensível à luz, o que permite o registro automático da imagem. Quanto à construção geométrica de uma figura tridimensional imaginária a ser rebatida no espaço bidimensional de um quadro, ela se apresenta como um sistema isomorfo em relação aos procedimentos precedentes (por exemplo, as operações perspécticas do *quadrado de base* de Alberti ou, mais tarde, os da geometria projetiva.[4]

A morfogênese por projeção implica sempre a presença de um objeto real preexistente à imagem. Cria uma relação biunívoca entre o real e sua imagem. A imagem se dá, então, como representação do real. A imagem traz do real a marca luminosa, permanente, morfogeneticamente estável, capaz de perdurar no tempo e ser apresentada de novo — re-presentada — indefinidamente. A imagem estabelece uma junção entre dois momentos do tempo, aquele em que foi captada (feita à mão[5] ou registrada automaticamente pela câmera fotográfica) e aquele em que é contemplada. A lógica figurativa ótica estabelece, portanto, uma relação particular entre o espaço e o tempo, torna-os homogêneos. Representar é poder passar de um ponto qualquer de um espaço em três dimensões a seu análogo (seu "transformador") num espaço de duas dimensões. Mas estabelece também uma relação imediata entre o objeto a figurar, sua imagem e quem organiza o encontro de ambos. A Representação alinha, no espaço e no tempo, o Objeto, a Imagem e o Sujeito. Ela opera, como diz Panofsky, "a transposição do espaço psicofisiológico em espaço matemático, em outras palavras, a objetivação do subjetivo".[6] A relação entre os três termos não muda quando se trata de um objeto — personagem, cena, paisagem — totalmente imaginado pelo pintor: ele pinta esse objeto como se estivesse *realmente* diante dele; é a esse preço que dará ao espectador a ilusão do real, objetivo permanente da Representação.

O aperfeiçoamento, em precisão e rapidez, da morfogênese da imagem e de seu registro, impulsionou toda a dinâmica em busca do automatismo analógico. A perspectiva foi um momento decisivo na história desse automatismo. Concretamente, permitiu aos pintores seja reproduzirem à mão, na superfície do quadro, por meio de engenhos diversos (*camera obscura*, anteparo de vidro, pano semitransparente esticado, aparelhos com direcionamento ótico-mecânico, "perspectivadores" etc.) os contornos de um objeto ou de uma cena pertencente ao mundo real, seja reconstituir, devido a um jogo de novas regras geométricas, na mesma superfície, uma cena ou um objeto imaginários, dando uma ilusão precisa de profundidade.

A fotografia inscreveu-se exatamente no caminho aberto pelo Renascimento. Foi apenas, talvez, um aperfeiçoamento da *camera obscura*, mas esse aperfeiçoamento permitiu estender a automatização até a própria inscrição da imagem. Enquanto era necessário a um pintor um longo tempo para refazer à mão, no fundo de uma *camera obscura* ou num anteparo, os contornos da imagem a ser reproduzida, bastavam algumas frações de segundos para capturar a imagem no suporte argêntico da fotografia. À automatização do registro da fotografia ainda acrescentou-se, graças à invenção do negativo, a automatização da reprodução da imagem original.

Com a fotografia, a própria Representação se automatiza. Essa automatização, paradoxalmente, em vez de liberar do real a fotografia, como pôde fazê-lo a perspectiva no quadro mais "realista", jamais conseguiu que se descolasse dele ("A fotografia adere ao real", dizia Barthes). Marca instantânea do real, a foto prende-se para sempre ao real através dos fios invisíveis da luz. Da mesma forma, traço de um instante privilegiado — a pose que reuniu no mesmo lugar o objeto a ser fotografado, sua imagem e o fotógrafo —, ela adere também ao tempo, inscreve-se em seu fluxo, em sua cronicidade. A foto reenvia perpetuamente (e por vezes deliciosamente) ao presente da pose, num ir e vir vertiginoso entre o presente-presente daquele que a contempla e o presente-passado da pose. De maneira geral, todas as operações da figuração fundadas na ótica geram imagens que "colam" ao real, imagens das quais cada ponto está ligado ao real pela lógica projetiva da representação. Imagens das quais cada ponto registra e fixa o Real.

Modelos morfogenéticos

As técnicas figurativas não são apenas meios para criar imagens de um tipo específico, são também meios de perceber e de interpretar o mundo. Propõem verdadeiros *modelos morfogenéticos* e destes modelos decorrem suas propriedades lógicas.[7] Desse modo, a lógica da Representação procede principalmente do modelo perspectivista, capaz ao mesmo tempo de reproduzir o mundo e de fornecer dele uma "visão" particular, no mais amplo sentido. Como se viu, esse modelo geral que fixava o "quadro espacial da representação", segundo a expressão de Pierre Francastel, podia ser tecnológico (assim como a totalidade dos aparelhos usados pelos pintores) ou geométrico (de natureza abstrata), concorrendo os dois aspectos para uma concepção comum e homogênea do mundo e de sua representação.[8] Ambos aderiram também, de uma certa maneira, ao real. A posição do olho no cimo da pirâmide visual, o alinhamento do sujeito, da imagem e do objeto copresentes no ato da representação pictórica eram parte integrante do real. Da mesma forma, os traçados reguladores, as construções do *quadrado de base*, do ponto ou dos pontos de fuga, se não tinham a mesma espessura de realidade concreta dos dispositivos tecnológicos, continuavam sendo, se não pintura, pelo menos traços materializados consubstanciais à imagem.

As técnicas fotográficas, fotomecânicas, cinematográficas e televisuais que vieram depois não somente alteraram o modelo vigente desde o *Quattrocento*, como o levaram à máxima eficácia: conquista do movimento com o cinema, conquista da instantaneidade e da simultaneidade da geração de imagem, de seu registro e de sua transmissão com a televisão, que suprime o prazo de registro da imagem próprio ao cinema e opera uma aproximação definitiva entre a imagem e o real, o momento de sua captura e o momento de sua re-presentação. São idênticos, contudo, os processos morfogenéticos de formação de imagem a partir de uma emanação luminosa; idêntica a aderência ao real. (Nesse sentido, a televisão vai além de representar: ela *sobrerrepresenta*). A televisão faz com que a imagem se cole diretamente ao real, através do espaço e do tempo, mas essa contiguidade só é possível porque o enquadramento espacial e temporal (automático) da imagem,[9] imposto pelas tecnologias da Representação, não se modificou. Lembremos que os princípios da televisão foram concebidos em meados do século XIX.

A ORDEM VISUAL NUMÉRICA

Com as tecnologias numéricas, a lógica figurativa muda radicalmente e com ela o modelo geral da figuração. Ao contrário do que se poderia prever, o *pixel*, sendo um instrumento de controle total, torna na verdade bem mais difícil a morfogênese da imagem. Enquanto para cada ponto da imagem ótica corresponde um ponto do objeto real, nenhum ponto de *qualquer objeto real preexistente* corresponde ao *pixel*. O *pixel* é a expressão visual, materializada na tela, de um cálculo efetuado pelo computador, conforme as instruções de um programa. Se alguma coisa preexiste ao *pixel* e à imagem é o *programa*, isto é, linguagem e números, e não mais o real.[10] Eis porque a imagem numérica não representa mais o mundo real, ela o *simula*. Ela o reconstrói, fragmento por fragmento, propondo dele uma visualização numérica que não mantém mais nenhuma relação direta com o real, nem física, nem energética.

A imagem não é mais projetada, mas *ejetada* pelo real, com força bastante para que se liberte do campo de atração do Real e da Representação. A realidade que a imagem numérica dá a ver é uma outra realidade: uma realidade sintetizada, artificial, sem substrato material além da nuvem eletrônica de bilhões de microimpulsos que percorrem os circuitos eletrônicos do computador, uma realidade cuja única realidade é *virtual*. Nesse sentido, pode-se dizer que a imagem-matriz digital não apresenta mais nenhuma aderência ao real: libera-se dele. Faz entrar a lógica da figuração na era da Simulação. A topologia do Sujeito, da Imagem e do Objeto fica abalada: as fronteiras entre esses três atores da Representação se esbatem. Eles se desalinham, se interpenetram, se hibridizam. A imagem torna-se imagem-objeto, mas também imagem-linguagem, vaivém entre programa e tela, entre as memórias e o centro de cálculo, os terminais; torna-se imagem-sujeito, pois reage interativamente ao nosso contato, mesmo a nosso olhar: ela também nos olha. O sujeito não mais afronta o objeto em sua resistência de realidade, penetra-o em sua transparência virtual, como entra no próprio interior da imagem. O espaço muda: virtual, pode assumir todas as dimensões possíveis, até dimensões não inteiras, fractais. Mesmo o tempo flui diferente; ou antes, não flui mais de maneira inelutável; sua origem é permanente "reinicializável": não fornece mais acontecimentos prontos, mas *eventualidades*. Impõe-se uma outra visão do mundo. Emerge uma nova ordem visual.

À semelhança da imagem ótica, a imagem digital recorre a modelos morfogenéticos. Mas os modelos da simulação numérica pertencem a uma outra ordem, diferente dos modelos da representação ótica. Não são mais nem materiais, concretos, maquínicos (como a *camera obscura*), nem consubstanciais à imagem (como os traçados reguladores da perspectiva). São abstratos e provêm do domínio científico: das chamadas ciências "duras", como as matemáticas, a física, a química, as ciências da vida, como a botânica, a medicina, a neurologia, mas também das ciências humanas, como a psicologia cognitiva, a linguística etc. Por que tão grande número de modelos para mostrar, afinal, apenas imagens? Porque a lógica da Simulação não pretende mais representar o real com uma imagem, mas sintetizá-lo em toda sua complexidade, segundo leis racionais que o descrevem ou explicam. Procura recriar inteiramente uma realidade virtual autônoma, em toda sua profundidade estrutural e funcional. Dessa maneira, criar a imagem (de animação) de um sol se pondo, num mar agitado por ondas, será recriar numericamente um mundo virtual aonde os raios vêm se refletir na superfície da água de acordo com as leis próprias da luz, aonde as ondas se deslocarão de acordo com as leis da hidrodinâmica. Simular visualmente a evolução de um cardume de peixes em seu meio natural será aplicar modelos de comportamento animal capazes de explicar as mútuas interações entre os peixes, suas relações a eventuais predadores, diversos tropismos etc.

A exemplo das técnicas figurativas óticas, as técnicas figurativas numéricas são também interpretações do mundo, mas interpretações acentuadamente teorizadas, argumentadas, *formalizadas*, mesmo quando não o são, em numerosos casos, segundo os princípios da lógica formal e das matemáticas. Elas substituem o real "bruto", originário — o real que a imagem ótica pretende representar — por um real secundário, refinado, purificado no cadinho dos cálculos e das operações de formalização. Não se trata mais, então, de fazer a imagem representar um real reorganizado pela superfície do espelho, pelo orifício da câmera escura ou pela varredura da câmera eletrônica. Não se trata mais de figurar o que é visível:[11] trata-se de figurar aquilo que é *modelizável*. Chega-se, nesse ponto, à nova e fantástica potência da figuração numérica e, simultaneamente, a seus limites uma vez que a imagem numérica *só pode* figurar aquilo que é modelizável.

O artista e seus modelos

As relações entre o artista e seus modelos sempre foram contraditórias e conflituadas. Os modelos se impõem ao artista como regras reconhecidas e compartilhadas a serem seguidas, fornecendo-lhe poderosos meios de criação e, através disso, fixando limites a sua liberdade. Bastou que a perspectiva aparecesse para os pintores não pararem de desviar ou distorcer seus princípios para melhor submetê-los a seus projetos.[12] No entanto, entre o *Quattrocento* e o início do século XX, inúmeras escolas, correntes, estilos artísticos floresceram e se extinguiram sem que, no conjunto, o modelo morfogenético subjacente ao quadro espacial da Representação e sua lógica figurativa tenha deixado de funcionar. Tratava-se essencialmente para a pintura de imitar a natureza tal como esta se mostrava através do dispositivo perspéctico, de imitá-la em suas formas e aparências (especulares) mas também em sua verdade. Pintar obedecendo às leis da perspectiva era imitar a imagem criada naturalmente pelo espelho e conformar-se, desta maneira, à verdade.[13] A imagem fotográfica também aparecerá como uma espécie de apoteose da Representação: com ela, a própria natureza se autorreproduzia e se imitava, não fazendo o fotógrafo mais que propiciar o encontro entre a natureza e a câmera escura. (Daí terem os pintores impressionistas buscado para a pintura um registro pictórico mais arejado mas que não escapava da lógica da Representação: o privilégio atribuído desde então à impressão primeira, originária, ao instante quase sagrado no qual o pintor pousa seu olhar sobre o mundo).

As novas técnicas de figuração automática (cinema e televisão) não conseguiram alterar o quadro espacial da representação clássica — a perspectiva e suas imposições fotogeométricas —; elas não podiam fazê-lo, pois se inscreviam na mesma lógica figurativa, mas os pintores cubistas sim. Colando no quadro fragmentos do próprio real (pedaços de papel, jornais, tecidos, cartas de baralho, cacos de espelho etc.), suprimindo qualquer ponto de vista privilegiado, hierárquico, deram do real uma imagem fragmentada, partida, biplanar mais próxima da mão que do olho. Com o cubismo, tudo se passou como se os pintores tivessem feito voar aos pedaços o anteparo de vidro de da Vinci, no qual o mundo vinha projetar sua imagem ordenada. Como se o próprio real se projetasse no plano do quadro para nele se esmagar, como se tendesse a *incorporar-se* ou substituir-se à imagem, a inscrever, da maneira mais direta possível, sua própria materialidade na tela, sem a mediação de qualquer emanação luminosa organizada. Como se tratasse de *apresentar* o real e não mais de *representá-lo*. E foi exatamente essa ambição que caracteriza a maior parte da arte depois do início do século. A Representação cedia seu lugar, no domínio da arte, (o da imagem não automática), à presentação.

Desde então a pintura não procura mais remeter a uma realidade comum, fora dela mesma, a uma natureza e a sua verdade, ela se dedica essencialmente à remeter à sua própria realidade, a sua própria substância, singular, temporária, nem verdadeira nem falsa: presente, embora permaneça, ainda assim, na órbita da Representação. A topologia do Sujeito, do Objeto e da Imagem não mudava fundamentalmente: os três termos continuavam ainda em posição de confronto,[14] embora a distância entre o Objeto e a Imagem, instituída pelos dispositivos óticos, tenha sido abolida. Tratava-se ainda para o artista de compor a partir de modelos que lhe propunham uma projeção do real, distanciada ou imediata, que exigiam que o real preexistisse à imagem, (no caso da representação perspectiva ou fotográfica), ou que real e imagem coexistissem, como no caso da pintura não figurativa ou abstrata, na qual o real figurado torna-se a própria pintura, seu pigmento, sua matéria, sua textura.

Uma arte de hibridação

No que, então, as técnicas de figuração numérica modificam alguma coisa na arte? Elas o fazem na medida em que são empregadas para controlar todas as imagens automáticas (fotografia, cinema, televisão) pois estas serão, a curto ou médio prazo, transmutadas em números para poderem ser registradas, tratadas, difundidas, conservadas, manipuladas:, o destino da imagem é daqui em diante numérico. Essas técnicas não podem deixar de interessar artistas à procura de novas experiências e de novas investigações perceptíveis. Aliás, elas já conquistaram alguns desses artistas. Ora, enquanto as técnicas óticas os levaram a representar o real ou a questionar essa representação e a recusar indefinidamente essa alternativa, as técnicas de síntese os convidam, a partir de agora, a simulá-lo. Não se trata mais para eles de aplicar um modelo relativamente unitário, ligado diretamente ao mundo, funcionando em analogia profunda, em "simpatia" com o real.[15] Trata-se de compor através de um universo de modelos cada vez mais numerosos, cada vez mais sofisticados, cada vez mais formalizados e racionalizados, mas também cada vez mais fragmentados e especializados. A dificuldade não provém apenas de serem esses modelos de natureza essencialmente matemática, logo pouco acessível ao comum dos mortais, sobretudo aos artistas. É preciso, quanto a isso, dissipar um mal-entendido.

Como se pôde constatar, nem todos os modelos de simulação numérica são de natureza matemática. Se devem ser formalizados com rigor para serem traduzidos em linguagem de computador e funcionarem, essa formalização não passa necessariamente, ao contrário de uma ideia amplamente difundida, pela via real das matemáticas. A submissão de modelos numéricos unicamente às matemáticas e à lógica formal é relativa. Certos modelos utilizados em inteligência artificial (simulação de raciocínio) dirigem-se resolutamente para as ciências humanas.[16] *A arte numérica não é uma arte do cálculo*. Além disso, a própria noção de modelo evolui com o numérico. Os modelos de simulação numérica podem ser dotados de certa plasticidade, tornam-se suscetíveis de modificação, dependendo das exigências do experimentador. Este vai poder agir sobre o processamento do programa, com frequência "em tempo real" (quase instantaneamente) e mudar alguns de seus parâmetros, alguns dados, algumas instruções.

Através do modo *interativo* ou *conversacional*, o modelo abre-se ao mundo exterior e deixa de funcionar em circuito fechado. É possível então, agindo sobre a imagem, agir sobre o próprio modelo e, em decorrência disso, sobre a realidade virtual por ele simulada. A interatividade permite testar o modelo, modulá-lo. Permite que o experimentador, como diz Mario Borillo, "participe com a parte implícita ou ambígua de seu saber — isto é, uma parte não formalizada de seu discurso científico — na elaboração formal global que é concretizada pela informática".[17]

Certamente, a interatividade agiliza e enriquece bastante a relação homem/máquina, possibilitando um controle permanente dos modelos — ou pelo menos um controle frequente, já que uma eficaz interação no domínio da imagem exige grande poder de cálculo — mas ela não modifica a natureza dos modelos que permanecem interpretações argumentadas do mundo, filtradas pelo conhecimento científico. Se a Representação buscava, ao penetrar na natureza para além das aparências, remontar até o inteligível para, por sua vez, torná-lo visível, a Simulação só pode tornar visível o que de antemão é inteligível. Ela não tolera opacidade alguma, nenhum mistério. No momento em que o virtual se substitui ao real, a Simulação exclui toda comunhão entre o real e o artista. A própria inteligência do homem, sua faculdade de raciocinar, de aprender, talvez sua emotividade (pelo menos de alguns de seus mecanismos) começam a ser modelizadas, programadas. A automatização ganha o próprio pensamento.

O problema para o artista que se limita a manipular instrumentos se não inteligentes, pelo menos oriundos das tecnociências, é o de mudar a destinação originária desses modelos que são concebidos para produzir *conhecimento* e não arte, de transformar as certezas das ciências em incertezas da sensibilidade, em gozo estético, e esse excesso de clareza, em sombra. De fazer acordos, também, com uma e com outra. Ele terá de transcender os modelos colocados à sua disposição, ou que ele próprio imagina, ir além de sua acumulação tecnológica, não exibir — como se vê muitas vezes em manifestações dedicadas à imagem digital, em que é raríssima a presença de autênticos criadores — puras técnicas de modelização, mesmo se entupidas de inteligência artificial.[18] Uma soma de modelos não resulta em obra de arte. Os modelos numéricos são para o artista meios poderosos e limitadores: ela terá que arrancá-los de sua performatividade científica e técnica, interpretá-los e traduzi-los em seu próprio sistema simbólico.

Arte dos modelos de simulação, sem dúvida, a arte numérica é antes de tudo uma arte da Hibridação. Hibridação entre as próprias formas constituintes da imagem sempre em processo, entre dois estados possíveis, — diamórficos,[19] metaestáveis, autogerados. Hibridação entre todas as imagens, inclusive as imagens óticas, a pintura, o desenho, a foto, o cinema e a televisão, a partir do momento em que se encontram numerizadas. Hibridação entre a imagem e o objeto, a imagem e o sujeito, — a imagem interativa é o resultado da ação do observador sobre a imagem — ele se mantém na interface do real e do virtual, colocando-as mutuamente em contato. Hibridação ainda entre o universo simbólico dos modelos, feito de linguagem e de números, e o universo instrumental dos utensílios, das técnicas, entre *logos* e *techné*. Hibridação enfim entre o pensamento tecnocientífico, formalizável, automatizável, e o pensamento figurativo criador, cujo imaginário nutre-se num universo simbólico da natureza diversa, que os Modelos nunca poderão anexar. Desta forma, a ordem numérica torna *possível* uma hibridação quase orgânica das formas visuais e sonoras, do texto e da imagem, das artes, das linguagens, dos saberes instrumentais, dos modos de pensamento e de percepção. Esse possível não é forçosamente provável: tudo depende da maneira pela qual especialmente os artistas farão com que as tais tecnologias se curvem a seus sonhos.

Tradução de Rogério Luz

Notas

[1] Trata-se de um constituinte físico, perceptível e não de um constituinte semântico.

[2] Ver a respeito e, mais em geral, quanto à passagem das técnicas óticas às técnicas numéricas: Edmond Couchot, *Images, de l'optique au numérique*, Paris, Hermés, 1988.

[3] Uma foto, um desenho, uma pintura, um filme ou um vídeo podem ser, por exemplo, *numerizados*, o que permitirá tratá-los também através do cálculo, como verdadeiras imagens digitais. Mas a partir do momento em que a imagem é *numerizada*, toda ligação direta com o real desaparece.

[4] Sobre isso, cf. Erwin Panofsky, *La perspective comme forme symbolique*, Paris, Minuit, 1975.

[5] No caso, por exemplo, do retrato pintado de uma personagem, esse instante — constituído, na verdade, por uma soma de instantes — será aquele em que essa personagem veio posar *em pessoa* para o pintor.

[6] *Op. cit.*, p. 159. Sobre as articulações do sujeito, do objeto e da imagem, ver E. Couchot, "Sujet, objet, image", in *Nouvelles images, nouveau réel*, Cahiers Internationaux de Sociologie, V, LXXXII, Paris, PUF, 1987.

[7] Seria necessário distinguir os modelos estritamente morfológicos dos modelos que incluem conteúdos simbólicos (remetendo à mitologia, religião, história, sociedade, sentimentos etc.), embora um modelo morfológico tal como a perspectiva possa ter "ressonâncias" simbólicas, como bem demonstrou Panofsky na obra citada. Existem também modelos "distributivos" que regulam a maneira pela qual as imagens são distribuídas — socializadas — em determinada sociedade (difusão, conservação, reprodução etc.) e que produzem efeitos sobre a própria morfogênese das imagens.

[8] Apesar de diferentes interpretações teóricas da perspectiva, apaixonadas mas em geral pouco importantes, elaboradas pelos pintores até meados do século XVII.

[9] Em contrapartida, ele se modificou, na pintura, desde o início do século, acarretando uma mutação estética em relação à Representação que se prolongou até as artes visuais usuárias das técnicas óticas (fotografia, cinema, televisão).

[10] Isso é verdade também para qualquer imagem gerada por procedimentos óticos tradicionais ou manuais, tais como a pintura, uma vez que essas imagens são *numerizadas*.

[11] Muitas vezes com a intenção de ir além do visível, de exprimir o invisível, o inteligível.

[12] Surgiram inúmeras teorias do ponto de fuga, do ponto de vista, do ponto de distância, a perspectiva curvilínea, a perspectiva axonométrica, a anamorfose etc.

[13] Da Vinci considerava o espelho o mestre dos pintores.

[14] O ponto de vista não é suprimido, mas, ao contrário, multiplicado, o que faz com que perca a centralidade.

[15] Modelo ainda majoritário pois é pressuposto, atualmente, por todas as técnicas de figuração ótica (fotografia, cinema e televisão) — ocupando as artes plásticas uma posição marginal, dominada por uma lógica da presentação que conduz à aderência sem distanciamento ao real, às suas peripécias, aos seus *flashes*, aos acontecimentos, à sua encenação midiática (a cena tela eletrônica).

[16] Ver sobre o assunto Jean-Gabriel Ganascia, *L'âme-machine: les enjeux de l'intelligence artificielle*, Paris, Seuil, 1990, cap. 3.

[17] In *Informatique pour les sciences de l'homme*, Paris, Pierre Mardaga, 1984, pp. 31-2.

[18] Não são obras o que se expõe, mas demonstrações técnicas, as "*démos*", como dizem (em francês) os especialistas. Quando um anunciante decide realizar um filme em imagens digitais, pela qual paga muito caro, essas imagens têm por único objetivo traduzir, não uma bela e simples ideia, mas o aspecto *high tech* do procedimento e todo um jogo estereotipado de símbolos que lhe são atribuídos, é preciso exorcizar "*le démon de la démo!*" (o demônio das "*démos*"!).

[19] Nesse sentido vai-se da metáfora, que é uma transposição da coisa, imutável, à metamorfose ou, mais precisamente, à diamorfose ou movimento do intervalo.

NOVAS IMAGENS: EFEITOS E MODELOS

Rogério Luz

Descobertas no domínio tecnocientífico modificam o alcance e a função da imagem em nossa civilização urbana. Elas incidem sobre as formas de sentir e pensar do homem comum.

As imagens criadas em computador têm sido usadas correntemente em filmes de ficção ou publicitários, em créditos e em vinhetas na televisão; o sujeito que as consome é um espectador. Nos programas interativos com imagens através de comandos — nos *videogames*, por exemplo — ele se torna um usuário. Transforma-se, enfim, num "experimentador" quando se insere no mundo virtual de imagens em terceira dimensão.

A realidade virtual que as novas imagens elaboram implica um diferente reencadeamento do sujeito com o mundo material e humano, num espaço-tempo simulado. Esse reencadeamento põe entre parênteses o acontecimento em sua historicidade, para guardar do sujeito apenas a lógica de suas operações e a capacidade de decidir numa situação de indeterminação controlada. A situação do corpo e suas atuações perceptivas e motrizes estão previstas no programa. Isto é, um corpo empenha seus esquemas sensório-motores na resposta a contextos virtuais de ação e percepção.

Opera-se hoje, através do computador, com uma inteligência matemática produtora de imagens "irreais" ou "imateriais". Instância, portanto, de criação de imagens, posta a serviço da imaginação científica, estética ou lúdica.

Qual tem sido o papel do intelectual no debate sobre o alcance cultural dessa invenção tecnológica?

Em primeiro lugar, ênfase na radical novidade de tais procedimentos. Privilegia-se o sentido de ruptura do fenômeno, abandona-se uma concepção continuísta da história das formas de representação, marca-se a abolição do passado e da tradição para melhor pensar o novo e agir valorativamente sobre ele.

Em segundo lugar, alerta quanto aos efeitos da novidade radical. O chamado avanço tecnológico é uma tradicional fonte de otimismo irresponsável e supõe a crença ingênua num indefinido progresso da humanidade. Ora, esse avanço pode constituir, ao contrário — no caso, com o poder "tóxico" que têm as imagens digitais de envolver o sujeito em um mundo paralelo, autorreferente e idiossincrásico — mais uma ameaça à socialidade e à formação da consciência democrática.

Gostaria de examinar duas das suposições que alicerçam esse tipo de compreensão da realidade virtual criada pelas novas técnicas de produção de imagem. A primeira é relativa aos efeitos das novas imagens sobre a sociedade, a segunda diz respeito à maneira de conceber a relação delas com o mundo real.

Efeitos

Afirma-se que essas tecnologias terão cada vez mais influência (efeitos de mudança) sobre os modos de intelecção (conceito de visibilidade e visibilidade do conceito), sobre a gestão do espaço e do tempo (desconexão das sensibilidades quanto ao corpo "situado"), sobre as relações do sujeito consigo mesmo e com os outros (reviravolta ética e estética das vontades). Pergunta-se, então, tomando como causa de mudança o avanço tecnológico, sobre os efeitos que este terá sobre o corpo social. Portanto, autonomia da tecnociência, motor da história, e problemática dos efeitos.

Supõe-se ainda que uma nova tecnologia provoca o surgimento de uma nova linguagem, e esta afeta as condições de exercício do pensamento. Fecha-se o círculo que vai da tecnociência, como causa, à mais alta expressão daquilo que a tornou possível.

Acredito, antes, que determinadas configurações de força na sociedade busquem operar a tecnologia de modo a implementar e dinamizar novos regimes de pensamento, de sentimento e de percepção. Durante esses processos de transformação, marcam-se diferenças: os processos se abrem a um destino não previsível.

O exemplo do cinema é significativo: invenção científica e diversão de parque, tornou-se uma fábrica de contar estórias e uma indústria de produção de consenso. O exame do que representava como avanço tecnocientífico é insuficiente para compreender seu desdobramento em uma nova instância narrativa que multiplicou tempos, espaços e pontos de vista.

A partir de lugares de produção de sentido, novas modalidades discursivas e conceituais atravessam, durante fases mais ou menos longas, todo um domínio cultural, demandando um deslocamento coletivo de posições de sujeito nesse domínio. Posições de mando e de enunciação, como para Alice em *Através do espelho*:

"— Quando uso uma palavra — disse Humpty Dumpty em tom escarninho — ela significa exatamente aquilo que eu quero que signifique... nem mais nem menos.

— A questão — ponderou Alice — é saber se o senhor pode fazer as palavras dizerem coisas diferentes.

— A questão — replicou Humpty Dumpty — é saber quem é que manda. É só isso."[1]

Dizer e pensar se articulam às posições de poder que convocam a tecnologia e solicitam seu desenvolvimento antes de serem determinadas por ela.

De modo geral, é preciso inserir as novas descobertas no movimento mais amplo de mutação de parâmetros de representação simbólica e de ação comunicativa. Por si só, a imagem digital simulada não indica mutação alguma em relação à imagem ótica analógica. A realidade virtual das imagens computadorizadas é um dentre os sintomas daquele movimento. São imagens dependentes de modificações sofridas pelo próprio estatuto da imagem no Ocidente, que encontram sua origem no Renascimento. R. Arnheim[2] assinala a ambiguidade da construção da imagem sob o modelo da perspectiva central: resolver problemas internos da representação figural do mundo, por um lado; por outro, fornecer um poderoso meio de observação da natureza através de um procedimento radicalmente convencional, matematizante, que nenhuma outra cultura foi capaz de produzir. Ao abordar a perspectiva renascentista, Maltese adverte: "Se se estudar atentamente seu funcionamento, seu mecanismo geométrico conceitual, perceber-se-á que ele é uma convenção, que também ele é uma linguagem em que somente uma parte (fracionamento de certas grandezas, segundo certas regras, que não são por isso coincidentes com as regras da percepção visual), somente essa fração é analógica, enquanto que a linha em si mesma, ou as linhas retas, ou as curvas que possam estar distribuídas no espaço através da perspectiva renascentista são, por si mesmas, não só analógicas, de um certo ponto de vista, mas também digitais. E mais ainda do que digitais, são simbólico-substitutivas".[3]

Figurar para a sensibilidade e dizer através do número. Essa ambiguidade, resolvida diferentemente a cada etapa de nossa civilização, marca a história das soluções de compromisso — convergência, oposição — entre arte e ciência, ou entre experiência subjetiva e experimentação do mundo. Ao distinguir duas categorias de pensamento simbólico — o conceitual e o figural — S. Langer procurou elaborar tal dualidade, inscrevendo, no registro do conhecimento, a dignidade das figuras da sensibilidade e do sentimento ao lado das proposições verdadeiras.[4]

Examinar, portanto, no campo do dizer e do figurar, os complexos estados de cultura onde vêm se inscrever os múltiplos papéis que neles desempenha a imagem digital, para investigar as condições de seu uso, de seu trajeto nos circuitos de sentido, de seu reinvestimento nas redes de sociabilidade. Porque as inovações tecnológicas na área da imagem permeiam a trama de agenciamentos que articulam, num dado estado e momento sociais, sujeitos, figuras e mundos possíveis. Nessa trama podemos reconhecer tendências de suspensão, de reversão e de transformação nas relações sociais, nos pressupostos institucionais, nas expectativas societais.

É verdade que o conjunto de cidadãos sofre sem controle — quanto a verbas, agenciamento de pessoal, direcionamento das pesquisas — as decisões de cientistas e tecnocratas. Mas esse conjunto não é massa passiva, a entrar em cena depois de resolvidos os lances principais, de que sofreria ou, pior, seria o efeito. A noção mesma de linearidade das causas deve ser posta em causa. Se pensarmos como autônomas as novas tecnologias de produção de imagens "irreais", arriscamo-nos a consagrá-las como causas de mudança, causas que é preciso compreender para controlar e, depois de idealmente neutralizados seus efeitos perniciosos, aceitar e promover.

Ora, é preciso antes articular as técnicas de produção da imagem — dos bisontes das cavernas às montanhas fractais — a estados de cultura nos quais a imagem produz diferença. Diferença na experiência figural do tempo e do espaço e no pensamento que a cada momento é possível produzir sobre ela. Perto de nós, creio que o cinema foi exemplo espetacular, em escala de massa, dessa diferença.

Considerar a dinâmica das múltiplas configurações sociais evitaria, portanto, tomar as novas imagens como integrantes de um domínio tecnocientífico à parte, produtor de "efeitos", bons ou maus, na sociedade. Evita-se com isso também atribuir a essas imagens uma novidade tão radical que torne impossível confrontá-las com a história da imagem e seu papel nos rituais, nas artes e nas ciências. E isso nos conduz ao segundo pressuposto que sustenta um certo discurso sobre a imagem digital.

Modelos

Diz-se que a imagem digital não é indício, obtido em contiguidade com o real, e cópia, submetida ao princípio de analogia, de uma coisa, objeto ou ser do mundo, isto é, de uma realidade encontrada, por meio de dispositivos psicofisiológicos, que guiam o uso da sensibilidade e da motricidade, no ambiente imediato do sujeito percipiente. Ela é imagem lógica, sua realidade é a realidade de sua própria idealidade. Imagem dada, embora, à visão, imagem plenamente perceptível, ela não é porém marca ou repetição de um real empírico, ela não traz o grão ou o resíduo de real próprio à imagem ótica, a qual é em tudo sujeita ao acontecimento, ao irracional e ao casual que contagia nossa mais vigilantes percepções.

O argumento é curioso, se nos lembrarmos da denúncia feita pela vanguarda dos anos sessenta à narrativa do cinema de ficção clássico, em especial o americano. A famosa "impressão de realidade", a transparência de um espaço-tempo quase real, teria sido obtida e amplificada pelo ocultamento dos processos de produção do filme como instância discursiva. Essa crítica enfatizou, até o excesso, o caráter culturalmente construído da imagem ótica. Componente de sentido, essa imagem estava ética e politicamente comprometida com uma certa maneira de pensar o mundo que permeava o processo técnico de sua obtenção, o registro indicial do real ali presente diante da câmera de filmar. O pretenso registro e a transmissão de um real imediato não era mais que lance ideológico no interior de uma estratégia de naturalização do discurso. Eis que agora, para diferenciar a imagem ótica da imagem digital, atribui-se novamente à primeira um pacto com o mundo objetivo, através de uma literal "impressão" de realidade registrada diretamente sobre um suporte material, que faz da presença face a face de sujeito e objeto um princípio de análise. Seria esse aspecto técnico, empírico e material, a tal ponto relevante que tornaria anacrônica a linguagem de arte do cinema como forma de invenção do real?

Ora, a imagem — e não somente a imagem numérica — é signo, elemento de escrita, componente de linguagem e modelo de mundo possível, e não atestação cega ou reprodução evanescente de uma realidade atual. A multiplicidade de suas funções sígnicas conferiu à imagem, ao longo da história, um papel de primeira importância na transmissão da cultura através do jogo, da arte, dos rituais mágicos e religiosos, dos saberes práticos, míticos ou científicos acumulados nos diversos campos do conhecimento.

Segundo I. Lotman,[5] é por meio de modelos de tipo hipotético-dedutivo, por meio de instrumentos lógico-matemáticos, que trabalham e progridem as ciências ditas exatas. Outros regimes modelizantes, extremamente complexos e inseridos em inumeráveis situações comunicativas cotidianas são os jogos e as realizações artísticas. Esses jogos e essas realizações mantêm com o conhecimento uma relação específica. Haveria, no dizer de Lotman, três grandes tipos de modelização do mundo através de linguagens: o modelo científico, o lúdico e o estético. Três simulações de mundo possível, em que a imagem ocupa funções diferenciadas. A ciência elaboraria modelos "como as coisas"; o jogo, "como a ação prática"; a arte, "como a vida".

Inserir as imagens digitais em circuitos mais amplos de sentido — para além das características técnicas necessárias à sua obtenção — é entender seu uso como instrumento de novas maneiras de pensar o mundo e o sujeito. As mutações nas relações entre imagem e pensamento não pertencem ao regime reservado da tecnociência nem são provocadas por ele. Há quem pense que as ciências exatas possuem a chave dessas mutações e podem orientar, através da aplicação técnica, sua disseminação a todo o "conjunto do corpo social".

Colocado o problema dessa maneira, convocam-se os artistas, representantes da intuição e da sensibilidade, para que resgatem valores "humanos" potencialmente existentes na técnica. Apela-se para um voluntariado esclarecido que combata de dentro a barbárie tecnocientífica. A boa vontade é evidente, mas parte-se de um diagnóstico mal formulado. Não creio que seja essa a melhor maneira de alinhar o uso da técnica a um renovado projeto de democratização da sociedade. Nenhuma elite pode agir com função "especializada", sem levar em conta os processos coletivos de invenção, significação e uso da imagem.

Reafirmo que as novas imagens são um sintoma, entre muitos, de um determinado estado de cultura em que a prevalência da imagem, resultado de sua importância cognitiva, em especial na arte e na ciência, revela uma tradição problemática marcante em nossa civilização desde o Renascimento. Não é o mundo real, mas a maneira de inventar o mundo possível que aqui interessa, e não apenas uma perspectiva estética, mas também ética e política. Se esse mundo possível reduziu-se à realidade virtual produzida por *gadgets* tecnológicos, eis um fenômeno societário preocupante, que abole o tempo prenhe de sentido e o substitui por uma novidade sem espessura nem consistência, um virtual presente banalizado. Mas, diante de uma produção de sujeito a que não escaparia o artista, efeito-sujeito dessa produção, como esperar deste a necessária deriva, a subjetivação por onde escapasse o tempo denso e consistente da experiência e do pensamento? Um novo princípio de análise deve liberar-nos do sistemático encadeamento das causas, sem nos levar, contudo, a supor uma misteriosa vontade que paire acima da contingência histórica. Esse princípio deve ser buscado na interação de forças coletivas, por um lado, e no sujeito como processo de diferenciação frente aos constrangimentos de qualquer configuração daquelas forças, por outro.

Mais importante que a novidade tecnológica — e a tecnociência pode induzir-nos a tomar como princípio explicativo uma simples atestação de seus resultados, de sua imperial eficácia — é o dispositivo de forças de que historicamente emergem relações entre figura e conceito, imagem e palavra, afeto e razão.

François Dagognet se propõe o seguinte programa: "clarificar, defender os procedimentos pelos quais os homens elaboraram representações figurativas, instauradoras sempre de uma nova inteligibilidade".[6] Não se trata, porém, de mera variação nas condições de "inteligibilidade", mas do uso diferencial que fazem das representações figurativas as forças sociais em presença, de seu uso na crítica do mundo real e na invenção do mundo possível.

Somente no confronto de forças atuantes e formas emergentes, categorias do tempo e do espaço históricos, pode a questão da chamada realidade virtual — de seu modelos de pensamento, das modalidades de subjetivação que frente a ela se instauram, do desafio que ela representa no domínio estético, ético e político — encontrar uma adequada interface de formulação.

Notas

[1] Lewis Carroll, *Aventuras de Alice*, trad. Sebastião Uchoa Leite, Rio de Janeiro, Fontana/Summus, 1977, p. 196.

[2] Cf. R. Arnheim, *Arte e percepção visual*, São Paulo, Pioneira/Edusp, 1980.

[3] C. Maltese, "Linguagem analógica e linguagem digital", in G. T. Aristarco (org.), *O novo mundo das imagens eletrônicas*, Lisboa, Edições 70, 1990, p. 39.

[4] Cf. S. Langer, *Sentimento e forma*, São Paulo, Perspectiva, 1980.

[5] Cf. I. Lotman, *A estrutura do texto artístico*, Lisboa, Estampa, 1978.

[6] F. Dagognet, *Écriture et iconographie*, Paris, Vrin, 1973, p. 13.

O SENSO COMUM, ANTIGO E NOVO

Derrick de Kerckhove

Digital, *digitum*, o dedo. O dedo da mão que corta, a mão que conta. Dividir a coisas em suas formas ou componentes elementares é um gesto que nossa cultura, tribo mais importante do mundo pratica ao menos desde a invenção do alfabeto. A noção de átomo provém de uma comparação com, como diz Demócrito, "as letras indivisíveis, os elementos de sons pronunciáveis" (fonemas). Quando precisam cortar alguma coisa, a maior parte dos animais o faz com a parte direita do corpo, enquanto que eles seguram as coisas geralmente com a parte esquerda. Mesmo a visão de cada um de nossos olhos é dividida em dois campos visuais; um à esquerda e o outro à direita, um retendo e o outro recortando. Quando nós lemos, guardamos a visão da página escrita no campo visual esquerdo e analisamos o que vemos com os feixes da direita. À medida que nossa cultura se fazia mais dependente da leitura, ela reforçou o uso da parte que recorta. Assim, incitando os olhos das crianças a decifrarem letras de preferência no campo visual direito, a prática da leitura em geral reforçou a capacidade de recorte mental e técnico de nossa cultura. A lógica ocidental é sinônimo de busca de uma boa divisão.

O estado atual dessa tendência tipicamente ocidental é a digitalização. Esta decorre do recurso ao princípio de divisão até o menor denominador como estratégia ordinária para não dizer automática. A digitalização nos chegou, portanto, como uma herança do alfabeto fonético depois do seu encontro com a eletricidade (por exemplo, no código Morse, nas linhas telegráficas). O encontro momentâneo do alfabeto e do computador é exaltado de novo por Guy Rombouts e Monica Droste em sua pesquisa sobre letras novas através da digitalização.

Tal como um portador universal de informações heterogêneas, o alfabeto anunciava nosso ambiente eletrônico atual, feito de informações sensoriais, digitalizadas. O alfabeto permitiu reduzir a língua e a maior parte de nossos sistemas de informações sensoriais a uma só substância indiferenciada, a escrita. Toda língua podia ser expressa por meio desses mesmos 24 ou 26 símbolos silenciosos e uniformes. Muito rapidamente, fomos levados a considerar que o sentido era veiculado, em primeira instância pela escrita, e somente ocasionalmente pelo discurso oral. Nossa veneração incondicional à escrita, traduzida em asserções tão largamente propagadas como *verba volent, scripta manen*, transformou-nos talvez em extensões de nossa própria técnica fundamental de tratamento da informação. É certamente o que Jeffrey Shaw dá a entender em sua notável realização *Legible Cities* (Cidades Legíveis), na qual um ciclista pode penetrar, na tela, num ambiente virtual feito de letras. Nas numerosas obras de arte em que utiliza as letras, Shaw põe em evidência a presença obsessiva do alfabeto em nosso espírito e em nossa cultura.

Mas a digitalização eletrônica impeliu o princípio de divisão bem para além da redução alfabética. A uniformidade das unidades elementares obtidas por digitalização é verdadeiramente extrema: todos os bits são semelhantes; somente sua ordem de aparição entre outros bits permite distingui-los. Jamais o alfabeto nos conduziu a esse nível de fragmentação, nem de abstração. Jamais, tão pouco, ele nos tornou tão dependentes da ordem sequencial. Por outro lado, a digitalização substituiu igualmente o alfabeto fonético enquanto sistema universal de tradução. Mesmo nossos esquemas sensoriais se encontram traduzidos e estendidos da mesma maneira que o alfabeto, num dado momento, traduziu dados sensoriais, que deviam ser reconstituídos no espírito do leitor em imagens sensoriais.

O senso comum

O "senso comum" é o ancestral da digitalização contemporânea. Ele foi criado pela filosofia latina em seu último período e pela filosofia medieval para ser em seguida assimilado ao texto impresso. O alfabeto era o suporte necessário do senso comum, tanto porque ele fornecia uma base comum para a representação de todos os diferentes sentidos, quanto porque continha uma significação comum confiável para um grande número de leitores diferentes. Com efeito, os textos veiculam uma significação, e daí um "sentido", que é "comum" a todos os leitores. Assim, toda a riqueza de nossa vida sensorial poderia ser traduzida por palavras escritas (em romances, por exemplo), mas também enriquecida quando é compartilhada com outros (que, sem isso, não teriam talvez jamais conhecido nada da experiência que lhes é narrada nos livros). Mesmo o que chamamos ainda hoje de senso comum é esse nível de reciprocidade sensorial possível no espaço mental onde nós traduzimos os signos em significação.

O ato da leitura nos deixou mais atentos do que nunca a nossos sentidos, mesmo se as palavras, imitando e por isso mesmo substituindo a experiência sensorial real, na realidade nos privaram desta. Quase da mesma maneira que o alfabeto reduziu a nossa experiência sensorial a uma única linha de sentido, a digitalização reduz hoje nossa experiência mental e orgânica a uma única sequência de informações codificadas. Mas entre os livros e a hipermídia de hoje, a diferença fundamental reside em que a hipermídia permite a retradução desse código comum fora do espaço do espírito e dos sentidos humanos. Não é difícil se dar conta de que os livros podem nos fazer interiorizar (e o fazem, com efeito) a maior parte, e mesmo toda a nossa "experiência externa da vida real" potencial, os computadores, por sua vez, coletam o material interno — nossos processos mentais mais preciosos — para levá-los para o exterior, nas telas.

O lugar da consciência

Segundo nossa concepção "ocidental" clássica, a consciência é como um fenômeno "interno", alguma coisa que se passa em algum lugar entre as orelhas, captando informações e estímulos tanto do espaço exterior, objetivo, quanto das sensações e experiências físicas e mentais internas, subjetivas. Essa abordagem é uma emanação típica da cultura alfabética. Desde os primórdios da alfabetização, os filósofos pré-socráticos e socráticos da Grécia antiga sustentaram a ideia de que a sede da consciência e mesmo da percepção não era, como se acreditava até então, o peito e os pulmões, mas o cérebro. À medida que se alfabetizaram, os gregos, e por conseguinte a civilização ocidental, deslocaram sua sensibilidade do espaço da respiração para o espaço do pensamento. Evidentemente, não pode haver uma clara distinção entre o "interno" e o "externo" nas culturas anteriores à escrita, que baseavam sua epistemologia na respiração, porque esta constitui essencialmente uma experiência interior/exterior. Entretanto, o pensamento é geralmente considerado como uma experiência inteiramente interna. Isso pode mudar quando se começa a interagir com computadores que, em nosso lugar, nos ajudam a pensar.

A interatividade

Dado que nós podemos hoje projetar a interação sensorial e mental necessárias à consciência fora do universo fechado de nosso espírito, nossas fáceis distinções entre a objetividade e a subjetividade deixam de ser completamente confiáveis: a fronteira torna-se indefinida, até mesmo inexistente. Por exemplo, tomando-se como ponto de partida dessas considerações sobre as fronteiras das nossas relações com as telas mentais e tecnológicas, pode-se encontrar um esquema para nos guiar dentro do labirinto de nossas operações intermediárias de tratamento da informação. É evidente que para os livros, a tela onde as imagens e a significação se exprimem se acha no interior de nosso espírito. Você já observou ou já se interrogou como você se situa quando lê? Você está dentro da ação — como quando você sonha — ou então frente a ela — como quando você vê um filme ou assiste a um espetáculo sobre um palco? Você "vê" a cena à sua altura ou então de cima para baixo? Você "ouve" as vozes, você "sente" o odor do café, você "degusta" a célebre "madeleine" de Proust? Qualquer que seja sua resposta a essas questões, você concluirá que a experiência, mesmo se você "sente" realmente alguma coisa, é puramente interna. De fato, trata-se antes de uma cena interior do que uma tela plana, daí a estreita associação que sempre existiu entre a escrita alfabética e o teatro. A invenção do teatro pelos gregos não era nada além de um modelo padrão da integração dos estímulos sensoriais vindos do interior do eu durante a leitura.

Mas nós não tratamos aqui mais de informação unicamente em nosso espírito. Com a televisão, que é um dos refinamentos extremos de uma longa série de estratégias de tratamento da informação, a tela está fora e saturada de informações sensoriais. No entanto, do ponto de vista do tratamento da informação, a televisão é uma tecnologia incompleta. Ela derrama suas imagens do exterior para o interior, permanecendo completamente estanque a nossas respostas individuais. Numerosos críticos ressaltaram que a televisão é um meio de comunicação de sentido único. Uma boa parte da arte de Nam June Paik no domínio da televisão desde os anos 60, e depois com redes de dois sentidos, constituiu em lutar contra a supremacia do aparelho de televisão e a nos permitir responder. No entanto, o casamento recente do computador com o vídeo vem de novo modificar as bases do conhecimento humano. Toda a nossa cultura faz a aprendizagem da interação, isto é, ela aprende a projetar extensões sensoriais no universo da tecnologia externa por diferentes interfaces dentre as quais a primeira é o humilde controle remoto.

O mundo das interfaces é o reino privilegiado da nova arte, não somente porque ele constitui um ambiente acessível à pesquisa, mas porque ele representa uma metáfora tecnológica dos sentidos. Com nossas mãos, nossos ouvidos, nossos olhos, e outros canais de ação e sensação, nós entramos em interação com o mundo, e essas são as relações às quais os artistas prestaram mais atenção desde o surgimento da arte. É, portanto, bem compreensível que eles se interessem agora pelas modificações trazidas a essas interações pelo novo ambiente tecnológico. Ainda que a maior parte dos artistas, mas não todos, no entanto, escolha revelar modelos nos fenômenos, nos sons, nas imagens, nos pensamentos, nos processos, a nova geração não teme se aproximar intimamente da alternativa digitalizada. É a era da interface entre a arte e a engenharia. Convém considerar as realizações de Rodney Graham, Ingo Gunther e Panamarenko como variações precisas sobre a resposta de nossa sensibilidade à tecnologia, da mesma maneira que os impressionistas trabalhavam outrora com nossas impressões de uma dada visão, de preferência à reprodução fiel da visão mesma.

A implicação completa da possibilidade de tratar as imagens e os sons em tempo real tem como consequência a nova fascinação pela realidade virtual. Como em *Tron*, o filme profético que mostra um programador que viaja dentro de seu próprio programa, com a realidade virtual, nós não nos contentamos mais em dar a réplica a nossas telas, nós "entramos" nelas literalmente. Além disso, as máquinas de realidade virtual ampliam e estimulam nossos *inputs* sensoriais (tato, visão e audição) para reconstituir uma consciência artificial que é verdadeiramente exterior a nosso próprio espírito, exterior a nosso próprio corpo. A instalação de realidade virtual de Matt Mullican permite ao usuário estender o reino de sua consciência a um ambiente virtual feito de símbolos que funcionam como a extensão do espírito a modos multissensoriais. A astúcia perversa e deliciosa utilizada por Mullican é insistir em formas geométricas simples enquanto base da organização de seu universo virtual, tornando assim, realmente "mental" e simbólico o que por essência já é virtual.

Além disso, essa consciência artificial pode ser compartilhada, e é precisamente essa possibilidade de partilha que confere à realidade virtual seu principal caráter de realidade convencional, objetiva. Jaron Lanier, pioneiro da realidade virtual, fazia observar com razão que na sua invenção RB-2 (*Reality Built for Two*, realidade construída para dois), ele havia criado, pela primeira vez na história da humanidade, um mundo em que as pessoas têm acesso a uma forma de subjetividade que tem todas as aparências da objetividade, sem que ela seja um sonho. Nós podemos agora apreciar mais completamente a teleologia da digitalização da experiência humana, que parece ter sido concebida em parte para introduzir um terceiro nível de consciência, acessível a todos aqueles que se servem de *eyephones* e de *data suits*. Nós podemos também retraçar o itinerário longo e complexo do espírito humano que o levou da consciência tribal até o reino privado do eu através dos livros, para sobressair em seguida no reino social sem perder as referências a suas fontes individuais.

Matéria e... espírito?

Um outro aspecto da questão da digitalização é a maneira pela qual ela está ligada a nossos modelos biológicos de operação. Nós temos transmissões cognitivas que nos permitem tanto dividir uma totalidade em suas partes constitutivas (à maneira de Descartes), como extrair um modelo (à maneira de Bateson). Essas duas abordagens não são sugeridas ou sustentadas pelas mesmas estratégias biológicas de operação.

A própria matéria é, talvez, quase digital: genética, molecular, atômica, baseada sobre os quanta. A matéria parece submetida a uma resolução delicada de entidades digitalizadas, mesmo que elas não sejam sempre inteiramente uniformes. Mas nosso sistema de interpretação psicológica deve ainda, para reconhecê-lo, traduzir o *input* digital em modelos analógicos. Nossa reação frente aos estímulos consiste em generalizar a partir de provas insuficientes. Nós o fazemos criando analogias. A própria escrita simples exige que as letras (digitais no sentido que elas são unidades discretas desprovidas de significação em si mesmas) sejam convertidas em análogas. É por isso que temos frequentemente a sensação de que os processos analógicos estão "mais próximos da natureza". Com efeito, nós tendemos a pensar em continuidades, e não em operações discretas. Não se trata aqui de teoria ou de crença, mas de um simples fato de observação. Com efeito, um análogo não pode existir independentemente de um processo de percepção que se dirige a ele.

A percepção é precisamente um sistema, uma ordem superior de integração que permite aos modelos se desembaraçarem e às propriedades emergentes de ambientes integrados mudarem de nível. As experiências e as percepções sensoriais são elas próprias o material que permite integrar fontes heterogêneas. A integração nesse nível torna-se um fenômeno mental, e não mais um fenômeno puramente físico. Nosso espírito é, talvez, o resultado dessa capacidade adquirida por nosso corpo físico no decorrer dos milênios da evolução humana para atingir ordens superiores de integração por via da percepção.

Como produtos da percepção, todas as formas são analógicas. Uma forma só pode ser percebida como um *continuum*, mesmo que nós saibamos que nós só vemos como um ambiente total um acúmulo de elementos discretos. As formas não são materiais em si mesmas, elas já são, desde o instante em que elas são reconhecidas e utilizadas, entidades pelo menos mentais, se não diretamente espirituais. Elas são duplamente analógicas: não somente pelo processo de reconhecimento que é a identificação, mas também quando, utilizadas em um contexto diferente daquele em que nós as descobrimos, elas oferecem um novo modelo de compreensão, e, portanto uma analogia. Uma vez que elas foram distinguidas, tiradas, como algarismos, de seu contexto, todas as formas, seja por metáfora ou intencionalmente, levam a analogias, pelo processo analógico que é o reconhecimento. A experiência perceptiva de uma dada forma leva a uma interação entre o momento de encontro com a prova — conhecimento imediato — e sua interpretação — o próprio processo de reconhecimento.

Redes neurais como sistemas de reconhecimento de modelos

É, sem dúvida, conveniente rever tudo isso muito cuidadosamente desde a verdadeira entrada em ação — ou em "interação" — das redes neurais. O que faríamos nós, como organizaríamos nosso desenvolvimento científico e social se uma tecnologia nova como as redes neurais nos fizesse crer que todas as analogias fossem entidades mentais — ou espirituais — enquanto o digital seria a própria natureza da matéria? Teríamos um respeito maior ou menor pelas analogias? A sabedoria convencional quer que, pelo fato de digitalizarmos tudo à vista (ou que esteja ao alcance de qualquer outro sentido), estejamos entrando na era binária. Mas a era binária é somente a da inteligência de dois bits do computador. E ela está sem dúvida um tanto ultrapassada, sem que ninguém o tenha notado, porque poucas pessoas parecem pressentir o que vai substituí-la. Mas os que sabem onde os computadores querem ir, compreendem que a geração seguinte de computadores dependerá em alguma medida das redes neurais. Ora, as redes neurais não estão a tal ponto associadas à informação digital.

A representação analógica em informática poderia reaparecer com as redes neurais porque estas não são máquinas que calculam, mas sim máquinas que interpretam. Seu modelo de funcionamento não é o de um ábaco, mas o de nosso sistema perceptivo. Acrescentando-se uma rede neural a um micro ou a uma máquina fotográfica, eles são transformados em próteses inteligentes. As redes neurais podem funcionar com ou sem tratamento digitalizado, mas seu objeto e seu método de aplicação consistem em medir continuidade, e não unidades discretas. As redes neurais devem julgar, coisa que a inteligência artificial ou os sistemas especializados (*experts*) não precisam fazer. Ora, para julgar é preciso ter critérios. É claro que os critérios das redes neurais são certamente muito limitados pela tarefa específica que lhes é assinalada, mas a programação de valores nas redes neurais está destinada a aumentar nossa atenção coletiva aos valores e a seu fundo total.

A autonomação

Assim, a informática, precisamente porque cria formas definidas, cumulativas e coerentes a partir de um caos de possibilidades, remete não somente ao universo mental, mas também a um universo espiritual. Nós estamos a ponto de ultrapassar o nível de controle da automação em direção ao da "autonomação", isto é, da faculdade autônoma de seleção entre vastos conjuntos de variáveis representando fontes ainda mais heterogêneas. Nós teremos acesso a formas de inteligência que exigirão uma faculdade de globalização máxima para serem domináveis e confiáveis. Da mesma maneira que os computadores digitalizados correntes podem trabalhar com fileiras de dados na ausência de qualquer outra forma de contexto, as redes neurais necessitarão de uma contribuição enorme de informações em contexto. Enquanto os computadores binários favorecem a investigação da inteligência artificial, as redes neurais levarão primeiramente à inteligência "ampliada", segundo o termo de Fred Brooks (Carolina do Norte). Mas sua evolução não se deterá aí: elas adquirirão uma maior autonomia sob a única condição de que se substitua a mão de obra humana em todos os lugares possíveis. E finalmente, entrando na realidade virtual, as redes neurais nos levarão de volta à metafísica que nós rejeitamos tão alegremente em nome da objetividade e da ciência.

A verdadeira subjetividade, a das redes neurais, será bastante bruta em um primeiro momento, uma vez que ela responderá a critérios simples e selecionará matérias pouco complicadas. Mas esse tipo de experiência levará muito rapidamente a formações de consciência embrionárias, pelo peso e pela sedução da complexidade pura. Em nossos dias, a busca de interações mais complexas é uma tendência tecnológica irresistível. Muito rapidamente, os problemas políticos ligados às aplicações das redes neurais complexas na indústria, na medicina, nos negócios, no sistema bancário, na educação e na administração revelarão contradições suficientes para torna necessário de uma reestruturação psicológica completa de nossos esquemas de pensamento coletivos e pessoais.

A arte no comando

É preciso reconhecer que nesse domínio estamos ainda nas trevas. Essa dimensão espiritual, que está manifestamente presente, tanto na vida, quanto nas coisas, parece ter sido expulsa para o universo do inconsciente e ter dificuldade em se tornar de novo consciente. Os artistas nos levam a considerações mais profundas — e mesmo por vezes de ordem espiritual. Ao mesmo tempo, a nossa cultura começa a se abrir e está verdadeiramente à procura de novas referências, pois a era binária só se dignou a dar importância àquelas de ordem puramente técnica. Felizmente, um pequeno grupo de artistas da informática manteve outras preocupações. Os artistas são, seguramente, os que compreendem melhor os componentes sensoriais do computador.

Assim, o compositor e artista da informática que é David Rokeby, fala de "subjetividade estimulada" ou, para ser preciso, de "subjetividade representada" nas máquinas, por oposição à simples subjetividade de todos os tempos, a sua e a minha. Há dois elementos a serem relacionados com essa questão das referências. Primeiramente, com o aparecimento da câmera, a subjetividade foi mecanizada; em seguida, para que a rede neural seja capaz de julgar, será necessário chegar a uma simulação muito próxima da subjetividade. Rokeby trabalha com isso, sob diferentes ângulos, em *Echo and Narcissus* deformando tanto o reflexo da imagem como o som do eu; ou em *Very Nervous System* alargando o tamanho periférico do sujeito quando este dança no campo da câmera.

Um outro problema surge, portanto, o da pertinência, raramente abordado pelos cientistas ou profissionais, mas quase sempre levantado pelos artistas. Por exemplo, qual é a pertinência da televisão, dos computadores, da realidade virtual? Os homens de negócio conhecem a utilidade dos negócios. Os artistas, por sua vez, exploram o impacto humano, e isso não pode ser reduzido a uma equação binária. Se nós não apoiarmos os artistas que exploram esse campo, bem poderíamos nos achar praticamente sem defesa, sem argumento algum a opor ao abuso sistemático. Eu não acho que essa probabilidade seja grande, mas é importante permanecermos vigilantes, ver aonde nós vamos. Enquanto planeta, nós não nos comportamos demasiadamente mal, mas nem por isso nos comportamos verdadeiramente bem. Precisamos de critérios de sobrevivência que sejam um pouco mais sofisticados que os da selva ou da cidade. Aliás, mudanças nas escalas de valores começam a ser observadas. A saúde, o sucesso, a notoriedade, a fortuna, a própria vida poderiam deixar de ser os valores absolutos que eram. Eles são imperceptivelmente substituídos por algo que se poderia chamar a "presença". Uma dimensão espiritual que aumenta.

Dado o fracasso de nossa cultura anterior em reconciliar a arte e a ciência, talvez seja oportuno não somente propor modelos digitais ou analógicos da realidade, mas reivindicar que os novos modelos de interações permanentes entre os dois sejam colocados como "a natureza das coisas". Nem vago, nem particular, mas os dois a um só tempo. Essa terceira corrente não é binária. A interação digital/analógica é mais que a soma de suas partes porque ela constitui a base de todas as "propriedades emergentes". Ela bem poderia ser o fundamento da própria consciência.

Tradução de Ana Lúcia Barbosa

SEMIÓTICA, COMPUTAÇÃO GRÁFICA E TEXTUALIDADE

Gianfranco Bettetini

Neste texto, propõe-se uma reflexão concentrada nas relações entre a semiótica e um novo objeto de interesse: a computação gráfica. Como é sabido, a expressão "computação gráfica" — ou infografia — refere-se à produção, por meio de computador, de imagens sintéticas, que, aliás, são fruto de elaborações digitais regidas por procedimentos lógico-matemáticos. Trata-se, então, certamente de um âmbito particular e que, além disto, faz referência a um produto totalmente específico.

Todavia, a aplicação de instrumentos semióticos neste campo abre, como veremos, possibilidades inovadoras de reflexão que, entre outras coisas, permitem também considerar alguns conceitos centrais da semiótica "tradicional" sob uma nova luz — a da semiótica que vem sendo definida em torno de alguns núcleos conceitualmente fortes (refiro-me em particular aos conceitos de signos, texto e contexto).

Mas, antes de tomarmos as problemáticas abertas pelas novas tecnologias informáticas, não se pode ignorar aqueles que foram — e que ainda são — os nós teóricos sobre os quais se constrói o debate semiótico e aos quais apenas fiz referência. Não me é possível, no espaço desse artigo, oferecer uma panorâmica exaustiva sobre temas e problemas que impregnaram estudiosos de diversas impostações teóricas. Prefiro, ao invés disso, deter-me nos conceitos que — mesmo dentro de uma necessária e inevitável simplificação — são os temas-eixos da semiótica, nos percursos sucessivos no momento de sua definição inicial como ciência dos signos, quando o debate em torno da noção de signo — que marcou fortemente a discussão teórica dos anos 60 e começo dos anos 70 — deixa o lugar a outros objetos de estudo que podem também ser vistos, hoje, como uma progressiva ampliação de perspectiva de pesquisa: a semiótica, em outras palavras, foi paulatinamente estendendo seu campo e o alargamento da reflexão teórica levou consigo a possibilidade de mais vastas aplicações.

Assim foi durante os anos 70 e início dos anos 80, quando a atenção é deslocada sobretudo para o conceito de texto e, na década seguinte, quando o horizonte é alargado para a consideração do contexto e das suas relações com o texto. O que ocorreu depois, ao contrário, acarretou, num certo sentido, a crise da noção de texto: a semiótica se encontrou novamente a medir-se com este conceito e a comprovar, portanto, a sua significação teórica e a sua aplicação. Poderíamos então dizer que, dos anos

70 em diante, o texto não mais deixou de constituir-se como o centro de interesse para a pesquisa neste campo.

Nos anos 70, a noção de texto emerge, sobretudo depois do impasse do estudo dos sistemas linguísticos que conduziram a um privilégio das tentativas de tipologização dos signos, tentativas essas que se mostraram, em linha geral, pouco satisfatórias. Até então, de fato, a perspectiva de análise concentrava-se principalmente no estudo da língua e das linguagens. Todavia, as numerosas tentativas de identificar sistemas sígnicos e sistemas de códigos não pareciam, como já disse, conduzir a um real avanço da disciplina.

A definição de texto permite, em vez disso, um salto qualitativo que, num momento, conduz a que se ocupe das realizações concretas da língua: o texto, neste sentido, oferece-se como campo de estudo particularmente rico a respeito das perspectivas precedentes de análises e, em outro momento, teve a vantagem de constituir-se como um objeto de contornos bem definidos. O texto, num nível mais imediato, é definível como um conjunto de enunciados que se atualizam em relações recíprocas e que dão origem a uma estrutura finalizada da construção de um sentido. O texto é portanto um corpo semiótico orgânico e coerente e a sua estrutura semântica (aquela que comumente vem definida como estrutura textual e que considera os aspectos de conteúdo do texto) revela as inscrições e as hierarquias das codificações sobre as quais funda-se a construção superficial do próprio texto. O texto, na sua unidade e exemplaridade, constitui uma perspectiva de pesquisa mais fecunda acerca de uma impostação "fraseológica", que se limita, aliás, apenas à consideração das microestruturas que compõem o conjunto textual. Este último, não se exaure de fato na soma dos componentes singulares, é antes uma macroestrutura que os transcende, visto que compreende tais elementos em seu interior e funda-se sobre eles.

Vale a pena recordar aqui como dois campos disciplinares contíguos à semiótica, mas dela relativamente independentes, manifestaram igualmente um interesse pelo texto: me refiro à análise da narrativa e àquela parte da linguística conhecida como linguística textual. No que concerne à primeira área, o texto constitui o lugar natural de pesquisa enquanto atualização dos procedimentos narrativos. Obviamente, a narratologia cobre um vasto campo de pesquisa, da análise dos conteúdos narrados e dos seus princípios de organização às modalidades da narração e da construção do discurso narrativo, da entrada em campo das diversas ligações da comunicação ao estudo das estratégias de interação entre elas. Como se vê, trata-se de elementos que, de direito, pertencem à semiótica. No que toca à linguística textual, me limitarei a sublinhar como os pontos de contato com a "ciência dos signos" são múltiplos e heterogêneos. De fato, no campo linguístico verificou-se, com o deslocamento da atenção da frase ao texto como unidade de análise mais complexa, uma passagem análoga àquela realizada no âmbito semiótico.

Uma ampliação ulterior da perspectiva ocorreu quando, do interesse pelo texto, passamos para a consideração do contexto (isto é, do conjunto de circunstâncias que acompanham o "dar-se" do texto), situando-se assim em uma ótica pragmática. Como é sabido, a pragmática — refiro-me explicitamente à elaboração que ela teve na área americana, a partir, principalmente, do trabalho de Charles Morris — se ocupa da análise dos textos em relação à situação comunicativa concreta na qual eles são fruídos. Entra em jogo, aqui, a consideração dos fatores extratextuais que condicionam a produção, a recepção e o uso das realizações comunicativas.

Deste ponto de vista, a pragmática comportou a reconsideração da própria definição de texto, sublinhando o caráter de ato e projeto comunicativo: em outras palavras, passa-se da consideração do texto como conjunto organizado de conteúdos à sua acepção como premissa e guia de uma troca comunicativa.

Pode-se, assim, distinguir uma linha de continuidade e de desenvolvimento do percurso que conduz a semiótica a ocupar-se da língua como sistema formal de signos, depois do discurso como atualização concreta da língua e enfim, do texto em relação aos elementos extralinguísticos que intervêm no momento da sua realização comunicativa. Do ponto de vista da pragmática, o texto não é mais apenas uma simples estrutura (conjunto ordenado de signos) e nem mesmo somente um processo linguístico (conjunto dinâmico de signos), mas é o lugar de evento comunicativo: é, pois, antes de tudo, um produto, também um processo, mas sobretudo um projeto visando uma interação com o receptor.

O saber textual, organizado de maneira coerente e orgânica, é de fato pré-constituído para dar vida a uma troca comunicativa com o interlocutor. Sob este aspecto, a atenção dos teóricos deteve-se sobre a individuação das instâncias simbólicas que, dentro do próprio texto, definem, por um lado, a organização da produção de significado e, por outro lado, a modalidade da recepção: isto é, trata-se daquelas figuras textuais que defini, respectivamente, como sujeito enunciador e sujeito enunciado e que representam a imagem de quem transmite e de quem recebe o texto e seu conteúdo. Estas duas figuras não são sujeitos físicos, e sim desempenham os papéis e as funções do emissor e do receptor reais dentro do texto. Pode-se dizer que, no momento em que um texto torna-se objeto de comunicação, ele cumpre um ato de pôr em cena, suplementar, em relação a sua espessura semântica. Assim, o texto realiza também um intercâmbio comunicativo simbólico, uma conversação simbólica, entre os dois sujeitos simulacros.

De fato, segundo uma perspectiva pragmática, verifica-se também, paralelamente à comunicação de um saber, a existência de um diálogo entre simulacros interagentes, um diálogo no qual são também inscritos os possíveis percursos fruitivos e interpretativos oferecidos pelo texto. Através desses dois sujeitos, se manifesta a projetualidade do texto, o seu caráter de corpo semiótico no qual são previstas ainda as modalidades da atividade receptivo-interpretativa.

A este propósito, o debate mais recente (penso, por exemplo, no último livro de Umberto Eco, *I limiti dell'interpretazione*, 1990) registrou, entre outras coisas, uma retomada da noção de textualidade na polêmica com as correntes da crítica literária norte-americana. Vale a pena, ao fim deste discurso, ater-se brevemente a este ponto. O desconstrucionismo, em particular, que é a mais representativa dessas correntes, propõe um modelo de textualidade totalmente desvinculado da intencionalidade do autor e baseado na máxima indeterminação e variedade das leituras possíveis de um texto. Isto opõe a *intentio operis* (o significado projetado do texto) a focalização sobre a *intentio lectoris* (a liberdade interpretativa do leitor). Neste sentido, o desconstrucionismo coloca-se como um desafio à ideia de texto como lugar de fundação de um significado único e definitivo. E, por outro lado, ele leva a uma radicalização do papel desenvolvido pelo destinatário nos processos de recepção do texto, um papel não mais ancorado nos parâmetros ditados pela obra.

Essa corrente constitui, assim, um lugar para repensar o significado e a pertinência do conceito de texto e, paralelamente, pode ser lida como um dos sinais do período de transição que a semiótica está atravessando. Sinais estes que provêm também de outras vertentes — e chego assim ao argumento que me interessa desenvolver — como, por exemplo, o da computação gráfica. Sustento que estamos talvez no início de uma "virada" de reflexão e num momento de reconsideração crítica que pode constituir um profícuo avanço teórico.

É oportuno neste ponto repassar, ainda que brevemente, algumas características da computação gráfica. Ela consiste fundamentalmente em uma técnica que possibilita realizar modelos de objetos mediante procedimentos simulativos operados através do computador. Tais procedimentos simulativos podem ser conduzidos nas relações de eventos reais (como escopo de aprendizado), ou com a finalidade de projeção, ou ainda para construir textos autônomos, independentes de resultados práticos imediatos.

Consideremos a natureza da imagem sintética. Ela tem características totalmente específicas em relação às imagens obtidas com os meios audiovisuais tradicionais: de fato, antes de ser reprodução da visão de um objeto concreto, ela deriva de uma matriz numérica e de procedimentos lógico-matemáticos; o seu espaço e o seu tempo são virtuais; os signos que a constituem são os dos objetos manipuláveis (posso mover no espaço um sólido geométrico que criei); ela substitui à análise inicial do objeto a síntese derivada do modelo.

A imagem da computação gráfica mexe com o tratamento de qualquer produção icônica tradicional: visto que não reproduz um objeto real, ela perde a referência ao exterior, o que é típico de qualquer signo; pode-se dizer, com uma certa aproximação, que ela torna-se totalmente autorreferencial. Na realidade, o ponto de vista a partir do qual a imagem é construída não é um ponto de vista físico (como acontece, ao contrário, no caso da câmera fotográfica que recorta uma porção de espaço a partir de um determinado ângulo de visão, mas é um ponto de vista puramente "escópico" com a característica de ser um "olhar de ninguém": de fato, seja a relação entre o sujeito "observador" e o objeto "observado", seja o mesmo objeto, ambos são frutos de uma ação de simulação. Poderemos dizer, em outras palavras, que a imagem audiovisual tradicional configura-se como uma simulação de uma visão, enquanto que, o que se oferece ao espectador, e que ele tem a impressão de estar vendo pela primeira vez, na realidade já foi visto antes pelo olho da câmera. A computação gráfica é uma simulação tecnológica desta simulação — uma simulação, então, de segundo grau — enquanto aqui vem reproduzido matematicamente não apenas o objeto da visão, mas até mesmo o próprio procedimento de visão (também pela imagem sintética é possível obter efeitos totalmente análogos àqueles produzidos tradicionalmente com movimentos de câmera como panorâmicas e *travellings*. Mas a característica da imagem sintética que mais nos interessa pela perspectiva semiótica é constituída pelo aspecto da interatividade, que a tecnologia informática torna possível. A interatividade pode ser entendida como capacidade do sistema de acolher as necessidades do usuário e satisfazê-lo. Este é um aspecto de forte divergência em relação à comunicação audiovisual tradicional. Esta última, entre outras coisas, é de um tipo monodirecional e não admite na paridade de papéis entre emissor e receptor. Ao invés disso, no caso da computação gráfica, o receptor é um usuário-operador que toma para si esses dois papéis. Continuam a existir também escolhas potenciais prefiguradas pelo sistema (vertente do enunciador); todavia, essas escolhas se intercruzam com as operações realizadas pelo usuário (vertente do enunciado), que se reveste dos papéis de receptor e cotransmissor simultaneamente. O operador cria concretamente o texto em um processo no qual se interseccionam a leitura e a construção da imagem. A textualidade produzida pela tecnologia infográfica não pode, portanto, ser considerada um sistema fechado de signos: ela é uma ação *em devir* [*in fieri*]. O texto da imagem de síntese transforma um projeto em futuro, aberto às modificações e à contribuição do usuário.

Essas considerações sobre a textualidade derivam também dos resultados das aplicações que desenvolvi no meu último livro (*La simulazione visiva*, 1991, dedicado à computação gráfica, no âmbito dos processos de simulação visual): nele, conduzi um estudo da infográfica em termos semióticos, aplicando a ela uma perspectiva de análise textual. Os resultados mais interessantes que emergiram não dizem respeito tanto ao estudo da imagem em si, mas principalmente à consideração da relação interativa homem-máquina. A este aspecto particular pode ser aplicado adequadamente o modelo da conversação textual que elaborei em outro trabalho e que traz à luz a troca comunicativa entre sujeito enunciador e sujeito enunciado. Já foi dito antes que o primeiro constitui a fonte e a origem do texto (e então representa a imagem do emissor empírico), enquanto o segundo é a figura simbólica que encerra o comportamento fruitivo previsto pelo receptor empírico.

A interação homem-máquina na computação gráfica, coloca-se em uma posição intermediária entre a conversação textual — a qual me referi de maneira apenas geral e que é essencialmente simbólica — e uma troca comunicativa concreta. De fato, de um lado a relação usuário-sistema mantém o caráter simbólico da conversação textual e de outro, porém, ela constitui uma possibilidade efetiva de intervenção do usuário, que participa ativamente da produção do sentido do texto.

A respeito da situação que se verifica em um texto audiovisual de tipo tradicional, observam-se então ao menos duas ordens de diferença. Em primeiro lugar, muda a natureza do enunciador. No caso dos textos tradicionais isso coincide com um saber e com um complexo de modalidades definitivamente estruturados no texto. Já no caso da imagem da computação gráfica, esse saber e esse complexo de modalidades são somente em parte estruturados: prevalecem, ao invés disso, as estratégias potenciais previstas como opções possíveis do *software* da máquina e que vêm atualizadas pelas escolhas de intervenção operadas pelo usuário. Daí deriva a figura de um "novo" enunciador, síntese do procedimento de "conversação" interior ao texto, e para cujas produções o operador concorre diretamente.

Em segundo lugar, a interação-conversação não nasce apenas em relação com um conjunto de elementos de tipo cognitivo, mas também uma verdadeira ação, na qual o usuário libera-se daquela condição de passividade que caracterizava sua experiência no caso da fruição dos textos tradicionais. Em outros termos, o usuário interage com o sistema segundo possibilidades que são pré-ordenadas e definidas; o resultado da interação, porém não é totalmente previsível. O usuário de fato opera uma série de escolhas que, em sucessão, geram um produto novo e dão então origem a uma situação não totalmente pré-codificada: os percursos são pré-ordenados, os resultados, ao contrário, dependem de operações que vão sendo pouco a pouco realizadas pelo usuário e conservam então uma ampla margem de imprevisibilidade. Verifica-se, em suma, uma espécie de processo em devir (falei há pouco sobre o texto *in fieri*, no qual cada opção de escolha realizada constitui-se também como uma nova condição a partir da qual se evolui para elaborações sucessivas).

Poderemos dizer, então, que, à diferença dos textos audiovisuais tradicionais, o projeto do enunciador — que neste caso coincide com as potencialidades do sistema — é apenas condição necessária, mas não suficiente para a realização do projeto. Estas novas tecnologias jogam com a dialética entre as possibilidades oferecidas pelo sistema e a integração criativa do usuário.

Reflitamos, então sobre o conceito de texto e sobre a aplicabilidade nas imagens sintéticas. A sua natureza de objeto em devir sublinha o caráter de *performances* das imagens sintéticas em oposição a uma acepção de texto que se funda sobre a sua pré-ordenação de sentido, que deriva da unicidade e da coerência do complexo semiótico (também no caso dos assim chamados textos "abertos", nos quais é dado ao fruidor uma ampla margem de integração pessoal para definição de sentido, trata-se sempre de uma liberdade concedida e prevista pelo texto e que não afeta a textualidade, que permanece, de fato, definida e inalterável). No complexo semiótico temos, ao contrário, processos que levam as consequências extremas, radicalizando o conceito de texto como dispositivo comunicativo: porém, no caso da computação gráfica, as imagens produzidas não poderão nem mesmo colocar em jogo uma estratégia textual sem a indução do usuário. A interatividade dá origem, assim, a um tipo de textualidade completamente particular. A natureza específica dos textos produzidos pela comunicação tecnológica interativa constitui também um banco de provas para a semiótica, que se encontra, a meu ver, misturada com problemáticas e horizontes novos e ainda por explorar.

O presente trabalho procurou mostrar não tanto o desenvolvimento da semiótica em todas as suas numerosas ramificações, mas, principalmente, mostrar a evolução da "ciência dos signos" em relação a seus momentos fundamentais de mudança. Estes últimos, de fato, constituíram-se, em algum momento, nos pontos de crise e superação dos velhos paradigmas, desenhando também as futuras etapas de avanço.

Talvez, o desafio colocado pela infografia, nos termos em que discutimos, poderá revelar-se um importante estímulo para o debate interior à disciplina: ela certamente já o levou a uma reflexão crítica de um conceito--eixo, sobre o qual se desenvolveu toda uma fase da semiótica mais recente e particularmente mais densa de contribuições teóricas de qualidade.

Tradução de Alessandra Coppola

O autor agradece a Anna Manzato e Patrizia Pioti as preciosas colaborações na elaboração deste texto.

AS IMAGENS DE TERCEIRA GERAÇÃO, TECNOPOÉTICAS

Julio Plaza

"A eletrônica torna contemporâneos todos os tempos no presente histórico."
Marshall McLuhan

"Não é necessário renunciar ao passado ao entrar no porvir.
Ao trocar as coisas, não é necessário perdê-las."
John Cage

"Não há homem sem objetos técnicos,
da mesma forma que não há homem sem linguagem."
Edmond Couchot

A imagem, paralelamente à sua função de registrar o imaginário, de significar e de dar sentido ao mundo, tem sido usada como meio e registro de conhecimento. Mas é no século XV, com a gravura e a imprensa, que se estabelecem as condições para difusão da imagem, que pode também ser mecanizada, junto com os textos científicos nos livros ilustrados. Posteriormente, com a fotografia, não é só a reprodução da imagem que se mecaniza, e sim o próprio produto, causando uma riqueza de informações e precisão. Dessa forma a fotografia não somente estabelece um certo estado de ciência, mas também faz avançar o conhecimento científico. Por outro lado, André Malraux, em seu famoso *Museu Imaginário* (Malraux, 1951), demonstrou o papel da fotografia na história da arte e sua participação em nossa civilização.

Assim como a fotografia produziu um profundo impacto nas iconografias do século XIX, na extrema contemporaneidade, assistimos a uma transformação profunda e radical no que se refere à produção de imagens. Isso se deve à mudança radical de sistemas produtivos, não mais o domínio de sistemas artesanais ou mecânicos, mas sim sistemas eletrônicos que transmutam as formas de criação, geração, transmissão, conservação e percepção de imagens. São as Novas Tecnologias da Comunicação (NTC).

Depois das imagens de tradição pictórica, das imagens pré-fotográficas e das imagens fotoquímicas (foto e cinema), surgem as Imagens de Terceira Geração, ou seja, as chamadas Imagens de Síntese, as Imagens Numéricas e as Imagens Holográficas.

Infografia: imagem construída

As estruturas que fundam as imagens eletrônicas se originam na lógica e nas práticas precursoras artesanais da tapeçaria, do tecido, do mosaico e também das retículas gráficas e industriais, e suas coordenadas cartesianas.

O encontro da informática com os sistemas de representação visual promove uma troca cultural no que se refere à construção, veiculação e visualização das imagens.

A criação de imagens com a colaboração da informática se chama infografia, ou *computer graphics*. Essas duas expressões de origem francesa e inglesa respectivamente, procuram harmonizar a produção de imagens com as tecnologias do computador. Aqui, a programação de imagens é feita por impulsos eletrônicos, por cores-luz, por retículas luminescentes e, sobretudo, por programas que reunificam as relações escrita-imagem.

As criações infográficas estão fundadas sobre os conceitos da Imagem Digital e Imagem Numérica, quer dizer, uma imagem onde sua especificidade básica é a de ser redutível aos pequenos elementos que a constituem, chamados *pixels*. Assim, cada pequeno ponto ou *pixel* é qualificável e quantificável separadamente quanto a sua cor, textura, luminosidade e a localização a que se refere. Toda imagem, no sentido de unidade de representação, se encontra decomposta e recomposta segundo sua unidade de base pontual.

A imagem digital se apresenta como uma matriz de números em filas e colunas, na memória do computador. Seus números e *pixels* podem ser alterados e manipulados, individualmente ou em grupos, e o conjunto pode ser traduzido na forma de imagem no monitor de TV ou, inclusive, em forma impressa. Qualquer modificação na matriz de números implica uma modificação na imagem.

Dado o caráter altamente sintático dessas imagens, sua novidade reside menos nas suas mensagens e mais na forma como elas são produzidas. Trata-se, pois, de imagens conceituais, produto da sintaxe do computador, puras estruturas. Desta maneira, as NTC geram aspectos novos na produção de mensagens iconográficas, aspectos estes mais importantes, talvez, que as imagens, consideradas como um produto de si. Passemos a ver tais aspectos.

Infografia interativa

Na infografia se faz a distinção entre passivo e ativo, ou entre não interativo e interativo. A infografia ativa requer um sistema de comunicação bidirecional entre usuário e máquina. O instantâneo *feedback* é necessário para tornar efetiva a participação entre usuário e computador. Para o computador interativo a resposta deve ser imediata. Para o computador não interativo a resposta pode produzir-se algum tempo depois que a informação tenha sido introduzida nele.

A partir do uso da rede bidirecional telefônica, que faz possível o uso interpessoal do telefone, se terá difundido a infografia interativa, na qual o operador conversa com a máquina dando e recebendo informações na forma falada, escrita, gráfica e visual no monitor de visualização. O diálogo homem-máquina é mais ou menos complexo e amigável conforme o repertório na linguagem especializada.

A interatividade (Ivan Sutherland, 1963), que opera em tempo real, permite o nascimento de formas imagéticas diante dos olhos do operador, de forma rápida, versátil e fluida. A imagem não se apresenta como uma totalidade absoluta, e sim como uma imagem diálogo que a mão, o olho e o cérebro podem mudar, modelar, armazenar e visualizar, multiplicando ao infinito seus pontos de vista internos e externos, incorporando e narrando o sujeito no interior da imagem. O sujeito se desloca visualmente no seu interior, questionando-a através de seus *inputs* ou entradas alfanuméricas dos teclados, dedos da mão, corpo, olhos, cabeça, respiração e voz, amalgamando-se com ela. A informática se torna uma técnica lúdica que incorpora o sensível através dos sentidos humanos e a noção de imagem se torna renovada.

Com a imagem numérica interativa, a relação imagem-visão fixa é decomposta radicalmente. O espaço se abre e uma série infinita de atualizações possíveis com os pontos de vista relativizados, estabelecendo relações entre imagem e a imaginação espacial, assim "à cenografia dá lugar a cenologia" (Alain Renaud, 1986).

As imagens interativas introduzem uma ruptura no universo das iconografias e na comunicação visual. Essa ruptura, que inclui o diálogo no processo de visualização, começa a ser aplicada em diversas disciplinas.

Videografia interativa

Paralelamente, existe uma videografia interativa em videotexto que produz imagens e escritas a partir de diversos códigos de transmissão em memórias, e que vão desde um nível de resolução mosaico (*Antíope*), até um nível altíssimo de resolução (*Captains* e *Telidon*). Essas escritas e imagens videográficas são veiculadas via telemática para televisores domésticos e têm capacidade para a baixa interatividade.

Os métodos característicos dos videotextos são: alfanumérico, alfamosaico, alfageométrico e alfafotográfico. As escritas e imagens realizadas por estes métodos e sua restituição existem em função de uma codificação numérica em *bits* para o teletransporte da informação.

A produção de caracteres é obtida como nas imagens de televisão, pela varredura horizontal e vertical do feixe eletrônico bloqueando e desbloqueando cada vez o feixe de elétrons. Os alfabetos assim obtidos são tributários dos tubos de raios catódicos e das memórias eletrônicas que, através da linguagem binária, traduzem os impulsos eletrônicos em signos.

Imaterialidade: fluxo versus suporte

Todo processo de produção deixa sua marca. A presença física dos meios se manifesta através das qualidades, do produto dos recursos e dos códigos de transmissão que, como princípios energéticos e vitais, nada pode ser realizado. Imagens televisivas, computadorizadas, digitalizadas ou holografadas, incorporam os caracteres de seu meio e modificam as formas tradicionais de produção de imagens.

As imagens infográficas são produzidas, portanto, por métodos diferentes dos meios pré-informáticos, baseados em suportes especiais extensos e duros, sobre os quais eram inscritas as mensagens com instrumentos mecânicos ou fotoquímicos. Aqui, suporte e mensagem se confundem. Essas imagens, típicas da gravura, da fotografia, do cinema, se confundem com seus suportes. A rasura da mensagem comporta a rasura do suporte.

Apesar das imagens da NTC serem eletromagnéticas, eletrônicas ou de base fotoquímica, isso não impede que estes processos possam funcionar de forma interpenetrada, através de dispositivos transdutores e de interfaces adequadas, tornando possível a tradução para outros meios. Nestas condições, a noção de suporte se subordina à de interface.

As imagens numéricas se traduzem e se comutam instantaneamente, através dos diversos meios. O meio já não é a mensagem, pois não existe mais meio, somente trânsito de informações entre suportes, interfaces, conceitos e modelos como meras matrizes numéricas. Surgem novos espaços topológicos. A imagem é, desta maneira, um processo de transdução entre os dados de entrada e saída, que permite o trânsito entre a imagem eletrônica, a fotografia, as impressoras eletrostáticas, o cinema, a holografia, o videodisco etc. Atualmente, a imagem sintética, dependendo da imagem e da linguagem cinematográfica, está pronta a saltar para o holograma que, articulado com o cinema holográfico, produzirá efeitos e imagens tridimensionais de pura luz. Esses aspectos exercem uma mutação sobre a topologia das imagens como nunca se havia conhecido, ao mesmo tempo que subvertem os conceitos de cópia, de original e de reprodutibilidade.

As tecnologias informáticas da imagem tornam possível a produção potencial quase infinita de imagens, sem que nenhuma delas exista como tal. É aqui onde se manifesta precisamente a natureza da imagem como acontecimento, ou seja, o movimento fluido de uma aparição/desaparição que permite qualificar este processo de espectral e imaterial, pois o acesso à totalidade da imagem é impossível devido à sua segmentação.

A imagem e o número entrelaçados, inauguram, de forma radical, um imaginário e uma visualização que não está presa nas noções de suporte, mas sim na morfogênese de uma virtualidade que pode aparecer/desaparecer na tela dos monitores. As imagens numéricas são fenômenos deslocados e relocalizados em múltiplos suportes pela comutação instantânea. Desta forma, na medida em que sua materialidade se transmuta, desmaterializando-se, o referencial de uma imagem é ela mesma no meio anterior; é uma metaimagem. A imagem sintética gerada por computador se lança a um espaço no qual se modula como ocorria no outro lado do espelho de Alice, quer dizer, em um mundo onde a capacidade de transformação não tem limites. Ao mesmo tempo, os signos eletrônicos — essa escrita imaterial — invadem nosso cotidiano, desfilando em nossas telas de televisão e deixando seus traços em nossas mentes.

Transdução: interfaces

Um modelo de transdução consiste em traduzir um sinal por uma imagem. Este processo exemplifica, portanto, a passagem de um código estruturado para outro. Esse sinal pode ser um evento sonoro, um gesto, uma fotografia. Desta forma, todo o universo de sinais — sonoros, textos, imagens, gestos — se coloca em estado potencial de recriação pelos processos informáticos. Surge, então, uma relação entre o mundo físico natural, analógico, e o universo conceitual e digital da tecnologia.

Esse aspecto das imagens geradas pelos meios eletrônicos depende tanto dos dispositivos periféricos de entrada (*input*), quanto dos dispositivos de saída (*output*), que imprimem suas qualidades segundo sua natureza.

Um modo de classificar os periféricos — que permitem a entrada e saída de dados — é pelo número de dimensões que reconhece ou move. Segundo este ponto de vista, um periférico pode ter: zero, uma, duas ou três dimensões.

Os instrumentos tradicionais para fabricar imagens eletrônicas foram transcodificadas pelas interfaces, como lápis, teclados, paletas cromáticas e gráficas etc., e por instruções classificadas em quadros, telas e botões, que incluem repertórios de formas e de cores e as instruções de manipulação, que permitem a criação de texturas, desenhos, formas etc. Assim, o computador absorve todas as formas de grafia devido à sua capacidade de digitalização em altíssimas resoluções.

Sofisticados sensores têm capacidade para detectar muito mais que o lápis eletrônico: podem detectar tanto a precisão quanto a direção do lápis e sua velocidade, aspectos estes que afetam a imagem. A diferença do braço mecânico de pantógrafo que traduz pequenos traços em grandes, os sensores computadorizados, do tipo *light pen*, podem capturar o movimento do corpo que, traduzido em gráfico, pode ser armazenado na memória do computador. Recentemente, vários recursos do organismo humano são capazes de atuar como verdadeiras interfaces entre a máquina e o homem. O uso da voz, da vista, da respiração e do tato, entre outros, possibilitam operar a informação homem-máquina. Tais dispositivos, verdadeiros transdutores de intenções, energias e vontade, permitem superar a dicotomia maniqueísta (homem-máqina) que apontam para um possível amálgama de futuras inteligências em sistema. Desta forma, os computadores são responsáveis pela transdução e simulação da gestualidade do homem, de sua linguagem e imagem, quantificando e qualificando-as.

A cultura dos meios — segundo Edmond Couchot — transforma-se em insensível, mas também seguramente, em uma cultura da comutação instantânea do imediato. A imagem, sem dúvida — e toda a arte, segundo ele —, não é mais o lugar da metáfora e sim da metamorfose (Couchot, 1985).

Os artistas que trocam o lápis e o papel pelos tubos de raios catódicos podem visualizar imediatamente cada imagem e explorar as novas possibilidades, modificando-as interativamente. Este *feedback* com o terminal catódico oferece a possibilidade de poder improvisar livremente as variações no computador, de exercer o controle do "campo dos possíveis" através dos dispositivos de entrada da interatividade. Com esse instrumento, a gestualidade do artista eletrônico pode ser capturada, gestualidade esta que se converte no começo de uma imagem.

Dispositivos de saída gráfica, como os *plotters*, as impressoras, o terminal ou tubo de raios catódicos, os dispositivos de alta velocidade de injeção de tinta e impressoras a laser, produzem imagens a grande velocidade em altas resoluções de imagem, recuperando *on line*, desenhos e imagens feitos com uma exatidão, regularidade e precisão que a mão humana é incapaz de realizar.

Periféricos de saída podem ser discriminados pelo tipo de imagem que mostram; temos assim, os recursos de *hard copy* e de *soft copy*. Recursos de *hard copy* produzem imagens tangíveis, tal como filmes, impressos, gravações fonográficas etc.; dito de outro modo: são imagens presas em um suporte, imagens passivas. Recursos de *soft copy* produzem imagens intangíveis, tal como as produzidas pelos monitores de TV. Ambos recursos, — *hard copy* e *soft copy* são capazes de visualizar para o usuário os resultados, mas só o *soft copy* pode ser interativo. O próprio filme é *hard copy*, mas, quando é projetado, a imagem que produz é *soft copy*. O *soft copy* pode ser distribuído mais rápido e facilmente que o *hard copy*. Isto porque a informação *soft* pode circular por muitos meios, pois é ativa.

Essas tecnologias inauguram um conceito original de reprodutibilidade (vale o paradoxo). Ao contrário das matrizes de reprodução industrial que sofrem desgaste mecânico, as matrizes digitais, pelo caráter universal da numeração permitem a reprodutibilidade *ad infinitum* sem perda de qualidade. Reprodutibilidade esta muito diversificada conforme as técnicas de *hard copy* e *soft copy*, pois um dos traços mais característicos do desenvolvimento das NTC é o aumento sem precedentes da potência ilimitada de mensagens. "A imagem de síntese não é uma projeção em um único exemplar, um duplo mais ou menos fiel ao modelo, um duplicado ótico-químico como a fotografia, uma reprodução, é uma imagem de potencialidades infinitas, uma imagem potência de imagem" (Couchot, 1984).

Sinergias multimidiáticas

No movimento constante de superposição de tecnologias sobre tecnologias, temos vários efeitos, sendo um deles a hibridação de meios, códigos e linguagens, que se superpõem e se combinam em processos chamados intermídia e multimídia.

A criação-condensação de novos meios a partir dos anteriores se processa pelas estruturas análogas, vale dizer, isomórficas que proporcionam as interfaces capazes de sugerir a condensação e a associação qualitativa dos meios.

"O corpo-rede da tecnologia faz do homem um híbrido, e a hibridação uma constante, pois ela funde os seres e as coisas de espécies diferentes" (Couchot, 1985).

O caráter táctil, sensorial e inclusivo das formas eletrônicas permite dialogar em ritmos intervisuais, intertextuais e intersensoriais com os vários códigos da informação. É nesses intervalos entre os vários códigos que se instaura uma fronteira fluida entre informação e pictorialidade ideográficas, uma margem de criação. Nesses intervalos o meio adquire sua real dimensão e qualidade.

Marshall McLuhan dizia que "a hibridação dos agentes oferece uma oportunidade especialmente favorável para a observação de seus componentes e propriedades estruturais" (McLuhan, 1969). É preciso observar também que cada meio funciona de maneira dupla: possui traços e qualidades que lhe são o resultado da soma de outros meios ou elementos de inter-relação entre eles. Temos, portanto, duas possibilidades de fazer dialogar os meios. Num primeiro caso, a montagem de vários deles pode fazer surgir outro que é a soma qualitativa daqueles que o constituem. Neste caso, a hibridação produz um dado inusitado, que é a criação do novo meio antes inexistente. Temos, assim, processos de coordenação (sinergia) entre linguagens e meios, uma intermídia. Uma segunda possibilidade é superpor diversas tecnologias, sem que a soma resolva o conflito. Neste caso, os múltiplos meios nem sequer chegam a realizar uma síntese qualitativa, resultando então numa espécie de *collage* que se conhece como multimídia.

Meios-memória

Fora de seu modo de produção inovador e de sua potencialidade sintética, essas imagens podem ser armazenadas em sistemas de memória que, como vídeo o disco ou a fita magnética, nos permitem interagir em percursos visuais e recuperar a informação de processos de *soft copy* e *hard copy*.

Duas tendências: conservação e inovação. Conservação em memórias de fácil acesso, como continuidade do patrimônio iconográfico da humanidade em um quadro de sensibilidade renovada. Essas técnicas permitem a formação de iconotecas multimidiáticas, analisáveis, visualizáveis, renováveis e transmissíveis à distância. Só o videodisco interativo permite a existência de 54.000 imagens por superfície e assegura uma qualidade de imagens fixas e animadas. Sua leitura interativa pela tela tátil e pelo raio laser permite fazer uma viagem ao "museu imaginário" eletrônico. Temos assim uma tendência conservadora que vai mais além do livro, do filme, da fotografia, do videocassete e da revista gráfica.

As novas infografias ampliam, incluem, conservam e transmitem todas as iconografias artesanais e industriais de comunicação, ao mesmo tempo em que constituem novos sistemas de representação e de conhecimento e também de difusão cultural. Aqui, a noção de enciclopedismo dá lugar à noção de memória como disponibilidade da informação. Mas, em sincronia, temos a tendência inovadora que serve, na opinião de Roman Jakobson, ao desejo de "comunicar os novos feitos do mundo físico e psíquico".

Se com a instantaneidade eletrônica — segundo McLuhan — todos os tempos são contemporâneos no presente histórico, para a imagem numérica isto será valido tão somente *a posteriori*, pois é imagem sintética, e sua potencialidade está menos para um passado *déjà-vu* e muito mais para um futuro *déjà-lá*.

Com as NTC "somos habitados pelos imaginários dos imaginários" (Pierre Lévy, 1987).

Teletransporte de imagens: transmissão numérica de imagens

As NTC transportam e difundem imagens analógicas e numéricas. No caso da telemática, as imagens que veiculam são de caráter numérico, por ser a telemática uma extensão da informática. Assim, as imagens numéricas são transmitidas pela rede telefônica. As imagens analógicas, no caso da videocomunicação, são tomadas dos sistemas audiovisuais — fotografia, cinema, vídeo —, podem ser transmitidas pelos meios de difusão hertziana e são unidirecionais.

A codificação numérica das imagens analógicas permitiria seu envio via telemática, o qual comportaria uma conversão das redes de cabo para as redes numéricas mediante um *modem* (modulador/demodulador de frequência). Inversamente, as imagens numéricas podem ser gravadas em fitas magnéticas e transmitidas pela via hertziana.

Como a transmissão de imagens numéricas existe em função da capacidade, da velocidade, da distância e dos custos, o modo de transporte mais simples no momento é o videodisco. Por outro lado, o meio mais corrente é a rede a cabo, que oferece toda diversidade de meios. Ela, contudo, apresenta problemas para a transmissão de dados.

A transmissão de imagens sob a forma numérica aparece como transdução de informações analógicas para impulsos elétricos que correspondem à cifras 0 e 1. As imagens são codificadas por sinais elétricos, variando de forma contínua no curso do tempo. Essa numerização permite, pelas técnicas informáticas, a compreensão de dados de como fazer passar uma imagem pelo canal estreito das linhas telefônicas.

Com a informática e a telemática aparece o neologismo "midiática" (Michel Cartier, 1985), como arte e ciência da constituição e organização de mensagens videográficas nos sistemas interativos e bidirecionais. Assim, o grafismo, a imprensa, o audiovisual e as técnicas do jornalismo se mesclam e disciplinam as mensagens. A "midiática", que tem como principal instrumento a interatividade, se define de cara pela recepção de mensagens telemáticas. Seus instrumentos mais notáveis são o videotexto, o teletexto e a microinformática.

Imagens-linguagens

As novas imagens não podem ser desvinculadas de suas formas produtivas. Como imagens-linguagens que são, estabelecem novos modelos operativos no sistema de comunicação e suas inerentes funções de linguagem (Roman Jakobson, 1969).

Ao modelo linear de informação (emissor-receptor) e ao modelo de comunicação que procura satisfazer certos objetivos do receptor (função conativa) se superpõe um terceiro modelo que funciona como um sistema de inter-relação entre emissor e receptor — quer dizer, entre os homens, seus meios e ambientes, — um modelo sistemático onde cada um pode ser ao mesmo tempo emissor e receptor.

Com a interatividade — como variante qualitativa — das NTC, as funções emotiva, conativa, referencial, poética, metalinguística e fática se fazem relativas ao modelo interativo. Assim, a linguagem é trabalhada mais como uma forma de energia e menos como um sistema estático. Destacamos, aqui, os elementos de um sistema de comunicação e as respectivas funções da linguagem: EMISSOR (emotiva), CONTEXTO (referencial), CONTATO (fática), RECEPTOR (conativa), MENSAGEM (poética), CÓDIGO (metalinguística).

Emotiva

A relação clássica, centrada no emissor, é desarticulada através da interatividade que coloca o sujeito em relação dialógica com os diversos códigos memorizados. A gestualidade do autor, mais que se expressar, se ramifica e combina com os dispositivos rede-memória. Ao ponto de vista único, típico da fotografia e do cinema, se superpõem múltiplos pontos de vista que relativizam a imagem.

A função expressiva dá passagem à hibridação e ramificação do sujeito no universo das múltiplas linguagens.

Conativa

A relação emissor/receptor se relativiza através da interatividade e da possibilidade de o receptor escolher o modo de diálogo.

Aqui, o receptor pode interagir com a imagem que visualiza, desarticulando assim a relação clássica unidirecional sujeito-objeto-imagem e os pontos de vista únicos.

Com as condições de criação interativa, a proposição de matrizes de composição é mais conveniente que a proposição de mensagens fechadas.

Fática

A informação videográfica se oferece ao visualizador como um "polvo" visual, mera tactilidade. A matéria da imagem é reduzida ao essencial, quer dizer, à luz dos tubos de raios catódicos, suporte dos efeitos especiais, como forma de contato (excluída sua dimensão poética) com suas características de informação desmaterializada. O mero trânsito entre *hard copy* e *soft copy*, coloca em evidência o caráter imaterial e fluido das informações iconográficas.

Como a imagem se desloca dos suportes através das interfaces e transdutores, ela permite criar novos contatos entre emissor e receptor. Neste sentido, a profusão e expansão dos múltiplos meios não é tão importante como o são as conexões entre eles. É nas interfaces (conexão, contato) onde existem as sementes da criação; esta passa assim a depender mais das relações e diferenças entre os meios, provocando o fenômeno da "in média".

Metalinguística

Os processos meta e interlinguísticos são verificados constantemente entre as diferentes linguagens.

Referencial

As representações do mundo podem ser feitas sem recorrer às técnicas tradicionais de registro por câmera (foto e cine). Com as imagens de síntese, inclusive aquelas mais hiper-realistas, se cria uma nova tipologia que desarticula a relação causal entre imagem e objeto, pois estas imagens criam outra relação com uma matriz numérica que é o objeto da imagem, isto é, a imagem em potência. Surgem, assim, modelos e simulações que permitem criar referentes imaginários ou inexistentes. A imagem sintética é cocriadora de realidade. Desta forma, a representação do infinito subatômico ou a infinitude da representação (eterno retorno do mesmo) podem ser realizadas. Com esses aspectos, o aumento da capacidade denotativa e cognoscitiva se torna evidente, assim como também se abrem campos de indeterminação, leituras variáveis e relações de significação.

Os dispositivos de aquisição, tratamento e visualização permitem:

— visualizar fenômenos inacessíveis à visão direta mais além dos limites do espectro eletroacústico;

— acelerar ou desacelerar seus processos de evolução;

— aproximar do olho os fenômenos inacessíveis por causa de suas distâncias ou dimensões;

— visualizar através da simulação os modelos matemáticos e os comparar com os fenômenos que modelizam.

Pode-se notar que a imagem é:

— um meio rápido, eficaz e sintético para apresentar e comparar resultados;

— um meio de observação e reconhecimento cada vez mais eficaz, graças à multiplicidade de fenômenos visualizados;

— um meio de simulação e predição que se apoia nas possibilidades de visualização dos modelos CAD — *Computer Aided Design* (François Becker, 1987).

Poética

O enfoque da mensagem por ela mesma, toma aqui características pansemióticas que, por outro lado, se colocam na linha da obra aberta, isto é, como obra interativa. Dada a natureza intersemiótica das Novas Tecnologias, estas inauguram processos que se apoiam na interatividade e na ramificação da informação.

A produção de sentido mediante combinação, mescla, alternativas de leitura, incompletude, latência, potencialidade, mediação, aleatoriedade, segmentação, entre outros aspectos, encontra seu lugar na produção da imagem informatizada.

Com as NTC, se reanimam os processos criativos a partir de matrizes heurísticas armazenadas em memórias ou criadas *ad hoc*. Cabe aqui assinalar que a eletrônica permite a inclusão e o diálogo com todos os procedimentos de elaboração de imagens da história, assim como seus sistemas de representação. Por conseguinte, a montagem, *collage* e *bricollage* são os procedimentos privilegiados pelos processos eletrônicos.

O tráfico entre o verbal (sintagmático) e o não verbal (paradigmático) encontra aqui seu lugar como extensão do caráter intersemiótico do pensamento, pois este atua por imagens, diagramas e metáforas, além de palavras. Bastaria dizer aqui que as formas processadas pelo computador passam rapidamente de verbal — linear — ao não verbal, isto é o icônico-diagramático.

Com as técnicas de numeração e digitalização, as imagens estão abertas a múltiplas transformações que oferecem imensas possibilidades no campo da criação de novos imaginários, de realismos conceituais e a transdução de múltiplas linguagens.

Com esse novo potencial, se abrem campos para as estéticas numéricas, assim como para as poéticas intersemióticas. Interativas e tradutoras.

Poéticas sintéticas

Do cosmético ao Cosmos, as imagens de "terceira geração", realizadas pelas tecnologias de ponta, cujo objetivo é o de servir à comunicação, estratégias militares, ciências, publicidade e também aos clipes espetaculares, podem muito bem ser desviadas de sua projetada trajetória inicial e recuperadas como paradigmas da criação. Nesse sentido, correspondem a uma intencionalidade estética.

Da "pedra ao *pixel*", de Altamira aos meios eletrônicos, observamos as inter-relações entre imagens e escritas, fenômenos para os quais, infelizmente, a especialização dos sentidos em categorias artísticas cristalizadas, de certo modo, nos cegou.

No Ocidente, desde o "ovo" de Símias de Rodes (século III a.C.) às imagens de síntese, há toda uma história de fluxos e refluxos entre escrita e imagem, entre: poesia, arte, literatura, plástica e a linguagem das matemáticas.

Hoje os meios de produção pós-industriais recuperam as imagens artesanais do Único (pictogramas, pinturas, ornamentos, *vitraux*, caligrafias...), as imagens industriais (fotografia, escritas, artes gráficas, cinema...), isto é, o "Reproduzível", tornando-o "Disponível" com retorno instantâneo e infinito. Traduzindo o Oriente para o Ocidente e vice-versa, a eletrônica faz circular "tudo" em redes eletrônicas através de seus microprocessadores e *chips* de silício.

Como transdutora e no melhor dos estilos, a imagem-texto eletrônica incorpora o ZEN das "Três Perfeições", devolvendo-as em videografia luz-cor, como a poesia concreta também traduziu o ideograma, desvelando a imagem no texto (poema) e o texto na imagem (teoria). Gangorra entre o sensível e o inteligível, como prelúdio do que acontece agora entre artes e tecnologias guiadas por modelos teórico-sensíveis, ou seja, a tradução de imagens em cifras e de cifras em imagens. Salto qualitativo para novas culturas e sensibilidades. O Oriente falando por nós.

O percurso histórico, que vai da utilização das coisas pela mão até a fabricação e manipulações dos objetos pelos signos, descreve um processo complexo e coerente com aquele que vai da natureza ao artifício. A criação iconográfica deixa de se basear no modelo da natureza e nos processos industriais, para se apoiar nos algoritmos e linguagens apropriados. Surge um novo tipo de imagem, distinta da artesanal e da industrial: a imagem calculada, programada por processos de linguagens sobre linguagens.

Um dos fatores fundamentais dos deslocamentos e descontinuidades de tais processos criativos é, precisamente, a modalidade técnica dos novos suportes, sobre os quais acontece a interações coletivas da comunicação. O período atual nos fornece as condições infraestruturais (tecnologias) para o desenvolvimento material das imagens como esfera da superestrutura.

Partindo da ideografia milenar até mais acentuado hiper-realismo, tais imagens fazem transitar as artes e iconografias de todos os tempos, sintetizadas pela virtuosidade dos aparelhos tecnológicos, que descobrem os espaços eletrônicos em sínteses produtivas. Consequentemente, a recuperação imediata (*on-line*) de informação em sistemas eletrônicos, modifica a percepção dessa mesma informação, provocando tradução e contaminação. Se o poeta Mallarmé pensava que "o mundo existe para acabar num livro", hoje estamos em posição de ir além, transferindo bibliotecas e o espetáculo da história para um computador, tendo este a capacidade de ampliar ou comprimir a nossa noção de espaço-tempo, tanto para o passado, quanto para o futuro.

Depois do conceito de "Museu Imaginário" e das múltiplas memórias que apresentam, *on-line*, todos os conhecimentos acumulados pela humanidade e que criam uma arqueologia informatizada, só se pode conceber a arte (em qualquer estágio de civilização) de forma comparada, uma meta-arte.

Pensar as formas de criação de imagens através dos múltiplos dispositivos hoje disponíveis, traz à memória a transmutação violenta provocada pela revolução industrial sobre os sistemas de representação.

A história da arte nos mostra como as categorias da arte dos últimos duzentos anos têm sido completamente transversalizadas. O resultado se faz múltiplo, ubíquo, virtual e potencial. Não se trata aqui, de manifestar uma ideia apocalíptica a respeito das imagens tradicionais, como também, de manter uma posição ingênua (dificilmente sustentável), dada a crise dos sistemas de representação que ocorre hoje.

A imagem eletrônica encapsula, traduz e repensa o modo como a imagem moderna traduziu a arte oriental e primitiva. A imagem do computador aparece sob os signos de Seurat e Mondrian. A imagem computadorizada codifica a imagem crítica da "arte pura", a imagem tecnoconstrutiva industrial, a imagem subjetiva do surrealismo e a imagem expressiva da modernidade. Razão/expressão são encontradas nestas imagens. Assim, as determinantes da arte moderna: a metalinguagem, os "limites da linguagem", a imagem sincrética e subjetiva estão embutidas nas imagens eletrônicas, que por sua vez, codificam o simbólico, o real e o imaginário.

Na sociedade pós-industrial, os sistemas de produção de linguagem são organizados em representações do nosso imaginário. Superpõem-se sistematicamente aos modos de produção do passado, incorporando-os, traduzindo-os; provocando, assim, um tempo mais recorrente do que evolutivo. Uma espécie de "Eterno Retorno", sempre disponível.

Depois da imagem foto/cinematográfica, do livro e do jornal, novas iconografias digitais, arquivadas em "midiatecas", irão enriquecer o campo da comunicação com suas vocações multimídia e interdisciplinar: sonora, visual e textual.

As NTC (Novas Tecnologias da Comunicação), inseridas no contexto da criação, colocam algumas questões interessantes. A pergunta não é se as imagens das NTC são ou não arte. A questão correta é esta: o que estas imagens fazem com a arte? Ou como os produtores "artísticos" se colocam diante deste fenômeno?

Colocar o problema da arte ou não-arte nestas imagens, parece ser uma discussão teoricamente acadêmica e estéril de princípio, que se presta aos jogos conotativos do "que é arte?". Contudo, o fato não pode ser visto de forma ingênua, pois as questões colocadas pelos rótulos: "tecnologia como arte" ou "arte como tecnologia" são ainda pertinentes. No nosso ponto de vista, as NTC criam uma contradição não antagônica com as imagens da história de tradição humanista, as quais conserva, reinventa, restaura e mistura.

Estamos, sem dúvida, diante de um novo fenômeno, onde os repertórios antigos não servem para abordá-lo. O conceito de saber, criação, "arte" nas sociedades "gutenberguianas", não é o mesmo da era da telemática. Aqui, o "efeito Gutenberg" (linearidade, hierarquia) se dissipa em prol dos ícones diagramáticos e ideogrâmicos (ideograma e parataxe), promovidos pelas redes eletrônicas.

Ao nosso ver, as NTC criam uma contradição não antagônica com as imagens da história de tradição humanista. De fato, tais criações sintéticas não se apoiam mais na noção de sujeito que elabora sua arte romântica na função expressiva da linguagem, mas na noção de um sujeito em interação com muitas linguagens; dos meios. O que hoje chamamos de "arte", contamina-se e mimetiza os processos de hibridação da infraestrutura eletrônica com tendência à bricolagem.

As poéticas sintéticas colocam essa questão da seguinte forma: o cérebro entra em sinergia e ressonância com as estruturas icônicas e linguagens embutidas nos aparelhos que contém traços pansemióticos. Cabe ao artista extrapolar tais caracteres.

Produzir iconicamente com as "Novas Tecnologias" talvez seja mais complexo, mas não é muito diferente da produção com técnicas e instrumentos artesanais. Só faz falta, como diz Pierce, abrir os olhos para ver os fenômenos, isto é, estar atento às estruturas dos meios para entrar em ressonância com elas.

Produzir formas icônicas significa antes de mais nada uma reflexão sobre as próprias qualidades da linguagem dos meios. É no âmago deste aspecto que se cria a diferença entre funcional de uso comunicativo.

O que caracteriza o signo icônico é a proeminência das qualidades materiais do signo, que oscila entre ser, signo e fenômeno.

Assim, produzir ícones com os meios, é relacionar a materiabilidade da infraestrutura com a consciência sígnica como superestrutura. Os suportes são substratos físicos do mundo, enquanto os signos são substratos fenomenais da consciência.

Neste processo, de representação e mediação, não se pode dizer mais do que a linguagem permite; o que pode ser dito através de um meio não pode ser dito por outro.

Isso significa que, no ato de representação, sujeito e meio estão unidos por uma consciência que relaciona suporte e importe. Conforme Bense, "nenhuma relação consciência-mundo é imediata. A consciência age e o mundo é elaborado. E, entre o mundo e a consciência, interpõem-se os meios da ação e da elaboração" (Max Bense, 1987).

A lógica ocidental permite organizar os meios em sistemas e redes universais, utilizados como suportes de reprodução de linguagens, ou seja, como veículos de comunicação, inteligibilidade, representação simbólica e memória. A analógica oriental, entretanto, permite a transgressão desses caracteres e a criação de imagens próprias. É a produção de contra-comunicação, o lado sensível da prática tecnológica. Se a comunicação permite que "os fins justifiquem os meios" (valor de troca), a criação permite que "os meios justifiquem os fins" (valor de uso).

O que faz o artista com as tecnologias não é mais que deter o movimento centrífugo da comunicação substituindo-o pelo centrípeto: o ícone onde está o âmago da criação. Portanto as Novas Tecnologias da Comunicação, podem também sê-lo da Criação. Com isso, as NTC possibilitam sua utilização como veículos produtores de sentido e sensibilidade. Essa passagem-tensão entre meios que querem comunicar, mas que acabam se autorreferenciando, toca no que há de mais transgressor e mais sensível na linguagem dos suportes, ou seja, na sua própria materialidade como elemento detonador de seu sentido, como pura semelhança.

Fazer surgir novas forças escondidas nas virtualidades das NTC, significa explorar o "campo dos possíveis", e isso é extrair o sensível do inteligível, o icônico (virtual) do simbólico, o tecno-poético do tecno-lógico.

As imagens de terceira geração, "frias", de cores hiper-realistas, extremamente luminosas, não naturais e calculadas, codificam e parodiam as artes humanísticas e suas ideologias. Essas imagens incorporam a metalinguagem e demonstram que não são afásicas como certas criações da arte.

Além de ícones, evidenciam os processos de codificação da verossimilhança fotográfica e cinematográfica, ajudando-nos a perceber como as imagens representadas pelas técnicas fotoquímicas são produto de seus códigos de transmissão e dos sistemas de representação, sobre os quais se constrói a ideologia e o sentido.

Essas imagens são criações altamente sintáticas e sintéticas, sem referencial no mundo, que simulam a natureza, o imaginário e o simbólico, tornando-se, ao mesmo tempo, verdadeiros ícones de linguagem.

Diante de tais imagens, do ponto de vista da criatividade — entendida aqui como capacidade para a invenção e introdução de novas formas, e não tanto como reprodução do existente — novas determinantes parecem incidir sobre a criação contemporânea:

Com relação ao imaginário:

1. Inauguração de poéticas numéricas e sintéticas, como atualização do virtual contido no simbólico, isto é, como qualificação de modelos e imagens mentais realizadas a partir das estruturas e linguagens próprias nas NTC; novos meios supõem novas estruturas e, portanto, novos ícones.

Com relação ao real:

2. Novas formas de figurar o mundo. Com o realismo conceitual e sintético, criam-se signos verossímeis que atuam por semelhança e definem seus próprios referentes. As imagens de síntese são cocriadoras do que chamamos "realidade". Mostram outras facetas do "real", colocando em crise a noção de verdade e sobretudo de "referente", pois o conceito de "realidade" torna-se tributário da linguagem e de seu instrumento produtivo. Assim, o grau de similitude desempenha o papel do antigo valor de "verdade", colocando em crise os sistemas ópticos do cinema e da fotografia. Contudo, estes signos que se nos apresentam em "tempo real" (tempo do visualizador), de forma virtual e telepresente, ou seja, à distância do objeto que representam, estão prenhes de referencialidade.

Relacionadas ao simbólico:

3. Poéticas intersemióticas surgem, e produzem imagens-linguagem que colocam em dominância os caracteres ideogrâmicos (analogia, diagrama, o "não verbal" e a parataxe), sobre os caracteres "gutenberguianos" (da lógica, a linearidade, o verbal, a hipotaxe e o discurso).

Poéticas heurísticas, como exploração e síntese dos diversos esquemas criativos, surgem das possibilidades combinatórias e interativas de modelos em memórias, bem como do esgotamento do campo dos possíveis.

Poéticas da distância, como comunicação (e transculturação) de signos, eventos e efeitos estéticos a nível intercontinental, transcendem as formas de amostragem artesanais e industriais da arte.

As imagens de terceira geração não correspondem ao conceito artesanal de informação sobre objetos — "criação" — porque não há mais objetos, nem matéria, somente energia luminosa, programas e linguagens de máquina. Também não obedecem ao conceito industrial de reprodutibilidade a partir de uma matriz de produção e sim, ao conceito pós-industrial de "simulação", onde o referencial mais imediato está no programa.

As imagens de terceira geração, à medida que se desvinculam do "real", produzindo-o, tendem a aparecer como processos de linguagem sobre linguagem, forma sobre forma, obtendo um caráter altamente sintático e transductor.

Esses processos simbólico-icônicos, que privilegiam a forma, a estrutura e o ícone, parecem mais apropriados a músicos, poetas, arquitetos, artistas gráfico-visuais e infografistas, cujas mentes possuem um pensamento icônico sem serem afásicas da metalinguagem.

Tradução de Rosângela Trolles

II.

O VIRTUAL E A QUARTA DIMENSÃO DA IMAGEM

O TEMPO DO VIRTUAL

Philippe Quéau

As imagens de síntese formam uma nova escrita que modificará profundamente nossos métodos de representação, nossos hábitos visuais, nossos modos de trabalhar e de criar. Não se trata de mais um *gadget*, nem de uma moda passageira, e sim de uma revolução escrita profunda. Com elas surge uma nova relação entre imagem e linguagem. Agora o *legível* pode engendrar o *visível*. Pela primeira vez, formalismos abstratos podem produzir, diretamente, imagens.

Já se pode observar a potência e a onipresença das imagens de síntese nas ciências e na indústria, no lazer e nas artes, ou ainda mesmo na conduta de guerra. A imagem calculada introduz um corte de primeira grandeza, comparável, sem dúvida, à invenção da imprensa ou da fotografia na história dos meios de representação. A imagem digital graças à sua natureza numérica e simbólica (no sentido matemático do termo), torna possível todos os tipos de mediação entre linguagens formais e representações sensíveis. As matemáticas tornam-se fisicamente perceptíveis e até mesmo tangíveis, como se pode observar em certas aplicações recentes dos mundos virtuais. Os dois campos do inteligível e do sensível, dos modelos e das imagens, outrora separados, se veem assim reconciliados pelo intermédio dos números, reatualizando de modo inesperado a antiga problemática neopitagórica.

As imagens de síntese são, em primeiro lugar, linguagem

Entretanto, a pregnância de representações clássicas, como as imagens fotográficas, cinematográficas ou televisuais, pode tornar-nos cegos à essência das imagens infográficas e das representações virtuais. Vemos nelas, então, somente imagens, *apenas* imagens. Estas imagens, ao contrário entretanto das imagens fotográficas ou videográficas — que nasceram da interação da luz real com as superfícies fotossensíveis — não são inicialmente imagens e sim linguagem. Encarnam-se abstratamente, poderíamos dizer, em modelos matemáticos e em programas informáticos. Apenas em um segundo momento, e de modo sempre incompleto, elas podem apresentar-se também sob a forma de "imagens". Entretanto, estas "imagens" tornadas visíveis não esgotam imediatamente a substância dos modelos formais que as engendram: só dão conta deles de modo parcial e relativo. Enquanto "imagens", elas não nos permitem entender o modelo abstrato que as engendra, mas abrem uma janela para ele. As imagens de síntese correspondem bem à definição das imagens dada por Nicéphore (não Nicéphore Niepce, e sim Saint Nicéphore, por volta do ano 813...) que dizia que a imagem é uma relação, um *pros ti*, um ser que tende para algo, uma realidade intencional. A imagem de síntese remete necessariamente ao seu modelo. Ela não pode compreender-se plenamente senão através da sua relação com ele.

Uma imagem de síntese não é, então, simplesmente a imagem de algo, uma espécie de cópia estática e enrijecida de uma entidade preliminar. Para compreender a essência de uma imagem de síntese, é necessário procurar entender o modelo que a engendra. Para isso, é preciso engendrar imagens alternativas ao modelo e explorar o seu "espaço de fases", em outras palavras, o conjunto de todos os "estados" possíveis do modelo, através da variação dos parâmetros acessíveis. É esta natureza, simultaneamente linguística e sempre potencial das imagens de síntese, que explica a sua importância e a sua riqueza de aplicação.

Alguns símbolos digitados num teclado bastam para criar universos de formas e cores em constante metamorfose ou dar vida a paisagens virtuais. As imagens infográficas podem imitar a natureza, traduzir teorias em formas sensíveis ou mergulhar-nos fisicamente em mundos com propriedades desconcertantes. Essa produtividade das imagens de síntese vem das linguagens simbólicas, liberadas da materialidade da luz. As imagens de síntese são essencialmente abstratas, apesar de oferecerem um aspecto material, visível. Todas as possibilidades funcionais da infografia e o seu papel escritural original nascem desta aliança original entre o formal e o sensível.

As imagens de síntese e os mundos virtuais não revelaram ainda o seu verdadeiro potencial. É difícil, hoje, dimensionar a verdadeira revolução em curso no campo da imagem e, de modo mais abrangente, no campo do tratamento da informação e da comunicação. A passagem iminente das tecnologias de telecomunicações e do audiovisual ao todo-numérico anuncia-se como a ocasião de uma reconfiguração dos saberes e dos métodos, das escritas e das memórias, dos meios de criação e de gestão.

As consequências econômicas e sociais da *numerização* e da *virtualização* da informação já podem ser notadas através do papel cada vez maior das tecnologias da representação na nossa sociedade. As consequências são realmente notáveis. Outrora relativamente desprezada pelos "doutores" do conhecimento por ser considerada simples cópia do real ou então sonho irreal, fantasma inconsistente, a imagem torna-se agora instrumento de trabalho eficaz, enquanto arma econômica ou guerreira, meio de escrita funcional e heurística.

Enfim, a imagem escapa à esfera das metáforas para entrar no mundo dos *modelos*. Sabemos que as metáforas, sejam linguísticas ou visuais, buscam compensar os limites dos sistemas de representação — como a linguagem natural ou a escrita cinematográfica — propondo analogias entre o contexto normal de uma palavra ou de uma imagem e um contexto novo no qual é arbitrariamente introduzida. Esta arbitrariedade não deixa de ter um certo valor heurístico, mas é também, a ocasião de derivas infelizes e esbarra em limites intrínsecos. Não se pode, por exemplo, "explorar sistematicamente" uma metáfora como um modelo científico. O modelo, ao contrário, dá um caráter mais concreto, mais experimental a uma teoria, sem perda da substância abstrata que compõe a sua ossatura. O modelo concretiza a teoria sem perda de substância inteligível. A metáfora pode esclarecer, por vezes brilhantemente, mas sem verdadeira capacidade de declinação. Ela possui sempre um caráter mais ou menos *ad hoc*. Já o modelo reformula de modo novamente inteligível um conteúdo abstrato. Pode-se *experimentar* um modelo, seja testando a sua coerência interna, seja confrontando-o ao contexto real. Esta experimentação, esta exploração do modelo é necessária para a sua apreensão completa. Eis exatamente o que caracteriza a *simulação*. A imagem de síntese é, então, o meio visual ideal para acompanhar e guiar esta exploração.

A contribuição da imagem de síntese é de dar-nos uma versão sensível, em parte "equivalente" ao modelo que a engendra.

Imersão na imagem ou a imagem considerada como um "lugar"

A natureza essencialmente abstrata da imagem de síntese acrescenta-se à sua faculdade eminentemente concreta de tocar os sentidos do espectador e de criar uma impressão física forte, envolvente. As técnicas infográficas aliam-se às novas tecnologias espetaculares e inovadoras de projeção como o sistema Imax Solido, que projeta imagens estereoscópicas em cor na tela hemisférica Omnimax, ou ainda o *Poço de Imagem* no pavilhão francês da Exposição Universal de Sevilha. Os programas de síntese da imagem podem agora produzir imagens perfeitamente "realistas", indiscerníveis das fotografias ou das tomadas reais. *O Exterminador do Futuro II* acaba de pôr em cena o primeiro ator sintético capaz de rivalizar, pela sua animação e pelo seu realismo, com as estrelas de cinema.

A verdadeira revolução reside, no entanto, nas possibilidades específicas da infografia, notadamente na sua capacidade de interação com o espectador e na sua possibilidade de geração em tempo real, dando assim o sentimento de uma "imersão" na imagem. Esta imersão interativa vem sendo aproveitada há anos pelos simuladores de voo. A sua confiabilidade e o seu realismo são tão grandes que a formação dos pilotos militares e civis faz-se quase agora inteiramente com a sua ajuda. A simulação é mais eficaz que o real, já que podemos criar qualquer tipo de combinação de panes ou de incidentes e testar todas as configurações de voo, mesmo os mais improváveis.

O desenvolvimento fulgurante dos *mundos virtuais*, que oferecem uma imersão funcional em representações tridimensionais com a ajuda de capacetes individuais de visualização estereoscópicos, democratiza o uso dos simuladores. Além disso, estes mundos virtuais portáteis e relativamente baratos permitem estabelecer novas funções. O corpo, em seus menores gestos e movimentos, é efetivamente suscetível de ser interligado com o mundo virtual no qual evolui. Uma nova relação entre o gestual e o conceitual pode ser imaginada. Podemos até falar de uma hibridação entre corpo e imagem, isto é, entre sensação física real e representação virtual. A imagem virtual transforma-se num "lugar" explorável, mas este lugar não é um puro "espaço", uma condição *a priori* da experiência do mundo, como em Kant. Ele não é um simples substrato dentro do qual a experiência viria inscrever-se. Constitui-se no próprio objeto da experiência, no seu tecido mesmo e a define exatamente. Este lugar é, ele mesmo, uma "imagem" e uma espécie de sintoma do modelo simbólico que se encontra na sua origem. É a própria experiência deste espaço que permite voltar à fonte da sua inteligibilidade, isto é, ao modelo. É a experiência interativa e progressiva do espaço que o constitui epigeneticamente como "espaço".

As consequências dessa evolução do estatuto da imagem são radicais. A imagem de síntese modifica a nossa relação com o real, estruturando-o de outra forma, como instrumento de *escrita*. Como lugar virtual, a imagem de síntese estabelece ligações inéditas entre preceitos e conceitos, entre fenômenos perceptíveis e modelos inteligíveis.

Das imagens à linguagem

Uma consequência do caráter linguístico das imagens é a possibilidade de criar um vai e vem entre modelo e imagem, entre modelo inteligível e representação sensível. Com a síntese de imagem, os modelos podem engendrar imagens. Com o tratamento das imagens, é possível "tratar" imagens já existentes para analisá-las, e extrair delas características operatórias. Em algumas aplicações da visão por computador, utiliza-se sucessivamente as duas vias. Começa-se por tratar uma imagem real e sintetiza-se uma imagem correspondente ao modelo tirado da sua interpretação. Compara-se, em seguida, as duas imagens, a real e a sintética, para melhorar a análise por recorrência.

Uma outra consequência da numerização e da virtualização da imagem é sua eminente propensão a circular em redes interativas. Novas formas de telepresença, de teletrabalho são possíveis graças à *televirtualidade*. Doravante podem circular pelas redes de faixa estreita "demônios", clones, sucedâneos e *aliás*, encarregados de representar-nos simbolicamente a toda hora e em qualquer ponto da terra. Podemos encontrar, por delegação, correspondentes em cenografias virtuais compartilháveis. Experiências de *comunidades virtuais* realizam-se há vários anos nos Estados Unidos e no Japão. Podemos citar a experiência *Habitat*, criada por Lucasfilm Games e Quantum Computer Services, que funcionou de 1985 a 1989, numa rede que interligava milhares de computadores pessoais Commodore 64; ou ainda o *Caribe Club* da Quantum Link, que funciona há três anos com mais de quinze mil participantes. Uma versão tecnicamente mais adiantada desta comunidade virtual, chamada *Fujitsu Habitat*, está instalada há mais de um ano na rede NiftyServe com computadores pessoais FM Towns da Fujitsu, que possuem capacidades gráficas notáveis e um leitor de CD-ROM integrado. Não vamos nos enganar; temos aqui uma autêntica e nova mídia que casa habilmente as capacidades da telemática com as da imagem de síntese. O mercado potencial é enorme, já que corresponde ao mercado das futuras gerações telemáticas, para o grande público, o Minitel do ano 2000. Este futuro Minitel virtual oferecerá redes de mensagens gráficas interativas e tridimensionais, redes de encontros virtuais, onde adotaremos virtualmente a personalidade e a aparência da nossa escolha, e onde poderemos passear em redes, como outrora passeávamos em Veneza, agora com a nossa máscara gráfica.

Novas escritas artísticas vão emergir, e levarão em conta, necessariamente, as propriedades específicas dessas "novas imagens". Efetivamente, a imagem de síntese, tecida por linguagens formais, dá testemunho das suas características específicas, das suas vantagens. A mais notável dessas qualidades é, sem dúvida nenhuma, a sua capacidade de autonomia, a sua resistência e, diríamos até, a sua opacidade. As linguagens formais nos "resistem", e contêm mais coisas do que acreditamos ver nelas. As matemáticas possuem uma vida estranha que fascina e surpreende os melhores matemáticos. Estes podem frequentemente constatar que as fórmulas matemáticas ou os teoremas "sabem mais" do que os seus inventores. Ora as imagens de síntese nos dão um acesso sensível, imediato, a esta "vida" profunda. O artista de amanhã será, sem dúvida, chamado a utilizar a autonomia desses "seres" intermediários como novo meio de expressão, e poderá tirar partido da sua vida artificial para criar obras em constante gênese, processos quase vivos, modificando-se sem cessar eles mesmos em função do contexto.

Quanto ao cientista, ele dispõe de um novo instrumento de simulação e poderá se dedicar a experiências simbólicas, não *in vitro*, mas *in machina* mesmo, tirando o máximo proveito dos modelos para reformular e reconfigurar os seus esquemas experimentais.

Novas perspectivas são oferecidas, no plano pedagógico, pelas ligações operacionais entre o caráter abstrato dos modelos, e a sua tradução em imagem tridimensional, sua simulação concreta. O corpo pode experimentar fisicamente sensações ou modulações que representam ideias teóricas. O corpo experimenta o inteligível de modo tangível.

Novas retóricas vão desenvolver-se na base de combinatórias complexas entre níveis diferenciados de imagens, pondo em cena diferentes tipos de hibridação entre o real e o virtual, entre o sintético e o natural. Metamorfoses contínuas poderão encadear-se entre essas representações. Os "espaços virtuais" equivalendo a *campos de dados* no qual cada ponto pode ser considerado como a porta de entrada para um campo de dados, em direção a um novo campo virtual, ele mesmo conduzindo a outros espaços de dados. Novas formas de navegação mental serão necessárias para reencontrar-se nos labirintos informacionais em constante regeneração.

É evidente que com tais ferramentas deveremos ver desenvolver-se novas formas de manipulação e de trucagens. As técnicas militares de decepção e de sedução, correntemente utilizadas hoje na guerra eletrônica, ilustram perfeitamente esta faculdade dos sinais de informação de serem manipulados, desviados, falseados, captados e tratados de forma a melhor enganar o adversário. A fronteira entre o verdadeiro e o falso torna-se cada vez mais impalpável, e as balizas que permitem distinguir os diversos níveis de verdade das representações e de avaliar a sua credibilidade tornam-se cada vez mais difíceis de controlar. As técnicas de numerização e de virtualização põem todas as informações no mesmo plano simbólico quaisquer que sejam os seus graus de abstração, e permitem teoricamente todas as passagens entre o real e o virtual, qualquer mistura de natureza e artifício. Desenvolvem-se já na televisão, sem que por sinal seja necessário recorrer às técnicas do virtual, numerosos programas "verdadeiros-falsos", *reality-shows* e outros "falsos ao vivo" salpicados de dramatização, destinados a nos desvendar o mundo com imagens trucadas de forma mais convincente que as imagens reais. Temos o direito de acreditar que o controle absoluto que oferece o numérico sobre a imagem, *pixel* por *pixel*, saberá encontrar rapidamente adeptos.

É urgente e necessário que se desenvolva uma consciência desses problemas, que se melhore a formação do público, que se estabeleça o mais rapidamente possível os meios de uma nova forma de *alfabetização*. A imagem, tornada meio de escrita ubíqua, não deve nunca mais ser vista como natural, distraidamente vista, mas deve ser a partir de agora atenciosamente lida, analisada, comparada ao seu contexto, como aprendemos a fazê-lo no campo da informação escrita.

O desenvolvimento das redes virtuais nos exigirá uma atenção crescente a problemas ainda insuspeitados. Os mundos virtuais dentro dos quais poderemos mergulhar e navegar darão um aspecto eminentemente realista, palpável, tangível, e aparentemente crível, por exemplo, a qualquer tipo de simulação. Será imprescindível instituir critérios, objetivar os "pontos de vistas", situar com precisão os campos de expressão, os lugares de onde se fala, estabelecer as bases de uma ética da imagem virtual. Quanto mais estivermos imersos na imagem, mais deveremos aprender a desconfiar desta imagem, e evitar de nos deixar absorver pela pseudoevidência dos sentidos.

Novas questões sobre a nossa capacidade de apreensão da realidade e sobre o próprio impacto dos métodos utilizados do ponto de vista filosófico ou epistemológico são colocados pelos progressos da simulação, pelo realismo crescente das técnicas do virtual, que permitem emaranhar de modo cada vez mais sutil o real e o virtual. Quanto mais se desenvolvem os instrumentos de mediação cognitiva, mais eles têm a tendência a se substituírem à realidade que deveriam ajudar-nos a perceber melhor. De fato, longe de atingir sempre este objetivo teórico, há uma tendência a fornecer-nos uma pseudorrealidade mais plástica e mais complacente, uma espécie de *preter*-real (do latim *praeter*, ao lado de), segundo a expressão que Jacques Maritain aplicava à esfera das matemáticas. Esta realidade *ao lado* da realidade possui inegáveis vantagens — cognitivas, expressivas, lúdicas — mas ela apresenta também novos riscos. O perigo mais aparente é de acreditar tanto nos simulacros que se acaba por tomá-los por reais. Formas diversas de esquizofrenia ou de solipsismo poderiam sancionar um gosto demasiado pelas criaturas virtuais com as quais cada vez mais devemos conviver. A fuga do verdadeiro real e o refúgio num real de síntese vão sem dúvida permitir às nossas sociedades invadidas por um desemprego estrutural fornecer a milhões de ociosos forçados alucinações virtuais, drogas visuais capazes de ocupar espíritos e corpos, ao mesmo tempo em que se desenvolverão novos mercados mas também sem dúvida novas formas de controle social.

Mais do que levar a sério o virtual e realizá-lo de algum modo, o grande perigo seria acabar considerando o real como uma extensão dos mundos virtuais. O virtual torna-se a referência, e quando voltamos ao real pensamos então poder aplicar a ele, naturalmente, os mesmos procedimentos e métodos, a mesma falta de preocupação que se tem no virtual. Vários exemplos podem ser citados: o da equipe de radaristas do navio americano Vincennes, que tendo confundido na tela-radar um eco (gerado sinteticamente) de Airbus iraniano com um eco de Mig, provocou o lançamento de um míssil e a morte de centenas de passageiros civis; o dos pilotos americanos que atiraram mísseis ar-solo sobre tropas britânicas durante a Guerra do Golfo, pretendendo não ter identificado nas suas telas as balizas dos sinais destinados a reconhecê-los como amigos. No mundo do tempo real e das representações virtuais, a assinatura espectral, ela mesmo manipulável a vontade, é uma questão de vida ou morte.

Não podemos escapar à estruturação do mundo pelos nossos meios de representação. A generalização das representações virtuais e sintéticas não poderá não *virtualizar o mundo*, e tornar-nos simultaneamente nós mesmos mais ou menos virtuais.

É próprio de uma linguagem não tanto buscar refletir o mundo ou a essência das coisas, mas criar as condições de um engajamento coletivo, de uma comunidade de leitura e de escrita, e permitir que sinais privilegiados de aliança sejam compartilhados para facilitar a constituição do corpo social e para gerir, tanto quanto possível, as suas contradições. A potência ubíqua e metamórfica das técnicas de numerização e simulação permitirão às *escritas virtuais* desempenhar, numa escala jamais atingida na história, esse papel de liga social, esse papel de laço que liga e que enforca.

Os lugares e as imagens virtuais vão sem dúvida desenvolver-se numa escala comparável à dos meios de comunicação de massa tradicionais, como a televisão, até competir com eles seriamente. São técnicas de representação novas de potencial considerável. Questões fundamentais se colocarão na medida de seus progressos e se organizarão em torno de tensões contraditórias. Essas técnicas, por exemplo, deveriam nos trazer um acréscimo de inteligibilidade sobre o mundo, ao nos dar acesso a modelos interpretativos hoje ainda reservados aos únicos especialistas. Mas uma escuridão ainda maior, quanto aos modelos pré-concebidos, nunca realmente explícitos, que foram numerosos *a priori* regulando o próprio quadro no qual a nossa consciência intelectiva se desenvolve, é o preço desse acréscimo de inteligibilidade. O nosso domínio relativo de um certo nível de abstração paga-se então por uma incerteza quase absoluta quanto às condições de possibilidade dessa abstração, e quanto às condições de exercício desse aparente domínio. Estamos condenados a perder a inteligência aprofundada dos nossos meios de intelecção, salvo se nos dedicarmos todo o tempo a isso.

É preciso sem dúvida, por outro lado, começar a inquietar-se com as consequências psicológicas que um excessivo consumo de universos virtuais cria. Uma tendência à desrealização toma todas as pessoas que se apegam demasiadamente à perfeição limpa das matemáticas ou ao rigor lúdico da informática. A tecnologia da simulação virtual não pode senão reforçar este risco de desrealização, ao dar um caráter pseudoconcreto e pseudopalpável a entidades imaginárias. Se não tomarmos cuidado, estas técnicas, em suma são particularmente perigosas, já que nos seduzem, pelo seu funcionamento "ideal" sem privar-nos de nenhumas das ilusões sensoriais sem as quais poderíamos rapidamente nos cansar. Torna-se fácil esquecer o mundo real e refugiar-se no conforto flexível e eficaz em que esses meios ideais de *idealização* nos mergulham. Eles, por um lado, constituem então instrumentos de domínio da complexidade, que propiciam uma melhor inteligibilidade e, por outro lado, têm uma certa propensão a encorajar formas latentes de ilusão e até mesmo de esquizofrenização. Quanto mais nos servimos da simulação como meio de escrita e de invenção do mundo, mais corremos o risco de confundir o mundo com as representações que fazemos dele. Quanto mais acreditamos apreender o real e quanto mais pensamos em dominar os meios de transformá-lo, mais podemos ser tentados a fugir dele, e nos limitarmos ao mundo aveludado de ilusões que fazemos ao seu respeito.

Um perigo ainda maior seria de perverter a nossa relação com nosso próprio corpo. Os lugares virtuais, nos quais seremos cada vez mais levados a evoluir, modificarão de múltiplas maneiras a percepção do corpo. A hibridação íntima do corpo real, no qual habitamos desde a nossa infância, com os formalismos abstratos os mais tangíveis, com escalas de tempo e curvaturas de espaços arbitrárias, irá nos levar, provavelmente, a uma certa desapropriação dos nossos hábitos mais interiorizados. Elementos fundamentais da nossa relação com os outros homens, como a noção de presença, encontrar-se-ão questionados por práticas virtuais desafiando nossas previsões.

O fascínio pelos mundos virtuais e pelas imagens de síntese toca particularmente as jovens gerações. Este fascínio provém do fato de que não somente podemos criar pequenos "mundos" do nada, mas sobretudo pelo fato de que, num certo sentido, podemos habitar "realmente" esses mundos. Podemos contentar-nos com estes simulacros de realidade, por pouco que o mundo real nos pareça demasiado duro, inóspito, ou por pouco que todas as vias de acesso a esse mundo virtual nos tenham sido recusadas. Não há dúvida de que o virtual venha tornar-se então um novo ópio do povo. Eis precisamente a razão pela qual devemos acompanhar os seus desenvolvimentos, conter seus usos eticamente questionáveis e pensar nos seus fundamentos.

As realidades artificiais e os mundos virtuais nos obrigam a interrogar-nos novamente, de modo urgente e agudo, sobre a natureza da realidade *real*. O virtual nos estimula a colocar de forma nova a questão do real.

Tradução de Henri Gervaiseau

ANAMORFOSES CRONOTÓPICAS OU A QUARTA DIMENSÃO DA IMAGEM

Arlindo Machado

O conceito de *anamorfose*, segundo seu mais célebre analista (Baltrusaitis, 1977), teria sido introduzido no século XVII para designar um procedimento que já começara, todavia, a ser praticado no século anterior e que consiste em relativizar ou "perverter" os cânones mais rígidos da perspectiva geométrica do Renascimento. "A perspectiva — sentencia Baltrusaitis — deixa de ser encarada como uma ciência da realidade para tornar-se um instrumento gerador de alucinações" (p. 2). Basicamente, as técnicas clássicas de anamorfose consistem num deslocamento do *ponto de vista* a partir do qual a imagem é visualizada, sem eliminar, entretanto, a posição anterior, decorrendo daí um desarranjo das relações perspectivas originais. Em outras palavras, a anamorfose nasce de uma duplicidade de pontos de vista na construção de uma imagem, como acontece no célebre crânio anamórfico de *Os Embaixadores* (1533) de Hans Holbein. Com a generalização do termo, o conceito passa a abranger também toda e qualquer distorção do modelo "realista" (leia-se "renascentista") de representação figurativa, tais como as deformações resultantes da reflexão de uma imagem numa superfície distinta (por exemplo: a reflexão de uma imagem plana num espelho convexo). Nesse sentido, as salas de espelhos em parques de diversões constituem verdadeiras máquinas produtoras de anamorfoses. "O sistema foi estabelecido inicialmente como uma curiosidade técnica, mas abrangeu também uma poética da abstração, um efetivo mecanismo de produção de ilusão ótica e até mesmo uma filosofia da falsificação da realidade" (Baltrusaitis, 1977, p. 1).

Vamos tratar aqui de uma modalidade específica de anamorfose, não considerada por Baltrusaitis, a que denominamos *cronotópica*, por se referir às "deformações" resultantes de uma inscrição do tempo na imagem. O termo *cronotopo* deriva da teoria de Mikhail Bakhtin (1981, pp. 84 ss.), no contexto da análise literária, e foi, por sua vez, inspirado na ideia expressa pelo físico Albert Einstein de uma indissolubilidade das categorias do tempo e do espaço. Como se sabe, a teoria da relatividade encara o tempo como *quarta dimensão do espaço*, o que implica uma concepção de tempo como algo que pode ser *materializado*. À tese kantiana de uma impossibilidade de se visualizar diretamente o tempo, Einstein contrapõe a tese de uma visibilidade do tempo e de uma *legibilidade* da duração na matéria. Essa ideia de uma "*materialização privilegiada do tempo no espaço*" (1981, p. 250) pareceu a Bakhtin extremamente rica para uma abordagem estética, pois permitia encarar o tempo como uma categoria que tem uma expressão sensível, que se mostra na matéria significante e que pode, portanto, ser modelada artisticamente. Em termos estritamente semióticos, o tempo surge então como um elemento transformador, capaz de abalar a própria estrutura da matéria, de comprimi-la, dilatá-la, multiplicá-la, torcê-la, até o limite da transfiguração. É preciso esclarecer, entretanto, que a referência a Einstein se dá aqui apenas num sentido metafórico, uma vez que, nos termos restritos da teoria da relatividade, a inscrição do tempo na matéria só poderia ser perceptível a distâncias astronômicas e a velocidades próximas à da luz, o que não ocorre, evidentemente, no universo das formas representativas aqui consideradas.

Não vamos abordar aqui certas imagens sequenciais que visam simular o movimento, tais como aquelas que constituem o fluxo motovisual do cinema. Isso pode parecer um paradoxo, uma vez que nós costumamos encarar o cinema justamente como um dispositivo técnico para tornar sensível a duração, para dar forma às impressões de tempo e para representar a velocidade. No entanto, há dois fatores a considerar com relação ao cinema. Em primeiro lugar, a inscrição do tempo no cinema não afeta as imagens, não as transfigura, não gera portanto *anamorfoses*. A imagem cinematográfica que se "movimenta" numa tela conserva a mesma integridade e a mesma consistência de uma imagem fotográfica fixa obtida nas mesmas condições. Ademais, analisando com todo o rigor, o cinema não trabalha verdadeiramente com o tempo enquanto categoria significante, uma vez que a impressão de movimento que ele nos dá é um efeito de percepção (denominado efeito *phi* em psicologia). Em outras palavras, o cinema consiste basicamente numa projeção de fotogramas fixos, diferentes uns dos outros e separados entre si por intervalos vazios em que a tela fica negra. O tempo (e, por consequência, o movimento) ocorre justamente nesse intervalo entre um fotograma e outro, nessa brecha em que a tela está vazia e onde, a rigor, não há imagem alguma. Na verdade, como já observou Jean-Louis Baudry (1970, p. 4), o dispositivo cinematográfico se baseia numa espécie de ilusão de ótica: ele busca produzir um efeito de continuidade sobre uma sequência de imagens fundamentalmente descontínua.

Já é conhecida a crítica que faz Bergson da síntese cinematográfica do movimento. O cinema — afirma o autor de *L'évolution créatrice* — trabalha com um movimento falso, com uma ilusão de movimento, pois se o que ele faz é congelar instantes, mesmo que bastante próximos, o movimento é o que se dá entre esses instantes congelados, isso justamente que o cinema não mostra. Daí porque a ilusão cinematográfica opera com um movimento abstrato, uniforme e impessoal, um movimento que — ainda segundo Bergson — existe *no* aparelho e *com* o qual fazemos desfilarem as imagens (Bergson, 1939, p. 330). No limite, o cinema se propõe essa coisa absurda que é sugerir que o movimento possa ser constituido de instantes estáticos, tal como quinhentos anos antes de nossa era, argumentava o pré-socrático Zenão de Eleia, segundo o qual uma flecha impelida por um arco encontra-se em repouso em cada intervalo mínimo de tempo.

Naturalmente há um certo grau de exagero nessa argumentação. Uma vez que o olho, via de regra, não distingue entre um movimento diretamente percebido e um movimento aparente, artificial ou mecanicamente produzido, conforme o demonstrou Wertheimer em seu estudo pioneiro sobre o fenômeno *phi* (Vernon, 1974, p. 202). o cinema pode tranquilamente ser abordado, numa acepção mais larga do termo, como uma arte que inscreve o tempo enquanto uma categoria significante. Há mesmo algumas formulações eloquentes nesse sentido, notadamente por parte de realizadores engajados num trabalho de experimentação das possibilidades significantes do cinema, tais como Dziga Vertov e Serguei Eisenstein, que chegaram inclusive a fazer referências ao isomorfismo tempo-espaço e à quarta dimensão einsteiniana (Vertov, 1984, pp. 7, 78; Eisenstein, 1949, pp. 69 ss.). Mas a referência ao cronotopo se dá, em tais realizadores, num sentido ainda muito mais metafórico do que fazem aqui. Quando o cinema violenta a percepção habitual do tempo através de procedimentos sintáticos tais como retrocesso de ações por montagem invertida, câmera lenta ou acelerada, dilatação ou condensação de movimentos, na verdade ele está intervindo sobre a sucessão das imagens, sobre o ordenamento dos fotogramas e planos, mas nenhum desses gestos pode afetar estruturalmente a própria imagem. Em outras palavras, o cinema pode fazer um homem andar mais rápido ou mais lentamente, pode fazê-lo também andar ao contrário ou até mesmo se mover por elipses, pulando porções do espaço; o que ele não pode é fazer com que a própria representação desse homem seja alterada em função de tais manipulações do tempo, o que, certamente não diminui o mérito das experiências citadas, nem compromete a sua consideração em outros níveis de abordagem.

Por consequência, uma vez que nosso objetivo aqui é lançar um olhar concentrado sobre a representação do tempo na imagem, representação esta que se faz ver sobretudo como anamorfose, o cinema fica automaticamente eliminado de nossa esfera de interesse (com exceção apenas de um caso, que citaremos mais à frente). Isso significa dizer que o tempo não será encarado aqui como efeito de percepção (efeito *phi*), ou como noção abstrata que se superpõe à imagem no plano temático. Ao contrário, ele vai nos interessar enquanto *dimensão* (no sentido einsensteiniano do termo, não no sentido matemático, onde uma quarta dimensão é uma possibilidade teórica) da imagem e, nesse sentido, como modalidade específica de "distorção" da figura. Se considerarmos a imagem como ocupação de um espaço (que pode ser bi ou tridimensional) por formas de cores e texturas variadas, o tempo ocorre aí como uma força geradora de anamorfoses, liquefazendo os corpos para *derramá-los* num outro *topos*, num *crono-topos*, portanto num espaço-tempo. Materializado no espaço, o tempo se mostra como um efeito de superposição ou de percurso dos corpos no espaço, "onde os momentos sucessivos se tornam co-presentes em única percepção, que faz desses momentos sucessivos uma paisagem de acontecimentos" (Virilio, 1990, p. 81).

A ANOTAÇÃO DO TEMPO

Nossa abordagem das anamorfoses cronotópicas começa com o exame da fotografia fixa. Aqui parece residir um novo paradoxo, pois a fotografia é normalmente encarada como um sistema significante de *suspensão do tempo*, de congelamento da imagem num instante mínimo e único. Mas é justamente porque toda a tecnologia da fotografia se orienta no sentido de uma eliminação do tempo que a inscrição deste último na fotografia tem um poder superlativamente desestabilizador e, por consequência, deformante. O princípio básico do cronotopo fotográfico reside na elasticidade do conceito de *instante*: considerando o tempo como um desenrolar de eventos, a fotografia surge como algo que se interpõe nessa sucessão, para *fixar* um intervalo. Ocorre que esse intervalo, por mínimo que seja, é ele próprio também composto de infinitos outros intervalos ainda menores e que o obturador da câmera não pode congelar. Tal como no conceito matemático de *intervalo*, o *instante* fotográfico pode ser divisível ao infinito, sem que jamais se possa chegar a uma unidade mínima que represente o congelamento absoluto do tempo. Na verdade, nos termos estritos da teoria da relatividade, a velocidade de obturação está limitada à velocidade da luz, mas como a prática habitual da fotografia encontra-se muito distante desse limite, a suspensão absoluta do tempo representa um ideal impossível de ser atingido.

Isso quer dizer que em toda imagem fotográfica há necessariamente inscrição do tempo. Mesmo nas maiores velocidades de obturação que se pode hoje obter, o intervalo de exposição do filme à luz sempre resulta suficientemente longo para registrar uma duração, portanto uma evolução do objeto no tempo. Se isso não é perceptível na prática cotidiana da fotografia é porque sempre se busca uma compatibilidade entre velocidade de obturação e velocidade do motivo fotografado, de modo a obter como resultado o intervalo exato para congelamento deste último. As anamorfoses cronotópicas começam a aparecer, todavia quando se coloca a velocidade de obturação a trabalhar no sentido de uma anotação do movimento, de uma inscrição do deslocamento dos corpos no espaço-tempo, portanto, na direção contrária à vocação da fotografia para o registro documental.

Observemos um exemplo clássico de anamorfose cronotópica: a célebre fotografia de Jacques-Henri Lartigue tirou durante o Grande Prêmio Automobilístico da França em 1912. O fotógrafo utilizou uma câmera com obturador de plano focal ou de "cortina", um obturador portanto que se abre no formato de uma fenda e que "varre" o quadro da câmera em instantes sucessivos, expondo cada parte do filme em diferentes intervalos de tempo. Uma vez que o tempo de exposição era demasiado longo em relação ao movimento do carro fotografado, este último resultou visivelmente distorcido, com os volumes comprimidos e as linhas verticais inclinadas para a frente (as rodas do automóvel) ou para trás (os espectadores ao fundo). Isso ocorria porque à medida que o obturador ia "varrendo" o quadro, o motivo ia se deslocando, de sorte que a cada posição do primeiro correspondia uma avanço na posição relativa do segundo. Ao mesmo tempo, uma vez que o fotógrafo moveu a câmera durante o acionamento do gatilho, para acompanhar o carro em movimento, esse gesto interferiu também na "fixação" dos espectadores ao fundo da cena: quando o obturador estava imprimindo a imagem de suas pernas, a câmera estava numa posição, mas ao chegar às suas cabeças a posição da câmera já havia mudado. Esse efeito de achatamento e inclinação produzido pelos obturadores de plano focal tornou-se tão comum nas fotos de objetos velozes que, por transparência semiótica, os próprios desenhistas e artistas gráficos passaram a usar tal convenção para representar a velocidade (Machado, 1984, p. 46). Num nível mais especulativo, é de se notar também a curiosa coincidência entre o modo de inscrição do tempo na imagem fotográfica e a ideia, colocada em circulação pela teoria da relatividade, de uma *matéria dinâmica*, que se contrai cada vez mais na direção de seu movimento, à medida que aumenta sua velocidade.

É bastante provável que o efeito anamórfico da foto de Lartigue seja involuntário. No entanto, ele serviu de modelo para grande parte das experiências posteriores de inserção do tempo na fotografia. Uma exploração mais intensiva e consciente do mesmo procedimento pode ser encontrada modernamente no desconcertante trabalho do francês Frederic Fontenoy com suas *créatures*. As criaturas de Fontenoy são, na verdade, seres elásticos, aéreos, de formas estilizadas, que evoluem na paisagem como serpentes rastejantes, já a meio caminho para a desmaterialização. Os efeitos de anamorfose que corroem a integridade de tais criaturas são o resultado de um movimento muito rápido dos corpos, associado a uma exposição lenta e a um obturador de plano focal. Aqui temos materializada a quintessência do cronotopo fotográfico: trata-se de captar já não mais aquele instante ideal em que o corpo tende ao repouso, mas o percurso mesmo desse corpo no espaço, quando ele evolui no tempo. Em termos de representação figurativa, o resultado é uma quase completa dissolução da figura, uma vez que não é mais a sua integridade o que o fotógrafo persegue, mas a sua evolução, o seu movimento, a sua dimensão temporal enfim. Não é de se admirar que, ao longo de sua história digamos assim "oficial" a fotografia tenha se colocado como projeto construtivo eliminar a inscrição do tempo, uma vez que essa inscrição muda completamente a sua própria natureza enquanto sistema simbólico. Ao invés de favorecer o registro "realista" e de endossar o modelo figurativo do Renascimento, a inserção do tempo gera uma galeria de estranhas *créatures* e se converte numa verdadeira fábrica de monstros, ou num "*instrumento gerador de alucinações*", como dizia Baltrusaitis (1977, p. 2) a propósito das anamorfoses.

Um outro exemplo eloquente de anamorfose cronotópica pode ser encontrado nos experimentos realizados pelo húngaro Andrew Davidhazy com fotografia de 360 graus de abrangência. Ao invés de utilizar lentes especiais, que possibilitam abrir o campo de visão da câmera, Davidhazy utiliza um dispositivo desenvolvido por ele próprio, que permite registrar a foto ao longo de um certo intervalo temporal, permitindo à câmera contornar o objeto durante o registro, ou ao objeto girar em torno de seu próprio eixo diante da câmera. Isso faz com que um objeto tridimensional possa ser, digamos assim, "desenrolado" no plano fotográfico, exibindo todas as suas faces num único suporte bidimensional (fig. 3). Na verdade, o processo de Davidhazy constitui um aperfeiçoamento das antigas *câmeras panorâmicas*, aparelhos dotados de objetivas giratórias e que podiam, por essa razão, "varrer" uma cena bastante ampla, para obter paisagens num ângulo superior a 150 graus. Como o processo de "varredura" se dava ao longo de um intervalo temporal relativamente longo, podia acontecer que um espertinho fosse fotografado duas vezes numa mesma foto: bastava que ele corresse mais rápido que o dispositivo giratório da câmera e se deslocasse de um lado a outro da paisagem. No caso das fotos de Davidhazy, o que se tem é, simultaneamente, uma anamorfose de tempo e de ponto de vista: de tempo porque o que se registra na foto é o *desenrolar* no tempo de uma ação de revolução diante da câmera; de *ponto de vista* porque o que se acumula no tempo é o conjunto de todos os ângulos de visualização de uma figura.

Talvez seja útil observar aqui a enorme distância que separa as anamorfoses cronotópicas de Fontenoy e Davidhazy do efeito cinematográfico habitual. Em primeiro lugar, salta à vista o fulminante processo de desintegração das figuras resultantes da anotação do tempo no quadro fotográfico: os efeitos particulares de dissolução dos corpos nas fotos de

Fontenoy ou de dilatação das faces nos "retratos" de Davidhazy são a solução fotográfica ao problema da representação da dimensão temporal (da quarta dimensão einsteiniana) na imagem. Ao mesmo tempo, deve se notar também que os gestos são reconstituídos na sua duração integral, com a conservação de todos os estágios intermediários ocupados pelos corpos em movimento e em perfeita continuidade. Poder-se-ia dizer que os corpos realizam no espaço o *raccord* do tempo, diferentemente do efeito cinematográfico, que seciona a duração (e o movimento) em vários instantes separados e realiza, nesse sentido, uma espécie de *elipse* do tempo.

Numa posição intermediária entre o efeito cinematográfico (elipse do tempo) e o efeito cronotópico (*raccord* do tempo), vamos encontrar a técnica dos *agregados* (*joiners*) desenvolvida pelo artista plástico britânico David Hockney. Transportando ao domínio da fotografia o método cubista de representação da tridimensionalidade do espaço, Hockney fragmenta seus motivos numa série de detalhes inseridos em pequenos quadriláteros e depois os justapõe através de técnicas de colagem fotográfica, reconstituindo a figura. Ocorre que na tomada de cada fragmento, o fotógrafo muda o ponto de vista, fazendo com que a figura resulte fissurada e decomposta, de modo a materializar a visão múltipla de um olho em movimento. De certa forma, Hockney procura representar o processo mesmo de visão, na sua acepção ontológica: diferentemente da forma como a câmera fotográfica vê o mundo, nós vemos tudo nítido no campo visual, mas não ao mesmo tempo. O processo de visão corresponde a uma varredura do espaço, em que os olhos, a cabeça e até mesmo o corpo todo se movem, construindo a imagem no tempo. É na dimensão temporal e apenas nela que o espaço pode resultar visível aos nossos olhos. Da mesma forma, na técnica dos agregados, a obtenção de todos os fragmentos que vão compor a figura ou a paisagem é um processo que se dá no tempo (uma sessão fotográfica para a construção de um único agregado pode demandar até quatro horas de tomadas, cf. Hockney, 1989, p. 48). Consequentemente, cada colagem de Hockney mostra sempre uma série de intervalos temporais superpostos. A diferença, em relação aos processos de Fontenoy e Davidhazy, é que nos agregados de Hockney não há fusão entre os fragmentos; cada parte se mostra nitidamente como um diferente intervalo temporal, como no cinema. Todavia, é preciso considerar que aqui os intervalos fixados são decisões do fotógrafo e não de um mecanismo automático. Consequentemente, no lugar da regularidade, da monotonia e também do naturalismo implícitos no efeito cinematográfico, o que se obtém na técnica dos agregados é uma forma de dinamismo e de subjetividade, capaz de recuperar, num certo sentido, algo daquela dimensão mnemônica e imaginativa que estão na base da concepção bergsoniana do tempo como descontinuidade.

A aventura da cronofotografia

A representação do tempo na imagem é um problema semiótico cuja resolução tem demandado sucessivas formulações ao longo dos séculos. Na estatuária grega, os cavalos podem aparecer com mais de quatro patas, assim como na mitologia hindu a dança de Shiva faz multiplicar os braços das figuras sagradas. Não seria exagero algum encarar exemplos dessa natureza como esforços da inteligência perceptiva para representar o tempo e o movimento. Na pintura oriental, os rolos horizontais (*makemono*) permitiam desenrolar longas vistas panorâmicas, ao longo das quais a vida de uma personagem era encenada, fase por fase, numa sucessão cronológica, como uma espécie de cinema *avant la lettre*. Esse mesmo procedimento também aparece esporadicamente na pintura ocidental, se bem que de forma condensada, quando as várias fases de um evento são distribuídas na profundidade da cena, conforme ocorria amiúde na obra de El Greco.

Mas anamorfoses cronotópicas propriamente ditas só começam mesmo a ocorrer historicamente após as experiências com a *cronofotografia*, desenvolvidas pelo célebre fisiologista francês Étienne-Jules Marey. Quando, em 1882, Marey parte para a criação de seu *fuzil fotográfico* (aparelho de decomposição do movimento, que seria a base tecnológica da câmera cinematográfica), ele já conhecia as experiências anteriores do astrofísico francês Jules Janssen, que registrou a passagem de Vênus diante do Sol numa sequência de fotos obtidas a intervalos regulares (1874), e do inglês Eadweard Muybridge, que conseguiu decompor os movimentos de um cavalo a galope numa coleção de fotos sucessivas (1878). Embora aparentemente a direção das pesquisas fosse a mesma, Marey buscava resultados completamente distintos daqueles obtidos por seus antecessores. Enquanto Muybridge, por exemplo, tomava o movimento dos cavalos através de doze aparelhos separados (depois 24 e 30) e, portanto, obtinha doze placas fotográficas que congelavam cada uma das etapas do galope, Marey utilizava um dispositivo especial que permitia superpor as imagens sucessivas numa única placa sensível.

A principal diferença das fotos de Marey em relação àquelas obtidas por seus antecessores está, portanto, no fato das distintas fases do movimento aparecerem fundidas no mesmo suporte, dando como resultado uma espécie de *gráfico* do deslocamento do corpo no espaço-tempo. Superpostas as imagens, elas se dissolvem umas nas outras, apagando os próprios contornos e desmaterializando as figuras numa trajetória estilizada. Ademais, enquanto Muybridge e Janssen utilizavam intervalos relativamente longos para separar as imagens, de modo a permitir visualizar melhor o que muda de um quadro a outro, Marey dedicou todos os seus esforços no sentido de estreitar ao máximo esses intervalos e assim poder restituir o movimento em sua continuidade. Na cronofotografia, por consequência, o encavalamento proposital das imagens produz um efeito anamórfico de natureza cronotópica. Mesmo quando películas com perfurações nas bordas já estavam disponíveis no mercado, Marey nunca sentiu necessidade de usá-las, porque, ao contrário daqueles que se encaminhavam em direção da cinematografia, ele nunca se preocupou em manter uma perfeita equidistância entre os vários registros (Sauvage, 1985, p. 76). O que ele buscava era a fusão, a continuidade, enfim, o registro do tempo no espaço.

Homens como Janssen, Muybridge e Marey são hoje celebrados como precursores do cinema, mas a verdade é que a trajetória deste último se dá, paradoxalmente, na direção contrária daquela arte. Marey nunca conseguiu entender exatamente para que poderia servir a síntese do movimento através do projetor cinematográfico. Homem de ciência, positivista de formação, ele estava mais interessado na análise dos movimentos dos seres vivos e, para isso, necessitava decompô-los, fixá-los numa sequência de registros, Uma vez decompostos os movimentos dos homens e animais, era possível estudá-los em detalhe, mas recompô-los novamente numa tela, para fazer a imagem se "mover", era para ele uma total idiotice. Não era mais fácil olhar para o próprio homem ou animal? Como nota Jacques Deslandes (1966, p. 141), o aparelho de registro cronofotográfico e a câmera cinematográfica estão separadas por um abismo, pois as suas próprias finalidades são diferentes: enquanto esta última visa a produção de uma longa fita de imagens sucessivas que, desenrolando-se depois num projetor, criará a ilusão de movimento, o cronofotógrafo ou o fuzil fotográfico de Marey têm por função única analisar o movimento, decompô-lo, reduzi-lo a um diagrama estrutural. "As fotografias animadas — escreveu o fisiologista — fixam para sempre movimentos que são essencialmente fugazes... mas o que elas mostram, olho pode vê-lo diretamente. Elas nada acrescentam ao poder da visão, nada desvendam de suas ilusões. Ora, o verdadeiro caráter de um método científico é superar a insuficiência de nossos sentidos ou corrigir os seus erros" (*apud* Deslandes, 1966, p. 144).

Para Marey, a reconstituição naturalista do movimento era sentida como "defeito", daí porque ele se sentia incomodado pelo "realismo" do efeito cinematográfico. Para combater essa "ilusão", ele inventava expedientes destinados a desnaturalizar a cena: colocava seus "atores" sobre o fundo negro, vestia-os inteiramente de preto para que eles se confundissem com o fundo e, como único elemento de distinção, costurava fitas brancas refletoras em seus braços e pernas, bem como pontos metálicos nas articulações dos ossos. Quando o modelo se locomovia diante do cronofotógrafo, a máquina registrava apenas o traço desenhado por essas fitas e pontos, o que significava, em termos de resultados, uma espécie de gráfico onde o movimento era diagramado como numa escrita cifrada. Dessa forma, ele podia não apenas reduzir ainda mais o intervalo entre os registros, sem se preocupar com as superposições dos corpos, como também lograva superar o "realismo" (indesejável) da fotografia, resgatando, em contrapartida, um diagrama que poderia ser submetido posteriormente a uma análise científica. O método de Marey para abstrair o movimento do seu suporte material e convertê-lo numa pura trama de relações revela-se hoje absolutamente moderno e é largamente utilizado em computadores gráficos para permitir, por exemplo, analisar os movimentos mais finos de um bailarino e revelar qualquer desvio por menor que seja, da coreografia dos gestos. Como explica o próprio Marey, "as imagens arruinadas imobilizam-se em figuras geométricas; a ilusão dos sentidos desaparece, dando lugar à satisfação do espírito" (*apud* Deslandes, 1966, p. 144).

Curioso é observar que, a despeito de sua pesada base positivista, o método de Marey teve um impacto fulminante na aventura da arte moderna e ensinou toda uma geração de artistas a reinventar a visão. Basta dizer que o célebre *Nu Descendant l'Escalier* (1912) e toda a série que decorre dele derivam diretamente das experiências com a cronofotografia. Duchamp, com toda a certeza, conhecia o trabalho de Marey, não apenas através dos livros (que ele cita em suas notas e entrevistas), como também através de seu irmão Raymond Duchamp-Vallon, que teve contato com a cronofotografia no hospital da Salpetrière em Paris, graças à mediação de Albert Londe, ex-assistente de Marey (Dagognet, 1987, pp. 112-6). Na época, Duchamp vinha desenvolvendo uma crítica do cubismo, por lhe parecer que artistas como Picasso e Braque faziam uma pintura "estática", onde apenas a multiplicidade dos pontos de vista era invocada, sem considerar, todavia, os problemas da representação do tempo e do movimento. A cronofotografia surgiu-lhe então como uma solução técnica àquilo que ele considerava um "limite" do cubismo. A influência foi tão marcante que, se observarmos bem, pode se ver no *Nu* até mesmo as linhas pontilhadas (à altura do cotovelo da figura), correspondentes à evolução dos pontos metálicos nas séries de Marey, e os arcos de círculos (à altura da barriga da perna) que Marey usava em seus gráficos para marcar a direção dos deslocamentos. Note-se também que, seguindo a orientação do fisiologista, Duchamp funde as diferentes fases do movimento, dissolvendo os contornos da figura, como expediente para reduzir os intervalos de tempo e tornar mais fluente o movimento.

É com o futurismo italiano, entretanto, que a aventura da cronofotografia encontrará sua expressão estética mais vigorosa, embora os futuristas tenham sempre relutado em admitir sua dívida em relação ao processo de Marey. Mas a verdade é que, no período que sucede imediatamente o célebre *Manifesto* de Marinetti (1909), as experiências futuristas mais remotas derivam diretamente do método do fisiologista francês (falecido em 1904). Trabalhos como *Ragazza che Corre sul Balcone* (1912), *Dinamismo di un Cane al Guinzaglio* (1912) e vários voos de pássaros assinados por Giacomo Balla não consistem senão numa transposição exata da cronofotografia para a esfera da criação artística. Veja-se, por exemplo, o esquema realizado por Balla e que serviu de base para *Ragazza*: a semelhança com os esquemas de Marey é mais do que uma mera coincidência. Porém, mesmo trabalhos mais abstratos e de maior maturidade, notadamente esculturas de Umberto Boccioni tais como *Sviluppo di una Bottiglia nello Spazio* (1912) e *Forme Uniche nella Continuità dello Spazio* (1913) guardam influências remotas da cronofotografia, sobretudo na concepção de uma matéria elástica, que se deforma para inscrever o tempo e o movimento. Há quem considere (Dagognet, 1987, p. 113) que na origem secreta de tais trabalhos de Boccioni estão algumas estranhas esculturas em bronze realizadas pelo próprio Marey em 1887, em que se veem os corpos de determinados pássaros exageradamente alongados no sentido de sua direção, como uma forma de representar as diferentes posições de suas asas durante o voo.

As experiências cronofotográficas de Marey serão também o ponto de partida da *fotodinâmica*, proposta em 1911 por Anton Giulio Bragaglia, no seio do futurismo. Bragaglia iria se interessar, primeiramente, pelo caráter antinaturalista da cronofotografia, pela sua potencialidade de dissolver as figuras e de gerar anamorfoses. A repetição insistente da figura, o encavalamento de suas réplicas dentro do mesmo quadro deveriam possibilitar — segundo o fotógrafo futurista — uma completa fluidificação das formas, em benefício de sua cinetização e de seu atravessamento pela dimensão do tempo. "Repetindo a imagem, o artista a desmaterializa, potencializando a iconicidade própria do tempo" (Lista, 1979, p. 119). Quanto maior for o movimento da figura, tanto maior a sua deformação. Curioso é observar que, embora a relação entre futurismo e teoria einsteiniana da relatividade não tenha sido até hoje esclarecida, num texto de 1911, portanto muito precocemente, Bragaglia já falava do tempo como "*quarta dimensão do espaço*" e caracterizava o seu método de trabalho como uma "*tradução do tempo em espaço*" (1980, p. 68).

Apesar de beber diretamente da fonte de Marey, Bragaglia não poupa, porém, críticas bastante severas ao método do fisiologista, que lhe parece demasiado "mecânico" e excessivamente "limitado" pelas finalidades científicas. Ademais, as séries de Marey restituem o tempo e a velocidade de uma maneira que Bragaglia considera demasiado descontínua, enquanto o que ele busca é a absoluta fusão de todas as fases do movimento, a completa dissolução da matéria em *trajetória* no espaço-tempo. O projeto criativo da fotodinâmica deveria ser então — segundo o fotógrafo futurista

— "corrigir" os erros do método de Marey, de modo a permitir passar, em definitivo, da segmentação do tempo à síntese cronotópica. Na prática, porém, a fotografia praticada por Bragaglia difere muito pouco da cronofotografia mareyana. Conforme observa Mario Verdone (*apud* Lista, 1979, p. 74), em certos trabalhos de Marey em que o movimento do corpo é rotatório, sem deslocamento linear (por exemplo: um homem numa forja, martelando um ferro quente), a imagem se desmancha num *enfoque* anamórfico que é a própria encarnação do ideal fotodinâmico. Ademais, faltava a Bragaglia, tanto quanto aos seus colegas de prática fotodinâmica, o gênio inventivo de artistas plásticos como Duchamp ou Boccioni. Consequentemente, a fotografia futurista, na prática, raramente logrou resultados melhor sucedidos do que a mera banalização da cronofotografia.

Aí reside, talvez, a raiz do conflito que envolveria Boccioni e Bragaglia, a partir de 1913, e que resultaria na expulsão deste último do movimento futurista. O que ocorre é que, a partir de então, o futurismo se esforça por superar a herança de Marey, ou seja, ele quer que a inscrição do tempo na imagem seja interpretada como valor pictórico em si, dando como resultado imagens aerodinâmicas, de tendência abstrata. O princípio cinemático que está na base do método Marey (ou seja, a representação pictórica do tempo como uma simples multiplicação da matéria, mesmo que encavalada e superposta) já não parece mais eficiente para alicerçar toda uma poética da velocidade. A princípio o futurismo havia tomado como bandeira uma afirmação de Marey, segundo a qual um cavalo em movimento não tem quatro patas, mas vinte, enquanto o próprio movimento é triangular. Logo, porém, esse enunciado foi perdendo sua repercussão dentro do movimento, até que, em 1913, num violento ataque dirigido sobretudo a Bragaglia, Bocciono resume a nova orientação, afirmando que o dinamismo da matéria não pode ser encarado como uma simples repetição de braços e pernas, mas como "a busca intuitiva da forma única que dê a continuidade no espaço" (*apud* Fabris, 1987, p. 113). O futurismo terminaria, enfim, por sepultar a herança cronofotográfica, mas, paradoxalmente, na mesma medida em que esta se atira cada vez mais resultante na direção do abstracionismo, ele se desvia também do projeto de representar o cronotopo, reduzindo-o então a uma pura retórica de autopromoção.

O método de Marey encontraria ainda outras expressões eloquentes nos terrenos da ciência e das artes. A partir dos anos 30, Harold Edgerton desenvolveu métodos de congelamento de instantes extraordinariamente pequenos, utilizando luz estroboscópica ao invés de obturadores de alta velocidade. Através dessa técnica, ele conseguiu registrar cronofotografias de objetos e seres muitíssimo mais velozes do que aqueles captados pelos aparelhos ainda rudimentares de Marey (Edgerton e Killian, 1985). Porém, o retorno mais inesperado da cronofotografia ocorreria, muitos anos mais tarde, num filme, talvez o único filme conhecido em toda a história do cinema que trabalha o tempo como elemento constitutivo da própria imagem. Trata-se de uma das mais belas obras do experimentalista escocês (radicado no Canadá) Norman McLaren, chamada *Pas de Deux* (1967). Como na técnica de Marey, uma dupla de bailarinos é vestida inteiramente de malha branca e colocada sobre fundo inteiramente negro, enquanto a câmera registra a coreografia de seus gestos, seguindo o andamento de uma peça musical de Maurice Blackburn. Na hora de obter a cópia final, porém, McLaren faz superpor até 12 cópias do mesmo negativo, umas em cima das outras, com um ligeiro deslocamento (alguns fotogramas) entre cada uma delas. Dessa forma, sempre que um dos bailarinos desenha um gesto no espaço, todas as posições anteriores desse mesmo gesto permanecem materializadas na tela, lembrando a forma do pavão ao abrir as asas. Assim, fazendo sobrepor as sucessivas posições dos corpos dos bailarinos, McLaren obtém um resultado de inusitada beleza, ao mesmo tempo em que celebra uma verdadeira epifania do tempo.

A quarta dimensão

Chegamos, finalmente, à imagem eletrônica. No universo do vídeo e da televisão, os efeitos da natureza cronofotográfica têm sido fartamente produzidos através de procedimentos diversos. O mais simples desses procedimentos consiste em associar uma imagem em movimento a um efeito de *feedback*. Quando uma câmera está dirigida para a tela do mesmo monitor ao qual se encontra ligada através do gravador, o resultado é a repetição da imagem da tela ao infinito, graças a um processo de realimentação ininterrupto. Se a mesma câmera é inclinada para um dos lados ou se a *zoom* se fecha, as teclas dos monitores também serão inclinadas ou se fecharão umas dentro das outras com um retardo de algumas frações de segundo: isso favorece o aparecimento de uma espiral que entra em órbita ao redor do ponto de convergência comum dos quadros das telas. Se fizermos inserir uma imagem em movimento dentro dessa espiral (através de fusão, *chroma* ou qualquer outro dispositivo *key*), a imagem será jogada no fluxo de realimentação e, por consequência, se multiplicará ao infinito, com um pequeno retardo entre uma fase do movimento e outra, tal como na técnica da cronofotografia. Através desse procedimento, artistas do vídeo tais como Nam June Paik, Skip Sweeney ou James Seawright obtiveram anamorfoses cronotópicas de bailarinos executando coreografias para a câmera. Uma variante mais sofisticada da mesma técnica foi experimentada por Paik em seu programa televisual *Good Morning, Mr.*

Orwell, levado ao ar na noite de ano novo de 1984: a imagem ao vivo do bailarino Merce Cunningham era enviada de Nova York a Paris e de Paris a Nova York, através do satélite Bright Star, e quando retornava aos estúdios da WNET-TV, de onde o programa era transmitido, a imagem recebida era fundida à imagem atualmente enviada. Como sempre havia um ligeiro retardo entre a imagem atual e a recebida de volta do satélite, o resultado era um encavalamento de instantes sucessivos que, novamente aqui, remetia ao método de Marey.

Com o passar do tempo, procedimentos dessa natureza acabaram sendo automatizados, sobretudo em máquinas digitais de processamento da imagem, capazes de memorizar as posições anteriores e conservá-las na tela, à medida que a figura se desloca. Hoje, o efeito cronotópico, de feição mareyana pode ser obtido facilmente, com um simples toque de botão, em máquinas tipo Quantel ou ADO. Ademais, é preciso observar também que, tal como no método cronofotográfico de Marey, a imagem eletrônica é registrada (no interior da câmera) em um suporte único, portanto num suporte que não é substituído à medida que se sucedem as diferentes fases do movimento. Em câmeras de tubo, dependendo da maior ou da menor complexidade dos circuitos fotossensíveis, as posições anteriores ocupadas na tela por uma figura em movimento podem ficar retidas durante um certo tempo e demorar para apagar-se (efeito de persistência conhecido tecnicamente como *lag*). Todo o esforço da tecnologia encontra-se dirigido no sentido de minimizar esse "problema" (as modernas câmeras construídas com *chips* CCD visam basicamente essa finalidade). Mas pode acontecer que, na direção contrária da positividade tecnológica, um realizador pretenda justamente potencializar aquela característica da câmera eletrônica e, nesse sentido, tirar partido de suas propriedades cronotópicas. A título de exemplo, o realizador francês Robert Cahen obtém efeitos de superposição de tempo extraordinariamente poéticos, fazendo com que os corpos em movimento deixem uma espécie de "rastro" nos locais por onde passam, graças ao *lag* produzido pela conservação de suas posições anteriores.

Mas isso ainda não é tudo. Como já é sabido, as câmeras eletrônicas diferem das câmeras fotográficas e cinematográficas por retalharem as imagens numa sequência de linhas de retículas, de modo a possibilitar varrê-las por feixes de elétrons e assim convertê-las numa sequência de impulsos elétricos, que serão, por sua vez, distribuídos através de ondas ou gravados em suporte eletromagnético. Em outras palavras, a imagem eletrônica não consiste em outra coisa que um conjunto de linhas sobrepostas e sucessivas, cada uma delas constituída por um número dado de pontos elementares de cor, que se juntam num quadro para formarem um painel de retículas, à maneira da técnica pictórica do *mosaico*. Ela é também uma imagem iridescente, uma imagem-luz, em que a informação plástica coincide com a fonte luminosa que a torna visível. Tecnicamente, a imagem eletrônica se resume a um ponto luminoso que corre a tela, enquanto variam sua intensidade e seus valores cromáticos. Isso significa que, em cada fração de tempo, não existe propriamente uma imagem na tela, mas um único *pixel*, um ponto elementar de informação de luz. A imagem completa, o quadro videográfico, não existe mais no espaço, mas na duração de uma varredura completa da tela, portanto no tempo. A imagem eletrônica não é mais, como eram todas as imagens anteriores, ocupação da topografia de um quadro, mas a síntese temporal de um conjunto de formas de mutação (Machado, 1989, p. 76).

Na realidade, as câmeras eletrônicas constituem os primeiros dispositivos enunciadores realmente capazes de anotar o tempo em imagens sequências, uma vez que o cinema apenas simula um efeito de duração através de uma sucessão de fotogramas fixos. Isso quer dizer que a real cinematografia, levando-se em consideração a etimologia da palavra (do grego *kínema-ématos* + *gráphein*, "escrita do movimento"), encontra-se materializada no vídeo e na televisão, mais do que no cinema propriamente dito. Alguns exemplos podem nos ajudar a entender isso melhor. Qualquer espectador de cinema, que já tenha alguma vez assistido a um *western*, já deve conhecer a inversão do movimento das rodas das carruagens em cenas de corridas, resultante de uma imperfeita resolução do movimento pela câmera cinematográfica. Ocorre que durante o intervalo em que o obturador da câmera se fecha para permitir o arrasto da película, a roda da carruagem efetua um movimento de rotação quase completo, aproximando-se do ponto em que estava no fotograma anterior. O resultado é uma inversão do movimento das rodas e uma diminuição da velocidade em relação ao movimento da carruagem. Outro fenômeno bastante incômodo no cinema é aquele conhecido tecnicamente como *flickering* ("flicagem", trepidação da imagem nas panorâmicas mais rápidas), que torna o intervalo negro visível ao espectador. Anomalias dessa natureza não podem ocorrer na imagem eletrônica, uma vez que nela não existem intervalos negros, nem congelamento de instantes, mas sim inscrição do tempo na própria temporalidade das linhas de varredura. Mas existe uma exceção: as câmeras eletrônicas construídas com *chips* CCD incorporam em seu dispositivo mecânico o obturador cinematográfico e, por consequência, podem transportar para a imagem eletrônica anomalias típicas da imagem cinematográfica.

Isso tudo quer dizer que, teoricamente falando, a imagem eletrônica é sempre e necessariamente uma anamorfose cronotópica, pois ela é constituída de linhas que representam, cada uma delas, um diferente intervalo de tempo, como na técnica fotográfica do obturador de plano focal. O tempo já não é mais, como era no cinema, aquilo que se interpõe *entre* um fotograma e outro, mas aquilo que se inscreve no próprio desenrolar das linhas de varredura e na sua superposição no quadro. Desgraçadamente, porém, essa inscrição automática do tempo na imagem eletrônica raramente se torna perceptível em termos práticos, pois a velocidade das linhas de varredura ultrapassa a nossa capacidade de percepção. Ademais, no mundo concreto habitado pelo homem, neste mundo percebido segundo pressupostos da física newtoniana, a matéria é lenta demais para poder resultar distorcida pela sucessão das linhas de varredura. Seria preciso diminuir a velocidade de sucessão das linhas até um patamar que as tornasse perceptíveis ao olho humano e só então as anamorfoses cronotópicas delas decorrentes poderiam resultar visualizáveis.

Há, todavia, uma obra que dá evidência estrutural à condição cronotópica da imagem eletrônica, graças a uma hipertrofia de sua dimensão temporal. Essa obra se chama justamente *The Fourth Dimension* (1988), numa referência explícita à dimensão do tempo na relatividade einsteniana. Com a ajuda de um computador, seu realizador, o polonês Zbigniew Rybczinski, obtém anamorfoses cronotópicas de imagens anteriormente gravadas, de uma forma que poderia ser assim resumida: a primeira linha do quadro ou frame cronotópico é uma cópia da primeira linha do quadro utilizado como fonte; a segunda linha do mesmo quadro cronotópico é uma cópia da segunda linha do segundo quadro e assim sucessivamente. Note-se, portanto, que as diferentes linhas de cada quadro cronotópico são retiradas de quadros sucessivos da fita utilizada como fonte.

Isso quer dizer que, em cada quadro de *The Fourth Dimension*, as diferentes linhas de varredura representam diferentes estágios do movimento do objeto, uma vez que foram obtidas de diferentes quadros da fita original. Dessa forma, Rybczinski dá expressão visual ao deslocamento que ocorre entre uma linha e outra, fazendo o tempo desenrolar-se no espaço e obtendo, como resultado plástico, figuras elásticas, que se contorcem em espirais ao redor de um ponto de referência ou ao redor de si mesmas, tal como no estilo *serpentinata* da tradição barroca ou maneirista (cf. Hocke, 1974, pp. 49 ss.). Com justa razão, Paul Virilio (1989, p. 64) observa que Rybczinski dispõe as linhas de varredura no quadro tal como as camadas geológicas de um terreno: cada linha e cada camada exprimem um tempo distinto, as mais baixas correspondendo aos período mais antigos e as mais altas às posições mais recentes. As imagens videográficas não são mais expressões de uma geometria, mas de uma geologia, ou seja, de uma inscrição do tempo no espaço.

Temos aqui, possivelmente, o exemplo mais radical e mais acabado de anarmorfose cronotópica, somente possível graças a um casamento inteligente de sofisticadas tecnologias da eletrônica com as da informática. Deve-se notar ainda que aqui temos, na realidade, uma anamorfose de segundo grau: se considerarmos que já há anotação do tempo na imagem eletrônica habitual, *The Fourth Dimension* nos dá um cronotopo inserido dentro de outro cronotopo. As imagens em movimento são distorcidas para que se possa anotar nelas um outro movimento: a trajetória dos corpos no espaço-tempo. Pode-se perceber claramente isso nas imagens das portas que se abrem ao longo de toda a obra: como se fossem elásticas, as portas começam a se abrir pela parte de cima, enquanto a parte de baixo permanece fechada. Ao longo do tempo, as portas vão se dobrando até resultarem totalmente abertas. Essa "dobra", impossível de ser visualizada na vida real, é a melhor representação que podemos ter, aos níveis da tecnologia e da competência semiótica de nosso tempo, de uma materialização do tempo no espaço.

Obras citadas

Bakhtin, M. *The Dialogical Imagination*. Austin: University of Texas Press, 1981.

Baltrusaitis, J. *Anamorphic Art*. Nova York: Harry N. Abrams, 1977.

Baudry, J-L. "Cinéma: effets idéologiques produits par l'appareil de base". *Cinéthique*, nº 7/8, 1970.

Bergson, H. *L'évolution créatrice*. Paris: Felix Alcan, 1939.

Bragaglia, A. G. "Fotodinamismo futurista". In Aurora F. Bernardini (org.), *O futurismo italiano*. São Paulo: Perspectiva, 1980.

Dagognet, F. *Étienne-Jules Marey*. Paris: Hazan, 1987.

Deslandes, J. *Histoire comparée du cinéma*. Paris, Casterman, 1966, vol. 1.

Edgerton, H.; Killian Jr., J. R. *Moments of Vision*. Cambridge: The MIT Press, 1985.

Eisenstein, S. *Film Form: Essays in Film Theory*. Nova York: Harvest, 1949.

Fabris, A. *Futurismo: uma poética da modernidade*. São Paulo: Perspectiva/Edusp, 1987

Hocke, G. R. *Maneirismo: o mundo como labirinto*. São Paulo: Perspectiva, 1974.

Hockney, D. "Conversación con Paul Joyce". *El Paseante*, nº 12, 1989.

Lista, G. *Futurismo e fotografia*. Milão: Multhipla, 1979.

Machado, A. *A ilusão especular: introdução à fotografia*. São Paulo: Brasiliense, 1984.

Machado, A. "A imagem eletrônica: problemas da representação". *Face*, vol. 2, nº 1, jan-jun. 1989.

Sauvage, L. *L'affaire Lumière*. Paris: Lherminier, 1985.

Vernon, M. D. *Percepção e experiência*. São Paulo: Perspectiva, 1974.

Vertov, D. *Kino-Eye: The Writings of Dziga Vertov*. Berkeley: University of California Press, 1984.

Virilio, P. *L'inértie polaire*. Paris: Christian Bourgois, 1990.

Virilio, P. "Le phénomène Rybczinski". *Cahiers du Cinéma*, nº 415, jan. 1989.

REAL E VIRTUAL

Jean-Louis Weissberg

A operação da simulação nunca cessou: "fazer parecer real o que não é" foi invocado para dar conta tanto da escultura grega quanto da perspectiva (a famosa ilusão de profundidade), da pintura dita *trompe-l'œil* até o apogeu do movimento barroco. Que esta apreciação se traduza em prevenções ou louvores é aqui secundário. Cada época teve seus simulacros. A nossa tem como particular ter feito nascer entidades híbridas, situadas entre o que é real (segundo o modo do objeto) e o que não é (segundo o modo da representação).

A simulação informática liga-se a esse estado de não separação entre imagem e objeto, num movimento em espiral que mobiliza uma enorme aparelhagem técnica e conceitual. Este arrombamento, fora da representação, foi preparado por algumas rupturas essenciais, entre as quais se assinalam a constituição da aparência como objeto artístico e filosófico na Grécia antiga, retomada em seguida pelo catolicismo como mediação até o sagrado; a codificação da perspectiva na Renascença, instituindo o espaço como lugar da experiência (técnica de descobrir técnicas); enfim, o aperfeiçoamento da fotografia, primeira transferência totalmente automática da aparência para um suporte disponível, substituindo o olho humano. Desencadeando, desde então, o movimento de naturalização tecnológica da imagem visando a obter um duplo cada vez mais conforme o seu referente, dotado das mesmas características e tornado assim substituível e experimentável.

Obter representações melhores que as que foram postas aí, esvaziar a imagem para quebrar seu estatuto de dependência ontológica do objeto, tornou-se progressivamente um objetivo perseguido tanto pela arte moderna quanto por múltiplos projetos científicos.

A aparição de um espaço ficcional autônomo com o surgimento do cinema e de seus derivados óticos eletrônicos certamente reforçou esse movimento constituindo, com a tela, um universo independente no qual se encarna o imaginário visual.

A informática apoderando-se de funções de visualização subverteu as regras do jogo. A razão essencial está nela ter trabalhado o elo que liga a imagem ao objeto pelos dois lados. Antes mesmo de tornar-se técnica visual, ela transformou as condições de modelização dos objetos e dos fenômenos físicos abrindo largamente o espaço da numeralização e do cálculo dos modelos. É porque oferece um quadro adequado para a definição dos objetos (cuja CAO atual é a concretização viva) independente de toda visualização eventual, que ela renova a modalidade de exposição e de disposição desses objetos. A cadeia modelização-numeralização-programação constituiu a virtualidade como espaço de experimentação disponível, intermediário entre o projeto e o objeto, enquanto o virtual permanecia até então prisioneiro da atividade imaginária. Ver o virtual, como nos propõe a engenharia informática da simulação, significa redefinir completamente as noções de imagem, de objeto, de espaço perceptivo.

Nosso mundo cotidiano começa a se povoar dessas estranhas criaturas, quimeras modernas: ícones de menus de computadores regulando a composição de textos virtuais (imagens que não são feitas para serem vistas, mas para encadearem-se na ação), *mouse* cujo deslocamento físico manipula objetos imateriais (texto, imagem etc.). Sem dúvida, para nós, não há aí mais do que funções hoje bastante comuns. Elas indicam, entretanto, de uma forma balbuciante, a emergência de realidades artificiais como forma de apresentação de um neo-ambiente. Virtualizando objetos, elas inventam necessariamente novas modalidades para defini-los e animá-los, constituindo um novo espaço de percepção em que ver, falar, mover, sentir recompõem suas operações.

A hipertrofia da imagem, o mundo visual de novo diretamente eficaz, conduz, pois, paradoxalmente ao seu apagamento. Faltam-nos palavras para designar essa situação em que a imagem não é mais representação, mas presentação, simplesmente, em que a imagem não é mais figurativa, mas também funcional, em que ela tem como lastro um coeficiente de realidade reencontrando por novos caminhos sua eficácia primeira.

Imagem-objeto, objeto-imagem sem dúvida: termos genéricos que designam esses territórios, mas o uso de palavras compostas indica ainda nossa dependência do mundo da representação, referência bipolar ao antes/depois.

É, bem entendido, difícil propor uma cartografia confiável desses espaços. Arriscamo-nos a ser rapidamente desmentidos por quaisquer novas direções das pesquisas. Mas, fundamentalmente, essa zona de turbulência não tem, sem dúvida, vocação para se estabilizar e proíbe assim que se estabeleçam aí fronteiras bem delimitadas.

Entretanto, na redistribuição real/virtual, imagem/objeto, uma das linhas de recomposição aparece visível. Ela não tem o estatuto de uma chave abrindo todas as portas, mas o de um modo de interrogar essas mutações.

O que se ganha com a simulação informática não é exatamente a substituição da realidade pela simulação. Isso é possível e numerosos projetos científicos têm esse alcance. Essa situação é, ela própria, portadora de subversões, em particular no campo do saber. Mas então estamos, se podemos dizer, em terreno conhecido: de um lado o referente e de outro o seu substituto.

O virtual no lugar do real corresponde a uma dicotomia visivelmente exportada das categorias da representação (imagem no lugar do objeto, máquinas no lugar do homem etc.). A decodificação de sua trajetória em termos de evicção ou de predominância do virtual sobre o real é sem dúvida portadora de uma interrogação ética salutar. Por outro lado, não é certo que essa trajetória seja a única em processo. Múltiplas experiências, pesquisas, aplicações tendem a constituir uma outra cenografia em que os atores (real/virtual, objeto/imagem, conhecimento humano/programa "inteligente") ocupam posições inéditas.

A base dessas redistribuições é a constituição de objetos virtuais numericamente modelizados, e tornados por isso mesmo sensíveis ao seu meio ambiente. É preciso tomar a noção de objeto num sentido bastante largo. Pode tratar-se tanto de teclas, de circuitos eletrônicos, de espaços construídos, de paisagens naturais, de fenômenos físicos (ondas do mar, furacões, turbulências aerodinâmicas etc.), de moléculas químicas, de espécies vegetais como de sistemas mais abstratos como a economia nacional ou um confronto estratégico militar.

Quando visualizamos o comportamento desses objetos virtuais, uma peça mecânica submetida a uma tração mecânica ou a um aquecimento, por exemplo, o que aparece na tela não é uma imagem figurativa (não poderíamos ver as linhas de fratura no interior do metal numa peça real), mas uma auscultação íntima, testemunha de uma sonda regulada segundo os parâmetros funcionais do objeto e não segundo sua conformação visual. O objeto virtual se comporta como o modelo ideal do objeto real.

As vistas apresentadas não são imagens, mas modalidades de interação com a maquete virtual, destinadas a conduzir as experiências simuladas e a recolher as informações pertinentes. São espécies de órgãos do objeto simulado.

O virtual aparece aqui como uma dimensão do real, não votado simplesmente a substituí-lo (o que faz também quando se evita o recurso a um protótipo para conceber um objeto, por exemplo). Ele envolve o projeto de uma extensão, camada de possibilidades não apenas imaginárias: um pensamento concreto. Mas, fora desse espaço intermediário de concepção, entre o projeto e o objeto, a trajetória distingue ainda bastante nitidamente o objeto ideal (a maquete virtual) e o objeto produzido no final que não trará os estigmas de sua geração fantasmática.

Nossa atenção é, ao contrário, mobilizada pela estabilização dessa fase obscura, meio concreta, meio abstrata, na conformação final disso que não podemos mais chamar um objeto.

A trajetória mais brilhante não é a que leva do real à simulação, mas a que contém os dois, que os assemelha e transforma cada componente em desafio ao outro: não mais virtual puro, mas o compacto real/virtual que é uma forma ainda mais desconcertante.

Os caminhos do virtual não são mais vias régias, são circuitos que ligam nós. O virtual não se deduz do real por elevação, é extraído dele por continuidade e torna a inscrever sua marca nos segmentos já traçados. Não se trata de um ponto de chegada, mas de um caminho.

Caminhemos por ele nos detendo nas cenas em que se enunciam certas figuras típicas do composto real/virtual.

Apresentação do real pelo virtual

Nas cabines de pilotagem dos aviões de caça atualmente estudados, instalaram-se simuladores de voo. O piloto vê, pois, na tela, imagens simuladas do terreno que sobrevoa. Que faça noite escura, um sol cegante ou haja uma névoa densa, ele verá uma imagem clara e precisa do território. Incrustada na tela e desfilando segundo seu voo real, será proposta uma outra camada de informações: sua trajetória, as baterias de mísseis adversários a evitar, os objetivos a atingir, coisas que não revelam evidentemente a visão de um terreno (apesar de isso ser possível), mas o conhecimento previamente adquirido dos elementos estrategicamente significativos. Aqui, o composto real/virtual alça voo, no sentido próprio do termo, pois a paisagem simulada é realmente sobrevoada, captadores de posição situando com efeito o avião no espaço a fim de que a concordância real/virtual seja perfeita (o que é evidentemente preferível). O território alimenta, como substrato, como emissor, sua própria simulação. O virtual não substitui, propriamente falando, o real: torna-se uma de suas formas de percepção, num misto em que as duas entidades são simultaneamente requisitadas.

Interpretação do real pelo virtual

Na mesma ordem de ideias, certas experiências científicas exigem uma simulação para validar uma interpretação. As imagens de estruturas atômicas dos cristais obtidas por microscópio eletrônico são às vezes difíceis de ler diretamente. Projeção espacial num único plano de uma realidade tridimensional, ela oferece múltiplas possibilidades de interpretação. Para chegar a uma repartição plausível dos átomos, alimentam-se modelos simulados com as fotos obtidas. É do acordo progressivamente obtido entre um e outro que nasce uma interpretação julgada satisfatória. A simulação valida, pois, uma leitura visual e restitui sua profundidade. Nova versão do composto real/virtual em que o modelo simulado é alimentado por uma captação ótica real, e em que esta é decodificada por uma experimentação de sua plausibilidade. Virtual e real são duas faces de uma mesma questão. O virtual não substitui o real, ele ajuda a lhe dar sentido.

Prolongamento do real no virtual por contiguidade

Outra forma de copresença do real e do virtual é a que prolonga um no outro. Vemos, assim, aparecer em campos muito diferentes aplicações que participam desse composto. Temos, de um lado, um sistema de aprendizagem do ato de soldar: a chama real do tubo que é levada à tela "solda" as imagens de peças metálicas mantendo a direção da chama e sua intensidade térmica. Temos, por outro lado, um sistema de consulta documentária que está sendo testado: folheia-se a imagem de um livro pelo deslizamento do dedo sobre uma tela tátil, como faríamos com um volume de papel. Temos, em outro caso, uma proposta artística: sopra-se sobre a tela e uma pena, uma imagem de síntese, voa. Um captador analisa as variações de intensidade do sopro e desencadeia os movimentos da pena. Uma experiência acústica: agita-se um captador/motor conectado a um computador. Um conjunto de partículas na tela é animado por um movimento resultante dessas percussões reais. Em contrapartida, sentimos na ponta dos dedos os impactos das bolas como se elas percutissem realmente. Nas descrições precedentes, age-se "realmente" sobre o virtual, e aqui, ainda por cima, experimenta-se "realmente" o efeito virtual.

O essencial não está na precedência de um dos termos sobre o outro, mas na articulação deles em um único sistema. Prolongamento por contiguidade da ação do real sobre o virtual ou o inverso, o composto real/virtual, mais uma vez designado, insiste na sua agregação. Ele testemunha uma tendência a prolongar os objetos pelo imaginário — por meio de próteses feitas por um composto imaterial exprimindo potencialidades desatreladas — a dilatar sua conformação material e funcional. A escultura *Hybride Venu*[1] traduz, num gesto artístico, os mesmos movimentos que se propagam da matéria inerte à matéria simulada. Uma cascata, em imagem de síntese, desce da escultura saltando de um a outro dos seis monitores. Certas partes materiais são prolongadas e retomadas nas imagens simulando ondulações de fragmentos da escultura. Hibridização entre o inerte e o móvel, o aquático e o mineral, a obra testemunha essa mesma sensibilidade de contaminação recíproca do real e da simulação expondo simultaneamente as duas modalidades da quimera.

Injeção do real no virtual

Vários dispositivos, realizados no Canadá e nos Estados Unidos, permitem injetar na tela do computador a imagem digitalizada do ator diante de uma câmera. Seus movimentos reais aparecem na tela como no vídeo clássico, mas aqui os deslocamentos agem sobre objetos virtuais. Pode-se fazer repicar a imagem de sinos "tocando-os", e tocar uma bateria, por exemplo. O ator torna-se *mouse*, o mundo real sofre uma transfusão para o mundo virtual e o anima por homologia.

E esse mundo tem uma profundidade. O ator humano pode mudar o quadro da ação. Levantando a mão ele "toca" uma zona sensível na tela que lhe faz deixar a cena da orquestra para se inserir numa cidade, por exemplo, que vai percorrer do interior, fazendo um *zoom* até certos apartamentos e penetrando neles. Aqui também o movimento real é condição de animação do universo virtual.

Ver o virtual por uma janela real

Na Siggraph de 1988 (principal evento de infografia nos EUA), artistas apresentaram uma escultura dissimulada. Realizada com imagens de síntese, não se pode descobri-la a não ser deslocando um monitor de vídeo móvel, ligado a um computador. Cada movimento real do monitor provoca um *travelling* na escultura virtual. Verdadeira imagem aberta sobre a obra, o aparelho de visualização apresenta apenas uma imagem parcial segundo o ponto de vista escolhido. A tela revela sua mutação em órgão de visão. A imagem não se dá mais no seu quadro, é o quadro que delimita a imagem vista, como a objetiva de uma câmera. A superfície de recepção torna-se instrumento de percepção. A obra inclui sua dissimulação, sua descoberta é tributária de um trajeto para aceder a ela. A aparência aqui é suspensa pelo exercício de um olhar/ação. O gesto artístico é a concepção desse percurso, muito mais que as próprias imagens. Modalidade de acesso adequada à natureza dessas imagens, esse gesto consagra um regime de visibilidade em que a ação real é condição de uma visão sobre o virtual.

Telepresença real no virtual

Sob a denominação de "realidades artificiais", a NASA desenvolve um programa de pesquisa que leva ao paroxismo a virtualização do ambiente. A tela de visualização torna-se lente panorâmica aplicada ao campo da visão do operador. A tela não é mais superfície de projeção (cinema), nem de recepção (televisão), tornou-se órgão de visão. O operador é projetado num universo virtual de imagens sintéticas que ele percorre com movimentos da cabeça, assim como uma rotação do campo de visão nos permite passear no espaço circundante comum. Graças a uma luva captadora ligada ao computador, sua mão real é inserida nesse universo sob a forma de uma imagem de síntese. Essa terceira mão pode agir sobre os objetos presentes nesse universo: criar objetos, fazer aparecer telas virtuais do computador, programar selecionando ordens nos menus.

O virtual ganha aqui uma consistência inédita. Não apenas o espaço geométrico está implicado aqui, mas também as ferramentas aí situadas, assim como os objetos que essas ferramentas podem criar. Mas não se pode esquecer: é esse homem "real" que dá consistência a esse mundo virtual. Seu olhar, seu deslocamento, sua voz, sua ação potencial simbolizada pela imagem de sua mão. Composto real/virtual, também aqui, entre a ação humana "real" e o ambiente "virtual". Falando de "realidade artificial", de "telepresença no mundo dos dados", os pesquisadores da NASA não se enganaram: não se trata apenas de simulação, mas de presença real no virtual.

Mergulhar o espectador no espetáculo, atordoar o visitante multiplicando os deslocamentos que fazem vacilar sua percepção, em todos os tempos esses procedimentos acompanharam as artes do espetáculo e da *mise-en-scène*. Os dioramas do século XIX, pinturas ilusionistas, forravam salinhas circulares. Os bedéis dos grandes bulevares se apressavam. Empoleirados numa plataforma, descobriam um panorama circular de Paris. O céu pesava sobre suas cabeças e sob seus pés o diorama desaparecia, dissimulado pela plataforma. Nenhuma fronteira na qual sustentar uma distinção entre a realidade e o espetáculo. Essa dissolução funda o efeito ficcional da apresentação. Se se torna difícil, e até impossível, identificar um limite, uma separação, a distinção entre o que é mostrado e o lugar da exposição cessa então. Famosa questão do quadro da tela delimitando o imaginário pictórico da realidade ambiente, muro, paliçada ou cimácio. Testemunha disso é a célebre metáfora da janela enquadrando o quadro perspectivista, ponto de vista sobre o mundo exterior calcado na visão através de uma abertura numa parede. Cada vez que se desejar incluir aquele que olha na cena vista tentar-se-á enfraquecer essa delimitação. *Trompe-l'œil*, cenografia teatral, exposições multiplicarão os estratagemas visuais e sonoros para nos fazer duvidar da existência de um alhures do espetáculo, de uma referência estável na qual aprumar nosso discernimento. O cinema não fica de fora: lentes polarizadas para dar a ilusão de relevo, odorama destilando perfumes conforme o desenrolar do filme, *sound surrounded* que nos faz vibrar no diapasão das catástrofes. Para aumentar a intensidade da projeção no espetáculo o aumento do tamanho das telas foi privilegiado. O paroxismo é atingido quando esse crescimento é combinado com a eliminação das bordas: cinema 360° ou, melhor ainda, hemisférico, como a Géode de Paris com o processo Omnimax. Há, entretanto, um outro meio, mais eficiente, para se chegar ao mesmo objetivo.

Ele consiste em diminuir o tamanho da tela e aproximá-lo dos olhos até fechar totalmente o campo visual por meio de lentes — telas sobre as quais vêm se fixar imagens, renovando assim o processo do caleidoscópio. Não há mais bordas, a imersão total daquele que olha é garantida. Para qual espetáculo? Neste ponto, as pesquisas iniciadas há dois ou três anos por alguns laboratórios nos EUA e, particularmente, dinamizadas pela NASA, permitiram um salto histórico nas técnicas de representação.

Essas experiências renovam as interrogações sobre o estatuto da percepção. Fora de um campo psíquico-fisiológico, inventam um meio de experimentação, entremeando o exercício comum da visão, do tato, da preensão com outros protocolos inéditos (como o deslocamento imóvel pelo olhar) pois se trata ao mesmo tempo de estar em relação sensível com um ambiente e simultaneamente estar livre dele.

Essa distinção de um projeto puramente experimental (ou seja, que visa diretamente a elucidação de mecanismos da percepção) nos aproxima, em certos aspectos, do programa da fenomenologia. Husserl, Bergson, Merleau-Ponty, entre outros, já tinham explorado o significado da presença, da partilha espaço-temporal para fundar na existência perceptiva um ser no mundo não mais puro espírito, mas sujeito corporalmente encarnado e produzido dessa encarnação.

Os trabalhos de Bergson sobre a memória, os de Merleau-Ponty sobre a visão oferecem a ocasião de surpreendentes interferências com a fenomenologia aplicada dos laboratórios em que se experimentam as "realidades virtuais". Visão: tomada do espaço em unidade de tempo. Memória: tomada de tempo em unidade de lugar. Distinção esquemática, sem dúvida, mas que atualiza uma mesma questão: como apreender pelo olhar as variações do espaço? (É possível estar aqui e lá aonde a vista me leva?) Como reencontrar aqui mesmo o passado? (Que permanência afeta aquele que se recorda?) Como separar o sujeito e o objeto da memória?

Os maquinistas da "Telepresença" não têm nem objetivo nem ambição de responder nesses termos a essas interrogações. Testemunham, entretanto, que um limite foi franqueado na maneira de colocá-las. Seguir essa proposta é se situar numa lógica da interpretação do movimento tecnológico que privilegia, ao lado de outras, uma motivação muda: sintetizar o universo perceptivo, tender a concretizar em dispositivos os movimentos psíquicos e intelectuais que subentendem a percepção.

Por aí se explicita a leitura fenomenológica das pesquisas sobre as "realidades virtuais". Tratando de recriar um meio perceptivo, os engenheiros são constrangidos a tratar de forma prática algumas questões surgidas na pesquisa fenomenológica. O que ver, por exemplo, a partir do momento em que são separados, em equipamentos coordenados mas disjuntos, a função da mira (comandada pelo computador pelo movimento da cabeça e dos glóbulos oculares) e a função de captação. No laboratório de realidades virtuais, a mira é obtida pela análise da posição espacial das lentes-telas e a captação se confunde com a fixação, nessa tela/fixação objetiva. Por outro lado, o *zoom*, as janelas múltiplas não têm equivalente na visão comum (a não ser, de um outro modo, na mobilização das imagens da memória). É notável essa restrição na ligação entre as formas da percepção natural e a invenção técnica que a imita e, ao mesmo tempo, se afasta dela necessariamente (nenhum dispositivo se aproxima das qualidades de discernimento próprias à percepção humana, que é antes de tudo um ato de pensamento).

Num estudo sobre a visão, Merleau-Ponty estabelece uma ligação primordial com o movimento: "Aliás, é verdade que a visão é limitada pelo movimento. Só vemos aquilo que olhamos. O que seria a visão sem nenhum movimento dos olhos, e como seu movimento não turvaria as coisas se ele próprio fosse reflexo ou cego, se ele não tivesse suas antenas, sua clarividência, se a visão não se processasse nele?".[2]

Estão contidas aí questões sobre as relações entre movimento, visão, memória. E o filósofo aprofunda: o movimento; como a visão, não são puros atos de pensamento, nem dependem da decisão voluntária. A base onde se encontram não é um suporte. O corpo não é o seu lugar: ele é isso pelo qual o movimento e a visão se ajustam, se precedem: ele é "ao mesmo tempo o que vê e o visível". Essa reflexividade fundadora está no princípio da análise. Ver é se ver vendo.

A "purificação" das funções perceptivas necessária à sua ordenação funcional obedece a um princípio: o corpo do experimentador é o seu centro de gravidade. É por ele e através dele que tudo acontece. Ele está realmente no seu ambiente, ele o habita. Desaparece assim toda distinção entre representação e suporte. Por exemplo, ele pode apreender imagens de telas de computador, deslocá-las, deformá-las, e ativar os comandos nos menus que percorre com sua mão virtual. A hierarquia continente/conteúdo é rompida, substituída por uma equivalência. Estes menus que controlam, por exemplo, o voo de uma nave, têm o mesmo coeficiente de presença que o objeto que eles pilotam e que o próprio experimentador. A nave vai realmente voar no espaço da experiência, por trás dos menus, em torno do operador: cenografia que nos lembra os movimentos da imaginação quando ela nos transporta ao lado de um foguete que voa, por exemplo. Tanto que aqui a situação é paradoxalmente real, o operador está presente naquilo que não é mais uma representação, mas um novo meio, um composto de visão, tato e ação.

Merleau-Ponty: "Meu corpo está entre as coisas... (ele as têm) em volta dele, elas estão incrustadas na sua carne, fazem parte da sua definição plena e o mundo é feito da matéria mesma do corpo".[3]

Objetos se tornam espectrais; inversamente, os fenômenos abstratos são constituídos como objetos manipuláveis. Assim, o computador pode gerar uma trajetória aerodinâmica, materializada por um movimento turbilhonante de partículas. A mão virtual a apreende, a faz girar, levanta-a revelando uma visão por baixo. As noções de massa, dimensão, de suporte são aqui substituídas por efeitos visuais, ajustamentos cenográficos lembrando, em certos aspectos, a mobilização das imagens da memória, a interferência das imagens percebidas e das imagens-lembranças na visão comum, tal como Bergson a constitui em *Matéria e memória*. A abstração e a recomposição voluntária das funções perceptivas encontram os princípios da análise fenomenológica, para além da oposição de natureza entre os trabalhos filosóficos de um lado e a constituição de um meio da experiência finalizada de outro. Aquilo que era a obra de um poder de evocação liberado das contingências lógicas da legitimação científica se torna, parcialmente, realização de funções de presença.

A "telepresença" não deveria se identificar mais com o par presença/ausência tal como inaugurado na comunicação telegráfica, que permanece um transporte de signos da presença mesmo se esta se efetua quase instantaneamente. Depois do transporte à distância pela escrita (a missiva, primeiro transporte dos signos da presença), do teletransporte em tempo real (morse, voz, imagens e sons com o audiovisual), assistimos à emergência de um outro regime de transporte que não é mais os dos signos da presença, mas do próprio meio de chegada, este último confundindo-se com o meio de partida: fenômeno que substitui a lógica da emissão/recepção pela da divisão corporal de um mesmo sujeito em diversos lugares simultaneamente.

Transportar para um outro lugar supõe aqui precisamente essa operação de reconstituição, de sínteses de uma forma de realidade doravante chamada virtual.

Da mesma maneira que "tempo real" designa a quase simultaneidade na emissão e na recepção, talvez se possa falar aqui de "espaço real" para a invenção de um outro modo de deslocamento de espaços mais do que no espaço, ubiquidade tangível, procedendo por geração do ambiente alvo em volta do espaço de "partida".

Tradução de Ivana Bentes

Notas

[1] Realizada por Translenic, Pierre Filoux, Françoise Gedanken.
[2] M. Merleau-Ponty, *L'œil et l'esprit*, Paris, Gallimard, 1964, p. 17.
[3] *Op. cit.*, p. 19.

A IMAGEM VIRTUAL MENTAL E INSTRUMENTAL

Paul Virilio

"Agora os objetos me percebem", escreveu Paul Klee. Esta afirmação no mínimo surpreendente vem se tornando, nos últimos tempos, objetiva, verídica; não se fala da produção, em breve, de "máquinas de visão", capazes não só de reconhecer os contornos das formas, mas também da interpretação completa do campo visual, da representação, próxima ou distante, de um ambiente? Não se fala também nesta nova disciplina técnica, a "videônica", a possibilidade de obter uma visão sem olhar, onde a câmera de vídeo estaria subordinada a um computador, o qual assumiria para a máquina, e não mais para um telespectador qualquer, a capacidade de análise do meio ambiente, a interpretação automática do sentido dos acontecimentos, em domínios como a produção industrial, a administração de estoques ou ainda a robótica militar?

Assim, no momento em que está sendo preparada a *automação da percepção*, a inovação de uma visão artificial, a delegação a uma máquina da análise da realidade objetiva, seria conveniente repensar a natureza da imagem virtual, imagens sem suporte aparente, sem outra persistência que não a da memória visual mental ou instrumental. Não podemos falar hoje do desenvolvimento do audiovisual sem questionar igualmente este desenvolvimento das imagens virtuais e sua influência sobre os comportamentos, ou ainda sem indicar também: a industrialização da visão, a implantação de um verdadeiro mercado da percepção sintética, com todas as questões éticas que isto implica, não apenas as relativas ao controle e vigilância com o delírio persecutório implícito, mas sobretudo a questão filosófica desse desdobramento do ponto de vista, essa divisão da percepção do ambiente entre o animado, o sujeito vivo, e o inanimado, o objeto, a máquina de visão. Questões preliminares, de fato, à da "inteligência artificial", uma vez que seria impossível a existência de um sistema especialista, um computador de quinta geração sem capacidade de apreensão, de apercepção do meio ambiente. Definitivamente afastados da observação direta ou indireta das imagens de síntese produzidas *pela máquina, para a máquina*, essas imagens virtuais instrumentais serão, para nós, equivalentes àquilo que já significam hoje as representações mentais de um interlocutor estrangeiro: um enigma. Sem que haja saídas, gráficas ou videográficas, a prótese de percepção automática funcionará como uma espécie de imaginário maquínico do qual seremos totalmente excluídos. Como, então, rejeitar o caráter fatual de nossas próprias imagens mentais, quando precisamos usá-las para advinhar, estimar aproximadamente aquilo que a máquina de visão percebe?

Esta próxima mutação da câmera de gravação cinematográfica ou videográfica em máquina de visão infográfica nos leva de volta ao início do século: a respeito do caráter subjetivo ou objetivo das imagens mentais. Progressivamente relegadas ao domínio do idealismo ou do subjetivismo (ou mesmo do irracional), as imagens mentais escaparam durante muito tempo à investigação científica e isto, curiosamente, no exato momento em que os avanços da fotografia e da cinematografia resultavam em uma proliferação sem precedentes de novas imagens, entrando em concorrência com nosso imaginário habitual... Foi preciso aguardar até os anos 60 e os trabalhos sobre optoeletrônica para que as pessoas se interessassem seriamente, sobretudo nos Estados Unidos, pela psicologia da percepção visual. Na França, os trabalhos em neuropsicologia também resultaram em uma modificação do estatuto das imagens mentais, a ponto de J.-P. Changeux, em seu último trabalho, não falar mais de imagens, mas sim de *objetos mentais*, chegando mesmo a dizer que não demoraremos a vê-los surgir em uma tela.

Desta forma, em menos de um século, o debate filosófico deslocou-se da questão da *objetividade* das imagens mentais para a questão da sua *atualidade*. O problema hoje, portanto, não é tanto o das imagens mentais da consciência, mas antes o das imagens virtuais instrumentais da ciência e o de seu caráter paradoxalmente fatual. A meu ver, este é um dos aspectos mais importantes do desenvolvimento das novas tecnologias de geração de imagens digitais e dessa visão sintética que a ótica eletrônica possibilita: a fusão/confusão relativista do fatual (ou se preferirmos, do operacional) e do virtual, a proeminência do "efeito de real" sobre um princípio de realidade que já se encontra bastante questionado em outros campos, sobretudo na Física.

Como não compreender que a descoberta da *persistência retiniana*, que permitiu o desenvolvimento da cronofotografia de Marey e da cinematografia dos irmãos Lumière, há noventa anos atrás, nos fazia entrar no domínio da *persistência mental* da imagem? Como admitir o caráter fatual do fotograma e rejeitar a realidade objetiva da imagem virtual do espectador de cinema? Essa persistência visual que não é consequência apenas da retina, como se acreditava então, mas também de nosso sistema nervoso de gravação das percepções oculares... Mais ainda, como aceitar o princípio da persistência retiniana sem aceitar, ao mesmo tempo, o papel da memorização na percepção imediata?

De fato, desde a invenção da fotografia instantânea, que permitiu, convém não esquecer, a realização do filme cinematográfico, colocava-se o problema do caráter paradoxalmente atual das imagens "virtuais". Uma vez que qualquer *tomada de imagens* (mental ou instrumental) é, simultaneamente, uma *tomada de tempo*, por mais ínfimo que este seja, este "tempo de exposição" acarreta uma memorização (consciente ou não) segundo a velocidade de tomada de imagens, de onde a possibilidade reconhecida de efeitos subliminais desde que o fotograma ou videograma ultrapassem as 60 imagens por segundo.

O problema da objetivização da imagem, portanto, não é mais colocado tanto em relação a um "suporte-superfície" qualquer de papel ou celuloide, quer dizer, em relação a um espaço de referência material, mas sim em relação ao tempo, a este tempo de exposição que nos faz ver, ou que não permite mais ver. Assim, o ato de ver é um ato antes da ação, uma espécie de pré-ação, que os trabalhos de Searle sobre a "intencionalidade" nos explicaram em parte. Caso ver seja prever, podemos compreender melhor porque a previsão tornou-se, recentemente, uma indústria em si mesma com o desenvolvimento da simulação profissional, da antecipação organizacional, até esta chegada das "máquinas de visão" destinadas a ver, a prever em nosso lugar; máquina de percepção sintética capaz de nos suplantar em certos domínios, certas operações ultrarrápidas para as quais nossas próprias capacidades visuais são insuficientes devido à limitação, não da profundidade de campo de nosso sistema ocular (como era o caso com o telescópio, o microscópio), mas devido à fraca profundidade de tempo de nossa tomada de imagens fisiológica.

Se os físicos distinguem habitualmente duas formas de energia — a energia *potencial*, em potência, e a energia *cinética*, aquela que provoca o movimento — talvez fosse conveniente hoje acrescentar a elas uma terceira, a energia *cinemática*, aquela que resulta do efeito do movimento e de sua maior ou menor rapidez sobre as percepções oculares, óticas e optoeletrônicas.

Devemos lembrar, aliás, que nunca há uma "imagem fixa" e que a fisiologia do olhar depende sempre dos movimentos dos olhos, das pupilas, ao mesmo tempo movimentos incessantes e inconscientes (motilidade) e movimentos constantes e conscientes do olhar (mobilidade). Lembremos, ainda, que o "golpe de vista" mais instintivo, menos controlado, é antes de tudo uma espécie de vistoria, uma varredura completa do campo de visão terminando pela escolha do objeto do olhar. Como Rudolph Arnheim havia tão bem compreendido, a visão vem de longe, ela é uma espécie de *travelling*, uma atividade perceptiva que começou no passado para iluminar o presente, enfocar o objeto de nossa percepção imediata.

O espaço do olhar não é, portanto, um espaço newtoniano, um espaço absoluto, mas um espaço minkowskiano, um espaço relativo (topológico e teletopológico). Não é somente a obscura claridade das estrelas que nos chega do passado longínquo da noite dos tempos; também a fraca claridade que nos permite apreender o real, nos permite ver, compreender nosso ambiente presente, provém de uma longínqua memória visual sem a qual não haveria o ato de olhar (como é provado pelos fenômenos de cegueira psíquica).

Após as imagens sintetizadas, produtos de um programa infográfico, após o processamento de imagens digitais na criação auxiliada por computador, eis que chega o tempo da visão sintética, o tempo da automação da percepção... Quais serão os efeitos, as consequências (teóricas e práticas) sobre nossa própria "visão do mundo" dessa atualização da intuição de Paul Klee? A proliferação, há cerca de dez anos no mínimo, das câmeras de vigilância em locais públicos não seria um termo de comparação com este desdobramento do ponto de vista?

De fato, se conhecemos a retransmissão em rede das imagens das câmeras de vídeo das agências bancárias ou dos supermercados, se adivinhamos a presença dos vigilantes, seu olhar sobre os monitores de controle, com a percepção auxiliada por computador, a videônica, é impossível estimar a configuração, adivinhar a interpretação desta visão sem olhar.

Para quem não é Lewis Carroll, dificilmente é possível imaginar o ponto de vista de um botão de colete ou da maçaneta de uma porta. Para quem não é Paul Klee, não será fácil imaginar a contemplação sintética, o sonho acordado de uma população, de uma paisagem de objetos que nos encaram...

Por trás do muro não vejo mais o cartaz; frente ao muro, o cartaz se impõe a mim, sua imagem me percebe.

Podemos reencontrar essa inversão da percepção, essa sugestão da fotografia publicitária em todas as escalas, sobre os painéis como nos jornais ou revistas; nenhuma dessas representações escapa a esse caráter "sugestivo" que é a razão de ser da publicidade.

A qualidade gráfica ou fotográfica dessa imagem, sua alta definição, como dizemos, não são mais aqui as garantias de alguma estética da precisão, da nitidez fotográfica, mas apenas a busca de um relevo, de uma terceira dimensão que seria a própria projeção da mensagem, de uma mensagem publicitária que tenta atingir, através de nossos olhares, essa profundidade, essa espessura de sentidos que tão cruelmente lhe falta. Não devemos mais nos iludir, portanto, sobre as proezas publicitárias da fotografia; a imagem fática que se impõe à atenção e obriga o olhar não é mais uma imagem potente, mas sim um clichê que tenta, assim como o fotograma cinematográfico, inscrever-se em um desdobramento do tempo onde ótica e cinemática se confundem.

Superficial, a fotografia publicitária toma parte, devido a sua própria resolução, nesta decadência do "pleno" e do "atual", em um mundo de transparência e virtualidade onde a representação aos poucos cede lugar a uma verdadeira apresentação pública. Inerte, apesar de alguns artifícios arcaicos, a fotografia de anúncios anuncia apenas seu declínio diante das proezas de uma "telepresença" em tempo real dos objetos, tal como assistimos na telecompra. Pois não vemos os caminhões "publiófilos" desfilarem em filas apertadas, como se fossem sequências publicitárias automóveis, completando de forma derrisória as sequências audiovisuais habituais?

Com sua utilidade pública garantida pela definição muito reduzida da imagem em vídeo, ainda capaz de impressionar os leitores, os passantes, a fotografia publicitária verá, provavelmente, essa vantagem desfazer-se com a televisão de alta definição, a abertura de uma vitrine cuja transparência catódica substituirá em breve os efeitos de transparência da vitrine clássica. Não desejo, entretanto, negar à fotografia seu valor estético, mas existe também uma lógica, uma logística da imagem e das eras de propagação que marcaram a história recente.

De fato, a era da lógica formal da imagem é a da pintura, da gravura, da arquitetura, que termina com o século XVIII. A era da lógica dialética é a da fotografia, da cinematografia ou, se preferirmos, a do fotograma, durante o século XIX. A era da lógica paradoxal da imagem é aquela que começa com a invenção da videografia, da holografia e da infografia..., como se, neste fim do século XX, o encerramento da modernidade fosse por sua vez marcado pelo encerramento de uma lógica da representação pública.

Ora, se por um lado conhecemos perfeitamente, ou quase, a realidade da lógica formal da representação pictorial clássica e, em menor grau, a atualidade da lógica dialética que preside à representação fotocinematográfica,[1] por outro lado temos apenas uma ligeira ideia das virtualidades desta lógica paradoxal do videograma, do holograma ou das imagens digitais.

Esta é a razão provável para o delírio de interpretação jornalística que envolve, ainda hoje, essas tecnologias, assim como a proliferação e a obsolescência dos diferentes materiais informáticos e audiovisuais.

O paradoxo lógico, finalmente, está no fato de essa imagem em tempo real dominar a coisa representada, nesse tempo que se torna mais importante hoje do que o espaço real. Essa virtualidade que domina a atualidade, perturbando a própria noção de "realidade". Daí onde essa crise das representações públicas tradicionais (gráficas, fotográficas, cinematográficas...) em benefício de uma apresentação, de uma presença paradoxal, tele-presença à distância do objeto ou do ser que suplanta sua própria existência, aqui e agora.

No fundo é isto a alta definição, a alta resolução: não tanto imagem (fotográfica ou televisual), mas a própria realidade.

Com a lógica paradoxal é a realidade da presença em tempo real do objeto que se encontra definitivamente resolvida, enquanto que na era precedente da lógica dialética da imagem era unicamente a presença em tempo diferido, a presença do passado que impressionava de forma duradoura as placas, as películas ou os filmes; a imagem paradoxal adquire assim um estatuto comparável ao do acidente, ou mais precisamente, do "acidente de transferência".

À atualidade da imagem do objeto captado pela objetiva do aparelho de tomada de imagens — instantâneo que permite, como sabemos, a aparição do fotograma cinematográfico — corresponde aqui a virtualidade de sua presença captada por um aparelho de "apreensão de imagens" (de sons) em tempo real, que permite não somente o tele-espetáculo dos objetos expostos, mas também a tele-ação, o telecomando e as compras a domicílio.

Contudo, para terminar, voltemos à fotografia. Se o fotograma publicitário esboça, com a imagem fática, uma inversão radical das relações de dependência entre aquele que percebe e aquilo que é percebido, ilustrando maravilhosamente a frase de Paul Klee ("Agora os objetos me percebem"), é porque deixou de ser exatamente uma fotografia, uma memória curta, a lembrança de um passado mais ou menos distante, para tornar-se uma vontade, a vontade de envolver o futuro e não apenas a de representar o passado; vontade que o fotograma havia começado a revelar no fim do século passado, antes, muito antes que o videograma não o fizesse de vez.

Assim, muito mais que a foto documentária, a foto publicitária terá prefigurado a imagem fática[2] audiovisual, imagem pública que hoje vem suceder o antigo espaço público onde era efetuada a comunicação social: avenidas, lugares públicos, a partir de agora ultrapassados pela tela, os mostradores eletrônicos, enquanto esperamos o surgimento, no futuro, dessas "máquinas de visão" capazes de ver, de perceber em nosso lugar.

Tradução de Carlos Irineu da Costa

Notas

[1] Os livros de Gilles Deleuze, *L'image-temps* e *L'image-mouvement*, publicados pela Minuit (Paris, 1983 e 1985).

[2] Imagem fática: termo técnico empregado por Georges Roques em *Essai sur Magritte et la publicité* (Paris, Flammarion, 1983).

O VIRTUAL NAS CIÊNCIAS

Serge Dentin

> "Para poder lidar com a forma, as matemáticas e a física dispõem de um conjunto de regras a observar ou a desrespeitar. É salutar, a esse respeito, a obrigação de ocupar-se antes de tudo das funções e não, em primeiro lugar, da forma acabada."
>
> Paul Klee

Desde há alguns anos, a noção de virtual está particularmente na moda nos terrenos da criação artística que utilizam tecnologias da simulação digital: imagens, sons sintéticos etc. São evocados mundos virtuais, imagens virtuais, que se reúnem sob a designação geral de realidades virtuais. Isto soa bem, e somos como que projetados imediatamente — *em tempo real*, poder-se-ia dizer — num universo onde as formas são de um grande realismo. O mundo real estaria a tal ponto perturbado, as imagens reais contaminadas, os sons reais parasitados, que seria preciso inventar um novo mundo, portador de novos valores?

Ao invés de falar de realidade virtual, não se deveria empregar o termo representação artificial? Mas essas representações partem frequentemente de uma concepção limitada da percepção, reduzida a um reconhecimento de tipo sensório-motor[1] e que conduz a uma certa ideia da visibilidade, a uma maneira normativa de se relacionar com as formas, supondo um certo modelo. O olhar, a escuta, os gestos são avaliados e controlados: como se a própria subjetividade — as reações particulares e singulares do indivíduo — houvesse sido capturada por um novo tipo de racionalidade, envolvendo de uma só vez a ciência, a técnica e a arte. O termo virtual torna-se a palavra de ordem de uma nova estética, acompanhada de uma certa ideologia da *comunicação* (através das *belas imagens*, tanto da ciência como da arte).

Visto desse ângulo, o uso do termo virtual é particularmente empobrecedor, correndo o risco de ocultar a riqueza do conceito. Pois é na contracorrente da imagem, evacuando tudo o que é da ordem da reprodução, do simulacro e da cópia, que podemos realmente encontrar um "lugar do virtual": algum lugar em que o fantasma deixa de ser o senhor do jogo. Contracorrente da imagem não significa contra a imagem: trata-se de diminuir a luminosidade até reencontrar um limiar de revelação. Para aprender a ver.

O que há numa imagem digital de mais virtual que em qualquer outra imagem? Nada, desde que se releve a questão do suporte. E, de uma certa maneira, esta questão é a de uma teoria das formas. Ora, esta última problemática está presente e é pertinente não apenas do ponto de vista da arte, mas também daquele da ciência: quais são os mecanismos físico-químicos na origem da estabilidade estrutural? E isto concerne diretamente à atividade perceptiva, na medida em que a perenidade das formas é indissociável da nossa própria apreensão da duração.

Se afinal a ciência tem algo em comum com a arte, é do ponto de vista do ato constituído do pensamento, quando se trata de inventar, de criar novas representações, e não de tomá-las como um quadro preestabelecido. A questão dos processos de constituição é portanto crucial.

Compreender o real é dispor-se a refazer o curso da representação. Ora, percorrer este caminho é penetrar nas profundezas do movimento, do tempo e das noções que lhe são conexas: como se organizam as causas e os efeitos? O futuro é completamente determinado pelo presente? Qual o enredamento do todo e da parte? É neste caminho, como uma balada quase musical, que pretendemos apresentar certos traços característicos que marcaram a evolução da física: tomando o virtual como *leitmotiv*.

O "FORA DA LEI"

De um lado, a lei de inércia da Newton, do outro, o princípio da mínima ação (ou do menor esforço) de Hamilton: estes termos reenviam a duas diferentes perspectivas diferentes de natureza. Por um lado, a lei da mecânica estabelece logo de saída uma relação explícita entre força, massa e aceleração (que são quantidades diretamente observáveis), impondo por isso mesmo um certo tipo de *encadeamento direto*, por outro lado, o princípio da mínima ação surge como uma prescrição análoga a uma condição de estabilidade: só as trajetórias minimizadoras da ação serão realizadas. Da forma da lei à do princípio há um deslocamento da própria ideia de legalidade, esboçando uma certa flexibilidade; como se a identidade, tomando a forma da lei, fosse na verdade o caso particular, ou antes o traço, de uma realidade mais vasta. A prescrição parece determinar um certo tipo de ajustamento que conduz à lei.

Ainda que, ao final das contas, as consequências do princípio recobram os postulados newtonianos, foi preciso antes alargar o estrito campo da observação (as verdadeiras trajetórias dos corpos materiais) para um campo mais vasto que o transborda, e no seio do qual ele é uma inscrição. Esta forma de "fazer transbordar" é uma característica essencial do trabalho de teorização nas ciências, como também o diz René Thom: "gostaria de sustentar que, na medida em que a ciência não se limita à descrição, à exploração dos fenômenos, ela deve necessariamente comportar o imaginário, o virtual. O sábio deve mergulhar o real num virtual mais amplo, mas suficientemente preciso para que seja definido intersubjetivamente. O objetivo da ciência é afinal o de precisar a propagação do real no seio do virtual".[2] Deste ponto de vista, o virtual é entendido como um *para além do real*, um domínio *fora da lei*. O trabalho de formalização, para poder descrever os movimentos da realidade, necessita inventar novos objetos, virtuais, espécie de fantasmas que assombram o mundo das formas reais.[3]

Gostaríamos de dar um sentido ainda mais forte ao termo virtual, que concerniria à sua realidade plena. Não se trata mais de "mergulhar o real num virtual mais amplo", puramente imaginário, mas de considerar o virtual como parte integrante e estrutural do real. Se retomarmos, deste ponto de vista, a formalização do princípio de mínima ação, devemos nos perguntar qual é a natureza dessas trajetórias virtuais, se é que não são artifícios de cálculo. Pois, se a escrita da teoria torna necessária a introdução de um certo tipo de objetos formais, que fornecem coerência ao conjunto, a questão de uma correspondência entre esses objetos formais e as entidades reais (mas que sempre escapam ao olhar) pode ser legitimamente levantada. Como se duas vertentes da realidade coexistissem: aquela, obscura, no seio da qual a natureza procuraria o caminho da sua lei, percorrendo trajetórias interditas, tomando as veredas da irregularidade; e aquela, visível, luminosa, da inscrição e do regular. Retendo do real apenas o que é dado como fato perceptivo (a queda de uma pedra, a sensação de dor etc.), não estaremos no fim das contas restringindo-nos a um simples traço, permanecendo cegos ao gesto que o produziu? Se a questão do virtual é importante, é porque ela remete às ligações que se estabelecem entre linguagem e mundo. Para poder pensar o movimento, é preciso dar à realidade toda a sua plenitude e não reduzi-la aos efeitos.

O virtual quântico

No sistema da ótica geométrica, a luz é simplesmente um conjunto de raios que se propagam em linha reta (desde que o meio seja homogêneo). A trajetória dos *raios* luminosos corresponde também ao mínimo de uma certa quantidade: dentre todos os caminhos possíveis, somente os que corresponderem desta vez ao tempo mínimo de percurso serão efetivamente "escolhidos", tal é o princípio de Fermat. Mas esta conclusão acaba recebendo uma interpretação bem mais forte a partir do momento em que se leva em conta o caráter ondulatório da luz. De fato, dois sinais periódicos (de mesma frequência e amplitude, para simplificar) podem, ao se superporem, ou amplificar-se, ou anular-se completamente (os picos superpondo-se às depressões), com todas as situações intermediárias: fala-se então de interferências *construtivas* ou *destrutivas*. A solução para o problema da propagação é a seguinte: a luz toma efetivamente todos os caminhos possíveis, e, em todos os pontos do espaço, as interferências são destrutivas (nada se vê), exceto ao longo do trajeto prescrito pelo princípio de Fermat, onde elas são construtivas. Há assim presença da luz em todos os pontos do espaço, mas uma presença de certa forma oculta, já que apagada (uma certa concepção do silêncio).

A mecânica quântica realiza uma aliança entre os princípios de Fermat e de Hamilton. Os objetos quânticos apresentam efetivamente um duplo aspecto, material e ondulatório.[4] As trajetórias virtuais da mecânica clássica não são mais simples hipóteses de extensão (o território imaginário), mas adquirem uma realidade plena. As partículas quânticas podem agora percorrer os caminhos interditados pelas leis clássicas, violar certas regras. Os diferentes caminhos passam a ser mais ou menos tolerados, o que se traduz por uma certa lei de probabilidade. Por outro lado, a própria noção de *trajetória* é problemática: quanto mais a partícula é quântica, mais devemos imaginá-la como uma espécie de gás tomando todos os caminhos de uma vez; a sua energia não mais se encontra localizada ao longo de uma trajetória precisa, e sim repartida por todo o espaço, com uma maior ou menor densidade. É essencialmente esta repartição que permite os efeitos ausentes no caso clássico, como o *efeito túnel*: se uma bola de bilhar quântica pode saltar espontaneamente por sobre um muro, é simplesmente porque uma parte dela já está virtualmente do outro lado.

Ainda outras características dos sistemas quânticos merecem ser evocadas. Já que um sistema quântico é uma superposição de todos os modos possíveis permitidos pela teoria, o processo de mensuração é particularmente digno de nota: consiste em fazer atualizar-se uma das configurações possíveis do sistema, que antes era apenas virtual. Ainda mais surpreendente, é impossível interpretar este fato supondo que o estado medido preexistia à medição, como se apenas a nossa ignorância nos forçasse a descrever o sistema como superposição de modos: "A função de onda *y* [...] encarna a cada instante a soma de todas as eventualidades futuras preditas pela teoria, como um catálogo. [...] Durante cada medidação, se é compelido a supor que a função *y* (= o catálogo de predições) sofre uma modificação muito particular, extremamente brutal, que depende do resultado fornecido pela medidação e que não se saberia portanto prever. [...] Uma variável não possui, em geral, valor determinado antes que eu a submeta à mensuração; medi-la não significa portanto encontrar o valor que ela possui. [...] Uma coisa está bastante clara: se não é a realidade que determina o resultado da medição, é então pelo menos a medição que determina a realidade".[5]

Trata-se então aqui de um nível do virtual extremamente profundo, que diz respeito à própria estrutura do mundo quântico. Mais uma vez, o termo virtual reenvia aqui a essa distância que se cava entre o real e a percepção, e não mais a uma simples ideia formal. Isto implica numa outra concepção do tempo, que não seria mais simplesmente referida a uma cronologia. De fato, a nossa percepção do tempo é essencialmente ligada a um ordenamento de causas e efeitos, isto é, a uma certa horizontalidade, que é o domínio da ação e da irreversibilidade (o esquecimento). Mas um outro nível vem superpor-se, o nível vertical da suspensão e da reversibilidade (a memória). Pode-se considerar a atualização do virtual como a projeção do nível vertical sobre o nível horizontal, uma linha diagonal.

Partículas virtuais

A interpretação da trajetória dos raios luminosos em termos de uma associação de efeitos ocupando todo o espaço conduz naturalmente a uma noção chave em física: a noção de campo. Um campo é simplesmente uma quantidade física que assume diferentes valores em cada ponto do espaço: os campos elétrico, magnético e gravitacional são os exemplos mais conhecidos. A teoria quântica dos campos[6] é a disciplina que se empenha em compreender a ligação que existe entre a descrição em termos de campos e aquela em termos de partículas "elementares": o fóton é, por exemplo, a partícula associada ao campo eletromagnético. Nessa teoria, somos levados a introduzir partículas de uma natureza específica, batizadas de *partículas virtuais*. Elas não possuem as propriedades de causalidade relativista e, por essa razão, não se pode observá-las.[7] A teoria quântica dos campos descreve o mundo material como um conjunto de partículas reais em interação, rodeado por uma nuvem de partículas virtuais.

A identidade de uma partícula pode ser concebida como o conjunto de todas as suas flutuações possíveis, do mesmo modo que o estado de uma mola quântica em oscilação. E, mais uma vez, é impossível falar em trajetória, uma vez que as partículas habitam literalmente todo o espaço: "se observo uma partícula aqui e agora, e se observo uma partícula idêntica um instante mais tarde e numa posição muito próxima da precedente, não apenas não posso ter certeza de que se trata da *mesma* partícula, mas um enunciado deste gênero não teria significação absoluta".[8]

Há portanto o virtual, e o processo de medição (de observação) apenas projeta este virtual num dos seus estados. Mas o virtual vai além da noção de estado, já que o estado é um momento do virtual, uma configuração, da mesma forma que os modos de vibração não dão conta do movimento da vibração: são números extraídos do contínuo. Devemos assim abandonar as antigas representações, derivadas da física clássica, em particular as do determinismo e da causalidade. Os sistemas quânticos não se deixam aprisionar numa descrição clássica do contínuo, eles carecem da introdução de novos conceitos.

O ideal da ciência clássica era a predição, o domínio absoluto do universo. Com a mecânica de Newton, progrediu-se nessa direção: a expressão diferencial das leis da mecânica permitia acompanhar passo a passo (a cada instante) o sistema. Nada sobrava escondido na sombra, nenhuma lacuna aparente. Trata-se afinal de uma forma de expulsão do sujeito do conhecimento: aquele que escreve procura contornar o seu próprio ponto de vista, tenta eliminar da sua descrição tudo o que é demasiado singular na sua apreensão, tudo o que não pode ser submetido ao crivo da repetição. Ele procura referir o seu olhar particular a um olhar mais amplo (o de Deus?) que daria conta de todos os outros. Com a mecânica quântica, parece que somos forçados a renunciar a esse ideal, e a questão da singularidade do observador ressurge. Um novo laço parece se tecer entre a linguagem e o mundo, entre o visível e o invisível: "As lacunas, eliminadas da descrição ondulatória, refugiaram-se na conexão que liga a descrição ondulatória aos fatos observáveis".[9] O virtual é isto que subsiste da condensação da escrita.

Do quantitativo ao qualitativo

Esqueçamos as trajetórias individuais (que apenas nos confrontam com a nossa própria limitação) e encaremos o sistema na sua duração e extensão. Tudo se passa como se, partindo de uma página branca (nosso espaço euclidiano homogêneo inicial), fosse o próprio texto (a organização das trajetórias) que terminasse impondo a sua própria espacialidade. Da mesma forma, partindo de um tempo abstrato, simples ajustamento de um movimento arbitrariamente recortado (servindo apenas para acompanhar as trajetórias), criou-se uma outra temporalidade, com zonas mais e outras menos densas: uma *história da leitura*. Trata-se de uma nova cartografia, onde o espaço só se dá numa síntese temporal do movimento, o que não é concebível sem uma memória. Finalmente, é o problema do sentido que é aqui colocado e que toma o lugar de uma descrição puramente abstrata, simplesmente quantitativa. Atribuir sentido é compreender o ordenamento das formas no tempo, o que supõe um traço. É o próprio sistema, a sua dinâmica particular, que impõe um espaço e um tempo próprios. Nada nos impede de conceber vários níveis de tempo e vários tipos de espaços possíveis; esses sistemas remetem diretamente à nossa própria percepção.

Aceitamos portanto, mais uma vez, deixar vazia uma certa representação do real, deixar na sombra o comportamento particular dos objetos individuais. Face a tais sistemas, as antecipações, os cortes, as sondagens, tornam-se as práticas correntes. Devemos escolher, decidir o que nos parece relevante, interessante, um pouco como diante de uma pintura. Partindo da observação das formas, da sua aparição e desaparição, tentamos compreender o processo do qual elas derivam.

O sistema inicial era simples, mecânico, claro e distinto. Foi a sua evolução que nos conduziu ao mundo dos turbilhões, dos líquidos tormentosos. A impossibilidade de elaborar predições quantitativas a longo prazo obriga-nos a considerações qualitativas. É uma física mais do diagnóstico que do prognóstico.

Isto é característico, sintomático de um grande número de abordagens contemporâneas, não somente no domínio da física, mas também no das matemáticas e, como veremos, no da informática.

Atualmente, as formas são os dados iniciais: quais são os parâmetros que controlam a passagem de uma forma a outra? Como se estabelecem as bifurcações, as transições? Quais são os modos de aparição e desaparição? Assim se formulam as novas questões. Sistemas com um número muito elevado de graus de liberdade (como a atmosfera terrestre), dos quais seria absolutamente ilusório rastrear a trajetória no seu conjunto, possuem no entanto apenas uma classe restrita de transições possíveis. É por isso que é possível descrever o seu comportamento através da introdução de alguns parâmetros de controle. Determinados valores para estes parâmetros acarretarão transições críticas (numa transição líquido-gasosa, por exemplo, a temperatura é um parâmetro de controle). Para os demais valores, as formas serão estáveis (estados sólido, líquido, gasoso). É no espaço que liga as forças às formas que o virtual vem se alojar. Será que não há um caminho único que leva do virtual ao atual? Entre os dois, subsiste o que resiste a toda representação.

Acontecimentos

Uma última classe de sistemas físicos que contribuem a dar um sentido forte à noção de virtual (sempre na perspectiva de uma relação entre a estrutura e o fenômeno) é a dos sistemas dinâmicos dissipativos. São dispositivos em interação com um meio externo: a sua energia total não é constante pois tende a escapar (por exemplo sob a forma de calor), e, em consequência, se não forem mantidos ativamente, tendem à imobilidade.

Fora da situação de equilíbrio, o sistema torna-se sensível a perturbações extremamente fracas: a gravitação, negligenciável em condições normais, revela um novo tipo de organização do sistema, até então sufocada pela multidão dos outros acontecimentos. Nessas novas condições dinâmicas, longe do equilíbrio, as virtualidades do sistema (os acontecimentos sufocados) podem se desdobrar, se atualizar. Num sistema ainda mais complexo, como um ser vivo, o domínio do virtual torna-se mais espesso, e as transições tornam-se igualmente mais imprevisíveis: "o papel da vida é o de introduzir o máximo de indeterminação numa matéria em que prevalece a tendência à geometrização, pois a vida desde sempre só teve um problema: tornar efetivas as ações livres. [...] Para quebrar o esquema da dedução, para romper o jogo dos encadeamentos mecânicos, para desatar o laço que retém o novo, é preciso que se acentue a defasagem entre as ações reais e as ações virtuais".[10]

Do digital ao físico

Uma recente aplicação no domínio da inteligência artificial nasceu da conjunção de problemáticas originadas na física fundamental, nas matemáticas e nas neurociências:[11] as redes de neurônios formais. Considera-se que representem, de maneira muito esquemática, a estrutura e as funções elementares da rede de neurônios reais de certas partes do cérebro.

Uma rede é constituída por um conjunto de conexões (os neurônios) ligadas entre si por intermédio de nós (as sinapses). Um tal sistema possui uma entrada e uma saída que permite codificar informações: cada nó (ou sinapse) pode assumir, no caso mais simples, dois valores, correspondentes ao estado ativo ou inativo (0 ou 1). Pode-se assim representar um dado inicial como uma lista de zeros e uns. A estrutura interna da rede (a "caixa-preta") comporta um certo número de unidades escondidas (sinapses e neurônios). A cada elemento da rede é atribuído um número real, que para a sinapse é um limiar de atividade (se a soma dos sinais recebidos é inferior ao limiar, a sinapse mantem-se inativa), e que para as conexões é uma certa ponderação, que representa um grau de inibição ou excitação da sinapse.

As redes mais interessantes são as redes com atratores. Elas permitem resolver dinamicamente problemas de reconhecimento de padrões: os atratores são associados a uma certa forma, e a relação entre a entrada e a saída (a ação de reconhecimento) é análoga à que existe entre as condições iniciais da mola mergulhada num líquido e o ponto de equilíbrio final. Trata-se portanto de questões profundamente similares às encontradas nos sistemas físicos, na medida em que um reconhecimento é interpretado como forma emergente.

Do ponto de vista operacional, a diferença é evidentemente enorme entre as redes neurais governadas por atratores e os sistemas informáticos clássicos. A concepção clássica do cálculo é funcional e determinista: da entrada à saída, o algoritmo guia-nos através de uma série de operações simbólicas. Se a relação entrada/saída é incorreta, há certamente um erro de programação, um *bug*. A ideia de programação é assim análoga à do determinismo em física clássica: uma vez colocado o programa para rodar, tudo já está previsto; o tempo de cálculo é função simplesmente da velocidade de propagação da informação, mas ele em nada altera a natureza do resultado — a imagem característica é aquela do papel de formulário contínuo que se desenrola à medida que a impressora progride. A legibilidade de um sistema clássico é total, e basta-nos consultar a lista ou o mapa para encontrar a rota a seguir.

Nas redes neurais é essa concepção do texto e da leitura que é subvertida: é em geral impossível definir a função de tal ou qual unidade escondida específica, e apenas globalmente o sistema comporta um sentido. Da mesma forma, é difícil de avaliar a pertinência desta ou daquela trajetória individual. A passagem do local ao global numa rede corresponde a um salto qualitativo.

Entre o tempo abstrato, puro recorte do movimento, e o tempo real do sistema, o vazio é análogo ao encontrado no estudo dos sistemas caóticos. Tudo se passa como se a dinâmica efetiva não fosse pertinente do ponto de vista do que se passa efetivamente, qualitativamente, com o sistema global. Um grande número de teorias subjacentes podem conduzir às mesmas características macroscópicas, em resumo, a teoria é subdeterminada em relação aos fatos.[12] Isto conduz a uma aproximação, pelo menos conceitual, entre as ciências ditas *exatas* (física, matemática) e as ciências da vida, já que nestas últimas predomina a ideia de modelo e de ponto vista qualitativo.

Do físico ao vivo

Aonde a ciência acreditava ter-se desembaraçado definitivamente da subjetividade, esta parece ressurgir com toda a força, já que a atividade interpretativa tende a tornar-se dominante em relação à questão da eficácia. No que concerne ao estudo da vida, duas correntes parecem se delinear, segundo o modo particular com que tratam a questão da forma.

A concepção cognitivista propõe-se essencialmente como projeto o de encontrar os modelos de simulação de uma realidade dada: substituir o natural pelo artificial. É o pensamento do decalque: o modelo deve aproximar-se ao máximo de um comportamento estabelecido de antemão. A maior fraqueza dessas abordagens é justamente a de supor o reconhecimento como já dado, como uma operação elementar: resta apenas copiar. Por outro lado, são essencialmente estratégias de ação: recorrer a técnicas de curto-circuito para executar tarefas precisas. A atual utilização das redes neurais vai inteiramente neste sentido.

A outra abordagem, mais morfogenética, inspirada pela biologia, procura compreender os processos de diferenciação.[13] Talvez possamos reconsiderar as redes neurais sob a ótica de uma problematização do acontecimento, mas seria preciso mudar o seu modo de funcionamento, a fim de que a percepção não fosse simplesmente um recognição/identificação. Para tanto, seria preciso dar à rede uma dinâmica análoga à dos sistemas abertos, e além disso permitir variações de estrutura, a fim de estender o campo do virtual. Por ora, a estruturação dos mínimos da rede são realizadas por processos de estabilização. Essa adaptação foi inicialmente um acontecimento, já que totalmente nova no campo da experiência. Uma vez efetuado o "treinamento" da rede, todo processo de recognição é um percurso ao longo de um caminho já traçado. A diferença então é reduzida a uma simples comparação. "E que é um erro, a não ser uma falsa recognição? E de onde vem o erro, senão de uma falsa repartição dos elementos da representação, de uma falsa avaliação da oposição, da analogia, da semelhança e da identidade? O erro é apenas o reverso de uma ortodoxia racional, e ainda testemunha em favor daquilo de que ele se desvia, em favor de uma retidão, de uma boa natureza e de uma boa vontade daquele que é dito enganar-se".[14] Por essas razões, a apreensão do virtual não poderia escapar à economia de um pensamento do emergente. Trata-se de uma questão essencialmente política.

Tradução de Jayme Aranha

Notas

[1] No que concerne ao problema do reconhecimento, cf. Gilles Deleuze, *A imagem-tempo — Cinema 2*, Rio de Janeiro, Brasiliense, 1990, cap. 3, "Terceiro comentário de Bergson".

[2] R. Thom, "Le rationnel et l'imaginaire", *Traverses*, nº 44/45, Paris, 1987.

[3] No que concerne à questão do virtual em relação com a formalização das teorias, ver também: G.-G. Granger, *La vérification*, Paris, Éditions Odile Jacob/Philosophie, 1992, terceira parte.

[4] Mas este duplo aspecto (o conectivo "e") não é simplesmente a *reunião* dos dois. Para uma exposição bastante detalhada dos problemas filosóficos da mecânica quântica, cf. B. d'Espagnat, *Une incertaine réalité*, Paris, Éditions Gauthier-Villars, 1985.

[5] E. Schrödinger, *Physique quantique et représentation du monde*, Paris, 1992, Seuil, pp. 109-10. O problema da medição em mecânica quântica dá lugar a inúmeras interpretações. Uma das linhas de pesquisa mais interessantes atualmente é o estudo dos efeitos clássicos complexos (caos, sistemas dissipativos) nos sistemas quânticos. Esses estudos parecem mostrar que os efeitos devidos à medição, habitualmente atribuídos ao caráter quântico, seriam na verdade puramente clássicos: cf. I. Prigogine e I. Stengers, *Entre le temps et l'éternité*, Paris, Fayard, 1988, cap. 6.

[6] Criada pelo físico americano Richard Feynman logo após a Segunda Guerra Mundial. Para uma introdução a esta disciplina, cf. R. Feynman, *Lumière et matière, une étrange histoire*, Paris, Inter Éditions, 1987.

[7] Para as questões conceituais da relatividade, cf. Albert Einstein, *La relativité*, Paris, Gauthiers-Villars, 1956.

[8] E. Schrödinger, *op. cit.*, p. 46.

[9] *Ibid.*, p. 61.

[10] B. Paradis, "Indetermination et mouvements de bifurcation chez Bergson", *Philosophie*, nº 32, 1991.

[11] Através do estudo das funções cognitivas. Para uma exposição vigorosa sobre essas questões, cf. J. Ninio, *L'empreinte des sens: perception, mémoire, langage*, Paris, Éditions Odile Jacob, 1991.

[12] Sobre esta questão da subdeterminação em biologia, cf. H. Atlan, *Tout, non, peut-être*, Paris, Seuil, 1991.

[13] Cf. R. Thom, *Paraboles et catastrophes*, Paris, Camps/Flammarion, 1983. Cf. também J. Petitot, *Les catastrophes de la parole: de Roman Jakobson a René Thom*, Paris, Éditions Maloine, 1985, e "Identité et catastrophes (topologie de la différence)", *L'Identité*, seminário interdisciplinar dirigido por Claude Lévi-Strauss (1974-75), Paris, PUF, 1987, p. 109.

[14] Gilles Deleuze, *Diferença e repetição*, Rio de Janeiro, Graal, 1988, p. 244.

III.

MÍDIA/PÓS-MÍDIA

TELEVISÃO/REVOLUÇÃO: O CASO ROMÊNIA

Jean Baudrillard

Timisoara, dezembro de 1989: não são os cadáveres, a violência e a morte que escandalizam, é a figuração forçada dos cadáveres, de certa forma seu sequestro, e ao mesmo tempo o nosso, como espectadores. Trata-se de um "ossário de signos". Mas é preciso se perguntar se os romenos, por seu excesso de encenação, não fizeram o papel de reveladores do simulacro da própria "revolução". Nesse caso, é preciso avaliar se o efeito dessa encenação não tem algo de uma desilusão vital, se a mistificação não leva a uma desmistificação da informação e do seu princípio. O problema não seria mais então o do escândalo da "desinformação", mas o da própria *informação como escândalo*.

Antes dizíamos, para desfazer o artifício: isto é literatura! Isto é teatro! Isto é cinema! Pela primeira vez diante da Romênia e da Guerra do Golfo, pudemos dizer: isto é televisão!

O cinema pode ser definido como a encenação da ficção como realidade, enquanto a televisão, que pretende encenar a realidade como realidade, é de fato a encenação da ficção como ficção. A ficção como realidade ainda é o campo do imaginário. A ficção como ficção é simplesmente o virtual.

O cinema ainda permite, atrás da imagem, a transcendência do imaginário, ele mistura ficção e realidade numa forma ainda projetiva, enquanto a televisão abole toda distinção e permite apenas uma percepção-tela, onde a imagem só remete a si própria. Esse tipo de imagem seria ainda uma imagem? De qualquer forma, ela coloca o problema da sua indiferença ao mundo, e portanto o da indiferença virtual com a qual a recebemos — o que é um problema político.

De onde vem a distinção? A imagem-foto ou a imagem-cinema passa ainda pelo negativo (e o projetivo), enquanto a imagem-televisão, a imagem-vídeo, a numérica, a de síntese etc., são imagens sem negativo e, portanto, também sem negatividade ou referência. Elas são *virtuais*, e o virtual é o que termina com toda negatividade, logo com toda referência à história ou ao acontecimento. Desde logo, o próprio contágio das imagens, que se autoproduzem sem referência a um real ou a um imaginário, é virtualmente sem limite, e esse engendrar-se sem limite produz a informação como catástrofe.

Sabemos que a mídia vive amplamente da presunção da catástrofe, da suculenta iminência da morte. Se a foto não a transcreve diretamente, é a legenda que o faz. Assim, aquelas fotos no jornal *Libération*: a de um comboio de refugiados "que algum tempo depois desta foto *será* atacado pelo exército iraquiano", a desta mulher aterrorizada "logo após o ataque de uma coluna de refugiados pelos helicópteros iraquianos". A carnificina de Timisoara não é diferente: a mesma chantagem, a mesma programação forçada de uma realidade inumana (inumana no seu conteúdo, mas sobretudo pela virtualidade da imagem, pela simulação de afeto sobre a qual ela atua).

A mesma intoxicação para a iminência dos *Scuds* sobre a CNN. Tudo inteiramente em *trompe-l'œil*. Mesmo com uma situação miserável ou trágica, consegue-se produzir o *trompe-l'œil*. Nada é informação se não passar por este princípio de virtualidade, se não for metabolizado por essa histeria do virtual (digo histeria não no sentido psicológico. Essa histeria é simplesmente a compulsão daquilo que é dado, em toda má-fé, como real, para ser consumido como irreal — Guerra do Golfo). A compulsão de aniquilar o objeto real, o acontecimento real, pelo próprio conhecimento adquirido sobre ele.

É o efeito Tasaday em antropologia: a irrupção do etnólogo altera completamente a cultura que pretende estudar. É o mesmo efeito perverso para a informação: quando a televisão se torna o espaço estratégico do acontecimento, ela se faz autorreferência mortífera, ela se torna uma máquina celibatária: o objeto é aniquilado pela informação, à maneira da noiva desnudada por seus próprios celibatários. O objeto não é apenas alienado: ele é abolido. Restam apenas traços sobre uma tela de controle.

(A hipótese portanto permanece: não estaria aí, nessa evanescência, nessa desaparição, uma estratégia do próprio objeto?)

Muitas testemunhas romenas falam dessa perda do acontecimento, da percepção ou da experiência viva que eles possuem, pela imersão na rede midiática, por essa prisão domiciliar, de certa forma, na tela televisual. Os espectadores tornam-se então "exotes" da tela, como afirma Charles Grivel, vivendo sua revolução como exotismo, como exoterismo das imagens, atualidade de um estúdio, eles próprios espectadores exógenos e turistas de uma história virtual. Ao simulacro incondicional do acontecimento corresponde o exotismo incondicional dos figurantes da história, como o do piloto em simulação de voo (esse "exotismo" não possui nenhuma relação com o exotismo radical de Segalen, que consiste, muito ao contrário, em suscitar e em preservar a alteridade imprevisível do objeto).

Evidentemente, a partir do momento onde o estúdio torna-se a central revolucionária e a tela o único lugar de aparição, todo mundo acorre ao estúdio para figurar a todo custo na tela, ou ainda, se reagrupa de preferência na rua sob a mira das câmeras, que aliás filmam-se umas às outras. A rua inteira torna-se um prolongamento do estúdio, isto é, um prolongamento do *não-lugar* do acontecimento, do lugar *virtual* do acontecimento. A rua torna-se também um espaço virtual. Aqui se encontra, diga-se de passagem, um paradoxo insolúvel: como faz essa virtualidade para se atualizar (em boa lógica aristotélica)? Quando todas as informações, todas as diretivas partem da televisão, como se faz, como fazem milhares de telespectadores para estarem ao mesmo tempo diante da televisão e nos lugares da ação? Existe aí uma impossibilidade que reflete aquela, mais geral, da passagem do virtual ao atual, e que sela a hegemonia definitiva do virtual. O único acontecimento nesta história, é portanto o do virtual. E foi exatamente isso que foi vivido tanto lá na Romênia como aqui no Oeste — como fascinação de mergulhar no *medium* em estado puro, como a fascinação da confusão em tempo real do ato e do signo, como mergulhar na câmara escura, no não-lugar, o buraco negro da caixa preta onde se opera a reversão *input-output*.

Não há de forma alguma uma pulsão irresistível de comunicação ou de vontade de transparência. Isto é o que desejam nos fazer acreditar, e toda a ideologia da mídia consiste em iludir quanto ao "bom uso" dela, quanto à sua função positiva que responderia a uma necessidade positiva e coletiva de comunicação. Insignificâncias. A única pulsão irresistível é a de ocupar esse não-lugar, esse *espaço vazio da representação* que é, por excelência, a tela. A representação, como, aliás, o poder ou a cultura, são atualmente zonas depressivas, meteorologicamente depressivas, e a mídia as envolve com sua turbulência, circulando ao redor desse espaço potencialmente vazio, e produzindo as mesmas consequências catastróficas que a despressurização (depressão) repentina de qualquer espaço (zona de tempestades ou triângulo das Bermudas?). A tela é um não-lugar e é preciso preenchê-lo. A mais alta pressão da "informação" corresponde à mais baixa pressão do acontecimento e do real.

Encontramos a mesma irrealidade no processo Ceaucescu. Não é o procedimento jurídico em si que é escandaloso — ele é pura e simplesmente político, é o vídeo que é inaceitável como única prova virtual de um acontecimento atual. Aos olhos do mundo inteiro, isso permanecerá um acontecimento para sempre duvidoso, para sempre suspeito, pelo fato de ser a produção cênica de um acontecimento obsceno. O júri escondido, cuja voz vem atingir os acusados, esses acusados que somos obrigados a ver quando já estão virtualmente mortos, esses acusados mortos que novamente são fuzilados por exigências da informação (do vídeo), pela publicidade da revolução. Poderíamos nos perguntar sobre a vontade quase deliberada dos atores dessa encenação de se tornarem suspeitos diante da opinião mundial. Manipulando cinicamente a operação, é como se quisessem sabotar a própria imagem e fazer uma contrapublicidade clandestina (muitos publicitários aliás o fazem sem querer). Mas não tiveram a menor intenção de fazer isso. É toda a ambiguidade, todo gênio maligno (*malin génie*) que opera, apesar deles.

Mas, ao mesmo tempo, eles não perderam o processo Ceaucescu: o filme do seu julgamento e de sua morte é, na ordem da videoprodução, cem vezes superior a qualquer processo político (que o reprovamos de ter escamoteado). Escamotear o acontecimento real e substituí-lo por um duplo, uma prótese artificial, como aquela dos figurantes da carnificina de Timisoara, resume todo o movimento de nossa cultura. Isso comprova um sentido agudo da função-imagem, da função-chantagem, da função-informação, da função-especulação (contrariamente a nossos preconceitos ingênuos de ocidentais, a intuição de tudo isso precisou se afinar à sombra da ditadura, como aliás no Terceiro Mundo, melhor ainda que na França). Nada temos a ensinar-lhes. Pois se os romenos de uma certa maneira se doparam, conspiraram contra si próprios através dessa especulação midiática que lhes serviu de afrodisíaco revolucionário, eles arrastaram ao mesmo tempo toda a mídia ocidental no *dumping*, na exploração imaginária dos cadáveres factícios, na demagogia abjeta da informação. Aí está um tipo de revanche sobre o Oeste. Eles sequestraram a si mesmos ao manipularem sua própria revolução nas telas, mas eles também nos sequestraram, nós que absorvíamos avidamente essa ficção de revolução e essa ficção de informação — nós temos a mesma responsabilidade que aqueles que a fomentaram. Ou melhor, não há responsabilidade em parte alguma. A questão da responsabilidade não pode nem mesmo ser mais colocada.

Quando a informação se confunde com sua fonte, com o acontecimento (virtual), produz-se, como para as ondas sonoras, uma microfonia, um efeito gigantesco de confusão e de incerteza. Quando a demanda de acontecimentos é máxima (e assim era tanto a Oeste como a Leste), produz-se um efeito de hipersensibilidade às condições iniciais, um efeito de ressonância e de turbulência incontrolável. Eis porque os criticamos indevidamente, acusando-os logo de manipulação ou de má-fé, intrometendo-nos como juízes da qualidade de sua informação ou de sua "prática democrática". Nós que tanto respeitamos a vida privada dos indivíduos, deveríamos respeitar também a dos povos, seu direito de escapar a esse tribunal moderno da informação, que adquire os contornos de uma inquisição democrática.

Ninguém é responsável. Tudo se decide no ciclo infernal da credibilidade. Na consciência obscura dos atores da História (e dos telespectadores que somos), havia a exigência de tornar crível os acontecimentos do Leste, que se desenrolavam quase facilmente demais, portanto não de maneira bastante "histórica" para ser uma "verdadeira" revolução.

Era preciso "credibilizar" essa revolução através de uma supervalorização dos mortos, e por uma ressonância internacional. Mas era preciso, por outro lado, "credibilizar" a mídia pela referência popular, pelas manifestações etc. Daí um círculo vicioso da credibilidade, que arrasta tudo em sua esteira, e cujo resultado é o descrédito tanto da revolução quanto da mídia, e, por extensão, uma suspeita lançada sobre todos os acontecimentos do Leste e sobre a própria História.

Assim, a revolução romena terá sido realmente menos violenta nos seus atos do que simbolicamente virulenta pelo descrédito do seu próprio processo. O encadeamento lógico da informação e da história voltou-se contra si mesmo, conduzindo em seu ciclo infernal uma espécie de *crack* onde se abismou a consciência histórica. É nisso que reside, na verdade, a Síndrome de Timisoara.

Os americanos não fizeram outra coisa na Guerra do Golfo: pelo excesso da sua ostentação e da sua encenação, pela exibição desmesurada de seu poder e do seu controle da informação, eles desacreditaram a guerra e a informação. Eles são os Ubus do seu próprio poder, como os romenos foram os Ubus da sua própria impotência. Eles fazem demais e caem assim no efeito paródico que ultrapassa o efeito pretendido e se anula. E da mesma forma, como a especulação financeira arruína a economia, a especulação midiática arruína o princípio da política e da História.

Não cessaremos de denunciar essa síndrome da informação, essa mediatização escandalosa e essa "liberação" no campo vazio da transparência. Ao contrário da ficção de solidariedade universal criada pela mídia e pelas imagens, os acontecimentos, cada vez mais, só têm sentido para aqueles que os vivem, no momento em que os vivem. Fora desse contexto o eco é artificial, e a ressonância é tão nula quanto ensurdecedora. Outrora, os fatos e os atos ganhavam uma ressonância real num campo limitado: o de uma solidariedade orgânica. A Europa do século XV ou do século XVIII se comunicava de forma mais viva e mais livre que a Europa televisual ou interativa do século XX. Justamente essa ressonância limitada, esse horizonte natural se abria sobre uma extensão universal, enquanto hoje, cada imagem de Berlim ou de Bucareste reforça nosso exílio e nos afunda em nosso sonho passivo, em nossa indiferença virtual. A informação pretensamente universal encerra cada um no seu próprio circuito artificial.

De fato, a irrupção da informação (e da democracia, e dos direitos do homem que, presume-se, dela faça parte!) substitui precisamente a intervenção militar, doravante dificultada, em função exatamente da não ingerência e dos direitos do Homem. Maravilhosa substituição! A informação possui todos os direitos, posto que ela regulamenta o direito à existência. Assim se exerce o farisaísmo odioso dos ocidentais: frente ao desmoronamento dos poderes do Leste, nós nos convencemos que essa queda ocorre porque tudo isto contraria a lei da informação. Tudo isto, stalinismo, comunismo, socialismo, era no fundo irreal porque subexposto à luz da democracia e dos direitos do homem. Hoje, enfim, tudo ascende à transparência da informação. Glasnost!

E no momento em que explode essa transparência, ela se revela enganosa, obscena, perversa, inaceitável. Ela nos chega carregada de todos os detritos da história, de toda a irrealidade do processo revolucionário. Na realidade, essa transparência repentina revela, através das peripécias dos países do Leste, nossa patologia ocidental. A queda do Muro revela nosso próprio obscurantismo diante dos povos apanhados na armadilha da ditadura, ao mesmo tempo que sua pretensa liberação e o uso caricatural que fazem da democracia vêm bater contra nosso universo e nossas ilusões ocidentais (exatamente como, na síndrome da China, o nuclear em sobrefusão ressurge em catástrofe do outro lado do mundo, assim a desinformação evidente no episódio romeno ressurge a Oeste, entre nós, ridicularizando nossas ilusões quanto à "democracia da informação"). Isto se assemelha a Chernobyl, cuja nuvem radioativa ultrapassa as fronteiras. O que é muito justo. Porque é em nome dessa "democracia da Luzes" que, há quarenta anos, julgamos esses povos como se eles vivessem em estado de coma avançado, como se eles tivessem sido mistificados e sequestrados, que nós os consideramos como as vítimas da História, aos quais não restaria outra saída senão aliarem-se a nossos maravilhosos valores. Como se não fôssemos também, há muito tempo, reféns de um sistema tão terrorista quanto o deles, terrorismo precisamente da informação e da transparência, que põe fim à História de forma tão eficaz quanto o congelamento burocrático dos países do Leste. Nós nos arrependeremos da perda do segredo de certas partes do mundo, da perda da sua obscuridade, da sua alteridade, seja ela violenta e tirânica, para transformar-se em presa do farisaísmo ocidental do Iluminismo, para cair como moscas na luz artificial da nossa liberdade, na nossa solidariedade sem fronteiras, na nossa informação sem escrúpulos.

De fato, por trás dessa Síndrome de Timisoara, o da patologia da informação, da perversão do acontecimento e da corrupção da história por sua própria difusão, são omitidas muitas reviravoltas divertidas, muitas reviravoltas irônicas. A primeira, como mencionei no início, é que, no fundo, talvez os romenos nos tenham pego direitinho e nos deram, voluntariamente ou não, uma bela lição. Isto é apenas um exemplo de como os subdesenvolvidos nos dominam e nos governam — pelo uso do *simulacro incondicional*.

No caso da Romênia, o simulacro incondicional consiste em capturar o *voyeurismo* televisual em sua própria armadilha, inscrevendo o acontecimento publicitário, midiático, diretamente na tela, no lugar do acontecimento histórico, como quando trabalhamos o negativo da imagem na mesa de montagem.

Eles tornaram explosivo, ao parodiá-lo, nosso mais belo *gadget* tecnológico. Pelo exercício sem escrúpulo da imagem, destruíram nossa mitologia da imagem. E o segredo de tudo isso, a astúcia dessa história, é que os subdesenvolvidos, os oprimidos, desenvolveram um uso mais radical que nós de nossos próprios conceitos, um uso incondicional das nossas próprias ideologias, entre as quais as da liberação e a da informação.

É esta a arma deles. Dessa maneira, os romenos nos deram uma lição de liberdade, não exatamente por tê-la atingido, mas por nos envolver em um falso processo de liberação política, indexada de fato a partir de *nossa* demanda ocidental de os libertar. Através de sua revolução simulada, eles nos reenviam gentilmente o que esperávamos deles, segundo a astúcia especular do conformismo, que cega suas vítimas — e fomos atingidos por essa cegueira.

Ao mesmo tempo, eles nos mostravam que a liberdade ia até esse ponto, até a manipulação aberta e cínica dos fatos, enquanto praticamos uma manipulação envergonhada. Nós nos agarramos às formas morais e condicionais da liberdade, eles vão até a forma incondicional, paródica, paroxística, da liberação pela imagem — da liberação *da* imagem, pois não se sabe por que a imagem, uma vez liberada, não teria o direito de mentir; esta é sem dúvida uma das suas funções vitais, e é ingênuo pensar que iríamos libertá-la em prol da verdade — tão ingênuo quanto pensar que os romenos iriam se libertar em prol de uma democracia verdadeira. A verdade é que a liberação da imagem a conduz simplesmente à simulação (bem como o cinema, que se pensava destinado ao documentário objetivo, desviou-se espontaneamente em direção à ficção). Essa é a verdadeira liberdade da imagem, e, se não quisermos aceitar essa lógica extrema, é preciso contudo admitir a evidência disso: é a informação que terá semeado a dúvida sobre a revolução, é ela que terá destruído sua aura atual, e mesmo retrospectivamente a aura do original.

Eis então — graças aos romenos e à queda do comunismo — projetado em plena luz o paradoxo, ou pior, a perversidade, a contrafinalidade coletiva do processo da informação e da comunicação. Abjeção, decepção, escândalo, ab-reação, tudo isso tornou-se sensível à consciência internacional, enganada por seu próprio ideal e apanhada em sua própria armadilha. A Guerra do Golfo acentuou mais ainda essa impressão desastrosa de termos sido levados tão longe na simulação que a questão da verdade e da realidade nem pode mais ser colocada, tão longe na "liberação" da mídia e da imagem que a questão da liberdade nem pode mais ser colocada. Mas será que o processo da informação e da mídia pode realmente se abrir? De jeito nenhum, por causa do efeito espiral e da retroação ao infinito. Este processo não ocorrerá porque a informação e a própria mídia detêm a chave da instrução do processo e da sua inocência incondicional — a desinformação sendo sempre atribuída a um acidente da informação, sem perturbar a essência desta. Mas se o processo não pode ocorrer, terá havido pelo menos uma espécie de veredito nessa história da Romênia, e a mortandade artificial terá ainda assim servido para alguma coisa. Pois se a imagem-mídia acabou com a credibilidade do acontecimento, houve, de alguma forma, um tipo de acontecimento que acabou com a credibilidade da imagem. Nunca mais poderemos olhar com boa-fé uma imagem de televisão, e esta é certamente a mais bela desmistificação coletiva que nos infligiram. A mais bela revanche sobre essa nova força arrogante, sobre essa tirania da informação, pior do que a dos ditadores em carne e osso, como se viu ao longo do processo. Quem dirá que tipo de responsabilidade cabe à produção artificial, publicitária, pornográfica de um massacre, comparada à de um massacre real? Pois trata-se aqui de um crime de simulação, do sequestro da imaginação, dos afetos e das perversões de centenas de milhões de pessoas. Qual a pena prevista para esse tipo de sequestro?

Nada poderia justificar essa situação. E contudo, e contudo... (outra reviravolta irônica) talvez haja uma função superior da informação e da mídia. De forma alguma a função objetiva e positiva de que se vangloriam, mas, ao contrário, uma função negativa de desilusão vital.

Assim como é preciso se congratular por existirem críticos e políticos que assumem a estupidez de funções enfadonhas, livrando-nos delas, assim a mídia e a informação assumem o ilusionismo triunfal do mundo comunicacional, toda a ambiguidade e a incerteza do saber da massa, a confusão, o espetáculo, a ideologia, a banalidade. Eles absorvem tudo isso na sua operação, ao mesmo tempo em que constituem um permanente teste de inteligência, pois em que lugar melhor do que a televisão poderíamos aprender a duvidar de toda informação, de toda imagem, de todo comentário?

A televisão termina nos inculcando a indiferença, a distância, a dúvida radical, o reflexo agnóstico visceral, a apatia incondicional — justamente pelo *devir imagem do mundo*, que, anestesiando a imaginação e qualquer outra faculdade mental, acaba por provocar em todos uma catarse desmoralizante, simultânea a um acréscimo de adrenalina que o conduz à desilusão e à desmistificação total.

A televisão tornaria o real dissuasivo se ele assim já não o fosse. E este é um progresso absoluto na consciência (ou no inconsciente) cínica de nossa época. É preciso, portanto, ser-lhe infinitamente grato por existir e perpetuar sua obra enriquecedora, propedêutica à toda inteligência futura da ilusão e do simulacro incondicional.

Tradução de Katia Maciel

A TELEVISÃO E A GUERRA DO GOLFO

Laymert Garcia dos Santos

O que aprendemos sobre a tecnologia da imagem com a Guerra do Golfo? Pode parecer curioso, até mesmo esdrúxulo, mas, no meu entender, alguma coisa aconteceu que tem o sentido de uma ruptura. E foi essa ruptura que tornou da máxima urgência focalizar a nossa relação com a mídia e o papel que ela passou a desempenhar em escala internacional.

A Guerra do Golfo estampou, com toda a clareza, o poder da imagem no mundo contemporâneo. Um poder que já se exercia na banalidade do nosso cotidiano, mas que de repente foi levado ao extremo, atingiu uma situação-limite. A Guerra no Golfo foi a situação-limite do poder da imagem. E talvez valha a pena nos determos nela antes de voltarmos ao dia a dia.

Tenho a impressão de que essa guerra é um acontecimento antigo, que se deu há anos, e não há três meses. Também tenho a sensação estranha de que preciso esforçar-me para sintonizar novamente aquele tempo, e a perturbação que ele suscitou. Por hora gostaria apenas de analisar essa impressão e essa sensação que fazem parte do processo que tentaremos explicar. Um processo no qual parece incrível que uma experiência tão intensa diante do vídeo possa ter sido varrida tão depressa, aparentemente sem deixar traço.

A mídia anunciou, no mundo inteiro, que a Guerra no Golfo era a primeira guerra pós-guerra-fria, a primeira guerra posterior à dissolução do bloco Leste-Oeste, pós-derrocada do muro de Berlim — nesse sentido, a Guerra do Golfo era a primeira de uma nova era que acabava de se instaurar, a era de uma nova ordem internacional. E quando o conflito terminou, a mídia anunciou que a vitória contra o Iraque fora a consagração dessa nova ordem.

A pergunta que cabe, então, é a seguinte: em que consiste a nova ordem internacional? É claro que, se nos ativermos ao plano político, encontraremos muitas maneiras diferentes de respondê-la. Uma delas, a mais brilhante que conheço, é a do linguista norte-americano Noam Chomsky. Num panfleto intitulado "US Gulf Policy" escrito em novembro do ano passado e publicado em janeiro de 1991, portanto antes do início da batalha, Chomsky analisa brilhantemente a política americana para o Oriente Médio, mostrando porque ela conduzirá à guerra.

O procedimento do linguista é simples, mas eficientíssimo. Chomsky toma o discurso da diplomacia e da política norte-americanas e o compara à linguagem dos fatos. O resultado é devastador — lendo-o é impossível não pensar no *1984* de George Orwell e na "novilíngua". Não há um único enunciado-chave que não seja acompanhado de um gesto que faça exatamente o contrário do que é dito. Washington se apresenta como guardião moral do mundo inteiro, como defensora da paz e dos princípios, mas procura a guerra, precipita-a, bloqueia qualquer possibilidade de saída negociada. Washington acha intolerável o não cumprimento da resolução da ONU que exige a retirada iraquiana do Kuwait, mas silencia sobre as resoluções que condenaram os Estados Unidos por agressão ao Panamá e a Granada, a União Soviética por agressão ao Afeganistão, Israel por ocupar territórios árabes, e a África do Sul por ocupar a Namíbia. Washington, democrática, não pode suportar "o ditador" Saddam Hussein — mas até 2 de agosto de 1990, esse mesmo homem, que assassinara os curdos com armas químicas e torturara os opositores, era um aliado, um amigo e um cliente que comprava armamento. Washington reclama que durante 40 anos a União Soviética impediu a ONU de garantir a segurança coletiva, usando seu poder de veto no Conselho de Segurança; mas Chomsky, examinando as resoluções do Conselho e da Assembleia Geral nos últimos 25 anos, descobriu que os Estados Unidos eram os campeões do veto...

As conclusões do linguista, depois do confronto entre o que é dito efeito, são impressionantes: "Por que queremos vencer pela força? Por que não através da diplomacia? Isto é especulação, mas minha especulação é de que isto tem a ver com outros aspectos da nova ordem internacional, da nova ordem mundial. Basta perguntar em que consiste o poderio dos Estados Unidos. Qual é nossa carta principal nesta nova ordem internacional? É sua força moral e ética? Você pode esquecê-la [...], indubitavelmente, não temos força ética e moral. É a força política e diplomática? Essa, nunca tivemos. As políticas que os Estados Unidos praticaram no Terceiro Mundo são e têm sido consistentemente muito impopulares; por isso, se qualquer confronto se orientar para o campo da diplomacia, provavelmente perderemos. [...] A diplomacia é uma notícia ruim para nós. Da diplomacia não vamos obter o que queremos. Aí não somos fortes. É o poder econômico? Até o início da década de 70 possuíamos uma preponderância econômica esmagadora. Mas isso não vale mais. Os Estados Unidos ainda são a maior economia, mas não por muito tempo. Depois dos anos Reagan, que fizeram um mal enorme para a economia americana, o país esta relativamente fraco em termos econômicos, se comparado com seus maiores rivais, a Alemanha e o Japão. Economicamente, o mundo é tripolar, para usar a frase da moda. Portanto, o poderio econômico não é muito grande. Só restou uma coisa: o poderio militar. Os Estados Unidos têm virtualmente o monopólio da força. Além disso, na nova ordem mundial, a única coisa notável é que não há mais nenhum fator de dissuasão para o uso da força pelos Estados Unidos. No passado havia um, o poder soviético. Os Estados Unidos podiam usar a força até um certo limite, mas não além, pois se fossem longe demais poderiam entrar em conflito com a União Soviética — o que era perigoso, e não fazemos nada que seja perigoso para nós. Esse é o princípio moral que seguimos. [...] No Golfo, agora, os Estados Unidos podem pela primeira vez usar a força militar com muita liberdade e segurança, certos de que não vão se envolver com os russos. Estes estão fora da jogada. Não há mais dissuasão — isso é a nova ordem mundial. Somos não só dominantes na força militar, somos indissuadíveis".

Se acreditarmos em Chomsky, politicamente a nova ordem mundial não se inicia portanto como uma era de paz, que desmonta a cruz dos conflitos Leste-Oeste e Norte-Sul. Politicamente, a nova ordem mais parece uma continuação da velha, que se ancorava no poder militar e na ameaça que esse poder faz pairar. Politicamente há uma continuidade. Mas ao mesmo tempo, há uma ruptura — pois o que garante que a força militar americana possa se exercer ilimitadamente não é uma determinação política e sim a supremacia tecnológica dos Estados Unidos.

Como se sabe, a tecnologia pode ser uma ferramenta, uma arma ou um instrumento. Isto é: a potência da tecnologia pode ser vetorizada para a construção, a destruição ou a percepção do mundo. E o que se viu agora, na Guerra do Golfo, foi a consagração da tecnologia como arma. Desse ritual de consagração participaram os telespectadores do mundo inteiro. O meu propósito é mostrar como fomos introduzidos na cerimônia, como fomos fiéis combatentes de uma guerra perversamente santa. Saddam Hussein, aliás, às vésperas de sua eclosão, expressou com clareza meridiana a natureza do conflito, ao dizer: "Nós temos a fé e o Ocidente, a tecnologia". Como se dissesse: nossa arma é nossa fé enquanto para o Ocidente, sua fé é a sua arma.

Para poder realizar o que proponho, remeto o leitor a um programa da televisão inglesa intitulado *O Poder da Imagem*. Ele nos mostra como se desenvolveram as relações entre a guerra e a televisão até o conflito anterior ao da Guerra do Golfo.

Este programa ilustra bastante bem o nosso tema porque, de certo modo, atua como uma espécie de prelúdio à Guerra do Golfo. Tudo se passa entre o final dos anos 60 e o final dos anos 80. E, basicamente, há duas fases. Na primeira, que cobre a guerra externa no Vietnã e a guerra interna contra os que se opõem à intervenção americana, mas que cobre também a Primavera de Praga e a oposição dentro do bloco soviético, a televisão descobre o poder das imagens e dele tira o maior partido que pode. Na segunda, que para uns começa com Nixon e as lições do Vietnã, para outros já bem antes, com Kennedy, são os políticos que descobrem o poder das imagens e passam a querer controlá-las.

Como diz Reuwen Frank, logo no início do programa citado: "o poder das imagens é mais simbólico do que real". E são as transformações operadas na esfera do simbólico durante a guerra do Vietnã que fornecerão as referências para o modo como o *establishment* militar vai lidar com a mídia nas guerras futuras. Nesse sentido, o conflito no Vietnã foi a primeira guerra televisionada, e com certeza a última. Mas foi também a primeira guerra eletrônica. Nas palavras de Fred Friendly: "De todo modo, para o melhor e para o pior, a história passou a acontecer na televisão. Este país jamais será o mesmo. Não acredito que o mundo com a televisão possa ser o mesmo".

A primeira lição que os militares tiraram da guerra televisionada diz respeito à própria duração do conflito. O secretário de Estado Dean Rusk a explicita de modo cristalino ao afirmar: "Precisamos pensar muito numa questão: um conflito armado pode durar muito tempo se os seus piores aspectos são mostrados pela televisão? Talvez devesse haver algum tipo de censura". Começa portanto a ser formulado o seguinte axioma: guerra televisionada é guerra perdida.

A segunda lição, que à sua maneira é um desdobramento da primeira, refere-se ao fato de a tecnologia permitir a divulgação de imagens *ao vivo*. A pergunta imediata é: quem controla a geração dessas imagens? Que impacto elas podem ter? E, sobretudo, como enquadrá-las, administrá-las, comentá-las, direcionar a sua leitura?

O programa mostra que, a partir do momento em que se impõe o reconhecimento do poder das imagens, o controle da televisão em operações de guerra passa a ser objeto de disputa. De um lado, o Estado, os políticos, os militares; de outro, os terroristas do IRA, da facção do Exército Vermelho Alemão, os palestinos... Todos tiram as lições de cada novo conflito, todos vão acumulando um saber sobre a tecnologia audiovisual e seus efeitos, todos vão sofisticando seus métodos.

Assim, nas Malvinas, já há tecnologia para mostrar os combates, mas os jornalistas são mantidos à distância. Sem imagens, os telejornais descobrem uma saída engenhosa: reconstroem a batalha utilizando gráficos de computador, simulações. A porta está aberta para a busca de um arsenal de efeitos visuais capaz de substituir as imagens que faltam, ou criar outras, muito mais excitantes; para a recriação do acontecimento, apagando os limites entre realidade e ficção; para os médicos da notícia, os especialistas em *shows* informativos, e para os repórteres justiceiros, como Jerry Foster, que mantém seu helicóptero sempre pronto, *como um 38*.

O conflito nas Malvinas foi um campo de provas para a mídia inventar as imagens da guerra que lhe eram inacessíveis. Em Granada, o próprio exército americano vai filmar a invasão, mostrando apenas o que deseja.

Veio então a Guerra do Golfo, a primeira guerra que tem data marcada amplamente divulgada. Como afirma Virilio, a primeira guerra eletrônica total. Grudados no vídeo, imóveis, mas ao mesmo tempo mobilizados, os telespectadores do mundo inteiro põem fé na tecnologia ocidental, e se postam no camarote eletrônico para assistir o desenrolar dos acontecimentos no teatro de operações. Como no circo romano, todo mundo quer sangue. Mas o que surge na tela é uma guerra limpa, "cirúrgica", *clean*, *high-tech*. Uma guerra que na realidade não foi tão fantasticamente científica assim: o próprio exército aliado reconhece que 70% das 88 mil toneladas de explosivos despejadas não atingiram seus alvos; por outro lado, só 70% dos bombardeios foram efetuados com "bombas limpas", a *laser*, que a televisão tanto incensava.

Que importa entretanto que a destruição tenha sido bárbara? Quem se incomoda com isso? A realidade é a realidade da imagem que desfila na televisão — só importa o que se mostra ali, no vídeo, a guerra é sem cadáveres, sem sofrimento, mas com muita emoção — um videogame. É que estávamos diante da maior encenação que já existiu na história da humanidade, a maior de todas as superproduções, o grande espetáculo que, enquanto a guerra durou, ocupou diariamente as ondas eletromagnéticas do mundo inteiro: a TV Pentágono.

Convencidas de que o Vietnã não poderia se repetir, e que portanto a guerra não poderia aparecer como ela é na mídia mundial, as forças armadas conseguiram solucionar com incrível sucesso um problema aparentemente insolúvel. A questão era: como tornar a não cobertura da guerra a maior das coberturas?

O primeiro passo foi fazer com que o complexo industrial-militar produzisse um enorme material de propaganda de guerra que pudesse passar por informação sobre a alta tecnologia do armamento e dos planos estratégicos do comando aliado. Muito do que se viu antes e durante o conflito nas telas não passava de *software* gerado para manter a guerra "no ar" e, consequentemente, o telespectador sintonizado, sem entretanto fornecer-lhe imagens reais do conflito.

O passo seguinte foi bloquear completamente o trabalho dos jornalistas e correspondentes, assegurando para as forças armadas americanas o monopólio da produção e difusão de informações. Ouçamos o que diz Marcel Trillat, editor da rede de TV francesa *Antenne 2*: "No campo, os americanos tinham preparado bem as coisas, implantando um duplo dispositivo, militar e midiático. No campo, o *black-out* era total. Não tínhamos nenhum acesso às fontes de informação. Os *briefings*? Verdadeiras máquinas de desinformação. Em contrapartida da exclusividade da qual ela dispunha, a cadeia americana CNN estava à disposição. Seus jornalistas faziam o que os mandavam fazer. Para os jornalistas estrangeiros, como nós, não estava prevista outra função senão traduzir em francês a fala militar que transitava pelos *pools* americanos".

Os jornalistas do mundo inteiro que haviam se precipitado para cobrir a Guerra do Golfo não contavam com esse confisco, não haviam tirado, como os militares, as lições dos conflitos anteriores. Os jornalistas ainda acreditavam na divisão do trabalho, ainda acreditavam que os militares fazem a guerra e que os profissionais da mídia cobrem os acontecimentos. Os jornalistas ainda não sabiam que os militares já consideravam a cobertura um ato de guerra que era de sua própria alçada. Superequipados com aparelhos sofisticadíssimos, os jornalistas haviam se preparado para emitir a guerra ao vivo, haviam pensado que, graças aos progressos tecnológicos, seu trabalho ficara mais fácil, quando na verdade se tornara mais difícil, senão quase impossível.

O depoimento de Jacques Merlino, profissional experimentadíssimo, é eloquente: "*Briefing* de Schwarzkopf. Olho meus colegas. Têm um telefone sobre os joelhos. Na orelha esquerda, a ligação com o estúdio de sua estação; na orelha direita o pequeno fone de um rádio de ondas curtas. Na cintura, um *walkie-talkie*. Na mão esquerda, o microfone do gravador. Estão assim e eu estou como eles. Somos zumbis ligados com fios por todos os lados. No punho esquerdo um relógio para a hora local. No punho direito, um outro para a hora de Paris. O olho vai de um ao outro enquanto os ouvidos se concentram num ou outro som. Schwarzkopf, ou a rádio, ou o *walkie-talkie*, ou o telefone".

O terceiro passo, importantíssimo, que tornou a não cobertura da guerra a maior das coberturas foi apostar tudo na instantaneidade da transmissão ao vivo, que nos dá sempre a impressão de realidade. A guerra *high-tech*, a guerra eletrônica, veloz, fulminante, deveria acontecer imediatamente na televisão. Nenhuma distância no espaço, nenhum intervalo no tempo deveriam se interpor entre o telespectador confortavelmente instalado em casa e Bagdá, Dahran, Jerusalém, Riad, Tel Aviv... E aqui, o fluxo de imagens da CNN que vão se atropelando e se substituindo no vídeo engata diretamente na descarga de ansiedade que faz de todos nós os *voyeurs* do destino dos outros e de nosso próprio destino.

Tudo se passa então como se os jornalistas tivessem se alistado numa guerra que agora se desenrola em quatro frentes: as três tradicionais — terra, mar e ar — e mais a frente das ondas eletromagnéticas. O campo de propagação das ondas hertzianas se torna também um campo de batalha.

Ora, se o teatro de operações engloba a retaguarda, então, necessariamente, os telespectadores imóveis mas mobilizados também têm um papel militar a cumprir, os telespectadores também se tornam soldados, atores do drama. E que papel seria esse, que rompe com a passividade da relação televisual e coloca os civis do mundo inteiro numa linha de frente invisível, linha que militariza o mundo inteiro?

O papel do telespectador, papel patriótico, é informar-se, é fechar-se em casa e apoiar os militares assistindo ao que eles condescendem em mostrar, acreditando na sua *mise-en-scène*, concordando com ela; é submeter-se de bom grado à varredura que os militares operam diariamente em escala mundial; é atender à convocação e dar uma força, ficando ligado; é aceitar tornar-se alvo dos *flashes* informativos disparados pelos militares, acolher a irradiação que eles emitem, aprovar a intensidade e a frequência com que somos por eles alvejados. O papel do telespectador é entrar na mira da televisão, arma eletrônica.

É claro que estamos longe, muito longe dos inocentes telejornais de outrora, e até mesmo das grosseiras manipulações da informação. O poder das imagens agora se tornou sinônimo de poder de fogo, mas, infelizmente, não se trata de metáfora. O poder militar encontrou uma maneira de atualizar a sua potência assumindo o controle da produção e divulgação da própria atualidade.

Arguto observador das relações entre guerra e tecnologia, Paul Virilio comenta o que acontece na Guerra do Golfo: "Ao caráter tópico da batalha aérea ou terrestre se acrescenta, portanto, o caráter teleótico do confronto entre os diferentes mediadores. Logo não se trata mais, como antigamente, de uma teleaudição (a Segunda Guerra Mundial) ou de uma tele-visão (a guerra do Vietnã), mas de uma verdadeira teleação; trata-se de colocar em interatividade os parceiros da guerra: aqueles que a fazem e aqueles que a observam. Inútil portanto estender-se mais tempo sobre o conteúdo informativo inexistente, ou quase, das imagens ao vivo, ou ainda sobre o tráfico de influências ocasionado pelo monopólio da CNN; isso não é o essencial. Como o *spot* publicitário, o *spot* militar não é exatamente uma 'imagem', mas um sinal, um sinal de vídeo, [...] um tiro da televisão cuja potência reside não em seu conteúdo ou sentido, mas unicamente na rapidez de sua apresentação, em seu caráter imediato".

Enquanto chovem bombas sobre o Iraque, todas as noites os sinais de vídeo são disparados para o mundo inteiro. São tiros-informações, classificados apenas em função de sua ordem de entrada em cena, como observa o historiador Marc Ferro: pois o que chega por último é muito mais importante do que o que foi dado dois minutos antes. Apagando-o, evidentemente de nossa memória.

Talvez Chomsky tenha razão. Na nova ordem mundial, a força militar pode se exercer de modo ilimitado. E talvez não haja mais, mesmo, quem possa dissuadi-la.

MAX HEADROOM: O ÚLTIMO JORNALISTA

Stella Senra

Quando o clone Max Headroom iniciou sua carreira internacional de entrevistador de TV, o crítico Serge Daney saudou a substituição dos apresentadores de televisão pela criatura televisual como uma vitória da velocidade sobre a realidade.[1] Por não remeter mais a nenhum "real" pré-existente a sua imagem, o clone operaria, segundo o crítico, uma demonstração: doravante não é o real que se encontra em perda de velocidade, e sim a própria velocidade é que se torna a única realidade existente. Enquanto imagem liberada de seu "lastro" de realidade, Max Headroom teria, de acordo com essa perspectiva, o mérito de revirar pelo avesso nosso medo da robotização, propondo, em contrapartida, uma humanização dos robôs.

Do modo em que é colocada, tal superação do confronto homem-máquina corresponde, por sua vez, a um deslocamento da questão da representação, através do qual a imagem não está mais "no lugar de", mas passa a ser, ela própria, a informação. De fato, o filme de Annabel Jankel e Rocky Morton dedicado ao clone criado por Peter Wagg para o *Channel Four* inglês se passa num mundo futuro no qual as tecnologias de produção e processamento da imagem estão levando às últimas consequências esse processo de deslastreamento. O filme começa quando o repórter Edson Carter inicia uma investigação: sua Rede 23 acaba de recorrer a seu último invento, os *blipverts*, publicidade onde a multiplicação de imagens em tempo reduzido impede os telespectadores de mudarem de canal; algumas das vítimas desse invento explodem sob esse excesso de imagens, colocando o repórter na pista de misteriosos incêndios. É ao tentar afastá-lo da investigação que a rede acaba criando um clone para colocar em seu lugar.

Embora o filme corra na contramão da sugestão de Daney — ao transformar-se em clone o repórter corre risco de vida — o aparato técnico por ele convocado, bem como sua intervenção sobre as práticas sociais, constituem o interesse maior do trabalho dos dois diretores ingleses. Esse "débito" da intriga em relação aos padrões ficcionais vigentes — repórter aventureiro enfrenta a morte em busca da verdade — sem dúvida tem a ver com o estágio técnico em que se encontra a sociedade em foco, na qual os padrões reconhecidos de representação estão em vias de se tornarem também obsoletos. Mas por retratar justamente esse momento de ruptura e mudança, Max Headroom tematiza de modo sugestivo a relação entre o estágio técnico da sociedade e as práticas sociais nela desenvolvidas.

Walter Benjamin foi dos primeiros a destacar a consonância entre a transformação tecnológica e as metamorfoses do nosso aparelho perceptivo. Para demonstrar como a experiência estética do homem moderno não pode mais ser caracterizada por nenhuma segurança ou conciliação, o filósofo recorreu justamente ao cinema como forma emblemática desse tipo de incerteza que partilham entre si todos os homens. Para Benjamin, o cinema interfere na economia dos nossos sentidos de forma exemplar. Com efeito, se a tônica da experiência estética contemporânea é a precariedade, e se a arte se configura no mundo moderno como exercício de mortalidade, o cinema se apresenta como a "forma de arte correspondente aos perigos existenciais mais intensos com os quais se defronta o ser humano". Benjamin sugere que a presença do cinema em nossas vidas corresponderia à transposição, para uma outra dimensão, dos sentimentos suscitados pelos perigos que rondam o homem moderno no seu dia a dia; frequentar o cinema seria um modo de vivermos por procuração nossa experiência cotidiana da morte.

A evocação do pensamento de Benjamin se impõe ao considerarmos a aventura de Edson Carter no seu mundo de tecnologia avançada. Ali também a imagem do repórter gerada no computador propicia uma experiência de risco, de risco mortal. Mas, como se a sugestão do filósofo fosse levada às últimas consequências, no filme de Annabel Jankel e Rocky Morton esta imagem não é mais, ao modo da imagem cinematográfica, um exercício de mortalidade: a imagem passa a ser, em si mesma, uma ameaça à vida do repórter.

Se esta engenhosa reunião dos temas benjaminianos da experiência estética e da morte através da imagem se explicita também a seu modo na aventura do repórter Edson Carter, talvez o maior mérito do filme inglês seja o exame do papel da tecnologia na transformação das práticas sociais, através da figura do jornalista. Pois numa sociedade em que as tecnologias de produção da imagem caminham a passos acelerados, o papel do jornalista, um dos alicerces do modo de representação consagrado, deve passar também por uma transformação radical.

O mundo de Max Headroom

O mundo de Max Headroom se articula em torno da mídia. Ali, potentes redes de televisão controlam audiências mundiais, permanentemente avaliadas em suas mínimas oscilações. Além de ressaltar o papel do jornalista, tal subjugação pela imagem tem um efeito devastador sobre o espaço urbano: ela mantém presos em suas casas os telespectadores, que abandonam o espaço público, transformando as ruas desertas da cidade em refúgio para os deserdados da tecnologia.

Através do vídeo, a imensa população-refém tem acesso a uma série de serviços. Todo tipo de informação passa pelas telas das televisões ou dos computadores: da consulta médica ("Show de sintomas" é o primeiro programa matinal) ao controle dos acidentes de trânsito ou à abertura das entradas dos prédios, tudo implica o acesso às tecnologias de produção e reprodução da imagem.

Na cidade quase imperceptível e cujo perfil é a única imagem visível, o imenso prédio da Rede 23 se recorta contra um fundo ameaçador. Nesse universo, o que não é elaborado pela mídia não interessa e tende a ser desprezado: em vez de refletir o que acontece, em Max Headroom a imagem torna-se o próprio acontecimento.

Quem detém a tecnologia detém o poder de representar; melhor dizendo, nesse mundo eletrônico da simultaneidade, quem detém o poder de "presentar" detém o poder. Em Max Headroom não nos encontramos mais no velho mundo da representação, quando a imagem se colocava no lugar da coisa; passamos a conviver com a "presentação", como nova forma de presença à distância.[2]

Ora, num mundo de intermediações de tal monta, é o próprio conceito de realidade que deixa de ser operacional, e entra em desuso. A tal recuo da realidade o filme opõe a afirmação de um novo valor: a velocidade, que comanda uma outra experiência do tempo.

O maior prédio, o mais imponente, é o da Rede 23. Vinte e três nos remete às 24 horas do dia, e insinua que é do tempo que a rede é senhora, de *todo o tempo*. A Rede 23 é a maior porque é a mais veloz. Num sistema de comunicação assim estruturado a velocidade é impulsionada por dois vetores, à luz dos quais se desenhará a intriga do filme: a capacidade de produzir a informação mais rápida e a de atingir a maior número possível de telespectadores.

A criação dos *blipverts* é uma demonstração de que, no mundo de Max Headroom, a questão de audiência é central para as redes. Com efeito, se a "presentação" é o modo de presença privilegiado nessa sociedade, os equipamentos e técnicas de produção da imagem têm de estar ativos o máximo de tempo possível. O que interessa é "estar no ar". Tal premência da transmissão subordina a qualidade da informação aos índices de audiência, chave-mestra de um sistema que se justifica, em última análise, em função do mercado.

Com vistas a ampliar e aprisionar a audiência, o segundo vetor do processo de aceleração, o trabalho do jornalista, passa a ser concebido de um modo particular: para atender a uma demanda cada vez mais inflada e premente, sua prioridade deixa de ser a informação, e passa a ser, antes de tudo, o espetáculo — melhor dizendo: *a própria informação se torna espetáculo*.

Edson Carter não é um repórter voltado unicamente para o trato com a informação. Seu programa não é propriamente um telejornal, mas um show, do qual o repórter é a estrela máxima. Ele deve conduzir sua reportagem e se apresentar ao mesmo tempo como seu herói. Se ser o mais rápido, o mais eficiente, corresponde à capacidade de rentabilizar ao máximo o equipamento colocado à disposição do jornalista, ser herói implica, por sua vez, num processo de esvaziamento do seu trabalho tradicional, ao cabo do qual não é mais a notícia que interessa, mas uma "unidade de informação", da qual faz parte também a imagem atraente do próprio profissional. Primeira lição de Max Headroom: *num sistema de comunicação tecnicamente sofisticado onde impera a força do mercado, o jornalista tende a se tornar também uma imagem, pronta a ser consumida juntamente com as imagens que ele mesmo produz.*

Em Max Headroom, o equipamento do repórter representa, por si só, uma transformação radical do padrão do trabalho jornalístico. Todos os dispositivos que permeiam sua ação fazem com que a percepção direta — principal trunfo de todo jornalista — seja substituída pela visão das diferentes imagens postas a seu alcance pela câmera de TV ou do computador. O repórter Edson Carter não precisa mais entrar em contato direto com o espaço ou com as pessoas; deve percebê-los através das diferentes imagens que ele próprio fabrica ou que outros produzem para seu uso. No mundo de Max Headroom o jornalista não trabalha mais sozinho: além dos equipamentos à sua disposição, na sede da estação um controlador guia seus passos, orientado, por sua vez, por um computador que gera e cruza uma enormidade de dados. Assim, entrar num prédio, virar à esquerda ou à direita, tomar um elevador são decisões que escapam inteiramente ao jornalista e passam pela imagem, resultando de uma complexa operação de informática.

Se, por um lado, o jornalista perdeu o contato direto com a realidade, o mesmo processo que o leva a se tornar imagem opera, por sua vez, a transformação do mundo à sua volta. Conectado ao complexo sistema de percepção eletrônica, sua própria percepção não lhe basta mais para *ler* um espaço que se tornou tão carregado de indícios, que só a velocidade instantânea das máquinas é capaz de interpretar. Segunda lição de Max Headroom, *o mundo que sedia um avanço tecnológico de tal ordem secreta ao mesmo tempo um complexo de informações tão variado, que a simples percepção humana não é mais capaz de elucidar.*

Ao focalizar as transformações do espaço humano diante do avanço tecnológico, Benjamin já mencionara a emergência de imagens que exigiriam cada vez mais uma *leitura.* A grande mutação do mundo contemporâneo transforma o espaço num lugar de vestígios, de indícios a serem decifrados. Como num prolongamento desse mundo descrito por Benjamin, o espaço em Max Headroom estampa, de permeio com a progressão tecnológica vertiginosa, um acúmulo crescente desses vestígios; e suscita, para a sua apreensão, uma necessidade cada vez maior de instrumentos adequados de leitura. Encarregado de uma das ordens de "leitura" do mundo, o jornalista se torna cada vez mais dependente de uma equação na qual a tecnologia gera a multiplicação de vestígios, que por sua vez demanda novos instrumentos de apreensão.

É no ponto de estrangulamento desse processo que vai se articular o drama do jornalista.

A tecnologia e o espaço

O repórter Edson Carter explora o mundo através de alta tecnologia. Não se serve mais da sua intuição, e sim do faro potentíssimo dos equipamentos. Entretanto, o mundo por ele recomposto, por sua vez, não reproduz mais a continuidade do mundo lá fora; ele se apresenta como uma espécie de caleidoscópio eletrônico, constituído por planos e cortes superpostos, inseridos uns nos outros, ampliados, reduzidos — um mundo de *incrustações*, para usar a linguagem da televisão.

A soma dessas imagens não remete mais a um centro perceptivo que conferiria um sentido ao conjunto, e sim a uma visão sem centro perceptivo, uma visão maquinal. Ou melhor, a sede da percepção em Max Headroom resulta de um acoplamento homem-máquina cujos componentes, em deslizamento permanente um sobre o outro, não recompõem mais um centro perceptivo, em torno do qual o mundo viria a se aglutinar.

Mas a função do olhar também se transforma com essa extensão da capacidade de percepção. No mundo vigiado de Max Headroom, o olhar investido pelas técnicas de ampliação da visão opera uma racionalização do espaço, que propicia, por sua vez, o seu controle total. Através dessas novas tecnologias de representação não é mais um inconsciente ótico que emerge — como anunciava Benjamin em relação à fotografia — mas uma espécie de consciência ótica como possibilidade de manipular o espaço e os homens *oticamente*, isto é, através da visão.

Assim como não há unificação do centro perceptivo, não há, no mundo de Max Headroom, unificação do objeto percebido. Ao prolongar e tornar mais penetrante a visão, a tecnologia coloca nas mãos da mídia uma espécie de panóptico superpotente que, em vez de instaurar uma visibilidade total sobre a sociedade — como o panóptico de Jeremy Bentham analisado por Foucault — cria em seu lugar uma *visibilidade pontual*, milimétrica, que ilumina as zonas de interesse deixando na sombra o que não lhe interessa. Não estamos mais, como no panóptico, no reino da transparência e da iluminação absoluta, que nos devolve a imagem da totalidade, e de onde emerge a noção de opinião pública — mas nos encontramos sob o domínio de uma iluminação intermitente ou espasmódica, que recai apenas sobre determinados setores da sociedade, em função de certas conjunções de interesses ou de circunstâncias. No mundo de Max Headroom, *esta zona iluminada não recobre mais a opinião pública, mas o espaço do mercado*. Ora, é em relação a esse espaço que o repórter deve adequar a sua atuação.

O espaço captado pelo repórter se decompõe em imagens que são como alvos. Tanto a câmera de Edson Carter como as da estação de TV são dotadas de uma mira, para propiciar a localização do objetivo. Reduzido à sua condição de imagem, o espaço (mercado) se torna um objetivo no sentido militar do termo e pode ser objeto de uma série de operações. Assim, podemos assistir no filme a toda uma gama de modos de aproximação com o espaço inspirados na técnica militar: conquista (competição entre os repórteres e Carter na primeira reportagem, cuja contrapartida é a luta entre as redes pela audiência); prospecção (caso do diálogo dos dirigentes da rede no banheiro, captado pela controladora através de conexão de seu computador com o sistema de vigilância do prédio; ou os estudos feitos pelas redes para conquistar maior audiência); vigilância ou defesa (como o alojamento do menino-pesquisador, disputado por Carter e pelos dois bandidos, cuja contrapartida é a atuação dos *blipverts*).

É a iluminação intermitente que aniquila a unidade espacial e faz do espaço um alvo, a ser operado dentro de uma estratégia específica. Nova lição do filme, *num mundo como este, à noção de opinião pública, que remete a um espaço contínuo e em extensão, se superpõe a noção de mercado como espaço descontínuo, maleável, ora iluminado ora relegado à sombra, que pode ser dilatado, comprimido, aproximado ou afastado em função de diferentes conjunções de interesses.*

Em Max Headroom, toda esta tecnologia está nas mãos das redes: quem detém a tecnologia detém o poder de prospectar e controlar o espaço, de criar ou extinguir mercados e, consequentemente, de atuar sobre as populações. Esse processo de desenvolvimento tecnológico coloca nas mãos dos detentores da informação a capacidade de operar uma *gestão de populações* em escala mundial.

O ESPAÇO: DENTRO E FORA

Como o filme opera com a noção tradicional de imagem oposta ao real, a transformação de personagens em imagem tem como correlato a destruição de seus corpos. Vale dizer: a transformação da pessoa em imagem acarreta a sua degradação e obsolescência corporal.

Embora os corpos sejam descartáveis e possam ser substituídos pela imagem, seu valor econômico é muito maior. Imagens podem ser fabricadas a baixo custo, corpos exigem uma complexa e demorada engenharia. É o que sugere o bandido quando impede seu companheiro de destruir a mão do repórter para lhe subtrair a câmera: câmeras são fabricadas em série, mãos dependem de lentos processos vitais.

À destruição dos corpos corresponde, numa outra escala, a destruição da cidade, do espaço, que passa a ser apenas representado e não mais efetivamente ocupado. Fixados pela imagem, os habitantes das cidades desertam o espaço público; à semelhança do corpo, que é atingido e degradado no processo de transformação em imagem, o espaço também apodrece e só existe esfacelado.

O espaço de Max Headroom é dividido em duas partes aparentemente irreconciliáveis: dentro e fora. Dentro é o espaço da imagem, da tela, mas também dos grandes prédios onde se vive e trabalha sob a proteção de sofisticados equipamentos de vigilância e observação. Quando no início do filme o repórter é deixado "lá fora" sem o apoio de seu controlador, sua reação é de desespero e pânico.

O espaço de fora, ou melhor, sua conformação, é difícil de ser apreendida no filme. Como a história é contada através de imagens indiretas — feitas pelo repórter ou pela controladora — toda a materialidade geográfica foi transmutada em fator televisual: as diferenças entre longe e perto, alto e baixo, desaparecem ao passarem pelos complexos sistemas de imagens que predominam no mundo eletrônico de Max Headroom. As três dimensões do espaço são traduzidas na bidimensionalidade da tela. Os lugares não se articulam mais no espaço, mas se interelacionam no tempo, através do circuito instantâneo das telecomunicações. Já se trata, como diria Virilio, de uma imensa cidade no tempo, no tempo das redes. A cidade física, seu corpo, se tornou uma imensa ruína, permeada por circuitos elétricos e eletrônicos.[3]

Em cidades como essas só se pode viver dentro de casa, dentro da imagem. Tudo o que fica do lado de fora tende a se deteriorar: prédios em ruínas, ruas onde não se passa a pé, paisagem destruída pelos *outdoors*, seres humanos degradados — pobres, loucos ou drogados, incapazes de entrar em contato.

Dentro — na imagem ou nos grandes conjuntos — é o lugar dos que detêm a tecnologia e que, portanto, estão a salvo. Fora é o lugar da desordem, dos pobres, dos miseráveis, dos *clochards*, dos mortos-vivos: imensa plateia inerte que vive nos terrenos baldios, mas, ainda assim, plateia. À sua volta o que se vê são aparelhos de televisão, todos ligados na programação da estação pirata "*Big time*".

Os marginais

São dois os tipos sociais que operam a ligação entre dentro e fora em Max Headroom: o repórter e os bandidos. A eles cabe fazer a passagem de um espaço ao outro: o repórter, que vem de dentro, tem que sair à rua a trabalho; seres definidos pela exclusão e exterioridade, os marginais entram no grande prédio da rede, para ali desempenharem funções de encomenda.

Em Max Headroom, marginais e repórter têm uma maneira peculiar de operar esta reconciliação entre o espaço de dentro e o de fora.

Se quem detém a tecnologia detém o controle da população, quem é privado da tecnologia cai numa espécie de limbo social, e é obrigado a se virar. É o que acontece com os dois marginais que, nesse mundo hiperdesenvolvido, são um misto de bandidos e artesões, obrigados a contar apenas com suas próprias forças e com sua capacidade de criar — não por acaso, atendem pelo nome de Brueghel e Mahler. Também não é por acaso que se aproximam desta outra figura social do filme, o pesquisador — que tem nas mãos a tecnologia mais sofisticada, a criação do *soft*.

Por mais elaborada que seja a sua produção, a pesquisa sempre necessita de matéria-prima. No mundo de imagens de Max Headroom, a matéria-prima são os corpos vivos: o pesquisador é obrigado a contar com a inventividade dos bandidos ora para lhe fornecer essa matéria, ora para ajudá-lo a se livrar do resto incômodo de suas experiências — o corpo imune do repórter.

Por ocuparem as extremidades opostas do mundo de fora e de dentro, pesquisador e bandidos parecem se completar: são aéticos (diz o menino: "Eu só fabrico a bomba, não a atiro"), e seu encontro e colaboração, em vez de perturbarem, asseguram o equilíbrio geográfico do mundo de Max Headroom.

Mas não é só através da prospecção de corpos vivos que o pesquisador e os marginais estabelecem sua curiosa associação. Como já sugeriu Paul Virilio, todo processo de racionalização técnica deve contar com o risco e com o acidente. Em Max Headroom, quando há acidente, os bandidos são chamados a atuar: são eles que "descartam" o corpo ferido do repórter.

Na verdade, a participação desses auxiliares implica a atualização de um outro conceito do teórico francês: o de intervalo. Eles intervêm antes ou depois da invenção, justamente no "intervalo" deixado pela tecnologia — e sem eles esta invenção não pode se concretizar.

Apartada da tecnologia, a atuação dos artesãos se manifesta de duas maneiras: por um lado eles ajudam o técnico na produção de tecnologia fina (produção de imagens) — providenciando corpos que se tornam clones nas mãos do pesquisador (casos do papagaio e do repórter); por outro, prospectam corpos para desenvolvimento de uma outra tecnologia, que é a contrapartida da produção de imagens — a *produção e conservação de corpos*. Os dois bandidos coletam os corpos descartáveis, vendidos aos hospitais para operações de reconstrução física.

Mas é mais fácil lidar com imagens do que com corpos vivos; corpos são mais difíceis de controlar, são imprevisíveis e sua engenharia, mais suja e mais brutal, depende do acaso. Imagens são obedientes, como dizia Godard — o que permite um controle quase total de sua produção. O problema da Rede 23 começa quando os bandidos tentam tratar o corpo do repórter do mesmo modo como são tratadas as imagens.

O destino dos marginais segue paralelo ao desenvolvimento tecnológico, do qual na verdade são os parasitas: enquanto houver novas experiências a serem tentadas, detritos a se jogar fora, ou corpos a serem descartados — enquanto houver acidente — os artesãos serão convocados, sua habilidade posta à prova.

O JORNALISTA

O repórter partilha com os marginais esse estatuto de seres do mundo de fora. Tradicionalmente, o jornalista é um homem da cidade, e, sobretudo, um homem das ruas. Ao lado do policial, do detetive e do *gangster*, no cinema ele sempre integrou a estirpe de personagens urbanos. Para o jornalista, a cidade não fornece apenas um cenário para suas aventuras, mas dá origem à matéria-prima que serve para elaborar o seu produto — a notícia. Mas se a rua, o lado de fora é lugar de eleição para a atividade do repórter, a redação, o interior, é o lugar onde esse trabalho deve se concretizar.

Integrante do mundo de fora e do mundo de dentro, o jornalista ostenta, como os marginais, uma forma de exclusão social que confere ambiguidade ao seu estatuto profissional. No cinema, o herói-jornalista foi quase sempre um desgarrado social, em busca de ascensão à custa de uma profissão que, por ser recente, não tinha ainda definido o perfil exato do seu profissional. O jornalismo foi, durante muitos anos, uma carreira ideal para afirmação dos valores individuais, que certo cinema sempre insistiu em contemplar: dispensava formação prévia, vinculava a ascensão ao esforço pessoal, e guardava uma romântica margem para atuação do acaso.

Em Max Headroom, o perfil do jornalista não é alheio a essa tradição. Por se situar no mundo de fora, ele partilha com os bandidos um certo grau de marginalidade. Mas aventureiro, corajoso, ele se aproxima desses últimos também no arrojo de tudo arriscar por um único golpe. Mais sutil e menos ocasional que a de seus companheiros, a missão do jornalista não é jogar fora restos de tecnologia; ao contrário, cabe-lhe recolher do lado de fora os restos do acidente tecnológico que, tratados à sua maneira, são transpostos para o mundo de dentro — para as telas de televisão — sob a forma de notícia.

Marginal às avessas, o repórter acaba tendo de se defender ao mesmo tempo do mundo de dentro e do mundo de fora: do lado de fora, os marginais o perseguem para "descartar" o seu corpo; do lado de dentro, ao substituí-lo pelo clone, o desenvolvimento tecnológico propõe literalmente sua eliminação.

O ÚLTIMO JORNALISTA

Se observarmos que praticamente todos os dispositivos tecnológicos de Max Headroom já são nossos conhecidos, torna-se evidente que a luta do repórter Edson Carter contra sua transformação em clone apenas ressalta a crise vivida pelo jornalista de hoje, numa sociedade de mercado que já o transformou, juntamente com todos os objetos, também numa imagem. E que este momento de ruptura e transformação tecnológica deve impor também uma inflexão no conjunto de sua prática, da qual fazem parte não apenas o manejo de novas tecnologias, mas a revisão de conceitos e dualidades como verdade e mentira, imagem e coisa, intuição e técnica, que sustentaram a sua atuação nos estágios técnicos anteriores.

O invento do jovem funcionário da rede de TV, capaz de captar a imagem e a mente do repórter Edson Carter e de tornar supérfluos o seu corpo e a sua existência, representa com efeito um dos aspectos de um processo de produção da informação que precisa controlar à distância grandes massas de população. A aventura da transformação de Edson Carter em clone sugere a emergência de uma outra metamorfose, no horizonte do mundo contemporâneo: a transformação radical da função de jornalista, numa sociedade cujo desenvolvimento tecnológico tende a tornar sua presença supérflua e a sua pessoa descartável. Assim, a partir do momento em que a informação se torna um dispositivo fundamental numa estratégia de dominação do mercado, o clone de Max Headroom pode ser visto não mais como uma ameaça — como o filme o apresenta — mas como um desdobramento natural e necessário do jornalista.

Talvez seja tempo de voltarmos à advertência de Serge Daney, quando chamava de "gosto doentio" pela ficção a atribuição de um passado humano ao clone. Num mundo em que os apresentadores de televisão são obrigados cada vez mais a se dobrarem às exigências das câmeras, do *teleprompter* e da ilha de edição, por que não confiar às criaturas eletrônicas a função de darem notícias?

Com efeito, se em Max Headroom a liberação da imagem para uma aventura inusitada (a perda de sua gravidade) importa menos do que seu aprisionamento a um corpo, a responsabilidade desta opção tem muito a ver com a escolha desse padrão da narrativa cinematográfica. Dentro dos moldes conservadores do filme de jornalista, Edson Carter só pode viver como um drama a aventura que a tecnologia se propõe a lhe oferecer. No mundo dessa ficção, que se dedicou sempre a criar heróis "de carne e osso", a transformação do jornalista em clone tem de ser tomada como uma ameaça que o herói se empenha em exorcizar.

A traumática aventura do herói Edson Carter parece indicar, finalmente, a última lição de Max Headroom: na trajetória contemporânea, o jornalista talvez acabe sendo levado a se separar definitivamente da figura desse herói retardatário. Desvencilhar-se da construção dessa imagem — caminho que não só o filme, mas o estágio técnico da sua prática pareciam lhe indicar — implica exorcizar também o medo de ser substituído por ela. Só liberado desta ambiguidade, o jornalista estará pronto a acolher a tecnologia, e não mais lutar contra ela.

Notas

[1] Serge Daney, *Le salaire du zappeur*, Paris, Ramsay, 1989.

[2] A substituição da representação pela "presentação" é uma sugestão de Paul Virilio, quando analisa, na sociedade contemporânea, a função da transmissão simultânea propiciada pelas novas tecnologias de reprodução da imagem.

[3] Esta curiosa coabitação da tecnologia mais moderna com a degradação máxima do espaço tem sido lembrada pelo cinema mais recente: *Blade Runner*, de Ridley Scott, e *Ginger e Fred*, de Fellini, são filmes que confrontaram cidades altamente tecnologizadas com um espaço abandonado a si mesmo, deteriorado, que apodrece rapidamente à medida que a tecnologia avança.

INFINITUDE DA COMUNICAÇÃO, FINITUDE DO DESEJO

Antonio Negri

Nunca, como agora, a relação mídia-espectador foi tão satanizada, e isso só faz piorar. Não só isso, pretendeu-se dar da mensagem da mídia a imagem de uma rajada de metralhadora que se abate sobre o espectador-alvo miserável de um poder onipresente — e o aniquila. Esse moralismo obtuso e deprimente ganhou ares de ritual, mais particularmente para uma *esquerda* já agora incapaz de análises e propostas e que continua a se refugiar em lamentações inúteis. Mostram-nos uma vida cotidiana dominada pelo monstro da mídia como um cenário povoado de fantasmas, de zumbis prisioneiros de um destino de passividade, frustrações e impotências.

Essa satanização não é o único componente da definição da relação mídia-público-vida cotidiana. A "ciência da comunicação" é um veículo para ela. Pois, efetivamente, a comunicação está permanentemente voltada para a informação, e as mídias são concebidas como funções lineares que prolongam dentro da sociedade mensagens de uma eficácia inteiramente pavloviana. Como já acontece na linguística, nas ciências da comunicação (ou antes nas "ditas" ciências da comunicação), a linguagem hoje em dia é dissecada e sua subjetividade esvaziada. Tudo aquilo que é ético, político, poético, interativo, não imediatamente discursivo, na relação mídia/público (como já ocorre na relação sujeito/linguagem) é eliminado. É sobre essa redução científica (se for possível dizer isso!) que se apoiam as concepções terroristas da mídia, as lamentações dos moralistas e, principalmente, uma visão reificada e intransitiva da vida política que se traduz por: não se pode fazer nada! Impossível escapar a essa escravidão! É aqui que se confirma a sacralidade do poder, nessa novíssima modernidade.

A esquerda só sabe propor a teoria da manipulação e lamenta os pobres espectadores que são reduzidos a receptores passivos. É verdade, não pretendemos negar os efeitos regressivos provocado pelo mundo da mídia atual em seus utilizadores. É verdade, não somos insensíveis à degradação do gosto e do saber coletivo, nem tampouco à colonização dos universos de vivência. Além do mais, parece-nos totalmente evidente que a máquina da mídia não produz em absoluto esses efeitos com toda a inocência. No atual sistema de poder, ela produz conscientemente códigos infectos e epidêmicos, destinados a impedir e a curto-circuitar os mecanismos de produção simbólica. Seleção estratégica e instrumental dos conteúdos de informação, reversão sistemática dos sentidos e valores, redução extrema da informação à mercadoria e da comunicação à venalidade e à futilidade: e vamos em frente!

Mas, uma vez estando tudo isso reconhecido, será que então a teoria da manipulação é verdadeira, pode-se continuar a sustentá-la? O catastrofismo e as inovações líricas para se libertar da dominação das mídias fazedoras de mercadorias, dos últimos críticos da escola de Frankfurt, permanecem atuais? Não, o ser humano não é unidimensional, e temos que recusar resolutamente essas concepções de que falamos até agora e que a esquerda moralizante e pessimista encampou. Em primeiro lugar porque são erradas; depois porque têm como resultado impotência ética e derrotismo político.

Então elas são erradas. Este não é o lugar de retomar as longas discussões, aliás sempre interessantes, que acompanharam o desenvolvimento das ciências linguísticas e a superação de um estruturalismo mecânico e mesquinho que elas realizaram. Basta lembrar como, de Bakhtin a Hjelmslev, de Benjamin a Deleuze, para citar apenas alguns autores essenciais, a grave distorção objetivista e funcional que a linguística havia sofrido foi reparada, pelo menos em parte. Se for possível falar hoje novamente de ciências da comunicação, é na base de uma teoria que reintroduz dimensões ontológicas e subjetivistas, elementos autopoiéticos e criativos na descrição das distribuições coletivas que se constituem no tecido da mídia e da comunicação. A operatividade coletiva, ético-política, emotiva e criativa, que age no mundo da comunicação, é um elemento irredutível, uma resistência que abre para outros caminhos: ela está essencialmente na base de novas constituições dos indivíduos e de novas inter-relações que não param de ocorrer. O conjunto "maquinístico" da comunicação da mídia é um mundo de transformação e de constituição, como todos os outros mundos "maquinísticos" em que se encontra inserida a vida do ser humano. Marx mostrara como a acumulação capitalística, ao transformar progressivamente o ser humano, ou seja, o trabalhador, desenvolve ao máximo sua produtividade, fazendo dele uma força produtiva capaz de se autovalorizar e portanto de ser uma força revolucionária. Pela acumulação de comunicação, a consciência do ser humano se transforma e ele se torna capaz de um reconhecimento coletivo dessa ampliação das possibilidades de saber e das capacidades de transformação, únicas que podem lhe assegurar mais liberdade.

Estamos então no âmago da questão, ou seja, é preciso considerar o mundo da comunicação como lugar no qual as grandes forças sociais do saber e da comunicação se colocam como as únicas forças produtivas. O trabalho coletivo da humanidade toma consistência na comunicação e o paradigma comunicacional se identifica pouco a pouco, mas com uma evidência cada vez maior, com o do trabalho social, com o da produtividade social. A comunicação se torna a forma pela qual se organiza o mundo da vida com toda a sua riqueza. A nova subjetividade se constitui dentro desse contexto de máquinas e trabalho, de instrumentos cognitivos e autoconsciência poiética, de novo meio ambiente e nova cooperação. O trabalho humano de produção de uma nova subjetividade ganha toda a sua consistência no horizonte virtual aberto cada vez mais pelas tecnologias da comunicação.

Temos de voltar mais uma vez à análise e à crítica marxista do trabalho para encontrar novamente nesse processo o mecanismo da exploração e as razões da revolução. Vamos voltar a isso no caso presente: isto é, a esse ponto em que a comunicação nos aparece agora como máquina que domina toda a sociedade, mas dentro da qual a cooperação das consciências e das práticas individuais atinge seu mais alto nível de produtividade — produtividade do indivíduo, cooperação dos indivíduos, produção de um novo horizonte ao mesmo tempo de riquezas e de liberação. No próprio seio comunicacional, as derradeiras resistências de um mundo capitalístico reificado, preso em suas determinações fetichistas do horizonte da mercadoria, se enfraquecem; a realidade, a natureza, a sociedade se encontram presas na consistência do fluxo dos acontecimentos; a atividade comunicacional da força de trabalho, das consciências comunicantes, dos indivíduos cooperantes se torna portanto capaz de levar a cabo, radicalmente, a transformação social, sem outro limite senão a finitude de nosso desejo. Uma finitude que tem como único obstáculo a infinidade da tarefa.

Estamos entrando numa era pós-mídia. A segunda crítica que podemos fazer às teorias da comunicação que o poder nos oferece hoje em dia se apoia nessa constatação. A partir daí é que pode se desmistificar a perspectiva de uma escravidão política ineludível (e da continuação da exploração do trabalho). Isto é, sendo consciente de que o triunfo do paradigma comunicacional e a consolidação do horizonte da mídia, por sua virtualidade, sua produtividade, a extensão de seus efeitos, longe de determinar um mundo preso na necessidade e na reificação, abrem espaços de luta para a transformação social e a democracia radical. É dentro desse novo campo que se deve travar o combate.

Combate para reduzir todos os elementos e os agentes que repetem, no novo modo de produção da subjetividade, as velhas normas, os códigos e os paradigmas miseráveis da antiga arte de reinar: luta de reapropriação das mídias e de todas as articulações da comunicação. As destruições a serem realizadas nesse campo são inúmeras; como destruir o sistema privado e/ou estatal, o monopólio capitalista da comunicação?

Como anular a intervenção dos profissionais da comunicação e de todo sistema de códigos de poder que eles veiculam? Como minar o terreno no qual repousa esse centro de produção dos aparelhos ideológicos?

Mas se são amplas e árduas as destruições a serem realizadas, ainda mais importantes e mais abrangentes são as operações positivas a serem pensadas. Trata-se de imaginar e construir um sistema coletivo de comunicação do qual estejam excluídos o privado e o estatal. Trata-se de construir um sistema de comunicação pública baseado na inter-relação ativa e cooperante dos indivíduos. Trata-se de ligar comunicação/produção/vida social em formas de proximidade e cooperação cada vez mais intensas. Trata-se, em suma, de pensar numa democracia radical, na sociedade como produção, a ser posta em forma nas condições do horizonte pós-mídia.

Tradução de Raquel Ramalhete

DA PRODUÇÃO DE SUBJETIVIDADE[1]

Félix Guattari

O pensamento clássico mantinha a alma afastada da matéria e a essência do sujeito afastada das engrenagens corporais. Os marxistas, por sua vez, opunham as superestruturas subjetivas às relações de produção infraestruturais. Como falar da produção de subjetividade, hoje? Uma primeira constatação nos leva a reconhecer que os conteúdos da subjetividade dependem, cada vez mais, de uma infinidade de sistemas maquínicos. Nenhum campo de opinião, de pensamento, de imagem, de afectos, de narratividade pode, daqui para a frente, ter a pretensão de escapar à influência invasiva da "assistência por computador", dos bancos de dados, da telemática etc... Com isso chegamos até a nos indagar se a própria essência do sujeito — essa famosa essência atrás da qual a filosofia ocidental corre há séculos — não estaria ameaçada por essa nova "máquino-dependência" da subjetividade. Sabemos da curiosa mistura de enriquecimento e empobrecimento que resultou disso tudo até agora: uma aparente democratização do acesso aos dados e aos saberes, associada a um fechamento segregativo de suas instâncias de elaboração; uma multiplicação dos ângulos de abordagem antropológica e uma mestiçagem planetária das culturas, paradoxalmente contemporâneas de uma ascensão dos particularismos e dos racismos; uma imensa extensão dos campos de investigação técnico-cientifícos e estéticos evoluindo num contexto moral de insipidez e desencanto. Mas ao invés de se associar às cruzadas tão em voga contra os malefícios do modernismo, ao invés de pregar a reabilitação dos valores transcendentais em ruína ou de entregar-se como o pós-modernismo às delícias da desilusão, pode-se tentar recusar o dilema de ter que optar entre uma rejeição crispada ou uma aceitação cínica da situação.

Que as máquinas sejam capazes de articular enunciados e registrar estados de fato ao ritmo do nanossegundo,[2] e talvez amanhã do picossegundo, ou de produzir imagens que não remetem a nenhum real representado, isso não faz delas potências diabólicas que estariam ameaçando dominar o homem. Na verdade, não tem sentido o homem querer desviar-se das máquinas já que, afinal das contas, elas não são nada mais do que formas hiperdesenvolvidas e hiperconcentradas de certos aspectos de sua própria subjetividade — e estes aspectos, diga-se de passagem, justamente não são daqueles que o polarizam em relações de dominação e de poder. Teremos lançado uma dupla ponte, do homem em direção à máquina e da máquina em direção ao homem e, com isso, terá se tornado mais possível esperar que novas e confiantes alianças se façam entre eles, quando tivermos estabelecido o seguinte:

1. Que as atuais máquinas informacionais e comunicacionais não se contentem em veicular conteúdos representativos, mas que concorram igualmente para a confecção de novos Agenciamentos de enunciação (individuais e/ou coletivos);

2. Que todos os sistemas maquínicos, seja qual for o domínio ao qual pertencem — técnico, biológico, semiótico, lógico, abstrato —, são o suporte, por si mesmos, de processos protossubjetivos que eu qualificaria de subjetividade modular.

Evocarei aqui apenas o primeiro rol dessas questões, reservando-me para abordar o segundo, que gira em torno dos problemas de autorreferência, de autotranscendência etc., em outras circunstâncias.

Antes de prosseguir temos que nos perguntar se essa "entrada em máquina" da subjetividade — como se dizia antigamente "entrar em religião" (ordenar-se) — é realmente uma novidade absoluta. As subjetividades "pré-capitalistas" ou "arcaicas" também não eram engendradas por diversas máquinas iniciáticas, sociais, retóricas, embutidas nas instituições clânicas, religiosas, militares, corporativistas etc., que eu reagruparia aqui sob a denominação geral de "Equipamentos coletivos de subjetivação"? É o caso, por exemplo, das máquinas monacais que trouxeram até nós as memórias da antiguidade, fecundando assim nossa modernidade. O que eram estas máquinas monacais senão *softwares*, "macroprocessadores" da Idade Média — os neoplatônicos tendo sido, à sua maneira, os primeiros a conceber uma processualidade capaz de atravessar o tempo e as estases? E a Corte de Versalhes, com sua gestão minuciosa dos fluxos de poder, de dinheiro, de prestígio, de competência e suas etiquetas de alta precisão, o que era ela senão uma máquina deliberadamente concebida para secretar uma subjetividade aristocrática de reposição, muito mais submissa à realeza estatal do que a dos senhorios de tradição feudal e esboçando outras relações de sujeição aos valores e aos costumes das burguesias ascendentes?

Eu não poderia, num abrir e fechar de olhos, retraçar aqui o histórico desses Equipamentos coletivos de subjetivação. Aliás, a meu ver, nem a história, nem a sociologia estariam realmente em condições de nos dar as chaves analítico-políticas dos processos em questão. Eu gostaria apenas de destacar algumas vozes/vias [*voi*(*x*)(*e*)] fundamentais — aqui, o francês permite ligar homofonicamente, o caminho e a enunciação — que esses equipamentos produziram e cujo entrelaçamento permanece na base dos processos de subjetivação das sociedades ocidentais contemporâneas. Distinguirei três séries destas vozes/vias:

1. As vozes de poder: que circunscrevem e cercam, de fora, os conjuntos humanos, seja por coerção direta e dominação panóptica dos corpos, seja pela captura imaginária das almas;

2. As vozes de saber: que se articulam de dentro da subjetividade às pragmáticas técnico-científicas e econômicas;

3. As vozes de autorreferência: que desenvolvem uma subjetividade processual autofundadora de suas próprias coordenadas, autoconsistencial (que há um tempo atrás eu havia relacionado à categoria de "grupo sujeito"), o que não a impede de instalar-se transversalmente às estratificações sociais e mentais.

Poderes sobre as territorialidades exteriores, saberes desterritorializados sobre as atividades humanas e as máquinas e, enfim, criatividade própria às mutações subjetivas: essas três vozes, embora inscritas no coração da diacronia histórica e duramente encarnadas nas clivagens e segregações sociológicas, não param de se entrelaçar em estranhos balés, alternando lutas de morte e a promoção de novas figuras.

Me parece oportuno assinalar, neste momento, que em nossa perspectiva esquizoanalítica de elucidação dos fatos de subjetivação, não faremos senão um uso muito discreto das abordagens dialéticas, estruturalistas, sistêmicas e mesmo genealógicas, no sentido de Michel Foucault. É que, a meu ver, de uma certa maneira todos os sistemas de modelização se valem, todos são aceitáveis, mas somente na medida em que seus princípios de inteligibilidade renunciem a qualquer pretensão universalista e admitam que eles não tem outra missão senão a de concorrer para a cartografia de Territórios existenciais — implicando Universos sensíveis, cognitivos, afetivos, estéticos etc. —, e isto para áreas e períodos de tempo bem delimitados. Esse relativismo, aliás, não tem absolutamente nada de difamatório de um ponto de vista epistemológico; ele se deve ao fato de que as regularidades, as configurações mais ou menos estáveis que as ocorrências subjetivas dão a decifrar, dependem exatamente e antes de mais nada dos sistemas de automodelização acima evocados com a terceira voz de autorreferência. Aqui, os elos discursivos — tanto de expressão, como de conteúdo — não respondem mais senão de tempos a tempos, ou a contrassenso, ou por desfiguração, às lógicas ordinárias dos conjuntos discursivos. O que quer dizer que neste nível tudo é bom! — todas as ideologias, todos os cultos, até os mais arcaicos, podem bastar, pois trata-se de servir-se deles apenas a título de materiais existenciais. A finalidade primeira de suas cadeias expressivas não é mais a de denotar estados de fato ou de engastar estados de sentido em eixos significacionais; sua finalidade, repito, é a de efetuar cristalizações existenciais instaurando-se, de certo modo, aquém dos princípios de base da razão clássica: princípios de identidade, de terceiro excluído, de causalidade, de razão suficiente, de continuidade...

O mais difícil de evidenciar aqui é que esses materiais, a partir dos quais podem se engrenar os processos de autorreferência subjetiva, sejam eles próprios extraídos de elementos radicalmente heterogêneos, para não dizer heteróclitos: ritmos de tempo vividos, ritornelos obsessivos, emblemas identificatórios, objetos transicionais, fetiches de toda espécie... O que se afirma por ocasião dessa travessia das regiões dos ser e dos modos de semiotização são traços de singularização — espécies de carimbos existenciais — que datam, "acontecimentalizam", "contingenciam" os estados de fato, seus correlatos referenciais e os Agenciamentos de enunciação que lhes correspondem. Esta dupla capacidade dos traços intensivos de singularizar e de transversalizar a existência, de lhe conferir, por um lado uma persistência local e, por outro, uma consistência transversalista — uma transistência —, não pode ser plenamente captada pelos modos racionais de conhecimento discursivo. Ela só pode ser dada através de uma apreensão da ordem do afecto, uma captura transferencial global. O mais universal se encontra aqui ligado à facticidade a mais contingente; a mais solta das amarras ordinárias do sentido se encontra aqui ancorada à finitude do ser-aí. Mas diversas tradições daquilo que podemos chamar de um "racionalismo tacanho" continuam a manter um desconhecimento sistemático, quase militante, em relação a tudo aquilo que, no seio destas metamodelizações, possa referir-se a Universos virtuais e incorporais, a todos os mundos nebulosos da incerteza, do aleatório, do provável... Este "racionalismo tacanho" perseguiu por muito tempo, no seio da antropologia, os modos de categorização que ele qualificava de "pré-lógicos", quando na verdade estes modos não eram senão metalógicos, paralógicos, sendo seu objetivo essencialmente o de dar consistência a Agenciamentos de subjetividades individuais e/ou coletivos. Ora, o que seria preciso conseguir pensar aqui é um continuum que iria das brincadeiras de criança, das ritualizações que se fazem de um jeito ou de outro por ocasião das tentativas de recomposição psicopatológica de mundos "esquizados", até as cartografias complexas dos mitos e das artes para, finalmente, ir de encontro aos suntuosos edifícios especulativos das teologias e das filosofias que buscaram apreender essas mesmas dimensões de criatividade existencial. (Basta evocar aqui as "almas esquecedoras" de Plotino ou o "motor imóvel" que, segundo Leibniz, preexiste a toda e qualquer dissipação de potência.)

Mas voltemos às nossas três vozes primordiais. A partir de agora, nosso problema será o de posicionar convenientemente a terceira, a da autorreferência, em relação às vozes dos poderes e dos saberes. Eu a defini como sendo a mais singular, a mais contingente, aquela que ancora as realidades humanas na finitude, e também a mais universal, aquela que opera as mais fulgurantes travessias por campos heterogêneos. Seria preciso dizê-lo de outro modo: ela não é universal no sentido estrito, ela é a mais rica em Universos de virtualidade, a mais provida em linhas de processualidade. E aqui peço ao leitor que não me leve a mal pela utilização de uma pletora de qualificativos, por um transbordamento de sentido de certas expressões e, sem dúvida, por uma certa imprecisão de seu alcance cognitivo: não há, aqui, outros recursos possíveis!

As vozes de poder e de saber se inscreviam em coordenadas de exorreferência que lhes garantiam um uso extensivo e uma circunscrição precisa de sentido. A Terra era o referente de base dos poderes sobre os corpos e as populações, enquanto que o Capital era o referente dos saberes econômicos e do controle dos meios de produção. O Corpo sem órgãos da autorreferência, sem figura nem fundo, nos abre, por sua vez, o horizonte inteiramente diferente de uma processualidade considerada como ponto de emergência contínua de toda forma de criatividade.

Faço questão de frisar que esta tríade — Poder territorializado, Capital de saber desterritorializado e Autorreferência processual — não tem outra ambição senão a de esclarecer certos problemas como, por exemplo, a atual ascensão das ideologias neoliberais ou de outros arcaísmos ainda mais perniciosos. Em todo caso, evidentemente não é a partir de um modelo tão sumário que se poderia pretender abordar as cartografias de processos concretos de subjetivação. Digamos que se trata aí apenas de instrumentos de uma cartografia especulativa, sem qualquer pretensão no que diz respeito a uma fundação estrutural universal, ou a uma eficiência de campo. O que é uma outra maneira de lembrar que estas vozes não existiram desde sempre e que, sem dúvida, tampouco existirão para sempre, em todo caso não sob a mesma forma. A partir daí talvez seja pertinente procurar localizar a emergência histórica destas vozes, as transposições de limiares de consistência que iriam fazer com que elas se colocassem duravelmente na órbita de nossa modernidade.

Pode-se esperar que tal tomada de consistência se apoie em sistemas coletivos de "memorização" dos dados e dos saberes, mas igualmente em dispositivos materiais de ordem técnica, científica e estética. Pode-se então tentar datar essas mutações subjetivas fundamentais em função, por um lado, do nascimento de grandes Equipamentos coletivos religiosos e culturais e, por outro, da invenção de novos materiais, de novas energias, de novas máquinas de cristalizar o tempo e, enfim, de novas tecnologias biológicas. Não estou dizendo que se trata aí de infraestruturas materiais condicionando diretamente a subjetividade coletiva, mas somente de componentes essenciais para a sua tomada de consistência no espaço e no tempo, em função de transformações técnicas, científicas e artísticas.

Estas considerações me levam então a distinguir três zonas de fraturas históricas a partir das quais, no decorrer do último milênio, surgiram três componentes capitalistas fundamentais:

— a idade da cristandade europeia: marcada por uma nova concepção das relações entre a Terra e o Poder;

— a idade da desterritorialização capitalista dos saberes e das técnicas: fundada sobre princípios de equivaler generalizado;

— a idade da informatização planetária: que abre a possibilidade para uma processualidade criativa e singularizante tornar-se a nova referência de base.

No que diz respeito a este último ponto, antes de mais nada é preciso admitir que poucos elementos objetivos nos permitem esperar ainda por uma tal virada da modernidade mass-midiática opressiva em direção a uma era pós-mídia que daria todo seu alcance aos Agenciamentos de autorreferência subjetiva. Parece-me, no entanto, que não é senão no contexto das novas distribuições das cartas da produção da subjetividade informática e telemática que essa voz da autorreferência chegará a conquistar seu pleno regime. É claro que nada disso está ganho! Nada nesse campo poderia substituir as práticas sociais inovadoras. Não se trata aqui senão de constatar que, diferentemente de outras revoluções de emancipação subjetiva — Spartacus, a Revolução Francesa, a Comuna de Paris... —, as práticas individuais e sociais de autovalorização, de auto-organização da subjetividade, hoje ao alcance de nossas mãos, estão em condições, talvez pela primeira vez na história, de desembocar em algo mais durável do que as loucas e efêmeras efervescências espontâneas, ou seja, desembocar num reposicionamento fundamental do homem em relação ao seu meio ambiente maquínico e ao seu meio ambiente natural (que aliás tendem a coincidir).

A idade da cristandade europeia

Sobre as ruínas do Baixo Império e do Império Carolíngio, ergueu-se na Europa ocidental uma nova figura de subjetividade que podemos caracterizar por uma dupla articulação:

1. Com as entidades territoriais de base relativamente autônomas, de caráter étnico, nacional, religioso, que no começo deviam constituir a textura da segmentaridade feudal, mas que foram levadas a manter-se, sob outras formas, até nossos dias;

2. Com a entidade desterritorializada de poder subjetivo de que a Igreja Católica era portadora e que foi estruturada como equipamento coletivo em escala europeia.

Diferentemente das fórmulas anteriores de poder imperial, a figura central do poder já não tem aqui alcance direto, totalitário/totalizante, sobre os territórios de base do *socius* e da subjetividade. A cristandade, muito mais precocemente que o Islã, teve que renunciar a constituir uma unidade orgânica. Mas o desaparecimento de um César em carne e osso e a promoção, que se ouse dizer substitutiva, de um Cristo desterritorializado, longe de enfraquecer os processos de integração da subjetividade, ao contrário, os terão reforçado. Parece-me que da conjunção entre a autonomia parcial das esferas política e econômica, própria da segmentaridade feudal, e esse caráter hiperfusional da subjetividade cristã (manifesta com as cruzadas ou a adoção de códigos aristocráticos tais como "A Paz de Deus" descrita por Georges Duby), tenha resultado uma espécie de falha, de equilíbrio metaestável, favorável à proliferação de outros processos igualmente parciais de autonomia que reencontraremos nos seguintes fenômenos:

— na vitalidade cismática da sensibilidade e da reflexão religiosa característica desse período;

— na explosão de criatividade estética que, na verdade, desde então nunca mais parou;

— na primeira grande "decolagem" das tecnologias e das trocas comerciais, qualificadas pelos historiadores de "revolução industrial do século XI", e que foi correlativa do aparecimento de novas figuras de organização urbana.

O que terá dado a essa fórmula ambígua, instável, torturada, o aumento de consistência que deveria lhe permitir sobreviver às terríveis provas históricas que a esperavam: as invasões bárbaras, as epidemias, as guerras permanentes? Esquematicamente, seis séries de fatores:

1. A promoção de um monoteísmo que, com o uso, se revelaria bastante flexível, evolutivo, relativamente capaz de se adaptar às posições subjetivas particulares dos bárbaros, dos escravos etc. O fato de que a flexibilidade de um sistema de referência ideológica tenha se tornado um trunfo fundamental para que ele consiga perdurar, constituirá um dado de base que reencontraremos em todas as encruzilhadas importantes da história da subjetividade capitalística. (Que se pense, por exemplo, na surpreendente capacidade de adaptação do capitalismo contemporâneo que lhe permite fagocitar, literalmente, as economias ditas socialistas). A consolidação dos novos padrões ético-religiosos do Ocidente cristão, desembocará na constituição de um duplo mercado paralelo de subjetivação: um mercado de refundação permanente de territorialidades de base e de redefinição de filiações e de redes de suserania, sejam quais forem seus fracassos; e um outro, de predisposição a uma livre circulação de fluxos de saber, de signos monetários, de figuras estéticas, de tecnologia, de bens, de pessoas etc., abrindo passagem para a assunção da segunda voz capitalística desterritorializada;

2. A instauração de um esquadrinhamento cultural das populações cristãs por um novo tipo de máquina religiosa assentando-se, particularmente, sobre as escolas paroquiais criadas por Carlos Magno e que sobreviveram ao desaparecimento de seu império;

3. A instauração, numa longa duração, de corpos de ofícios, de guildas, de mosteiros, de ordens religiosas... como outros tantos "bancos de dados" de saberes e de técnicas da época;

4. A generalização do uso do ferro e dos moinhos de energia natural; o desenvolvimento de mentalidades artesanais e urbanas. Mas esse primeiro florescimento do maquinismo, é preciso sublinhar, não se implantou senão de um modo, por assim dizer, parasita, "enquistado" no seio dos grandes Agenciamentos humanos sobre os quais continuou a assentar-se o essencial dos grandes sistemas de produção. Em outras palavras, aqui não se sai ainda de uma relação fundamental homem/ferramenta;

5. O aparecimento das primeiras máquinas operando uma integração subjetiva muito mais desenvolvida:

— os relógios que batem as mesmas horas canônicas, em toda a cristandade;

— a invenção, por etapas, de músicas religiosas submetidas a um suporte escritural;

6. As seleções de espécies animais e vegetais que estarão na base desse florescimento quantitativo dos parâmetros demográficos e econômicos e, consequentemente, do redimensionamento dos Agenciamentos em questão.

Apesar, ou por causa, das colossais pressões de recalcamento territorial, mas também das aculturações enriquecedoras — exercidas, de um lado, pelo Império Bizantino, retomado pelo imperialismo árabe e, de outro, pelas potências bárbaras e nômades, particularmente portadoras de inovações metalúrgicas —, o caldo de cultura da cristandade protocapitalística chegará a uma estabilização relativa (mas de longa duração) de seus três polos fundamentais de subjetivação, aristocráticos, religiosos e camponeses, que regem suas relações de poder e de saber. Assim, as "irrupções maquínicas" ligadas ao desenvolvimento urbano e ao florescimento das tecnologias civis e militares estarão sendo encorajadas e, ao mesmo tempo, refreadas. Essa espécie de estado de natureza das relações entre o homem e a ferramenta continuará assediando até hoje os paradigmas de reterritorialização do tipo "Trabalho, Família, Pátria".

A IDADE DA DESTERRITORIALIZAÇÃO CAPITALÍSTICA DOS SABERES E DAS TÉCNICAS

Este segundo componente da subjetividade capitalística vai se afirmar, principalmente, a partir do século XVIII, que será marcado por um desequilíbrio crescente das relações homem/máquina. O homem perderá aí territorialidades sociais que lhe pareciam até então inamovíveis. Com isso, suas referências de corporeidade física e social ficarão profundamente perturbadas. O universo de referência do novo cambismo generalizado, não será mais uma territorialidade segmentária, mas o Capital como modo de reterritorialização semiótica das atividades humanas e das estruturas convulsionadas pelos processos maquínicos. Antes era o Déspota real ou o Deus imaginário que serviam de pedra angular operacional para a recomposição local de Territórios existenciais. Agora será uma capitalização simbólica de valores abstratos de poder, incidindo sobre saberes econômicos e tecnológicos, articulados a duas classes sociais desterritorializadas e conduzindo a uma equivalência generalizada entre todos os modos de valorização dos bens e das atividades humanas. Tal sistema só conseguirá conservar uma consistência histórica na medida em que permanecer engajado numa espécie de eterna corrida desenfreada e ficar retomando suas manobras constantemente. A nova "paixão capitalística" varrerá tudo o que encontrar pelo caminho: em especial as culturas e as territorialidades que, bem ou mal, haviam conseguido escapar aos rolos compressores do cristianismo. Os principais fatores de consistência deste componente são:

1. Uma penetração geral do texto impresso no conjunto das engrenagens da vida social e cultural, correlativa de um certo enfraquecimento das performances de comunicação oral diretas, mas que em contrapartida autorizará uma capacidade muito maior de acumulação e de tratamento dos saberes;

2. O primado do aço e das máquinas a vapor que multiplicará a potência de penetração dos vetores maquínicos tanto na terra, no mar e no ar, quanto no conjunto dos espaços tecnológicos, econômicos e urbanísticos;

3. Uma manipulação do tempo, que ficará literalmente esvaziado de seus ritmos naturais, promovida por:

— máquinas cronométricas que levarão ao esquadrinhamento tayloriano da força de trabalho;

— técnicas de semiotização econômica, por exemplo, através de moedas de crédito que implicam uma virtualização geral das capacidades de iniciativa humana e um cálculo previsional que incide sobre os campos de inovação — espécies de notas promissórias para o futuro — que permitem ampliar indefinidamente o império das economias de mercado;

4. As revoluções biológicas a partir das descobertas de Pasteur que vão ligar, cada vez mais, o futuro das espécies vivas ao desenvolvimento das indústrias bioquimícas.

A partir daí, o homem se encontra numa posição de adjacência quase parasitária em relação aos *Phylum* maquínicos. Em suma, cada um de seus órgãos, de suas relações sociais sofrerá um novo recorte para ser reafetado, sobrecodificado, em função das exigências globais do sistema. (É na obra de Leonardo da Vinci, de Brueghel e sobretudo de Arcimboldo que encontraremos as mais impressionantes e premonitórias representações desses remanejamentos corporais).

O que é paradoxal com esse funcionalismo dos órgãos e das faculdades humanas e seu regime de equivaler generalizado dos sistemas de valorização é que ao mesmo tempo em que se refere obstinadamente a perspectivas universalizantes, historicamente ele nunca pôde chegar a outra coisa senão a um retorno sobre si mesmo, a reterritorializações de ordem nacionalista, classista, racista, corporativista, paternalista..., que o levaram inexoravelmente, e às vezes caricaturalmente, às vias de poder as mais conservadoras. O "Espírito das Luzes" que marcou o advento dessa segunda figura da subjetividade capitalística permaneceria, de fato, acompanhado de um incorrigível fetichismo do lucro — fórmula libidinal de poder especificamente burguesa que, apesar de ter se diferenciado dos antigos sistemas emblemáticos de controle dos territórios, das pessoas e dos bens, recorrendo a mediações mais desterritorializadas, nem por isso deixou de secretar um fundo subjetivo dos mais obtusos, dos mais associais e dos mais infantilizantes. Portanto, sejam quais forem as aparências de liberdade de pensamento com a qual o novo monoteísmo capitalístico sempre gostou de se pavonear, ele sempre pressupôs uma dominação arcaizante e irracional da subjetividade inconsciente, especialmente através de dispositivos de responsabilização e de culpabilização hiperindividualizados que, levados a seu paroxismo, conduzem às compulsões autopunitivas e aos cultos mórbidos do erro, repertoriados com perfeição no universo kafkiano.

A idade da informática planetária

Aqui, os pseudoequilíbrios precedentes ficarão rompidos num sentido inteiramente diferente. Agora é a máquina que irá ficar sob o controle da subjetividade, não de uma subjetividade humana reterritorializada, mas de uma subjetividade maquínica de um novo gênero. Algumas características da tomada de consistência dessa nova era:

1. A mídia e as telecomunicações tendem a duplicar as antigas relações orais e escriturais. Cabe notar que a polifonia que resultar disso não irá mais associar apenas vozes humanas, mas também vozes maquínicas com os bancos de dados, a inteligência artificial, as imagens de síntese etc. A opinião e o gosto coletivo, por sua vez, serão trabalhados por dispositivos estatísticos e de modelização como os que são produzidos pela publicidade e a indústria cinematográfica;

2. As matérias-primas naturais vão se apagando aos poucos diante de uma imensidão de novos materiais fabricados por encomenda pela química (materiais plásticos, novas ligas, semicondutores etc.). O desenvol-

vimento da fissão nuclear e, amanhã, da fusão, nos permite prever uma ampliação considerável dos recursos energéticos, a não ser que este desenvolvimento conduza a desastres irreversíveis causados por poluição! Aqui, como em tudo mais, isto dependerá das capacidades de reapropriação coletiva dos novos Agenciamentos sociais;

3. Com a temporalidade introduzida pelos microprocessadores, quantidades enormes de dados e de problemas podem ser tratados em lapsos de tempo minúsculos, de modo que as novas subjetividades maquínicas não param de adiantar-se aos desafios e aos problemas com os quais se confrontam;

4. A engenharia biológica, por sua vez, abre caminho para uma remodelação das formas vivas que pode levar a modificações radicais das condições de vida no planeta e, consequentemente, de todas as referências etológicas e imaginárias que lhe são aferentes.

A questão que volta aqui, de maneira lancinante, consiste em saber por que as imensas potencialidades processuais trazidas por todas essas revoluções informáticas, telemáticas, robóticas, biotecnológicas, dos escritórios [*bureautiques*]... até agora só fizeram levar a um reforço dos sistemas anteriores de alienação, a uma mass-midiatização opressiva e a políticas consensuais infantilizantes. O que irá permitir que estas potencialidades desemboquem enfim numa era pós-mídia, que as livre dos valores capitalísticos segregativos e crie condições para o pleno desabrochar dos esboços atuais de revolução da inteligência, da sensibilidade e da criação? Diversos tipos de dogmatismo pretendem encontrar uma saída para esses problemas, afirmando violentamente uma dessas três vozes capitalísticas, em detrimento das outras duas. Há aqueles que sonham, em matéria de poder, em voltar às legitimidades dos velhos tempos, às circunscrições bem delimitadas de povo, de raça, de religião, de casta, de sexo... Paradoxalmente, os neoestalinistas e os social-democratas, que não conseguem pensar o *socius* senão no quadro de uma inserção rígida no seio das estruturas e das funções estatais, têm que ser classificados nessa categoria. Há aqueles cuja fé no capitalismo leva a justificar todas as devastações da modernidade — no homem, na cultura, no meio ambiente... — porque estimam que, em última instância, eles serão portadores de benefícios e progressos. Há aqueles, enfim, que por seus fantasmas de liberação radical da criatividade humana acabaram sendo relegados a uma marginalidade crônica, a um mundo de ilusões, ou os que voltaram a buscar refúgio atrás de um socialismo ou de um comunismo de fachada.

Cabe a nós, ao contrário, tentar repensar estas três vozes em sua necessária intricação. Nenhum engajamento nos *Phylum* criadores da terceira voz é sustentável sem que se criem, ao mesmo tempo, novas territorialidades existenciais que, por não serem mais da alçada de um etos pós-carolíngio, nem por isso deixam de apelar para disposições protetoras em relação à pessoa, ao imaginário e à constituição de um meio ambiente de suavidade e dedicação. Quanto aos megaempreendimentos da segunda voz, as grandes aventuras coletivas industriais e científicas e a gestão dos grandes mercados de saber, é evidente que eles continuam conservando toda sua legitimidade, mas com a condição de que sejam redefinidas suas finalidades, pois eles permanecem desesperadamente surdos e cegos às verdades humanas. É possível pretender ainda que sua finalidade seja somente o lucro? Seja como for, a finalidade da divisão do trabalho, assim como a das práticas sociais emancipadoras, terá que acabar recentrando-se num direito fundamental à singularidade, numa ética da finitude, tanto mais exigente em relação aos indivíduos e às entidades sociais, quanto menos capaz ela for de fundar seus imperativos em princípios transcendentes. Vê-se aqui que os Universos de referência ético-políticos são chamados a se instaurar no prolongamento dos universos estéticos, sem que por isso alguém esteja autorizado a falar aqui em perversão ou sublimação. Pode-se notar que os operadores existenciais que incidem sobre essas matérias ético-políticas, da mesma forma que os operadores estéticos, implicam passagens inevitáveis por pontos de ruptura de sentido, por engajamentos processuais irreversíveis, cujos agentes são geralmente incapazes de prestar contas a quem quer que seja, nem mesmo a si próprios, o que inclusive os expõe a riscos de loucura. Só uma tomada de consistência da terceira voz, no sentido da autorreferência — a passagem da era consensual midiática a uma era dissensual pós-midiática — permitirá a cada um assumir plenamente suas potencialidades processuais e fazer, talvez, com que esse planeta, hoje vivido como um inferno por quatro quintos de sua população, transforme-se num universo de encantamentos criadores.

Imagino que esta linguagem possa soar oca a muitos ouvidos *blasés*, e que os menos mal intencionados podem tachar meus propósitos de utópicos. Sim, a utopia hoje não está bem cotada, mesmo quando ela adquire uma carga de realismo e de eficiência como a que lhe confere os Verdes na Alemanha. Mas não nos enganemos: o interesse por estas questões de produção de subjetividade não se limita mais apenas a um punhado de iluminados. Olhem bem o Japão, modelo dos modelos das novas subjetividades capitalísticas! Ainda não se frisou suficientemente, que um dos ingredientes essenciais do coquetel milagre que se apresenta aos visitantes no Japão, consiste no fato de que a subjetividade coletiva, que lá é produzida massivamente, associa componentes os mais *high-tech* a arcaísmos herdados de tempos imemoriais. Aqui também encontramos a função reterritorializante de um monoteísmo ambíguo — o xintoísmo, mistura de animismo e de potências universais — que contribui para o estabelecimento de uma fórmula maleável de subjetivação a qual, é verdade, nos leva para bem longe da épura triádica das vias cristãs-capitalísticas. Seria preciso investigar melhor!

Mas consideremos, num outro extremo, o caso do Brasil. Está aí um país onde os fenômenos de reconversão das subjetividades arcaicas tomaram um rumo inteiramente diferente. Sabe-se que considerável parcela da população brasileira vegeta numa tal miséria que escapa, de fato, à economia monetária, o que não impede que sua indústria seja classificada em sexto lugar entre as grandes potências ocidentais. Nessa sociedade dual — e como! —, assistimos a uma subjetividade sendo duplamente varrida: de um lado, por uma onda ianque bastante racista — por mais que isto desagrade a alguns — que é veiculada por uma das mais potentes redes televisivas do mundo e, de um outro lado, por uma onda de caráter animista com religiões sincréticas como o candomblé, mais ou menos herdadas do fundo cultural africano, e que tendem a sair de seu acantonamento originário do seio das populações negras, para contaminar o conjunto da sociedade, inclusive os meios mais abastados do Rio e de São Paulo. É impressionante ver o quanto, nesse contexto, a impregnação mass-midiática precede a aculturação capitalística. E sabem o que aconteceu quando o presidente Sarney quis dar um golpe decisivo na inflação que tinha chegado a 400% ao ano? Ele foi à televisão, brandiu um papel diante das câmeras e declarou que a partir do instante em que ele assinasse o decreto-lei que tinha em mãos, cada espectador que o assistia naquele momento seria seu representante pessoal e teria o direito de denunciar os comerciantes que remarcassem os preços, o que podia até dar cadeia. Parece que este foi um tempo tremendamente eficaz. Mas a que preço de regressão em matéria de direito!

O impasse subjetivo do capitalismo da crise permanente (o Capitalismo Mundial Integrado) parece total. Ele sabe que as vozes de autorreferência são indispensáveis para sua expansão e portanto para sua sobrevivência; no entanto, tudo o leva a refrear sua proliferação. Uma espécie de Superego — a voz grossa carolíngia — não sonha senão em esmagar essas vozes, reterritorializando-as em suas imagens arcaicas. Mas, para procurar sair desse círculo vicioso, tentemos agora ressituar nossas três vozes capitalistas em relação às coordenadas geopolíticas em uso para hierarquizar os grandes conjuntos subjetivos em primeiro, segundo e terceiro mundo. Para a subjetividade do Ocidente cristão tudo era (e, inconscientemente, continua sendo) simples: ela não sofre nenhum enquadramento, nem de latitude, nem de longitude. Ela é o centro transcendente em torno do qual tudo é suposto girar. As vozes do Capital, por sua vez, não pararam de avançar, primeiro em direção ao Oeste, atrás de inapreensíveis "novas fronteiras" e, mais recentemente, em direção ao Leste, na conquista de tudo aquilo em que se transformaram os antigos impérios asiáticos — inclusive a Rússia. Só que essa corrida enlouquecida chega a seu termo com a Califórnia de um lado e o Japão do outro. A segunda voz do Capital está encerrada, o mundo se fechou e o sistema está saturado. (A última potência que irá percebê-lo será sem dúvida a França, agarrada em seu atol de Mururoa!)[3] A consequência disto é que talvez seja no eixo Norte-Sul que vai estar em jogo o destino da terceira voz da autorreferência: é o que eu gostaria de chamar de "compromisso bárbaro". O antigo *limes* de delimitação da barbárie desagregou-se irremediavelmente, desterritorializou-se. Os últimos pastores do monoteísmo perderam seus rebanhos, pois a nova subjetividade não é mais de natureza a poder ser reunida. E, aliás, agora é o Capital que começa a explodir em polivocidade animista e maquínica. Não seria uma virada fabulosa que as velhas subjetividades africanas, pré-colombianas, aborígenes... se tornassem o recurso último da reapropriação subjetiva da autorreferência maquínica? Aqueles mesmos negros, índios, oceânicos dos quais tantos ancestrais escolheram a morte ao invés da submissão aos ideais de poder, de escravismo e, depois, de cambismo, da cristandade e do capitalismo?

E, para terminar, espero que o leitor não me faça objeções pelo caráter um tanto exótico de meus dois últimos exemplos. Mesmo num país do Velho Continente como a Itália, constata-se que há alguns anos, no seio do triângulo Norte-Leste-Centro, uma imensidão de pequenas empresas familiares começaram a viver em simbiose com os ramos industriais de ponta da eletrônica e da telemática. Isso chega ao ponto de que se uma Silicon Valley à italiana tiver que surgir, será graças à reconversão de arcaísmos subjetivos, que têm sua origem nas antigas estruturas patriarcais daquele país. E talvez não seja do desconhecimento do leitor que alguns prospectivistas, que não são absolutamente fantasistas, pretendem que certos países mediterrâneos como a Itália e a Espanha, estão sendo levados a superarem, em alguns decênios, os grandes polos econômicos da Europa setentrional. Então, vejam, em matéria de sonho e de utopia, o futuro permanece amplamente aberto. Meu anseio é que todos aqueles que continuam ligados à ideia de progresso social — para quem o social não se tornou um engodo, uma "aparência" — se debrucem seriamente sobre essas questões de produção da subjetividade. A subjetividade de poder não cai do céu; não está inscrito nos cromossomos que as divisões do saber e do trabalho devem necessariamente levar às terríveis segregações que a humanidade conhece hoje. As figuras inconscientes do poder e do saber não são universais, elas estão ligadas a mitos de referência profundamente ancorados na psique, mas que também podem ser inflectidos em direção a vias liberadoras. A subjetividade permanece hoje massivamente controlada por dispositivos de poder e de saber que colocam as inovações técnicas, científicas e artísticas a serviço das mais retrógradas figuras da socialidade. E, no entanto, é possível conceber outras modalidades de produção subjetiva — estas processuais e singularizantes. Essas formas alternativas de reapropriação existencial e de autovalorização podem tornar-se, amanhã, a razão de viver de coletividades humanas e de indivíduos que se recusam a entregar-se à entropia mortífera, característica do período que estamos atravessando.

Tradução de Suely Rolnik

Notas

[1] Texto enviado por Félix Guattari ao Colégio Internacional de Estudos Filosóficos Transdisciplinares, para integrar a publicação de um número da revista *34 Letras* sobre o tema da Pós-Modernidade. Esta publicação, no entanto, acabou não ocorrendo por conta do desaparecimento da revista. O texto foi editado pela primeira vez na revista *Chimères: Revue des Schizoanalyses* (nº 4, inverno 1987-88, pp. 27-44) e reeditado como "Liminar", no livro de Guattari, *Cartographies schizoanalytiques* (Paris, Galilée, 1989, pp. 9-25). (N. da E.)

[2] Nanossegundo: dez elevado a menos nove segundos; pico-segundo: dez elevado a menos doze segundos. Sobre todos os temas prospectivos aqui evocados, cf. "Rapport sur l'état de la technique", CPE, número especial de *Science et Téchnique*, dirigido por Thierry Gaudin. (N. do A.)

[3] Atol no Pacífico que pertence à França e é base de suas experiências nucleares. (N. da T.)

IV.

A ARTE E AS TECNOLOGIAS DO VIRTUAL

FRACTAIS: UMA FORMA DE ARTE A BEM DA CIÊNCIA

Benoît Mandelbrot

Uma nova forma de arte redefine a fronteira entre "invenção" e "descoberta", tal como entendida nas ciências, e "criatividade", como entendida nas artes. Pode a geometria pura ser percebida como bela pelo homem comum? Para ser mais específico, pode uma forma que é definida por uma simples equação ou uma simples regra de construção ser percebida pelas pessoas outras que não geômetras como tendo valor estético, isto é, como sendo surpreendentemente decorativa pelo menos, ou talvez ainda uma obra de arte? Quando a forma geométrica é fractal, a resposta é sim. Mesmo quando os fractais são tomados em estado bruto, são atraentes. Prestam-se a um "pintar por números" que surpreende pelo efeito, mesmo nas mãos de um amador. A verdadeira sensibilidade artística acha-os uma força nova e atraente.

Habitualmente, temos dificuldade em separar o artista e o artesão. Por exemplo, objetos a princípio fabricados com fins de utilidade — seja arquitetura folclórica, imagens religiosas, ou desenho e fotografia de flores, de pássaros ou de redemoinhos de água — frequentemente terminam por serem vistos como obras de arte genuínas. Pode tornar-se difícil distingui-los de trabalhos nos quais a ciência seria quase como uma desculpa para uma criatividade artística. Assim, inúmeras obras de arte nos são apresentadas em função do comércio, objetos que foram comissionados sob especificações precisas para serem úteis: para decorar, educar, agradar, divertir, impressionar ou persuadir. Há também algumas obras criadas estritamente como arte pela arte. E também sabemos de muitas possibilidades que estão entre umas e outras.

A matemática se relaciona de alguma maneira com uma dessas formas comuns de arte? É verdade que um poeta popular, Edna Vicent Millay, proclamou que "Euclides fitou a beleza pura". As formas clássicas da geometria são também saudadas por sua beleza conceitual, mas tal beleza parece residir acima de tudo na cabeça de alguns especialistas. Há a exceção da importância que a geometria euclidiana teve para os pintores da Renascença italiana, durante o breve período quando a perspectiva estava sendo "inventada". Do contrário, para os olhos daqueles que não são peritos em matemática, a geometria euclidiana não é bela, mas crua e seca. De qualquer forma, falta a ela a extensão e a variedade visual, quando comparada, por exemplo, com o excesso da natureza ou das belas artes, ao qual uma pessoa pode sentir-se tentada a chamar de "barroca" ou "orgânica".

Hoje, entretanto, não há somente a geometria euclidiana. Durante os anos 70, foi meu privilégio conceber e desenvolver a geometria fractal, que é um corpo de pensamentos, fórmulas e figuras que pode ser chamado de uma nova *geometria da natureza* ou uma nova *linguagem geométrica*. Descobri surpreendido, que a prática cuidadosa dessa nova linguagem geométrica é largamente percebida como uma nova forma de arte. Este ensaio se propõe a fazer alguns comentários desarticulados sobre este assunto.

A maior parte da arte fractal não foi comissionada para nenhum fim comercial, embora todos os primeiros trabalhos tenham sido feitos na IBM, como subproduto acidental de pesquisa científica. E não foi necessariamente tocada por uma sensibilidade estética. Mesmo que, cada vez mais, proporcione um novo tipo efetivo de suporte para arte. Portanto devemos argumentar que, ao lado da arte pela arte e da arte pelo comércio, a geometria fractal parece ter criado uma nova categoria de arte em função da ciência.

A arte fractal a bem da ciência não pode ser dissociada do uso de computadores. Ela não teria sido possível antes da existência do *hardware* e do aparecimento do *software*, isto é, antes da década de 70. A profunda ironia é que esta nova geometria, que todos parecem espontaneamente descrever nos termos que este ensaio já usou para Natureza, como "barroca" e "orgânica", deva ter como "pais" dois símbolos do inumano, do seco e do técnico, isto é, a matemática e o computador.

Antes de nos aprofundarmos nas peculiaridades da geometria fractal, comentemos o contraste de diferentes "crianças" de mesmos pais, como os redemoinhos de água e as esteiras de navios. Nestes exemplos, o esforço em termos de raciocínio e programas é extremamente complicado, algumas vezes ainda mais complicado do que o resultado. Portanto, uma pessoa pode argumentar que, no todo, a complicação não aumenta, mas se transfere do puramente conceitual ao parcialmente visual. Esta conversão é, na prática, muito importante e conceitualmente muito interessante, mas a geometria fractal nos dá algo muito diferente. Na geometria fractal o esforço é, habitualmente, tão extraordinariamente simples a ponto de parecer bobo. O resultado, ao contrário, pode ser maravilhoso. Outra vez, apesar de a contribuição de uma sensibilidade artística não ser necessária, é bem-vinda.

Isto levanta uma questão. Já que os esforços são tão simples, por que a arte fractal não apareceu mais cedo, e de maneira mais tradicional? Simplesmente por causa do *Catch* 22. Para desenhar até a mais simples figura fractal "a mão", o que em princípio seria possível, levaria muitos anos, e seria ridiculamente caro. Consequentemente, ninguém teria nem pensado em incumbir-se de tal tarefa antes de ter um conhecimento prévio favorável do resultado. No entanto, o resultado não poderia nem ser suspeitado até que a tarefa tivesse sido empreendida.

Uma das várias definições do fractal seria certamente uma maneira de se desencorajar o empreendimento de tal tarefa. Aqui temos uma definição informal:

Os fractais são formas geométricas que são igualmente complexas nos seus detalhes e na sua forma geral. Isto é, se um pedaço de fractal for devidamente aumentado para tornar-se do mesmo tamanho que o todo, deveria parecer-se com o todo, ainda que tivesse que sofrer algumas pequenas deformações.

Não estaríamos no meio de princípios geométricos áridos? Um artista não poderia esperar nada dos fractais definidos desta maneira, por isso ninguém tentou desenhá-los cuidadosamente. Os poucos fractais antigos que foram conhecidos sob diferentes nomes (e retratados há um século) são também pouco interessantes esteticamente, pois com uma olhadela vê-se que tudo neles fora inserido a mão; eles são excessivamente ordenados. Os fractais começaram a crescer em número e variedade depois que foram feitas as primeiras poucas "palavras" de uma nova linguagem geométrica dos fractais. Isto ocorreu com o meu primeiro livro, *Fractals: Form, Chance and Dimension* (1975). Quais eram as necessidades que me levaram a selecionar alguns desses monstros, chamando-os de fractais, e adicionar alguns dos seus mais próximos ou distantes parentes, e depois construir uma linguagem geométrica com eles? A necessidade original foi puramente utilitária.

Que existe relação entre utilidade e beleza é um fato familiar. Uma flor deve ser bonita para atrair os insetos que irão espalhar seu pólen. Então a beleza é útil e até indispensável para a sobrevivência das espécies. Da mesma forma, foi a atratividade das imagens fractais que primeiro chamou a atenção de muitos colegas. Nos anos 60, a ideia básica da teoria dos fractais já estava presente na minha cabeça, tendo sido projetada com o propósito de estudar fenômenos como o comportamento errático dos preços de ações, a turbulência nos fluidos, a persistência nas descargas do Nilo e os agrupamentos de galáxias, os quais se manifestam com a presença de grandes espaços vazios intergaláticos. Mas a sociedade pareceu pensar que os objetivos das minhas teorias, assim como suas técnicas matemáticas, eram estranhas, mais que simplesmente novas. Como resultado, as tentativas de tornar meus pensamentos solidamente aceitos pareceu encontrar uma parede de hostilidade que palavras e fórmulas não conseguiram superar.

Um dia, tornou-se necessário convencer Walter Langbein, o editor de um periódico sobre recursos da água, a aceitar um ensaio que eu havia coescrito. Ele era um perito na sua área, mas não alguém que apostasse em ideias novas e sem provas. Decidimos recorrer a um desvio tático, na esperança de que Langbein achasse impossível distinguir entre realidade e "falsificações" baseadas exclusivamente na teoria inicial dos fractais. Caso isso acontecesse, ele não mais poderia ver esta teoria como irrelevante para o seu trabalho, não poderia rejeitar o nosso ensaio completamente, e possivelmente poderíamos ganhá-lo no sentido de aceitar os fractais. Isto de fato ocorreu, graças ao desvio bem-sucedido do olho, e os resultados excederam nossas expectativas.

O próximo capítulo na história da arte dos fractais nos leva à tradicional dicotomia entre arte representativa e não representativa. Esta dicotomia não parece mais tão fortemente gravada nas formas bem reconhecidas da arte, e a arte fractal passeia aí confortavelmente.

Os primeiros usos explícitos dos fractais deram-me o privilégio de ser a primeira pessoa a lidar de maneira nova com algumas das questões possivelmente mais antigas que o homem já fez: como alguém pode obter "figuras" que representem formas das montanhas, das nuvens e dos rios? Acontece que quando a representação da natureza por vias de fractais é bem-sucedida, também tende a ser percebida como bela. Inquestionavelmente, as "falsificações" fractais de montanhas e nuvens são exemplos de arte representativa.

O cético levantará imediatamente uma outra questão. Não é verdade que as cores usadas para representar estas montanhas e nuvens são escolhidas por regras que não tem nada a ver com qualquer geometria? Se isso é verdade, essas cópias falsas não são puramente fractais. Que papel preciso tem, então, a cor na aceitação do que você chama de "arte fractal"? Isto pode soar como uma sólida objeção, mas de fato é fácil de ser respondido.

Primeiramente, ela não apareceu, e nem poderia, com a primeira figura fractal, simplesmente porque elas eram em preto e branco. Talvez seja válido dizer que em muitos casos esta forma supostamente obsoleta é ainda a que continuo a preferir.

Quando a cor apareceu, Richard Voss e eu receamos que ela pudesse nos desviar de nosso interesse primeiro, a princípio com a geometria mais que com a arte. Inicialmente, ele decidiu colorir sua arte simplesmente como no *London Times World Atlas*, mas em paisagens vistas de uma direção outra que a do zênite; isto mostrou ser visualmente inaceitável. Apesar disso, continuamos atentos à invenção artística excessiva, e Voss manteve suas premências artísticas sob forte controle. Isto, na minha opinião, ajudou a geometria fractal a atingir seu ponto pretendido.

Uma vez que isto havia sido alcançado, uma situação completamente diferente foi criada, na qual a reserva não era mais uma obrigação repressora. Na recente safra de figuras de F. Kenton Musgrave, truques do tipo daqueles realizados na Siggraph são permitidos, mas uma restrição absoluta se mantém. Toda superfície desenhada tem que ser uma superfície fractal, e todos os comandos usados para melhorar a produção de *rendering* têm que se comandos globais. Deveríamos evitar corrigir um detalhe de uma imagem fractal com um comando local. Muitos artistas de computação gráfica achariam essa restrição quixotesca, mas ela é essencial se a arte fractal deseja preservar sua "identidade".

Lidando com fractais que tinham intenção de serem cópias falsas da natureza, logo apareceram casos nos quais essa intenção não conseguiu ser alcançada, mas o resultado se manteve ainda belo e por vezes mais que isso. Em cada caso, alguém não pode senão exclamar *felix culpa*, erro próspero! Além disso, a pessoa ligada à forma não poderia evitar de esquecer na ocasião os objetivos originais da geometria fractal da natureza, e de brincar com os algoritmos fractais para chegar até onde eles pudessem levar. Como um modelo fractal de montanhas é deformado mudando os valores para um ou alguns números que caracterizam uma forma fractal, a figura se torna cada vez menos "realista" como uma montanha, e gradualmente torna-se no todo "surreal".

Cada vez mais o surrealismo notável prevalece dentro do segundo maior aspecto da geometria fractal. Os "dragões" fractais, nunca tiveram a intenção de representar qualquer coisa na natureza. Seu uso pretendido dizia respeito à matemática, já que eles me ajudavam a investigar um processo chamado *dinâmicas da iteração*. No princípio do século, os matemáticos Pierre Fatou e Gaston Julia descobriram que esse processo apresenta um desafio intelectual profundo e surpreendente. Depois quase ninguém tocou nele durante sessenta anos, porque mesmo os mais brilhantes matemáticos, quando trabalhando sozinhos com apenas papel e lápis e imagens mentais achavam que os estudos desse processo haviam se tornado muito complicados para serem administrados. A minha investida na iteração teve a ajuda do computador, que provou ser uma ferramenta efetiva: a nova ordem matemática que ele encontrou foi espetacular. Isto não é talvez de nenhum interesse para a discussão presente, a não ser por um resultado lateral: a coexistência equilibrada resultante de ordem e caos foi quase invariavelmente vista como bela.

Como no caso das montanhas fractais, os novos fractais gerados por iteração já foram reconhecidos como belos no seu original preto e branco. Mais precisamente, o resultado do meu trabalho foi uma coleção de equações, que nos estágios iniciais tiveram que ser reduzidos a duas possibilidades, para serem apresentados em preto e branco. Depois que a cor apareceu em cena, esses números foram a princípio representados por cores escolhidas mais ou menos ao acaso pelos fanáticos por computadores, insensíveis à cor. Um caso terrível de pintura por números! Ainda assim esses fractais eram, de alguma maneira, belos. E quando a cor era dada pelas mãos de um verdadeiro artista, maravilhas se materializavam.

Nosso crítico cético voltará neste ponto, para lembrar-nos que as fórmulas geradoras de fractais deveriam partilhar os créditos por esta arte tanto com o artista de computador como o de programação que moldam o objeto e selecionam as cores. Estes dois últimos fatores são usuais na computação gráfica, daí que a questão do crítico concerne a significância do esforço adicional para o fractal. Em alguns casos, a contribuição mais óbvia dos fractais é uma simetria intrusa que pode ser vista como objetável. Em outros casos, entretanto, quando a simetria é escondida, vemos uma atuação recíproca de forte ordem com mudança e surpresa suficientes. Minhas leituras sobre o sentido da arte (que não me parece possível discriminar/listar neste momento) sugerem que tal reciprocidade é um dos pré-requisitos básicos do belo.

A arte fractal exemplifica alguma coisa completamente nova: a atuação mútua de ordem e surpresa não precisa ser o resultado nem de imitação da natureza nem da criatividade humana: pode também ter uma fonte inteiramente diferente. De fato, fórmulas matemáticas extremamente simples que parecem completamente estéreis podem dar vida, por assim dizer, a uma quantidade de estruturas gráficas enorme. O gosto do artista só pode afetar a seleção de fórmulas a serem desenhadas, o enquadramento e o desenho.

Assim, a arte fractal parece cair fora do âmbito usual das categorias de "invenção", "descoberta" e "criatividade".

Tudo isso parece ter acontecido há muito tempo atrás, e hoje a geometria fractal está tão bem estabelecida que pessoas jovens ficam estarrecidas em saber que o "pai da geometria fractal" (é um deleite ser chamado assim por eles) ainda está vivo. Espero ainda viver o bastante para ver o que acontecerá.

Tradução de Claudio da Costa

AS IMAGENS ARTÍSTICAS E A TECNOCIÊNCIA (1967-1987)

Frank Popper

Uma das questões que mais me interessaram nos últimos vinte anos diz respeito à criação de imagens ou, de modo geral, às propostas visuais realizadas por artistas graças a métodos científicos ou com ajuda de experimentações tecnológicas.

Limitar-me-ei, pois, neste artigo, a exemplos tirados das artes visuais ou das artes visuais combinadas com outras artes, e deixarei de lado as propostas de criadores do domínio exclusivamente verbal ou sonoro.

Nos anos 60, os criadores de imagens trabalhavam nos campos de interação entre a arte, a ciência e a tecnologia sob os rótulos da arte cinética ou da arte cibernética, estando principalmente mobilizados por questões práticas como a luz, o movimento, a cor. Tentavam resolver problemas postos pelo construtivismo, o dadaísmo, o surrealismo, a arte sistemática. Não estavam ainda conscientes do modo pelo qual a tecnologia entraria imperativamente em todas as relações da vida cotidiana. Eles se preocupavam, em primeiro lugar, com mudanças no interior da esfera artística.

A exposição *Luz e Movimento* que organizei no Museu de Arte Moderna de Paris em 1967, agrupava artistas que trabalhavam em Paris durante a expansão da arte cinética. Esses artistas foram chamados a expor obras inteiramente criadas pelo movimento real da luz artificial. Alguns dentre eles estavam interessados e/ou inspirados por fenômenos, métodos ou propriedades estéticas pertencentes ao domínio das ciências naturais, mas na maior parte se serviam de meios técnicos ou tecnológicos pouco usados nas artes plásticas até essa data. Desse modo, arcos, *spots*, projetores dos mais variados tipos, ampolas (cheias de vapor de iodo, sódio ou mercúrio), tubos de neon retos ou curvos, brancos ou coloridos, tubos fluorescentes, faziam sua entrada maciça num museu criando ritmos engendrados por intercepção ou interferência da luz e por sua transmissão, ou produzindo efeitos resultantes do ângulo, da intensidade, da diversidade dos projetores, ou se referindo ao domínio muito particular da polarização que engendra mudanças cromáticas imprevisíveis. Essas características técnicas do componente "luz" combinavam-se de uma maneira extremamente diversa dos movimentos mecânicos simples, dos movimentos eletromecânicos, eletrônicos, térmicos, hidráulicos e magnéticos, dos movimentos aleatórios dos "móbiles" e dos movimentos com fonte de luz própria.

Uma tal panóplia de meios técnicos incomuns na produção de imagens ou de propostas visuais não deixava de levantar numerosas questões sobre a relação entre estética e técnica, entre imaginação artística, invenção científica e experimentação tecnológica.

A primeira questão que os próprios artistas se puseram foi saber até que ponto e de que maneira a utilização de uma técnica (comum ou incomum) modificava suas intenções estéticas prévias.

Entre os criadores que participavam da exposição *Luz e Movimento*, a grande maioria ainda estava na problemática estética saída do construtivismo e da abstração geométrica. Mas era precisamente graças aos meios técnicos empregados que poderiam ultrapassar essa problemática. De fato, a utilização do movimento real e da luz artificial de modo mais ou menos programado dava às suas obras ou propostas plásticas uma aura, um verniz poético, cuja fascinação tornava-se inelutável para o espectador. Bem entendido, alguns artistas dessa exposição, como Bury ou Tinguely, apesar de terem passado por uma fase construtivista ou de abstração geométrica, já pertenciam a uma tendência crítica e irônica, próxima do dadaísmo ou do surrealismo, mas neles também o emprego do movimento num tempo dilatado ou com conotações cômicas fazia com que ultrapassassem, graças a técnicas novas, as ideias plásticas e literárias dessas tendências ligadas ao contexto dos anos anteriores à Segunda Guerra Mundial.

Uma terceira escola de pensamento entre os artistas dos anos 60, que tinha uma atitude mais direta para com a ciência e a tecnologia, estava francamente representada nessa exposição, mas se afirmava cada vez mais em outros eventos, em parte graças à participação de artistas americanos, culminando na exposição *Kinetics* na Hayward Gallery de Londres em 1970.

Apesar de fomentado já na segunda metade dos anos 60 na exposição *Luz e Movimento* e mais ainda na exposição *Cinetismo, Espetáculo, Ambiente*, que organizei na Casa de Cultura de Grenoble em 1968, o problema do ambiente iria dominar as propostas artísticas dos anos 70. O que está de acordo com uma tendência geral da época em privilegiar mais as ideias do que os objetos, culminando numa desmaterialização desses últimos. Mas ao mesmo tempo, e em convergência com essa tendência "ambiental", a participação ao mesmo tempo mental e física do espectador foi solicitada cada vez mais pelos artistas, empregando-se novas tecnologias para esse fim. Entre essas técnicas citarei apenas as *Fisicromias*, *Transcromias* e sobretudo as *Cromosaturações* de Cruz-Díez, em que o espectador avançava de um acontecimento cromático para outro; os labirintos, as salas de jogos e os percursos do Grupo de Pesquisa de Arte Visual de Paris, por meio de variações, progressões, reflexões e transformações de estruturas; as propostas ambientais criadas por artistas italianos graças à programação de efeitos óticos, estroboscópicos, magnéticos, móbiles e luminosos. Poder-se-ia citar também os numerosos e diversos ambientes de Yaacov Agam, sejam os espaços internos criados por sua técnica multicor com facetas "musicais" ou criações em pleno ar como as fontes hipopirotécnicas ou audiovisuais. Entre as obras de artistas, futuros membros do departamento de artes plásticas da Universidade de Paris VIII, participantes da exposição *Cinetismo, Espetáculo, Ambiente*, destacamos os ambientes criados por Edmond Couchot e Xavier Luccioni; o primeiro, uma piscina inflável animada por diversos elementos fazendo apelo a todos os sentidos; o segundo, envolvendo o passante da rua numa rede de células fotoelétricas, tubos de neon e estruturas de aço. Na realização dessa exposição e de seu catálogo, Jean-Louis Boissier e Jean-Louis Boucher, também futuros membros do departamento de artes plásticas em Vincennes tiveram um importante papel.

Os anos 80 viram uma verdadeira ruptura em relação às pesquisas anteriores. A intervenção de novas tecnologias, em particular o computador, as telecomunicações e o audiovisual na vida cotidiana — tecnologias que avançavam agora numa frente comum — constitui uma verdadeira revolução.

A tomada de consciência desse fenômeno por jovens artistas, mas também por artistas engajados há muito tempo na valorização de técnicas para fins estéticos é o ponto essencial nesse desenvolvimento. É a partir desse momento que se pode falar de uma arte da tecnociência, de uma arte em que intenções estéticas e pesquisas tecnológicas fundadas cientificamente parecem ligadas indissoluvelmente e, em todo caso, se influenciam reciprocamente.

No plano mais geral, a invasão das novas tecnologias em todas as regiões da vida social, com seus efeitos benéficos, seus sérios perigos e suas enormes possibilidades, leva cada um de nós a se confrontar com problemas cuja solução não se acha mais nas lições a tirar das experiências anteriores.

Os artistas, nessa nova conjuntura, se veem investidos de uma nova responsabilidade; buscam desenvolver propostas visuais que fazem surgir relações significativas entre as experiências humanas fundamentais — físicas, psicológicas ou mentais — e as novas técnicas com seu fundo de pensamento científico.

Pode-se perceber esse desenvolvimento num certo número de exposições recentes como *Electra* (1983), *Os Imateriais* (1985) em Paris, *Kunst und Technologie* (1984), em Bonn, *Ars Electronica* (de 1979 a 1986), em Linz, e parcialmente também na XLII Bienal de Veneza (1986). Certas exposições mais restritas, como *As Máquinas Sentimentais* (esculturas-robôs) montadas em Chartreuse de Villeneuve-lès-Avignon (1986), *Imaginário e Tecnologias* na Biblioteca Municipal de Bagneaux (1987) e *Mecânicos do Imaginário* na Cidade das Ciências e Indústria de La Villette em Paris (1987), testemunharam de fato que um novo início foi dado pelos artistas cujos projetos refletem essa tomada de consciência sobre as implicações psicológicas do advento das novas tecnologias.

A exposição *Electra* estava mobilizada, principalmente, para demonstrar por que vias a imaginação artística pôde se comparar com as diferentes fases e os múltiplos aspectos da eletricidade, depois da eletrônica, tais como foram assimiladas há um século na vida cotidiana. Essa exposição tentava, ao mesmo tempo, ir além desse tema sublinhando o fato de que a tecnologia fundada na ciência poderia ajudar a liberar os poderes criadores dos artistas assim como as faculdades de apreciação do público e provocar sua implicação interativa.

Entre as tecnologias apresentadas na *Electra*, a eletrografia, o vídeo e a imagem numérica ocupavam seções inteiras. Mas havia também propostas (realizações de projetos) artísticas fundadas nas técnicas da escultura cibernética, na holografia e no *laser*, assim como ambientes submarinos, solares, sonoros e eletrônicos, infografismos, jogos de microinformática, videotexto e obras utilizando diversas formas e técnicas de comunicação.

Uma das realizações mais espetaculares fora dessa exposição foi a intervenção de Dani Karavan na paisagem urbana de Paris graças a um raio *laser* que ligava o Museu de Arte Moderna à Torre Eiffel e à Torre Assur de la Défense, justapondo através do espaço e do tempo os símbolos culturais e tecnológicos, da arte e da engenharia, dos séculos XIX e XX. Quanto às técnicas eletrônicas, a tela gigante *Videocenas*, consistindo em quatro videocassetes e vinte e oito telas, difundia as múltiplas propostas de vídeos dos artistas franceses. A holografia se achava na obra de Carl Fredrik Reutersward, autoapresentação espiritual, híbrida, emprestando traços de Salvador Dalí, e na proposta de Virgile Guinea, professor do departamento de artes plásticas na Universidade de Paris VIII, que apresentava *O Pneu*, filmes-hologramas em que o encontro de dois feixes de ondas em movimento faz nascer a imagem no espaço. Enfim, um projeto de arte por satélites, *A Grande Roda Celeste*, de Jean-Marc Philippe, mostrava os futuros possíveis da arte da comunicação.

Nas melhores propostas artísticas dessa exposição, os aspectos visuais foram intimamente ligados aos aspectos da participação. Assim, nas obras de Wen-Ying Tsai — esculturas cibernéticas de grande apuro tecnológico e de uma grande diversidade, cujo elemento essencial é a vibração de bastonetes de aço inoxidável que animam e ativam uma iluminação estroboscópica e sistemas "reativos", a intervenção do público é tão essencial quanto a força elétrica. De fato, as notáveis *Esculturas Cibernéticas* e *Fon-*

tes à Contracorrente não funcionam de maneira satisfatória senão depois de intervenção sonora do espectador-participante.

No plano dos ambientes, as propostas de Kowalski e de Liliane Lijn se inscrevem na mesma perspectiva. O *Campo de Interação* (1983) de Kowalski é um espaço definido a cada instante pelas pessoas que nele se encontram, suas velocidades e direções de deslocamento, suas posições recíprocas. Do ponto de vista da técnica de criação esse "ambiente" é reticulado por uma matriz no chão de raio invisível (infravermelho ou outro) que capta os deslocamentos horizontais e os inscreve analogicamente numa trama vertical luminosa de intensidade variável. Cada ampola da peça em exposição corresponde a uma inserção das linhas da matriz no chão. Utilizando uma dimensão permanente inerte os espaços urbanos contemporâneos, o *Campo de Interação* de Kowalski dá a todos uma imagem analógica de sua presença nos muros da cidade.

A instalação de Liliane Lijn na exposição *Electra* era constituída de sete peças: *Heshe*, em aço cromado, vidro ótico e fibras sintéticas, duas *Dream Structures* em alumínio e vidro ótico, duas *Lines of Power* em aço perfurado, fio de cobre esmaltado e com um motor, *Feathered Lady* em vidro ótico, plumas de alumínio e aço anodizado e *Lady of the Wild Things* em aço pintado, vidro ótico, fibras sintéticas e um microcomputador. Acompanhado por uma sonorização poética, a apresentação dessas obras fazia alusão a seres artificiais, belos e místicos, mais semelhantes a deuses que a homens, com quem o diálogo era possível e mesmo necessário. De fato, Liliane Lijn enquanto artista se serve da técnica moderna principalmente para criar ligações entre os seres humanos, entre o homem e a matéria, entre o visível e o invisível.

A intensa participação do público, procurada pelos artistas há muito tempo, e cujos limites pareciam atingidos no fim dos anos 70, tomou um novo impulso graças às possibilidades abertas pelo computador. Sob a denominação pouco precisa de "interatividade" essa busca deu resultados espetaculares nos anos 80.

Na exposição *Electra*, na seção de imagem numérica organizada por Edmond Couchot, a interatividade estava presente em várias propostas de artistas, notadamente de Tom de Witt, Sonia Sheridan, Nelson Max e Roy Ascott. O *Pantomation System*, de Tom Witt, produzia imagens numéricas geradas em tela de vídeo sob o efeito de gestos e deslocamentos do corpo, ao qual de acrescentava um filme em vídeo. Em outros termos, com esse sistema pode-se desenhar um objeto de três dimensões no espaço (com a mão ou com o corpo inteiro) e seguir, depois de tratado no computador, o traço visual em cor nas telas de vídeo. Esse processo não permitiria apenas registrar coordenadas da superfície do objetos em três dimensões, mas também realizar desenhos tridimensionais. Assim, a proposta de Tom de

Witt visa ultrapassar o abismo entre o registro fotográfico e a pura síntese das imagens e libertar o artista da necessidade de colocar réplicas literais da realidade diante de uma objetiva.

De sua parte, Sonia Sheridan elaborou um sistema gráfico com ajuda de um dispositivo informático que permite misturar foto em cor e desenho, dispositivo manipulável tanto por um profissional quanto por uma criança. Já Nelson Max propôs o que se pode chamar de um filme interativo. Graças a um sistema analógico simples, o espectador pode agir numa imagem tridimensional em movimento representando uma paisagem marinha (ilhas cercadas de água) e modificar a seu gosto a cor do céu e do mar e até a posição do sol e da lua no horizonte.

Para Roy Ascott, as redes telemáticas internacionais dão oportunidade aos artistas de criarem uma cultura planetária realmente interativa fundada na possibilidade de comunicação escrita instantânea entre várias pessoas: um telefone e um terminal portátil bastam. Na exposição *Electra*, ele produziu um dispositivo, *A Dobra do Texto*, que colocava em relação direta vários artistas habitando diferentes partes do mundo e que criavam coletivamente, e em interação, um conto feérico e fantástico que foi impresso e afixado na sala do Museu durante a exposição. O público podia, por sua vez, fazer perguntas aos coautores e propor alternativas ao desenvolvimento da história. Como descreve Edmond Couchot, nessa proposta ao mesmo tempo plástica e verbal onde as palavras formam imagens, a referência à "dobragem" evoca a superposição de camadas de texto e de significações que é a essência da comunicação. Trata-se de um experimento duplamente "interativo": não apenas os artistas em diferentes partes do globo e os visitantes da exposição *Electra* podiam participar, mas o próprio computador tinha um papel mediador interativo.

Se a exposição *Electra* acentuava as propostas artísticas em relação com a tecnociência, a exposição *Os Imateriais* favorecia os aspectos filosóficos e os aspectos "materiais" dessa problemática. Situando os produtos da imaginação artística e da invenção tecnocientífica no mesmo plano, ela fazia uma opção estética significativa. Uma segunda opção foi adotada fora desse evento em favor de uma demonstração, talvez ambígua, da pós-modernidade.

De fato, a temática da exposição *Os Imateriais* se apresentava como a demonstração da transformação do mundo material de objetos em um mundo sempre mais dependente dos *mass media* em que o novo ou o real passam através dos meios de comunicação, e em que a própria matéria torna-se impalpável, até invisível como os raios e as ondas. Trata-se pois de uma tendência para a imaterialização, que é, precisamente, a da nova era tecnológica, à qual devem responder uma sensibilidade diferenciada e uma percepção do mundo renovada. Em outros termos, o objetivo dessa exposição foi despertar uma nova sensibilidade do público com ajuda de uma dramaturgia pós-moderna mostrando as perturbações de nosso saber e de nosso ambiente, sempre nos perguntando se, na época em que novos meios de conhecer, de agir e de sobreviver se multiplicam, nós nos tornamos mais livres, mais informados, mais inteligentes...

Desse modo, pode-se perguntar se as novas tecnologias não põem em questão numerosas ideias admitidas que caracterizam a modernidade. Jean-François Lyotard, o organizador principal da exposição *Os Imateriais*, responde que há confusão na modernidade. Ela amou os grandes sistemas, as totalidades. Hoje, poder-se-ia colocar essa questão legitimamente: o projeto moderno de emancipação da humanidade, o ultrapassamento pelo desenvolvimento dos conhecimentos, pelo domínio das artes e das profissões, por extensão, das liberdades, esse projeto nascido no "século das luzes" ainda é centralizador e operante nesse fim de século?

Para Lyotard, a razão em jogo no conhecimento, hoje, não é a mesma que a razão de viver, por exemplo. É preciso multiplicar as razões. Segundo ele, o pós-moderno tenta dar conta das mudanças na percepção do espaço, do tempo, da comunidade humana e não se situa depois do moderno nem contra ele. Já estava incluído nele, mas oculto. Um declínio dos ideais modernos deixa aparecer neles uma outra via, uma via do espírito, uma via cotidiana mais incerta.

Os produtos de apresentação, as técnicas propostas ao público para descoberta do espaço da exposição *Os Imateriais*, se queriam resolutamente inovadores e, se foi acentuada a inovação das relações entre a cultura e as novas tecnologias, era com a intenção precisa de fazer nascer um propósito cultural original e com sentido, sem que a incontornável tecnociência tomasse a frente da cena. Expurgada de seu conteúdo fascinante, de sua magia, ela devia apenas se deixar adivinhar depois de um esforço de concentração.

De fato, a demonstração visual e sonora dessa exposição foi fundada sobre cinco noções linguísticas, todas derivadas da raiz *mat*: materiais, matriz, material, matéria e maternidade que constituíram o elo do evento. Em cada sessão foram examinadas meticulosamente as relações entre a mensagem, seu suporte, seu código, seu referente, seu emissor e seu destinatário, tendo em vista explicar, pelo menos parcialmente, as relações que existem entre os seres humanos e os numerosos fenômenos científicos. Essa explicação foi concebida em função das dificuldades atualmente encontradas na distribuição da informação.

A própria exposição introduzia numerosos suportes usando novas tecnologias, mas raramente em ligação com as propostas propriamente artísticas. Entretanto, ela reunia um certo número de experiências artística utilizando diversos dispositivos combinando informática, audiovisual e as telecomunicações, algumas concebidas por membros ou equipes da Universidade de Paris VIII.

Assim, na seção "Matéria", sob o letreiro *Imagens calculadas*, um dispositivo interativo de imagens em três dimensões, concebido por Edmond Couchot, com programa de Michel Bret, apresentava imagens de síntese que permitem a liberação do referente (a matéria da representação) mesmo se conservam o modo de representação realista.

Na mesma seção "Matéria", mas sob o letreiro *Aroma simulado*, o grupo Illegal Command, utilizando programas de Michel Bret, Monique Nahas e Ervé Huitric, apresentava *Gastronômica*, filme de animação obtido inteiramente por síntese de imagens. A primeira parte desse filme, bastante "realista", foi consagrada a um jogo visual tridimensional com referência à natureza morta tradicional; o segundo, de um gênero "onírico", fazia alusão à perspectiva clássica. Sempre na seção "Matéria" e sob o título *Visitas simuladas*, Jean-Luis Boissier concebeu *O Ônibus ou O Exercício da Descoberta* com a ajuda de técnicas múltiplas: videodisco, vídeo, telecinema, *software* etc., com uma implicação interativa. Tratava-se da maquete de um "ônibus" cujas janelas eram ocupadas por três monitores ligados a um videodisco. Apertando o botão de parada o "visitante" poderia "descer" do Ônibus e ir explorar o lugar de sua escolha.

Na mesma seção, sob o título *Profundidade simulada*, Claudine Eizykman e Guy Fihman apresentavam suas experimentações de cine-holografia com um protótipo operacional multifuncional integrado. Na seção "Materiais", e sob o título de *Todas as cópias*, Liliane Terrier e estudantes da cadeira de Arte e Tecnologias da Imagem da Universidade de Paris VIII faziam uma demonstração técnica original da fotocópia.

Além disso, artistas experientes como Moholy-Nagy, Fontana, Morellet, Takis, Flavin, Sam Moree e Robert Ryman foram apresentados sob o título *Pintura luminescente* na seção "Materiais" com obras baseadas em técnicas recentes para ilustrar a ideia de que, após a substância e a química das cores empregadas como materiais da representação da luz, esta apresenta-se ela própria como material da obra.

Por outro lado, uma ideia muito original presidia a concepção de uma parte do catálogo, *Experiência de escrita*, concebida num plano escritural, mas apresentada visualmente ao público por videotexto. Três dezenas de autores, escritores, cientistas, artistas, filósofos, linguistas, foram chamados a compilar um comentário numa lista de 50 palavras relativas à problemática do evento. Para isso, cada participante dispunha em casa de um Olivetti M20: unidade central, tela, disquete de dupla densidade, cada unidade sendo conectada com a rede do PTT. No Centre Georges Pompidou (*Beaubourg*), um Olivetti M24 recebia as imagens dos autores que deviam enviar a esse possante computador seu texto e podiam igualmente receber o de seus colegas. Uma memória central estocada num disco de grande capacidade conservava as 50 palavras e todos os comentários que tinha suscitado.

O interesse maior dessa experiência de escrita foi procurar o aumento, com lupa eletrônica e informática, da atividade de escrever, impossível de fixar e de revelar sem o artifício de uma máquina e de uma regra do jogo previamente estabelecida.

Se a exposição *Os Imateriais* foi uma excelente demonstração, ao mesmo tempo negativa e positiva, da introdução da tecnologia na vida cotidiana, isso não impede a decepção pelo fato de não ter mostrado suficientemente a tomada de consciência pelos artistas desse fenômeno. Ela poderia, sem dúvida, ter acentuado mais o fato de que na era pós-moderna, época governada pelas novas tecnologias, é no domínio destas, e da sua utilização pelos criadores, que vão depender, por um lado, a qualidade do nosso meio-ambiente, e por outro, nossa capacidade de decodificar e utilizar novas mensagens.

Colocando basicamente sobre o mesmo plano imagens artísticas e científicas, ela negligenciou essa função primordial dos artistas no final do século XX e criou uma confusão, sem dúvida desejada, entre a imaginação artística e a invenção científica.

Ora, parece-nos que o funcionamento desses dois aspectos do imaginário é estritamente diferente. As condições de exercício da imaginação científica numa descoberta como a relatividade ou a mecânica quântica, por exemplo, deve se definir, muito mais do que a imaginação artística, no interior de um formalismo já conhecido para ser inteligível e legitimável. Um artista é muito mais livre ao aplicar sua imaginação a problemas estéticos, mesmo quando ele sofre certos constrangimentos devido às técnicas ou tecnologias utilizadas. Ele pode cobrir uma gama que se liga à numerosas categorias estéticas sempre abertas a novas experiências. Por outro lado, a liberdade de imaginação do artista lhe impõe uma responsabilidade de lucidez e de moralidade excepcionais. De fato, ele deve pensar e apreender as aplicações dessas descobertas no cotidiano muito mais que um cientista que, pelo menos no passado, frequentemente descobriu essas implicações com muito atraso.

A XLII Bienal de Veneza de 1986 ilustrava até um certo ponto essa problemática, se bem que, na versão final, tenha acentuado valores e temas bastante tradicionais relativos às relações entre arte e ciência. De fato, nas seções consagradas à arte e à alquimia ou ainda num salão intitulado *Wunderkammer*, dominavam por seu volume e sua localização privilegiada as seções da tecnologia e da informática assim como as consagradas aos "sistemas cromáticos" e à "cor de vanguarda" onde essa problemática recebia uma demonstração mais atual. Em todo caso, o fato de que esse importante evento buscava aproximar arte e ciência na esperança de criar uma unidade que é suposta ter existido outrora, notadamente no tempo de Leonardo da Vinci, confirmava desse modo, assim como pela inclusão de algumas experiências de ponta, a importância de um novo começo no domínio da arte, da ciência e da tecnologia, no curso dos anos 80.

Entre as obras que refletem esse novo clima, citaremos o ambiente de Waltraut Cooper, *Poesia Digital*, espaço habitável contendo tubos de neon, um computador interativo e um dispositivo musical, o *Laboratório experimental* em que vários artistas podiam se exprimir com a ajuda do videotexto; a seção *Computer imaging* com a pintura eletrônica de Oliver Agid; o robô interativo, *Um Modelo Universal*, de Richard Kriesche; duas obras, *Maschere* e *Lacunare*, de Michele Bohm, a primeira comportando 28 impressoras de computador, a segunda, dispositivos funcionando como código para uma imagem em tempo real. Na mesma seção, Eldon Garnet apresentava um "romance eletrônico", *Atirei em Mussolini*, texto-imagem-instalação funcionando em ligação com disquetes de computador interativos; Richard Lowenberg expunha um programa filmado em infravermelho baseado na tecnologia militar, que comentava, num espírito crítico e pacifista, o estado do armamento no mundo.

A subseção "Redes" na qual participam, entre outros, artistas experientes da comunicação como Robert Adrian, Éric Gidney, Tom Sherman, Tom Klinkowstein e Roy Ascott, apresentava quatro tipos de redes bem diferentes do ponto de vista tecnológico: *networks* literárias em computador (*Sharp texts*), varreduras lentas (*slow scan*) em vídeo, telecópias (*fax*) e transmissões de imagens por computador.

Enfim, quanto ao disco a *laser*, Jean-Louis Boissier fazia o espectador participar de uma proposta intitulada *Pequim de Memória*, graças a um videodisco interativo comandado a partir de uma mesa comportando o plano dos deslocamentos possíveis, enquanto Louise Gay, com uma instalação de videodiscos interativos intitulada *Conte-me uma Imagem*, e Lynn Herschmann com *Lorna*, "o primeiro videodisco interativo artístico", traziam sua contribuição para a demonstração histórica que culminaria na chamada "arte de imagem de síntese tridimensional" para os anos 80, precedida pela "arte eletrônica" dos anos 40, a "*data art*" dos anos 50, a "*random art*" dos anos 60 e a "*computer graphic art*" dos anos 70, entre tantas fórmulas interessantes, mas limitando-se a uma classificação técnica.

É preciso sublinhar que a maior parte das propostas da seção "Tecnologia e informática" da XLII Bienal de Veneza inscrevia-se igualmente no desenvolvimento estético dos anos 80 relativo a uma tomada de consciência da invasão sem precedentes das novas tecnologias na vida cotidiana. Assim, numerosos artistas tinham participado de exposições que acabamos de citar ou analisar e outros eventos como *Ars et Machina I, II, III*, e o Festival de Artes Eletrônicas, que ocorreram em Rennes, deram o último passo na evolução tecnológica e tentaram criar propostas informáticas, cujas palavras-chave são simulação, interatividade e inteligência artificial, sempre vinculando-as a experiências humanas simples.

Atualmente, graças à imagem numérica fabricada por simulação, novos desafios são lançados à imaginação artística que, dominando essa técnica, procura conquistar territórios até então desconhecidos. Por exemplo, a aplicação na infografia da teoria dos fractais permite gerar fórmulas particularmente realistas, enquanto outros tipos de simulação podem criar imagens de inspiração fantástica. Graças a essa intervenção do imaginário artístico, o cinema de síntese representa, hoje, um jogo cultural e industrial muito importante no desenvolvimento das imagens numéricas.

Quanto à interatividade em tempo real entre o olhar e a imagem, ela é realizada por dispositivos ao mesmo tempo técnicos e estéticos que dominam largamente as intenções e personalidades dos próprios artistas. Os melhores dentre eles possuem às vezes uma imaginação próxima da dos poetas. Aos exemplos já citados, poder-se-ia acrescentar as realizações de Jeffrey Shaw, como *A Paisagem Narrativa*, mostrada no Festival das Artes Eletrônicas de Rennes em junho de 1986, ou *Inventar a Terra*, instalada permanentemente na Cidade das Ciências e da Indústria de La Villette. Todas essas propostas estão fundadas em tecnologias particulares que permitiram a criação de uma nova forma de arte interativa, na qual o espectador pode "viajar" através de uma base de dados, de palavras e de imagens e, então, fazer para si uma cenografia pessoal do processo de visualização e de experimentação da obra.

Por seu lado, os artistas particularmente mobilizados pelo jogo da inteligência artificial buscam assimilar e ultrapassar os dados técnicos que permitiram o aperfeiçoamento de programas informáticos capazes de realizar numerosas operações humanas. Os programas elaborados por esses artistas se ligam à problemas propriamente estéticos, mostrando, por exemplo, um espaço digital codificado e colocando-o em relação com nossa consciência cultural e nossa maneira de pensar (projeto de Richard Kriesche).

Um artista alemão vivendo nos Estados Unidos, Bernd Kracke, assumiu, particularmente, a tarefa de criar experiências sensoriais simples com ajuda de novas tecnologias. Seu projeto para a exposição *Ars Eletronica* em 1984 foi fundado numa técnica de videodisco que permite a compressão e aceleração do desenvolvimento de imagens e sua acessibilidade aleatória. Por essas modalidades, Bernd Kracke criou diferentes "zonas de experiências vividas" (*Erlebniszonen*) em que o encontro fortuito de emissões normais de televisão com sequências audiovisuais pré-programadas poderia ter lugar dando ao público a possibilidade de intervir interativamente.

Em suma, parece-nos que, no fim dos anos 80, entramos numa era em que o problema da tecnociência, a tecnologia fundada na ciência, domina vastos estratos da vida social, e que bom número de artistas tomaram consciência desse fato. Eles procuram assumir sua responsabilidade psicológica, estética e moral nesse contexto, criando proposições plásticas ("imagens") que liguem experiências humanas fundamentais às novas tecnologias. Assim operou-se uma abertura num vasto campo de pesquisa artística em que noções de interatividade, de simulação e de inteligência artificial ocupam os primeiros lugares.

Essa nova corrente de arte tecnocientífica, ou essa nova arte da tecnociência, representa sem nenhuma dúvida uma ruptura com as pesquisas dos anos 60 e 70 e se inscreve ao mesmo tempo em oposição ou complementaridade com a tendência neoexpressionista e historicizante que dominou o mundo da arte durante uma boa parte dos anos 80.

As propostas plásticas das quais acabamos de falar podem ser consideradas como testemunha de um acontecimento cultural radical que concerne ao mesmo tempo à criação da imagem, sua percepção e socialização. Elas se inscrevem numa problemática estética muito mais vasta, em que o novo estatuto do artista, da obra de arte e do espectador será definido em função da situação sociocultural de hoje. A própria noção de arte, sempre distinta da de ciência ou de tecnologia, acha uma nova formulação a partir de fenômenos de excitação, de troca, de jogo. Mas, a diferença entre a arte da tecnologia e as imagens das artes plásticas tradicionais consiste no fato de que a nova arte acentua mais o processo que a obra acabada.

Consequentemente, as propostas plásticas tecnocientíficas em movimento constante e em estado de inacabamento desejado abrem-se aos critérios estéticos aplicáveis ao mesmo tempo às artes do espaço.

Quanto ao artista, ele torna-se operador social, catalisador, programador, criador de sistemas interativos. Se mostra um forte interesse por métodos científicos e descobertas de ponta ou suas aplicações tecnológicas, faz sempre presente a imaginação estética, a vontade de criar e comunicar. Ele dispõe doravante de um espaço de liberdade tal que pode propor ao espectador uma grande gama de eventos estéticos que estimulam a sua percepção, até sua criatividade.

Essa percepção foi, aliás, desenvolvida graças às novas tecnologias e foi sensibilizada pelos elementos microscópicos e no desenvolvimento dos processos. Não é mais a transformação do invisível em forma e cores perceptíveis, como nas obras tradicionais, que chama principalmente sua atenção, mas a descoberta da complexidade do visível, da realidade.

No que concerne a entrada efetiva do espectador no processo criador, ela depende da liberdade que lhe é dada pelo artista. De fato, parece que o bom uso dessa liberdade está estreitamente ligado à boa dosagem pelos artistas do imaginário estético.

No plano mais geral, nossa consciência cultural e nossa maneira de pensar se acham ao mesmo tempo modificadas e alargadas por hibridação de duas culturas, artística e científica. A imagem toma aí seu verdadeiro lugar, já que certos raciocínios científicos são efetivamente substituídos por demonstrações visuais. Por outro lado, numerosas criações artísticas não podem mais passar sem cálculos e sistematização.

Por exemplo, a imagem numérica e sintética não é mais a projeção ótica de um objeto preexistente, mas a visualização de um modelo numérico que simula o objeto. Essa imagem se inscreve doravante num universo aberto, potencial, no qual se pode intervir largamente e, sendo algoritmica, ela mantém com outras manifestações estéticas, como o som e a música, mas também com a linguagem, uma relação imediata nova.

Em todo caso, e em grande parte graças aos novos métodos de transmissão de imagens e à difusão massiva dos conhecimentos e informações, entramos, no presente, em uma era em que o pensamento técnico e o pensamento simbólico se encontram, em que o impacto das novas tecnologias provocam uma mutação decisiva na esfera cultural.

Tradução de Ivana Bentes

A DUPLA HÉLICE

Raymond Bellour

> "Eu sorrio ainda não vale mais a pena há muito tempo não vale mais a pena a língua ecoa vai na lama continuo assim mais sede a língua entra na boca se fecha ela deve fazer uma linha reta no momento está feita eu fiz a imagem."
>
> Samuel Beckett, *A imagem*

> "De uma bruma a uma carne, infinitas as passagens em país Meidosem..."
>
> Henri Michaux, *A vida nas dobras*

Sem dúvida sabemos cada vez menos o que é a imagem, uma imagem, o que são as imagens. Não que seja simples de dizer, hoje em dia, o que elas foram, em outras épocas, para outros. As pesquisas que (mais ou menos recentemente) têm se multiplicado, em determinados momentos decisivos da história e da consciência das imagens (a inexaurível Renascença, a crise iconoclasta, as invenções da fotografia, o cinema dos primeiros tempos etc.), mostram que, ao emprestar aos outros, é o desvario concentrado em nosso olhar que buscamos atenuar. O que impressiona, com efeito, nesses trabalhos, não é bem os pontos de vista singulares que aí sobressaem, nomeados em cada um de seus momentos, mas, antes, o fato de que esses pontos de vista se acumulem, como virtualidades possíveis de uma história impraticável de imagens, feita de pontos de ancoragem e de flutuação, que se tornou o sintoma de nossa própria história. Signos de acúmulo de imagens que nos chocam. Entretanto, a bem dizer, não é a saturação que está em questão. "Saturados ou não por imagens, nós não sabemos nada quanto a isso, não saberemos jamais."[1] Não estamos no tempo das cavernas, onde provavelmente as pessoas estavam saturadas de imagens porque não aguentavam mais seus grafites, que eram piores do que a televisão. Nosso problema é, antes, a diversidade de modos de ser da imagem. O mínimo de Imagem(s) que supõe a proliferação doravante virtualmente infinita de imagens, mais caracterizadas pelas linhas de fratura e de conjugação, de indeterminação entre seus diversos modos, do que por sua pregnância no sentido próprio — que deve sempre ser inferida.

Eis o que visam, à sua maneira, essas palavras: passagens da imagem. Com o "de", ambíguo, compreende-se, antes de tudo, um "entre". É entre as imagens que se efetuam, cada vez mais, as passagens, as contaminações, de seres e de regimes: por vezes muito nítidas, por vezes difíceis de serem circunscritas e, sobretudo, de serem nomeadas. Mas se passam, assim, entre as imagens, tantas coisas novas e indecisas é porque nós passamos também, cada vez mais, diante das imagens, e porque elas passam igualmente em nós, segundo uma circulação da qual podemos tentar delimitar alguns efeitos. Enfim, o "de" pode implicar o que falta à imagem, no sentido em que se tornaria impróprio, cada vez mais, fazer da imagem algo de realmente próprio, uma entidade verdadeiramente nominável. Passagens da imagem, então, ao que a contém sem se reduzir a ela, aquilo de que ela se compõe — não é de surpreender que esse seja o lugar opaco, indeciso, que as palavras dão a entender. A analogia, ainda. Poder-se-ia quase partir de qualquer lugar. Da *tavoletta* de Brunelleschi ou da imagem de síntese: esta poderia bem ser apresentada como programa de cálculo daquela; e a construção do mestre italiano teria tido como objeto abrir a pintura à ficção de uma primeira síntese suscetível de assegurar ao sujeito da visão um domínio medido da realidade.

Mas por que de um lado a imagem de síntese, é do outro a *tavoletta*, para sinalizar essas "passagens da imagem" entre as quais nos encontramos capturados? É que a imagem de síntese obriga não apenas a interrogar o que ela produz ou poderia produzir enquanto arte, mas sobretudo a avaliar, como Benjamin o fizera com a fotografia, o que ocorre com a arte quando confrontada com o que ela encarna (ou desencarna), representa (ou desrepresenta), constrói (ou destrói). A atualidade da imagem de síntese, o que ela mostra, não é nada diante das virtualidades que demonstra. Ela afeta, em particular, em seu princípio e sua profundidade, dois dos grandes modos de passagens que têm presidido, por muito tempo, o destino das imagens para entrar, hoje em dia, em uma configuração de crise e de cruzamento na qual elas adquirem, juntas, uma força nova: a que diz respeito ao móvel e ao imóvel, e a que se refere à quantidade (antes de mais nada variável) de analogia suportada pela imagem — sua potência de semelhança e de representação.

Quanto à *tavoletta*, são três as razões para querer situá-la no horizonte de uma avaliação. Ela é, antes de tudo, como Hubert Damisch bem demonstrou, o "protótipo" pelo qual o espaço moderno da visibilidade foi instituído, de modo simultaneamente histórico e legendário, na confluência da arte e da ciência, da psicologia e da cenografia: na "origem da perspectiva".[2] Essa "instalação" possui também o mérito de prefigurar o procedimento da mistura de imagens. Sabe-se que, no espelho que o sujeito segura na experiência de Brunelleschi, compõem-se dois planos heterogêneos: a pintura de um monumento concebido segundo as modalidades da perspectiva que se inventa; e uma superfície de prata polida, "de forma que o ar e os céus naturais aí se reflitam assim como as nuvens que aí são vistas, levadas pelo vento, quando este soprava". O que Damisch destaca, primeiro em sua *Theorie du nuage* e depois em seu livro acerca da perspectiva, é o valor de índice dessas nuvens, "mostradas" mais do que "demonstradas", escapando pela fluidez de sua matéria à racionalização perspectivista (ela é construída sobre uma exclusão que o protótipo — e nele a pintura — reconhece mas atenua, ligando os dois planos para responder por toda a natureza).[3] O que, além disso, me seduz, é a concepção de uma imagem que participa do movimento, ou de sua virtualidade, e, assim, de um entremeio bastante contemporâneo: se o céu permanece imóvel, é antes a pintura ou a fotografia que a situação exige; se as nuvens passam, é o cinema ou o vídeo. Enfim, a narrativa de Manetti ressalta que, nesse dispositivo, "pareceria que aquilo que se via era o próprio verdadeiro".[4] Sem detalhar o que Damisch vê nessa conclusão, podemos encaminhá-la a duas visadas, que margeiam a longa aventura que chega, hoje em dia, a um ponto de retorno: uma exigência de ciência e de verdade, de cuja história a pintura participa enquanto construção; o reconhecimento de uma analogia entre os resultados dessa construção e o mundo real cuja imagem ela suporta.

Essa impressão de analogia só pode, evidentemente, parecer natural porque ela é construída, mesmo tendo seu fundamento na fisiologia da visão. Mas é precisamente porque, pela primeira vez sem dúvida na história, a impressão de analogia foi o objeto de uma construção tão deliberada (tanto no plano da própria ótica quanto do sujeito nela apreendido) que ela pôde então se destacar como tal e acentuar na percepção da arte a questão de uma identidade (parcial, relativa, mas constitutiva e constituinte) entre a obra e o mundo natural. Mais claramente, é a própria percepção, como fonte da arte, que vem então ao primeiro plano. Quer seja pela afirmação de uma comunidade de visão entre arte e ciência ou na reivindicação de uma certa autonomia da arte que daí deriva (da primeira à segunda fase da Renascença). Mas o essencial (pelo menos para mim, aqui) é que esse impulso de visualidade seja cada vez mais levado a se conceber segundo um pensamento e técnicas próprias, e que estas se tornem a garantia de uma capacidade de analogia cujo problema elas colocam.

Tomemos como exemplo o tema, bastante conhecido pelos historiadores, mas cujas virtudes continuam grandes, da comparação entre as artes, o *paragone*. Se relemos os *Cadernos* de Leonardo da Vinci (seção XXVIII), vemos que lhes falta, antes de tudo, elevar a pintura a um nível igual ou mesmo superior ao da poesia, e fazer assim dessa arte dita "mecânica" uma das artes liberais e a arte por excelência: "pequena filha da natureza e parente do próprio Deus".[5] Se a poesia "descreve as ações do espírito", a pintura "considera o espírito através dos movimentos do corpo"; e é daí que vem, sob o duplo título do prazer e do verdadeiro, um privilégio cujo cerne é a semelhança ("Não vimos quadros oferecerem uma semelhança impressionante com o objeto real, a ponto de enganar homens e animais?"). Esse privilégio dado à imagem em relação às palavras supõe um segundo debate, interior à esfera do visual, sobre os méritos comparados da escultura e da pintura, em favor da qual da Vinci decide com brutalidade. A célebre investigação de Benedetto Varchi (1547-1549), de cujo assunto se trata, meio século após as notas de da Vinci, mostra que para os pintores não há dúvida de que a pintura seja superior. Como da Vinci, eles sustentam que diante de sua referência comum — a natureza — a pintura põe em operação muito mais qualidades do que a escultura (dez ao invés de cinco, nas contas de da Vinci). Se aquela está, em um sentido, menos diretamente ligada à natureza, por falta de matéria e de relevo, ela dispõe, em contrapartida, de tudo o que lhe permite ser um seu equivalente superior. "A pintura exige maiores capacidades especulativas, mais habilidade, ela é mais impressionante do que a escultura, na medida em que o espírito do pintor é levado a se transformar segundo o próprio espírito da natureza, para se tornar um intérprete entre a natureza e a arte. A pintura justifica, ao se referir à natureza, as razões do quadro que está de acordo com suas leis (as da visão e da perspectiva)."[6] A obra de Robert Klein e Henri Zerner, da qual retiro essas referências, menciona um exemplo perverso (citado pelo pintor Paolo Pino, em seu *Dialogo di pittura*, 1548): um quadro perdido de Giorgione, no qual São Jorge em armas se achava exposto simultaneamente em uma única olhada e de todos os lados, "para a vergonha perpétua dos escultores" (graças a uma fonte e a dois espelhos habilmente dispostos).

A questão, parece, não é a de saber quem tinha razão, se da Vinci assegurando o triunfo sensual e abstrato da pintura como imagem, ou se Michelangelo remetendo a seus devaneios para louvar a escultura. Mas, a favor desses debates, se impõe a ideia de uma quantidade variável da impressão de analogia, ligada aos diferentes meios suscetíveis de formá-la e de fazer assim, ao mesmo tempo, uma parte e um conjunto, a síntese de um mundo. Isso compromete, quanto às artes visuais, além da pintura e da escultura (e o baixo-relevo oscilando de uma a outra), sobretudo o desenho, e todas as gravuras abundantes ao sabor dos desenvolvimentos do livro. O que denominamos "realidade" do mundo refere-se, assim, igualmente às imagens que se multiplicam. Elas parecem emanar daí, visto que tomamos então como referência um mundo natural e divino que se acredita estar sendo visto diretamente. Mas é o olho que assegura o elo entre o mundo e suas imagens, visto que é ele que os percebe. Ele confirma assim sua distinção, desde que elas daí se depreendam de forma suficiente e se mostrem bastante cativantes para que a questão de sua natureza se coloque (ou se encontre em termos novos). A ação perceptiva se fixa de forma cada vez mais nítida em torno da impressão de analogia, desde o instante (simultaneamente real e simbólico, tão bem amplificado por Damisch) no qual uma máquina de visão se torna uma referência. Assim, as diversas modalidades de colocar em forma o visível se encontram melhor qualificadas em relação à quantidade de analogia que são suscetíveis de produzir.[7]

Eis então aquilo cujo rastro eu desejava, rápida mas obstinadamente, seguir antes de tudo, a partir do aparecimento dos modos de reprodução mecânica: foto, cinema, vídeo — até à imagem de síntese que se separa destes, mas guarda uma relação ambígua com o que ocorre, neles, de representação. Não é descartar tudo o que alimentou e modificou a impressão de analogia, da origem da perspectiva à invenção da fotografia. Mas é preciso constatar que ela foi, consequentemente, tomada em um movimento de espiral que podemos tentar situar, até os limites extremos que lhe conferem hoje em dia uma qualidade de vertigem tão forte: por um lado, sempre maiores diferenciações; por outro, uma virtual indiferenciação.

Tomar a analogia como guia não é mostrar uma crença cega nos poderes do que ela designa. O análogo não é o verdadeiro, mesmo se foi ou pensou ter sido. Mas, participando de uma história — em linhas gerais, a da semelhança — a ideia ou a impressão de analogia contribui, basicamente, para situar os tempos e os modos de uma evolução. Além disso, designando por natureza, na linha direta de sua origem religiosa, a relação de dependência entre dois termos, o mundo e a imagem, a "analogia" leva a supor tanto essa relação entre as próprias imagens, quer dizer, entre modos de imagens, quanto entre modos e mundo(s). E isso até mesmo quando, tendo as relações de dependência se fraturado, se pulverizado, as imagens precedem o mundo, multiplicando elas mesmas os mundos até o indiscernível. Em suma, o recurso à analogia permite continuar a avaliar em função de um afastamento, a despeito das metamorfoses da norma e quase até seu desaparecimento — com o qual frequentemente nos assustamos ou nos regozijamos rápido demais. De um tal afastamento, por mais que às vezes pareça difícil circunscrevê-lo, continua a depender uma realidade da arte, ou, pelo menos, sua ideia, se acreditamos e sobretudo se queremos que ela ainda sirva para algo. Sem isso podemos igualmente nos livrar de uma noção importuna e imprecisa na medida em que ela é, antes de tudo, deslocável. É isso que a torna interessante.

Há na hipótese de Peter Galassi sobre as origens da fotografia algo que satisfaz ao espírito. Vemo-la surgir naturalmente de mutações da pintura, especialmente da nova velocidade de que o olho, na virada do século, é investido nos estudos de natureza. Central e prescritivo, na perspectiva clássica, esse olho se tornou móvel, face a uma natureza doravante fragmentária e contingente, em relação à qual a fotografia parece convocada a preencher uma função justificada.[8] Extirpada assim da história das técnicas, a foto retorna à história da arte; e torna-se tanto mais simples negar que ela tenha podido, como se do exterior, usurpar subitamente as funções da pintura e precipitá-la, de lá, para as aventuras da abstração.

Que seja. Mas essa maneira de ver tem o inconveniente de relativizar, de saída, o fantástico suplemento do qual a foto terá sido, e se tornará, o lugar: seu suplemento de analogia. Ele se refere de início, como já foi dito e redito, ao próprio ato, o valor de índice, o "isto foi" do instante e da apreensão. Ele se denota, por outro lado, na própria imagem, no grau de realidade de que a objetiva — de nome bem apropriado — a investe. Um grau de realidade ao qual não se deve voltar, quaisquer que sejam os afastamentos (simultaneamente precisos e flutuantes) entre a ótica (as óticas), a visão natural (as visões naturais) e os signos de desrealidade (ou de menor realidade) que a foto não parou de produzir, por acaso e cálculo, enquanto arte. Basta, por exemplo, seguir cuidadosamente as rubricas do catálogo da recente exposição do Musée d'Orsay, *L'Invention d'un Regard*, para compreender que a impressão de analogia é questão tanto de graus quanto de níveis, de modos e de elementos (podemos avaliá-los, se preciso for, com maior ou menor precisão, como já se podia fazer — mas sem a qualidade de complexidade e de perturbação que a foto introduz — para a pintura, o desenho, a gravura...).[9]

É claro também que o suplemento de analogia próprio à foto permite que ela, por si só, responda, ao longo do século, à extraordinária extensão da natureza, do mundo que se tornou ao mesmo tempo cada vez mais visível e invisível. A natureza se estende com a analogia, ela se (re)define também pelo analogizável. O exemplo da foto científica demonstra como, graças às próteses óticas com as quais a visão natural se equipa (microscópio, telescópio etc.), a percepção ganha uma infinidade de novas imagens; até às representações que poderíamos qualificar de abstratas ou fictícias, se elas não se referissem à intimidade ainda nunca vista. É em relação a esses limites (realismo concreto, realismo abstrato), que balizam a quantidade de analogia da qual a fotografia cobre um novo espectro, que se engaja uma liberação da pintura pela fotografia de quem esta sofre, por sua vez, a ascendência (pictorialismo, foto de arte).[10] A pintura abre assim, por sua vez, o campo do visual a uma dimensão da experiência que a foto é menos adequada para apreender (e cujo "modelo" a ciência estende à pintura através das teorias da luz e da cor). Ela fará assim culminar na analogia de percepção uma analogia de impressão que simultaneamente estende, aproxima, desfoca e abstrai a visão absorvida em quadro. O notável, aqui, é o fato de o impressionismo dedicar-se assim a fixar (entre outras coisas) o que pertencia, na *tavoletta*, ao móvel e ao evanescente, as nuvens e, mais amplamente, a atmosfera, ao próprio momento no qual o cinema faz dessa maneira volátil o suplemento quase inocente de uma conquista que o faz aceder, ao mesmo tempo ao fim de uma longa evolução e subitamente à analogia do movimento (as famosas folhas que se movem nas projeções de Lumière, com o que nenhum pintor ousaria sonhar). Mas o mais notável é que seja ao mesmo tempo em que esse movimento do cinema se estenda (pela divisão do espaço e as primeiras aquisições da montagem) que a pintura se desloque com Cézanne para a analogia de sensação e se encaminhe, como se sabe, rumo ao cubismo e às diversas abstrações que o duplicam e que se seguem (todos esses movimentos que a fotografia abraçará, por sua vez, em suas margens).[11] Como se a analogia perceptiva, precipitada de início pela fotografia, só pudesse cavar para dentro de si, esvaziar-se até se abolir em benefício de um tipo de analogia mental a partir do momento em que ela se estende, ao contrário, de forma espetacular, ganhando para sua causa a analogia do movimento. Assim, a analogia ontológica subjacente à analogia perceptiva se divide, como nunca antes ela o havia feito.

Pode-se, a partir daí, fazer sumariamente quatro observações:

1. É em conjunto e constituindo corpo que as diversas artes da imagem estendem e transformam a realidade do mundo (a natureza) de que participam, mantendo porém, no interior desse mundo, um afastamento entre sua apreensão enquanto tal e sua apreensão enquanto imagem (a partir da experimentação comum da visão "natural"). A arte é, em particular, o que dá forma e voz a esse afastamento, o exemplifica, abrindo potências próprias a essa apreensão. A extensão da quantidade, da capacidade de analogia, ameaça de início a arte na medida em que parece, a cada vez, minimizar o afastamento no qual esta se reconhece. Mas ela se restabelece incorporando-o a seu princípio, diversificando com isso essa quantidade em qualidades de analogia (estilos, movimentos, obras etc. que se revelam como tratamentos singulares da nova quantidade), abrindo assim ainda mais a questão da quantidade variável de analogia própria a cada arte bem como a de uma variação concomitante entre as artes.

2. Cada arte fica tentada a cobrir em si mesma, no interior de seus limites materiais, mas também forçando-os, o espectro inteiro da comunidade que forma com as outras artes, da quantidade de analogia que elas podem, uma por uma e em conjunto, assumir e arruinar. Assim o cinema, de início única e claramente analógico, irá estender essa quantidade ao máximo, formada por diversas qualidades quando ele se descobre como arte (um pouco como a pintura, coisa mental, estendia suas possibilidades a partir da perspectiva). Mas essa quantidade se encontra assim dividida muito rapidamente e por isso mesmo simultaneamente ampliada e relativizada. Essa será por um lado a concepção (desde os anos 1910) do cinema de animação que desloca a analogia do movimento, recompondo-a ao sabor de uma visão figurativa que substitui a analogia fotográfica pelas conquistas antigas do desenho e da caricatura, logo de uma ideia da visão centrada em torno do esquematismo mais do que da presença sensível. De um outro lado, será dez a quinze anos mais tarde o nascimento de

um movimento, sempre parcial mas essencial e que não deixará de estar presente no grande cinema figurativo, como seu reverso: o cinema abstrato, mais ou menos abstrato (dir-se-ia também concreto, "integral", conceitual e estrutural) que não cessará de se unir, em seus modos múltiplos, às preocupações da pintura (daquilo que se tornou em parte — mas também um pouco para sempre — a pintura).

3. Assim se constitui, na gradação que se dispõe de uma as duas artes baseadas na reprodução mecânica e ligadas às artes visuais que lhes são anteriores, um dispositivo de possíveis, formado pelas usurpações e pelas passagens suscetíveis de serem operadas (tecnicamente, logicamente, historicamente) entre as diferentes artes. Se os anos 20 continuam a exercer hoje em dia uma pressão tão forte, é porque se encontram então cristalizados os gestos que pré-formaram os registros de indeterminação que se nos tornaram essenciais. Por exemplo, Malevitch opondo a Eisenstein a necessidade de uma analogia superior passando para além de qualquer reconhecido visível; o fotodinamismo dos irmãos Bragaglia, tentando extrair do cinema seu movimento para incorporá-lo à espessura da matéria fotográfica; o cinema, começando com Vertov e alguns outros, a se interrogar sobre o natural e a validade do movimento que acaba de conquistar.[12]

4. Eis como se instala, por metáfora, o que podemos chamar a dupla hélice. É homenagear a extensão da natureza entrevista pela ciência (de onde nos vem sempre a pressão). É sobretudo enfatizar a que ponto estão ligadas as duas grandes modalidades ao sabor das quais a analogia se encontra constantemente ameaçada e retrabalhada. A primeira modalidade diz respeito à analogia fotográfica, a forma pela qual o mundo, os objetos e os corpos parecem aí definidos (sempre por uma parte, e mais ou menos) por referência à visão natural, um certo estado fixado da visão natural, que implica semelhança e reconhecimento. A segunda modalidade diz respeito à analogia própria à reprodução do movimento. Eis as duas potências que se encontram, cada uma e em conjunto, postas em jogo e mal postas, no filme, visto que a imagem inclina-se rumo à desfiguração, à perda de reconhecimento ou que seu movimento se encontra desviado, cristalizado, interrompido, penetrado pela irrupção violenta do fotográfico (o efeito-foto: ele vai da foto como presença ao congelamento da imagem, passando pelas ficções da fixidez e do fotograma).

Isso subentende duas ordens de precisões.

Uma mesma questão se coloca à fotografia, sob formas múltiplas e sutis (nas quais não me deterei): quer seja de forma declarada, através da série, da montagem, da colagem etc., como através do *flou*, da imagem tremida etc.; quer seja, mais profundamente, e sobretudo mais enigmaticamente, pela condensação de movimento que constitui, propriamente falando, a deposição fotográfica do real nas grandes imagens. De forma que, a cada vez, é na realidade o tempo, a qualidade de presença ou de falha do tempo, que é visado (para além ou através do tempo histórico ou antropológico do "isto foi").

Se o cinema é mais implicado do que a foto pelo funcionamento da "dupla hélice", é simplesmente porque ele é mais vasto, possui um acesso mais direto, mais complexo e mais geral ao movimento e ao tempo. É porque quanto mais a analogia se estende e vai rumo a seus limites, mais essas modalidades se manifestam em toda a sua variedade e força. É porque ele se construiu — sétima arte —, o único capaz de substituir as grandes artes anteriores, senão de permitir, como se acreditou, sua síntese.[13] Existem, evidentemente, várias outras modalidades que não a fotográfica, frequentemente mais refinadas, pelas quais o movimento é levado, no cinema, para além de si mesmo. O único verdadeiro privilégio do fotográfico é o de constituir uma irrupção material do tempo que marca e condensa muitas outras, testemunhando, assim, passagens entre duas dimensões e duas artes da imagem, como as que se operam entre dois modos da imagem no interior de uma única arte. Do mesmo modo, existem no cinema muitos espaços indiscerníveis na escala imprecisa dos graus de figuração e de desfiguração. Mas se há uma força particular dos momentos e das formas que asseguram visivelmente a passagem entre dois ou mais desses graus, é porque eles testemunham a tensão própria que liga o cinema, simultaneamente, a várias épocas misturadas da pintura e das artes da figura de cujo campo ele ocupa também uma parte.

Em suma, os dois modos de passagens unidos aqui na imagem da dupla hélice constituem as bordas ou pontos de ancoragem, atuais-virtuais, a partir dos quais se pode conceber o que passa, o que se passa hoje em dia entre as imagens. Eles estão estreitamente ligados, desde o cinema dos anos 20, que fez com que se aproximassem um do outro e oscilassem, inventando configurações de imagens ainda nunca vistas. Mas é no cinema moderno e na era do vídeo que o vínculo se estreita, explode e se acelera, com pontos de cruzamento de uma extrema violência — o vídeo que estende o cinema com risco de dissolvê-lo em uma generalidade que não possui número nem nome na classificação das artes.

Em belas páginas sobre *L'Avventura*, Pascal Bonitzer enfatizava o instante singular no qual o herói, por uma espécie de inação calculada, derruba um tinteiro colocado sobre um projeto de arquitetura, uma dessas perspectivas perfeitas cujo segredo a arte italiana possuía, produzindo assim contra esse desenho, através dele, simultaneamente para aquém e para além dele, "uma figura singular, embora informe e sem nome". "Vertigem estética", "vertigem da mancha": exemplo da analogia fotográfica arrastada pelos meios aqui muito simples e naturais, rumo ao que a corrompe.[14] Do mesmo modo que o congelamento da imagem, como qualquer irrupção por demais viva da foto e do fotográfico no movimento do filme, introduz, por sua vez, uma vertigem comparável, faz mancha.

O vídeo é essa mancha. Sem dúvida frequentemente por demais visível. Mas indelével, e rica, já do leque de qualidades ao sabor das quais uma técnica se transformou, rapidamente, em arte. Seu paradoxo tem sido o de apanhar a analogia em uma tenaz: por um lado ela multiplica sua potência, por outro ela a arruína. O vídeo estende diretamente a analogia do movimento ao tempo: tempo real, instantâneo, que duplica e ultrapassa o tempo diferido do filme, e do qual as câmeras de vigilância oferecem a imagem atroz e pura. Invisível de ser por toda parte, cego à força de tudo ver, ele vem para além dos séculos figurar a versão neutra e negativa do Cristo Pantocrator, visível e que tudo vê. O vídeo leva assim à sua perda essa capacidade de analogia dilatada às dimensões do universo: pela primeira vez, os corpos e os objetos do mundo são virtualmente desfiguráveis (e, logo, refiguráveis), ao sabor de uma potência que transforma, em tempo real ou quase não diferido (e não mais somente, como no cinema, por uma lenta elaboração cujas trucagens constituem o modelo), as representações que capta seu olho mecânico. Isso explica o fato de a videoimagem, a caçula das imagens da reprodução, poder aparecer simultaneamente como uma nova imagem, irredutível ao que a precede; mas também uma imagem capaz de atrair, de absorver, de misturar todas as imagens anteriores, pintura, fotografia, cinema. Ele multiplica assim todas as passagens operadas até aqui entre as artes e faz dessa capacidade de passagem ao mesmo tempo o que o caracteriza em relação a cada uma delas como o que o define propriamente (positiva e negativamente) em relação à ideia de arte. Isso, a partir de sua dupla posição. Por um lado ele está preso por natureza à televisão, isto é, ao instante de difusão de todas as imagens; por outro, à videoarte como forma nova da utopia ou, pelo menos, da diferença da arte. Mas a videoimagem continua ligada, até em suas metamorfoses digitais, à essa analogia do mundo que ela faz passar "fora de seus eixos".

É essa "última analogia" que Jean-Paul Fargier teria desejado exorcizar jogando com os dois sentidos da palavra analógico: seu sentido técnico (fala-se em vídeo de "sinal analógico"), que o opõe ao digital ou numérico (isto é, tratado pelo computador) e seu sentido trivial, que supõe representação e semelhança.[15] Ao "demônio da analogia", que tanto obsedava Mallarmé, conforme lembra Fargier, ele opõe assim o "anjo do digital", que ele vê descer hoje em dia do céu inteligível das imagens. Isto para chegar à suposição de que *Um lance de dados*, em sua época, teria permitido a Mallarmé a transmutação do demônio em anjo; e daí inferir que o vídeo faz o mesmo passando do analógico ao digital. Fargier define bem: "Só se numeriza aquilo que antes já se analogizou. Mas eis a dificuldade: ao numerizar-se, desanalogiza-se". E ele evoca esse processo pelo qual toda imagem tende desde então a ser tratada como um objeto e, por autoimplicação, a se tornar seu próprio e único referente. De modo que o efeito de ao vivo, "no espaço novo da televisão numérica" se opera entre as imagens, mais do que com o mundo; e que em muitas obras dentre as mais fortes da videoarte não se pode mais distinguir entre plano e planos, imagem e imagens. A ponto de toda referência parecer estar dissolvida em benefício de uma relatividade generalizada. O demônio da analogia não foi entretanto definitivamente exorcizado assim como não o foi por Mallarmé. Ele está presente desde o gesto mesmo implicado pelas primeiras palavras do poema ("Um lance de dados"...), ao longo do qual a ficção, embora dispersada nas "divisões prismáticas" é porque Ko Nakajima submeteu em seu *Monte Fuji* (e em três versões, para insistir no valor do ato) a imagem da famosa montanha em todas as flutuações perceptivas-perspectivas concebíveis, que seu valor de referência se encontra assim por isso apagado. A imagem flutua, se destrói, se objetiva e se autorreproduz, como o mundo no qual ela se produz; e isso não é nada. Mas há, em cada imagem ou fragmento de imagem um monte Fuji que se eterniza, imagem do verdadeiro monte Fuji que pode ser visto no Japão, mesmo se foi ocultado por um excesso de imagens de todos os gêneros cuja fermata foi a película de Nakajima. Do mesmo modo que existe uma Santa Vitória que se pode ainda filmar (Straub-Huillet acaba de fazê-lo em seu magnífico *Cézanne*, mesmo se as árvores queimaram), cuja imagem é simultaneamente banalizada e sublimada por todas as reproduções que fazem circular, através do mundo, as visões que dela teve Cézanne. É claro: ou a imagem digital se transporta e se encontra de saída no nível de uma analogia mental, do tipo que terminou por se formar em Kandinsky e Malevitch, ou de uma abstração sensual, como em outros pintores; ou o digital traz em si o analógico, mesmo que seja apenas como afastamento entre o que a imagem designa e aquilo que ela se torna, face à ficção que assim ela estabelece, que não pode deixar de estabelecer.

Será que o mesmo não acontece com a imagem de síntese? Todos os que a descrevem insistiram em sua irredutível diferença: estritamente numérica, calculada, a imagem de síntese não seria mais, propriamente falando, uma imagem, mas verdadeiramente um objeto, escapando à ação da representação, abrindo para o que se destaca dela: uma simulação.[16] Parece que, de saída, as dificuldades enfrentadas para circunscrevê-la devem-se às flutuações entre duas distinções: por um lado, entre a natureza da imagem e seu uso; por outro, entre sua realidade (o que ela é hoje em dia) e sua virtualidade (o que ela poder ser amanhã, depois de amanhã).

Constata-se que a própria ideia de uma imagem calculada, obtida não por registro, mas por modelos, segundo uma linguagem que para muito além da língua parece ter exorcizado as aporias do sentido e da semelhança, dissolve a questão da analogia. Se a única analogia da linguagem-máquina é o cérebro humano, o termo se estende para além do que ele pode trazer. Mas por um outro lado, permanece o olho: existem as imagens, as quase-imagens, o que se vê delas e o que se prevê delas. A imagem de síntese permanece ligada ao que ela figura, quaisquer que sejam as condições de formação e de aparecimento da figura (sob o modo da interatividade ou do espetáculo, já que está ligada aos dois, a todas as oscilações suscetíveis de serem produzidas entre uma e outra). Se se retomam as coisas de onde foram deixadas, percebe-se que a imagem de síntese multiplica, para além de qualquer medida, a potência da analogia, ainda que ela a absorva e a faça desaparecer arrancando daí a imagem do registro do tempo. Ela parece tanto mais "representar" quanto reduz a zero qualquer representação; pode pretender dizer, simultaneamente, para o olho e para o espírito, qualquer coisa que ela calcule e figure: isto é uma representação, isto não é uma representação. A imagem de síntese é a expressão última e paradoxal da metáfora da dupla hélice: de si mesma e como que sem nenhum recurso prévio, ela pode virtualmente modular as quatro bordas que a compõem e sobretudo variar como quiser suas tensões, até o indiscernível. Em um certo sentido, o *pixel* pode (ou poder ou desejaria poder) tudo. Mas esse tudo é aquilo que o sufoca, e torna a imagem de síntese tão insegura de si mesma, atormentada, pode-se dizer, entre seu mito e o que ela nos dá.

A imagem de síntese deseja o todo de um real sobrerreal: a réplica do vivo como pode ser imaginada a partir da confusão e do holograma, mas através da potência desatrelada de um programa. Ela se torna assim o Análogo em pessoa, e seu avesso dúplice. Não mais uma imagem que seguindo os relés por tanto tempo administrados para conduzir da natureza ao sobrenatural, do visível ao invisível, do empírico ao ontológico, procura ser um testemunho, pelos signos extraídos dessa natureza, do criador que ela supõe ou da criação como invólucro vivo e enigma. Mas visando a um real para além do vivo, a imagem de síntese implica, simultaneamente, uma criação imitada e uma recriação recomeçada. A Analogia total e o não-Análogo absoluto. Já que sabemos bem que não se imita a Deus, e ainda menos se finge sê-lo. Isso explicaria o fato de a imagem de síntese se encontrar de saída tão desprovida em relação ao que pode produzir enquanto arte.

É surpreendente que, após tantos anos de existência, ela não tenha, com efeito, concebido nada que se pareça com uma obra, nem mesmo com um verdadeiro gesto de arte, a despeito das visões extremas das quais já investiu o entendimento das imagens (contrariamente à videoarte, que soube muito rapidamente encontrar os gestos apropriados para se situar em relação à televisão, e em seguida afirmar uma autonomia crescente; ou ao cinema, transformando "uma invenção sem futuro", limitando-a a suas conquistas essenciais para desdobrá-la novamente em uma dimensão insuspeitada pela maioria das artes anteriores). Parece que, logo que ela tende a ultrapassar o estágio do puro processo local, a conquista do traço tecnológico isolado, para se engajar em uma produção manifesta, para esboçar os contornos de um mundo, os inícios de uma ficção, a imagem de síntese tem realizado essencialmente quatro gestos (se nos atemos ao que vemos). A transformação e a reciclagem das imagens anteriores (cinema e sobretudo pintura, com uma insistência significativa nos momentos, modos e obras principais — Renascença, *trompe-l'œil*, Picasso, Magritte etc.). Uma co-habitação turva com o cinema de animação, cercada por dois extremos: a mimética pura e simples, que prova apenas — mas é considerável — que a síntese possa recuperar o desenho e que o olho possa daí em diante confundi-los (o impressionante desenho animado de John Lasseter, *Luxo Junior*); a concepção de novos componentes, que abrem virtualidades à ficção dos corpos, entre cinema e pintura (como o belíssimo *Particle Dreams*, de Carl Sims, no qual uma multiplicidade de átomos erráticos se compõe, delineando uma cabeça simultaneamente firme e ameaçada, que é esvaziada ao aspirar-respirar). Tentativas mais diretas e mais "realistas" de modelização da natureza, do corpo e do rosto, ingenuamente bloqueadas no limiar da ficção. Enfim, vimos inúmeras composições mal definidas: formas, texturas, matérias, oscilando entre figuração e abstração, imagens indecisas e aleatórias. De modo que é nos trabalhos menores, marginais, que se encontram raras tentativas abrindo para um mundo, testemunhando uma visão própria e, através disso, criando obras — como *Pictures* ou *Is There Any Room for Me Here?*, de Tamas Waliczky.

Não há dúvida de que tudo isso diz respeito às dificuldades próprias da imagem de síntese: custo, tempo de cálculo, aprendizado etc. E cada dia traz novas soluções para antigos e novos problemas. Mas a imagem de síntese não está por isso menos bloqueada na margem de um todo-analógico, cujo limite é evidentemente a capacidade de concepção (seria melhor dizer, de re-produção?) do movimento humano e das paixões que o animam, cuja saída é incerta e a entrada, problemática. É essa situação que testemunham as imagens científicas, tão frequentemente admiráveis, que puderam ser observadas em algumas situações (em particular, as simulações de crescimento de vegetais). Em sua pureza exemplar, no cruzamento entre o esquematismo do desenho e a reprodução fotográfica, elas são comparáveis às "visões" de Lumière de uma arte que não sabe mais se existe um futuro e qual será ele, o futuro propriamente ou apenas proporcionalmente a suas combinações, ainda insuspeitadas, com as técnicas e as artes que a precedem. Programando segmentos limitados da natureza, abrindo assim um acesso ao invisível, e inscrevendo assim essa invisibilidade no tempo condensado da visão natural, essas imagens demonstram que a imagem de síntese nos propõe esse paradoxo: uma analogia virtual. Seja uma imagem que se torna atual e portanto verdadeira para a vista na medida em que o é, antes de tudo, para o espírito, em uma ótica acima de tudo bastante próxima do que se produziu quando da invenção da perspectiva, se não for a ótica justamente o que se encontra relativizado. O olho se torna segundo em relação ao espírito que o contempla e exige ao olho que acredite nele. Mas é igualmente porque a imagem, para ser simulada, deve ser, mais do que vista (eis sua função de espetáculo, que permanece), tocada, manipulada (é sua dimensão propriamente interativa).

Se Bill Viola, o videoartista por excelência, aberto mais do que qualquer outro às violências do corpo e do mundo sensível, se deslumbrava tanto, há alguns anos, diante da ideia de um "fim da câmera",[17] é porque ele via nessa mutação o fim de um privilégio concentrado desde a câmera obscura em torno da luz como premissa para a formação de imagens, e destinada a evoluir em duas dimensões complementares: um espaço conceitual, um espaço tátil. O primeiro permite abordar, para além da excessivamente pura impressão visual, uma relação mais completa com o espaço, na medida em que permite recuperar a relação entre sensações visuais e estímulos cerebrais: "segundo um processo que vai do interior para o exterior, mais do que o contrário"[18] (é, em Freud, a situação da imagem do sonho). A imagem é assim concebida mais como um diagrama, uma projeção mental, do que como uma captação do tempo da luz. O segundo espaço é o da manipulação do computador, que concebe essas imagens: manipulação engenhosa, certamente, mas sobretudo instrumental, corporal, gestual. Essas são as duas condições exigidas para "avançar rumo ao passado",[19] fechar o círculo que, de Brunelleschi ao vídeo como último olho panóptico, concentrou, em torno de um Deus cada vez mais ausente mas sempre invisivelmente pregnante, o poder de fabricar imagens. É igualmente desalojar o espectador de seu lugar assinalado, e introduzi-lo como ator, produtor ou coprodutor de uma virtualidade. A referência constante à interatividade, em tantos textos acerca da imagem de síntese, tem por objeto essa visada; e com ela um suplemento, simultaneamente forte e *flou*.

É claro que há na interatividade (para além da imagem de síntese, mas através dela) uma potência imensa. Basta ter jogado PacMan para se convencer disso, ou ter manipulado um vídeodisco (*The Erl King*, de Roberta Friedman e Grahame Weinbren, por exemplo, atualmente o mais elaborado que conheço). Como diz o viajante de *Sans Soleil*, de Chris Marker, essa potência participa dos "planos de assistência das máquinas à raça humana, o único plano que oferece um futuro à inteligência". Se ela é considerada como a "insuperável filosofia de nosso tempo", ela se torna a única utopia social e política que nos resta. Mas como também afirma o viajante, seguindo a metáfora do PacMan, "se há alguma honra em praticar o maior número de ataques vitoriosos, no final das contas, isso sempre acaba mal". A questão seria formulada então da seguinte maneira: necessária, inelutável, portadora de futuro, pode a interatividade ser colocada a crédito de uma nova utopia, mais razoável do que foi a "Aldeia Global" macluhaniana? Por um lado a televisão mudou a sociedade, nem para melhor nem para pior; por outro ela abriu, resposta simbólica de Paik e de seu *Global Groove*, manifesto implícito da videoarte, um espaço novo à diferença da arte. O que a interatividade deixa entrever poderia ser bem mais profundo. Instalando-se na órbita de um círculo tão generoso quanto vicioso no qual já se deu a volta mas que seria sem dúvida necessário percorrer novamente, a interatividade seria essa nova dimensão da experiência suscetível de reconciliar, dessa vez graças à ciência aliada à técnica, a arte com a sociedade e a vida, reduzindo sua diferença, por um acesso maior conduzido por cada um a novos meios. Sonho de uma nova "língua" que aproxima um espaço mediato, entre a transparência "das relações de linguagem" e "a das relações sociais".[20] Pode-se igualmente esperar, mais tristemente, que sob o que ela profetiza da "conversação" e do acesso a novas formas de bricolagem subjetiva, a interatividade, mito e realidade, termine por favorecer um esmigalhamento ainda maior da comunidade social, como da arte que poderia somente, ainda uma vez, sobreviver aí, dotando-se de novos instrumentos.

Poder-se-ia exprimir essa tensão através de três imagens. A primeira é a do "caldo" no qual terminariam todas as imagens. Se *Uma Cilada para Roger Rabbit* é um filme forte, não é por ter, entre outros, misturado o cinema de animação (o esquematismo) e a filmagem tradicional (a analogia fotográfica); é por tê-lo feito com a velocidade e certeza de diagnóstico com as quais o fez.[21] Pela velocidade que preside à mistura das figuras (graças ao computador), a imagem alcança um grau de mixagem que vai até o inconcebível e cujo "natural", rapidamente aceito, vem consagrar uma flutuação nova entre níveis de representação. Mas é sobretudo, como nos grandes filmes sintomáticos hollywoodianos, a força de um cenário tortuoso por ter sabido fazer dessa flutuação seu tema: é possível distinguir uma imagem de outra? Toontown e Hollywood — Los Angeles? Um *cartoon* de um homem? É possível ainda conceber a função de espetáculo que serve de catarse à comunidade? Ou será que ela corre o risco de se dissolver, com as imagens, no "caldo", o ácido no qual o falso-verdadeiro juiz, símbolo de uma lei desregrada, quer prolongar todas as criaturas de desenho animado concebidas na história do cinema (americano)?

A segunda imagem surge da máquina de teletransporte de *A Mosca* ou da televisão de *Videodrome*. Se David Cronenberg é um cineasta importante, é porque foi o primeiro a mostrar nitidamente e maciçamente que a transformação dos corpos, pela farmacologia, pela genética e pela cirurgia, é contemporânea e homóloga à modelização e à difusão de imagens, e mais amplamente dos elementos da comunicação pela televisão, o vídeo, o telefone e o computador. Sobre um fundo de obsessão genealógica e sexual, é um duelo de morte que se inicia, em torno da imagem e da realidade dos corpos, entre o homem e a máquina, entre os componentes imaginários tornados hiper-reais e um sujeito abandonado às angústias de sua própria mutação: física e psicológica.

A última imagem é a de *L'Eve Future*. Há um século, pouco mais de dez anos antes da invenção do cinema, Villiers de l'Isle Adam imaginava fazer desse que era o inventor do fonógrafo e da lâmpada elétrica, o criador de uma criatura sublime: Hadaly (o Ideal), um robô, a primeira mulher-computador, programada como uma obra, versão-mulher da utopia do Livro, máquina de escrita tanto quanto "soberana máquina de visões". A própria interatividade, visto que prometida por Edison a apenas um, o amante sequioso de ideal, destinado na solidão a ir até o fim de seu desejo. A história termina mal, como os amores românticos e as utopias excessivas. Mas não sem que Villiers tenha administrado a prova pela substância necessária à concepção de sua máquina como à ideia da arte que aí se esboça. À beleza do modelo que permite dotar Hadaly de uma aparência, ao gênio do inventor que faz de sua fabulosa Androide um cruzamento de ciências e de técnicas, o escritor teve o cuidado de acrescentar por intermédio do sábio aquilo sem o que não haveria nem mulher, nem máquina, nem obra. A substância que ele toma a uma mulher para dotar-lhe de uma outra: uma alma.

Tradução de Elisabeth Lissovsky

Notas

[1] S. Pierre, "Compte rendu de la table ronde tenue à Paris le 16 janvier 1986", in *Comment vivre avec l'image*, Maurice Mourier (org.), Paris, PUF, 1989, p. 340.

[2] H. Damisch, *L'origine de la perspective*, Paris, Flammarion, 1987.

[3] H. Damisch, *Théorie du nuage*, Paris, Seuil, 1972, pp. 166-79. É aí que encontramos o esquema aqui reproduzido.

[4] H. Damisch, *L'origine de la perspective*, *op. cit.*, p. 114.

[5] Leonardo da Vinci, *Carnets*, Paris, Gallimard, 1942 (reed. "Tel", 1987), vol. 2, pp. 226-30.

[6] R. Klein e H. Zerner, "Italian Art, 1500-1600", in *Sources and Documents in the History of Art Series*, H. W. Janson (org.), New Jersey, Prentice Hall, 1966, p. 7. A seção "Comparative Merits of the Arts" estende-se da página 4 à 17.

[7] Em um texto recente, "L'analogie réenvisagée (divagation)" (in *Christian Metz et la théorie du cinéma*, *Ars*, nº 10, especial, abr. 1990, Paris, Méridiens/Klincksieck), Jacques Aumont distingue três "valores" do termo analogia: a analogia empírica (definida pela percepção); a analogia ideal ou objetiva (contida nos próprios objetos); a

analogia ontológica ou ideal (remetendo a um invisível). Minha "impressão de analogia" abrange os dois primeiros sentidos, que tive dificuldade em distinguir.

[8] Peter Galassi, "Avant la photographie, l'art", in *L'invention d'un art*, Alain Sayag e Jean-Claude Lamagny (orgs.), Paris, Centre Georges Pompidou, 1989. Jacques Aumont o comenta em *L'œil interminable*, Paris, Librairie Séguier, 1989, pp. 38-43.

[9] O negativo; o diluente; a luz; ponto de vista e enquadramento; movimento e instantaneidade; o motivo valorizado; realismo; geometrização e abstração. In *L'invention d'un regard*, Françoise Hellbrun, Bernard Marbot e Philippe Néagu (orgs.), Paris, Réunion des Musées Nationaux, 1989.

[10] Basta igualmente descontar os testemunhos que, de Delacroix a Picasso, permeiam o livro de Van Deren Coke, *The Painter and the Photograph* (Albuquerque, University of New Mexico Press, 1904), para perceber a que ponto resta apenas a intuição banal de uma liberação da pintura pela fotografia, cujo privilégio Galassi deseja comodamente revogar.

[11] Cf. H. Damisch, *Théorie du nuage*, *op. cit.*, pp. 253-76, 312-9; e Jacques Aumont, *L'œil interminable*, *op. cit.*, pp. 9-27.

[12] Cf. Jean Claude Marcadé, "La réflexion de Malévitch sur le cinéma", in *Peinture, cinéma peinture*, Germain Viatte (org.), Paris, Hazan, 1989; Giovanni Lista, "L'ombre du geste", in *Le temps d'un mouvement*, Centre National de la Photographie, 1987; Annette Michelson, "L'homme à la caméra: de la magie à l'épistémologie", in *Cinéma: théorie, lectures*, Dominique Noguez (org.), Paris, Klincksieck, 1973.

[13] Para completar a visão tão precisa de Barthes, "é o advento da fotografia — e não, como se disse, o do cinema — a linha divisória da história do mundo" (*La chambre claire*, Paris, Cahiers du Cinéma, Seuil/Gallimard, 1980, p. 138), podemos acrescentar: mas é o advento do cinema a linha divisória da história da arte.

[14] P. Bonitzer, *Décadrages*, Paris, Cahiers du Cinéma, 1985, pp. 100-1.

[15] J.-P. Fargier, "L'ange du digital", *Où va la vidéo?*, Paris, Cahiers du Cinéma, 1986. Cf. também "Dernière analogie avant le digital", *Cahiers du Cinéma*, nº 341, nov. 1982.

[16] Cf. por exemplo vários textos de Edmond Couchot: "La mosaique ordonnée", *Vidéo*, *Communications*, nº 48, 1988; "L'Odyssée, mille fois ou les machines à langage", *Machines virtuelles*, *Traverses*, nº 44-45, 1988; "La synthèse du temps", in *Les chemins du virtuel*, Jean-Louis Weissberg (org.), Paris, Centre Georges Pompidou, 1989.

[17] "Espero que possamos estar vivos para ver isso: o fim da câmera! Quando for a Paris, comprarei uma grande garrafa de champanhe e guardá-la-ei para este dia, para o dia em que não houver mais câmera. Tirarei a rolha para celebrar não uma morte, mas uma das mais importantes mutações da história das imagens. Isso talvez seja comparável ao que ocorreu à perspectiva, o espaço ilusionista da Renascença". "L'espace à pleine d", entrevista de Bill Viola a Raymond Bellour, in *Où va la vidéo?*, Jean-Paul Fargier (org.), *op. cit.*, p. 70.

[18] *Idem*, p. 72.

[19] *Ibidem*.

[20] Roland Barthes escrevia sobre a literatura (em 1971): "o Texto participa, a seu modo, de uma utopia social; [...] o Texto efetua senão a transparência das relações sociais, pelo menos a das relações de linguagem". *Le bruissement de la langue*, Paris, Seuil, 1984, p. 71.

[21] Cf. Joel Magny, "You know what? I'm happy", *Cahiers du Cinéma*, nº 412, out. 1988.

POEIRA NOS OLHOS

Jean-Paul Fargier

Empurro minha filha (de dois anos) no carrinho de bebê feito para levá-la para passear: isto é cinema.

Minha filha empurra o carrinho de bebê vazio: isto é vídeo.

O carrinho de bebê está vazio. É preciso que se saiba, é preciso resignar-se: o vídeo não é uma forma de ser da realidade, é mil maneiras das imagens estarem em outro lugar.

Antes da escrita há a realidade. Pois se não escrevemos a realidade, o que traçamos então? O Vento.

E justamente a questão da realidade no vídeo não se coloca da mesma forma, por exemplo, no cinema. Ela não se coloca mais. Aliás, no vídeo, a realidade não é mais problema. No cinema sempre se coloca a questão de saber se um filme a atingiu ou não, a captou, a reproduziu, a revelou (se possível como nunca antes, como pela primeira vez). No vídeo, a realidade nunca comparece ao encontro, porque não é por ela que esperamos. Ela está lá, mas desde sempre, disfarçada, irreconhecível, sob múltiplas fantasias umas sobre as outras. Aqui ou não, a este ponto, é a mesma coisa. Nós não prestamos mais atenção. Por outro lado, ela nos interessa — e não podemos deixar de reparar em sua vestimenta. Sua postura, seu traje.

O carrinho está vazio mas avança. E uma vez constatado que ele está vazio, nos atemos a observar sua aparência: sinuosa, sincopada, perturbadora. Os braços muito estendidos da criança para atingir o guidom nos chamam a atenção.

Aliás, este carrinho não está tão vazio como aparenta. Por não transportar nenhuma criança, ele transporta todas. Estão lá emaranhadas umas às outras, não apenas Alice, como ela se imagina e tal qual a imagino, como também a boneca que poderia substituí-la, seu irmãozinho ou sua irmãzinha que ela espera, embora tema por seu nascimento, incluindo todas as crianças com as quais jamais cruzamos, de carrinho ou a pé, e todos aqueles que não cruzamos de todos os países do mundo em um estado virtuoso, e ainda todos aqueles adultos que cobiçam esse vazio e o preenchem com uma lembrança, uma saudade, um sonho de regressão. É todo um mundo! Mas não muita realidade. Um enxame de imagens não fará nunca uma gota de mel. Mas poderá fazer um lindo concerto.

As imagens, em vídeo, remetem mais ao ruído do que ao sinal. A escrita do vídeo, ao contrário da escrita cinematográfica, cujos diversos processos não possuem outro fim que o de levar o real a se assinalar, coloca diferentes maneiras de fazer ruído entre duas imagens, ou melhor ainda, de tornar toda imagem barulhenta. "Silêncio, gravando", aqui não há lugar. Mas antes: "ruído, trucagem!".

Trucagens, efeitos especiais — a escrita do vídeo, no limite, consiste nisto. Nada de grafia, sem arranhão. É preciso que isto quebre para que isto passe. Arranhar, rasurar, obliterar, flicar, rasgar, grafitar: tudo é bom para dilacerar. Nenhuma imagem deve sair inteira daí.

Mas qual é o alvo desse bombardeio intensivo? Por ricochete, a realidade, certamente. No imediato: a mídia. A multidão de mediações superpostas, que se entremeiam, todas essas imagens que colam ao seu objeto e terminam por furta-lo a força de envolvê-lo. O videasta é um menor de formas: há camadas e camadas a atravessar, a transpassar, antes de atingir o fundo. Mas isto não é impossível, é uma questão de tecnologia, e portanto de efeitos especiais, aos quais retornaremos. Não se trata de tomar a lâmina de cortar manteiga para talhar um diamante ou um palito para cavar um poço. A cada instrumento sua destinação, seu impacto. Mas cuidado com o logro. No reino das imagens, facilmente um dente pode ser um diamante e um poço pode ser perfurado em meio a um rochedo. Então, neste caso, uma lâmina ou um palito não são tão fáceis de se rejeitar. Todo efeito é bom para quem sabe controlá-lo. Não há efeito sem fogo.

Trégua de metáforas, voltemos ao nosso ponto de partida. Nosso ponto de partida é sempre uma banda de vídeo. Ou muitas. Coloquei *Clouds of Glory* esta manhã no meu vídeo. Um passeio através dos Estados Unidos, terminado em 1984, por Patrick De Geetere e Catherine Maes. Sobre as músicas de Martin Rev, nove sequências fazem desfilar vistas de arranha-céus, autoestradas, calores sulistas, arco-íris, desertos, palmeiras, anúncios luminosos, carros gigantes, Nova York etc. Imagens realizadas na beira das estradas, através do vidro, com a certeza de nunca perder seu objeto, aconteça o que acontecer. Imagens feitas sem pretensão a nenhuma originalidade. Mas imagens desfeitas — é aí que a trama começa — com uma preocupação evidente de surpreender. O que? Vejamos primeiro como.

Nenhuma imagem fica intacta. Todas voam em estilhaços. Cisão perpendicular, quadro superposto como um esconderijo, grade, filtragem, flicagem, tremor, rebarba, estroboscopia, remanência: tantos processos de superexposição, de superimposição. Uma imagem é sempre parasitada por uma ou várias outras: o resultado é confuso. Ao quadro que destaca e contempla uma coisa única se substitui o quadriculado que encadeia os pedaços esparsos de uma totalidade que não pode mais ser recomposta. O que conta é a impressão de saturação e de dispersão. Aqui, o mundo, se jorra, jorra por *flashes*, salpicados de lama, feixes de gotas. Ele asperge as imagens. Elas não se banham lá: há sempre várias imagens a se ver ao mesmo tempo. Nunca demais. Por ser talhada ao longo, na largura e pelo avesso, a telinha torna-se uma autoestrada de três vias, um trevo, onde os veículos circulam em todos os sentidos, pulsam em todos os ritmos. Todos, menos um. O 24/30 imagens/segundo do cinema/televisão.

Pois para forçar o real a se apresentar, mesmo que fosse apenas no lapso de um relâmpago, não basta apenas quebrar o quadro como conteúdo homogêneo, é preciso quebrar o tempo como desenvolvimento contínuo. Imagens paradas, em câmera lenta, aceleradas (e nós aceleramos também uma imagem multiplicando nela as coisas a serem vistas): tudo serve para sair do efeito 24 imagens por segundo, efeito que consiste em dar a ilusão de uma continuidade do movimento através de uma sucessão de imagens fixas. Aqui preferimos estender uma armadilha ao movimento — através dos seus traços, dos seus rastros de fogo — numa imagem parada. Navegamos abaixo dessa velocidade ideal, idealizante, sobre a qual repousa todo o cinema.

O espaço, o tempo... a matéria também. Por sua vez também perde sua densidade. Volumes atenuados, cores deslizantes de um corpo ao outro, aliviadas por prismas paralelos a seus pesos. O real é uma borboleta da qual não guardamos nunca entre os dedos mais do que um pouco de poeira colorida, pelas asas. A ideia de um mundo inapreensível se impõe. A raiva que percorre todas estas rasuras parece uma tentativa de concentrar em torno dos olhos tantas poeiras aladas que, por fim, elas se transformam em poeira explosiva. E a explosão nada mais deixa no lugar dos olhos senão órbitas abertas, doloridas, mas inegáveis.

Purpurina nos olhos, os efeitos especiais? Certamente. A escrita é então o que permite passar de uma poeira à outra. Daquela que maquia àquela que mata. Sem seu pilar de efeitos ruidosos (visualmente), a banda de imagens trazidas da América por Patrick De Geetere e Catherine Maes não valeria muito mais que os quilômetros de *news* que as televisões difundem a perder de vista. Seus golpes de marteladas eletrônicas nos restitui a visão. Certamente. A visão da visão. Após termos visto o que eles não nos mostram, sabemos melhor o que é ver, vemos melhor o que é saber. E devemos isto a um uso meio instintivo, meio refletido (a sequência dos corpos enlaçados/fragmentados é bem a prova de uma reflexão, ao menos no sentido *d'abyme*), de um conjunto de figuras que compõem o que chamamos de escrita de vídeo, a videografia. Figuras classificáveis, classificadas, sem duvida não exaustivamente (descobrimos novidades a cada nova obra importante, a cada salto tecnológico também) e que sem parar enriquecem de exemplos variados a cada uma de suas aplicações. Mas, escritura, também enquanto estilo, enquanto rubrica particular. De obra em obra, Patrick De Geetere (com ou sem Catherine Maes) traça movimentos que terminam por se assemelhar em a ele mesmo. Uma forma muito particular de fazer falar as imagens. Falar não, nunca. Gritar, sim, murmurar, gemer. Se precisasse caracterizar em um traço o estilo De Geetere, eu diria: fazer gemer as articulações.

A escrita do vídeo não se resume à arte de usar os efeitos, mesmo se ela só consegue se definir em relação a esses efeitos. A melhor prova disto é Bill Viola, que utiliza poucos efeitos enquanto tais. Os efeitos de sua predileção não são nem efeitos de edição (divisão da imagem em duas janelas em *Reflecting Pool*, multiplicação de fundos encadeados por *Ancient of Days*) nem os efeitos de vídeo (a câmera lenta tão frequente), mas os efeitos naturais, obtidos por condições particulares da gravação. Citemos a balança de *Semi-Circular Canal* (uma câmera fixa na extremidade de uma prancha-balanço roda 360° sobre ela mesma) e o superzoom (800 mm) de *Chott-el Djerid*. Nos dois casos, as imagens obtidas questionam os códigos realistas produzindo um efeito de corte interno que tende a destacar o corpo dos cenários ambientes como de uma incrustação obtida em estúdio. No primeiro caso, é o contraste entre a rigidez central do rosto e do busto de Viola e o deslizamento de tudo em torno dele, que dão a forte impressão que a paisagem e o corpo não se encontram em um espaço homogêneo mas em duas imagens diferentes sobrepostas. No segundo caso, a dissolução dos corpos pelo calor do deserto provoca ao mesmo tempo seu afastamento do cenário, no qual eles dão a impressão de flutuar, e a sua desintegração como entidade: os corpos são submetidos a efeitos de desdobramentos verticais (efeito de espelho da miragem) e de amálgama laterais, não chegando mais, no seio de uma massa compacta, a se distinguir uns dos outros, como presos em um irreversível *feedback* elástico.

Se podemos falar de escrita, de vídeo neste caso (não somente podemos mas devemos), é porque o trabalho de Bill Viola pretende marcar certas formas de *inscrição* dos corpos (dos corpos como imagem) que não existem apenas no contexto eletrônico, mas que a eletrônica elevou à altura de uma escrita tanto que termina por se confundir com ela. Construindo efeitos de incrustação sem incrustação, Bill Viola faz mais do que utilizar conscientemente uma figura de base, ele contribui para tornar essa figura uma abstração, uma generalidade. É como se passássemos de súbito do hieróglifo ao alfabeto. A autonomia do corpo e do cenário (e a autonomia subsequente de cada parte do corpo) advém da dimensão da cifra. A cifra de uma série de números podendo entrar em todas as combinações possíveis e imagináveis, como uma nota do tom com o qual fabricamos milhares de melodias. E a cifra, simbólica de uma certa visão do mundo — ligado ao advento da eletricidade — faz da parcialização infinita a sua chave.

Se o meu ponto de partida (teórico) é sempre a fita de vídeo, meu ponto de chegada, meu alvo, se define da mesma forma. Não me interesso pela teoria senão para entender o que faço (quando o faço, quando o fiz, pois não sabemos sempre o que fazemos no momento que fazemos, descobrimos depois). Gostaria então, em terceiro lugar, de teorizar um pouco sobre a minha última experiência concreta: *Robin des Voix*.

Em *Robin des Voix*, evocação da personalidade d'Armand Robin, poeta e homem do rádio, uso praticamente uma figura (digital) mas que basta a si mesma para desdobrar uma escrita que subtrai este ensaio, sobre cinema como sobre a televisão, e o instala num espaço e num tempo propriamente videográficos. Do que ele trata? Da passagem de um plano a outro, cada plano sendo suficientemente longo para formar um plano-sequência, não por corte ou fusão, mas por desequilíbrio. Uma imagem desaparece, como pelo reverso, enquanto outra aparece, como se ela estivesse inscrita nas costas, no avesso da precedente. A partir daí, nada surge do extracampo; tudo provém sempre do interior mesmo do quadro. Tudo já está lá, ao infinito. E o que aparece não aparece por continuidade (que a fusão ou o corte induz) mas por salto, acima de um furo (passamos sempre pelo preto, 1/30 de segundo). A situação descrita é a de um homem que escuta o rádio em vinte línguas (ele o escuta há vinte anos e tira da escuta duas vezes por semana um boletim político de uma estranha clarividência). A cada plano que termina, aterrissamos diante de uma língua diferente da precedente, um clima sonoro e histórico diferente. Este desequilíbrio evoca a passagem brusca de uma estação de rádio à outra. E também a passagem instantânea de um momento da vida do personagem a outro, como se todos esses momentos coexistissem em um eterno presente. Ao fim da sua terceira ou quarta repetição, esta figura de desaparição/aparição coloca o desenrolar visual e sonoro em um campo que não deve mais nada a um sistema descritivo oriundo da psicologia ou da factualidade. Esse desequilíbrio repetido encobre uma energia insólita que desloca todas as outras formas utilizadas (narrativas, simbólicas). Não deixando, por exemplo, nenhuma possibilidade ao campo/extracampo, ele rompe toda verossimilhança espaço-temporal em proveito de uma lógica próxima da do sonho, da memória, e até mesmo do pensamento. Ele torna-se não apenas forma, mas sentido. Ele é a imagem de um homem que passa sua vida a se fazer desaparecer, saltando bruscamente de uma atividade à outra (poeta, tradutor de poetas, crítico literário, ouvinte de rádio, crítico da televisão nascente) e que tocava todas simultaneamente. Entre todas essas atividades, este desequilíbrio estabelece ao mesmo tempo uma ligação e um abismo. Um abismo facilmente transponível. Para ele. O seu mistério.

Sem o uso dessa figura, meu *Robin des Voix* não seria senão um blá-blá-blá a mais sobre alguém a mais. Pelo emprego dessa figura, torna-se indissociável daquilo com o que ele se escreve, impedindo que falemos de seu sentido sem evocar sua forma. Um se resumindo em outro como em uma cifra.

Poeira nos olhos, este desequilíbrio? Sim, mas como um disparo que explode entre e no interior de cada imagem. E cujo ruído proíbe que harmonizemos aquilo que se dá como estilhaços (de uma vida, de uma arte, de um mundo, de uma alma). Ai está.

E que fim levou o carrinho, em tudo isto? Alice — com um nome desses somos de súbito levados ao outro lado da trama — possui duas maneiras de empurrar seu carrinho de bebê vazio. A maior parte do tempo ela se dedica a dirigir bem reto este veículo demasiado grande para ela, como se ela estivesse sentada e fosse eu que a empurrasse. Parece-me que aí ela faz o vídeo analógico. Por outro lado, quando ela precipita o carrinho sobre os pombos, distantes, diante dela, tenho a impressão que ela sonha com o vídeo digital e imagina que seu carrinho, fugindo, voará em seguida aos pombos, vitoriosa como eles, por um instante, o tempo de um bater de asas (nada senão zero e um), longe da atração terrestre e de todo o seu cortejo de consequências. Como sabemos, o vídeo analógico, tanto quanto o digital, aliás, possui a propriedade de liberar a imagem (e os corpos que nele se inscrevem) do peso. É a graça que vos desejo. Amém.

Tradução de Katia Maciel

PASSAGENS DA IMAGEM: PINTURA, FOTOGRAFIA, CINEMA, ARQUITETURA

Nelson Brissac Peixoto

As passagens são a arquitetura da cidade das imagens. Passagens entre pintura e fotografia: pintores que se utilizam de recursos do instantâneo e fotografias que parecem anunciar, em plena era da computação gráfica, uma retomada de técnicas do pictorialismo. Passagens entre pintura, fotografia e cinema. Passagens entre todas estas linguagens e o vídeo, lugar de composição das imagens. Passagens entre todas estas formas artísticas e a arquitetura, que se confunde com o imaginário da cidade. Grande cruzamento que constitui a paisagem de imagens contemporânea.

Nem perto nem longe, nem passado nem presente. Mas entre uma coisa e outra. Aqui e lá, no filme e na arquitetura, na pintura e na TV. Entre o real e o imaginário, o figurativo e o abstrato, o movimento e o repouso. Entre o visível e o invisível. A paisagem contemporânea é um vasto lugar de passagem.

Benjamin foi um dos primeiros a descobrir os mistérios das passagens. As galerias parisienses do século XIX eram corredores que levavam o *flaneur* para outros lugares e tempos. A luz das lâmpadas de gás, o reflexo dos espelhos e o impacto das mercadorias expostas nas vitrines confundiam interior e exterior, o antigo e o moderno. Nelas o caminhante transitava através de lugares exóticos e épocas há muito passadas. A galeria é um dispositivo ótico. Não por acaso nelas se alojava uma das formas de espetáculo que já anunciava a junção entre pintura, fotografia e cinema: o panorama.

Várias grandes exposições multimídia realizadas nos últimos anos — como a *Strada Novissima* da Bienal de Veneza de 1980 e a *Passages de l'Image* em Paris (1990) — já anunciavam essa nova configuração do mundo das imagens. Na primeira, uma rua aglutinando fachadas de diferentes estilos, tempos e lugares. Painéis, fotos e cenários transformando a arquitetura e a cidade em teatro. Na outra, filmes se imbricavam com instalações de vídeo, imagens de computação e fotografias, numa tentativa de construir esse espaço de junção entre as diversas imagens. Fronteiras que o visitante podia atravessar caminhando. Como numa galeria.

Essas passagens servem para introduzir outros tempos e espaços. Como as antigas galerias parisienses, elas nos conduzem através de outras experiências das dimensões, entre o passado e o presente, o próximo e o longínquo, a pintura e a computação eletrônica. As passagens são o caminho do futuro das imagens.

Um território é formado por esse trânsito, por essa permeabilidade generalizada, por esse sistema de interações. O vermelho, diz Merleau-Ponty, este invisível, não é uma película de ser sem espessura. Ele emerge de uma vermelhidão, menos preciso, no qual o olhar mergulhava, antes de fixá-lo. Sua forma é semelhante a uma textura lanosa, metálica ou porosa. Na frase de Claudel: "um certo azul do céu é tão azul que só o sangue é mais vermelho". Este vermelho só é o que é relacionando-se com outros vermelhos ao redor, com os quais faz uma constelação, ou com outras cores que atrai e repele. É um nó na trama do simultâneo e do sucessivo. Pontuação no campo das coisas vermelhas, que inclui vestidos de mulher, a terra perto de Madagascar e a bandeira da Revolução.[1]

Este campo é o lugar em que reflexão e intuição ainda não se distinguem, oferecendo-nos juntos a existência e a essência, o visível e o vidente. O olhar apalpa as coisas: interação do visível e do tangível. Esta "espessura de carne" — este campo denso — entre o vidente e a coisa é constitutiva de sua visibilidade. As coisas não são achatadas, de duas dimensões, mas seres dotados de profundidade, só acessíveis àquele que com elas coexiste num mesmo mundo. É isso que Merleau-Ponty chama de "a carne do visível". Visível é uma qualidade de uma textura, a superfície de uma profundidade.

Há uma inserção recíproca — "entrelaços" — entre o corpo vidente e o visível. Renúncia do pensamento por planos e perspectivas em favor de uma sobreposição de círculos concêntricos, ligeiramente descentrados com relação aos outros. Uma visibilidade — "carne" — resultante da reciprocidade do vidente e do visível, como as séries de imagens encadeadas formadas por dois espelhos dispostos face a face. Este entrelaçamento, propagação de relações, como dobras, é que constitui o campo. "Quiasma": cruzamento sintático, contaminação de duas formações anatômicas.

A paisagem — um "mato", vegetação misturada — é este espaço ampliado. Ao olhar uma paisagem e falar com alguém, o que vejo passa por ele. O verde da planície só, meus olhos invadem sua visão, sem abandonar a minha. Uma visibilidade anônima nos habita, devido a esse campo de relações massivas, esse ser intercorporal. A visão se faz do meio — entre — das coisas.[2] Um novo tipo de ser — um "ser de porosidade e pregnância" — seu corpo e o longínquo participam da mesma corporeidade ou visibilidade que reina entre eles: o entrelaçado.

O princípio desse processo é o movimento, que transforma o ponto em linha. Deleuze definiu assim essa condição: estar no meio, como o mato que cresce entre as pedras. Mover-se entre as coisas e instaurar uma "lógica do e". Conexão entre um ponto qualquer e outro ponto qualquer. Sem começo nem fim, mas entre. Não se trata de uma simples relação entre duas coisas, mas do lugar onde elas ganham velocidade. O "entre-lugar". Seu tecido é a conjunção "e... e... e". Algo que acontece entre os elementos, mas que não se reduz aos seus termos. Diferente de uma lógica binária, é uma justaposição ilimitada de conjuntos.[3]

O mundo segue linhas de fuga, por ruptura e prolongamento, em todas as direções e dimensões. Aumentando o território pela conjugação desses múltiplos fluxos. Uma geografia que abole toda história. Uma "zona de indiscernibilidade", onde apagam-se todos os limites, todas as silhuetas, todas as fronteiras. Uma terra de ninguém, impossível de localizar, entre dois pontos distantes ou contíguos, onde tudo esteja em permanente devir, suprime tudo o que impede de deslizar entre as coisas.

Um espaço liso, coleção amorfa de partes justapostas, constituído por acumulação de vizinhanças, cada uma definindo uma zona intersticial — entre linha e superfície, entre superfície e volume. Espaço que se percebe tanto na matemática quanto no universo dos objetos fractais, na música e na arte modernas (com suas linhas que passam entre os pontos, as figuras e os contornos) e na cidade contemporânea.[4]

Esta disposição contemporânea encontra analogia no barroco, na medida em que remete não a uma essência, mas a uma "função operatória": ele não para de fazer dobras, curva e recurva, até o infinito. Dobra sobre dobras.[5] Toda uma outra concepção do espaço e do tempo, da relação entre as imagens, emerge dali. O contínuo não é uma linha que se dissolveria em pontos independentes, mas é como um tecido que se divide em pregas, que se decompõe em movimentos curvos. Que acrescenta sempre mais matéria, mais massa. Não pode parar. Tudo escoa e verte em outra coisa. O princípio da dobra é a curvatura: acrescentar sempre um rodeio, fazendo de todo intervalo o lugar de um novo desdobramento, apagando todo contorno, toda fronteira. O barroco é uma transição.

O ponto é uma simples extremidade da linha. A dobra, porém, está sempre no meio. Mais uma vez, a "lógica do e". A dobra está sempre entre duas dobras, um "entre-duas-dobras" que passa por toda parte, entre todas as coisas. "A dobra passa entre a matéria e a alma, a fachada e o compartimento fechado, o exterior e o interior". O mesmo princípio — o "entre" — das passagens. No barroco, uma coisa exprime a outra, reflete a outra, em total correspondência, em permanente interação. Prega de prega. Uma acumulação infinita, turbilhante, até a saturação. O máximo de matéria num mínimo de extensão. Incrustações, sobreposições cada vez mais espessas, englobando todas as coisas, todas as artes.

Armam-se as "passagens pintura-escultura, escultura-arquitetura" que marcam a atualidade do barroco. Ele instaura uma interação entre as diferentes artes que é tipicamente contemporânea: em extensão, tendendo cada arte a se realizar na seguinte. Um encadeamento em que cada lance amplia o espaço da arte. Assim é que a pintura sai da sua moldura e realiza-se na escultura; a escultura ultrapassa-se e realiza-se na arquitetura; e a arquitetura, por sua vez, coloca-se em relação com a circunvizinhança, de modo a realizar a arquitetura no urbanismo.[6]

O mesmo dispositivo que — centrado nos processos eletrônicos — agencia as imagens contemporâneas. O pintor torna-se um urbanista: não é esta síntese de todas as possibilidades de entrecruzamento, entre todos os suportes, todas as escalas, todas as formas? O anacrônico e o moderno, a superfície e o volume, o estático e o dinâmico, o virtual e o real. É próprio da modernidade "se instalar entre duas artes, entre pintura e escultura, entre escultura e arquitetura". Esse "encaixe de molduras", as dobras sobre dobras, são as passagens barrocas.

A anamorfose é um modo de extensão espacial da potência ocular. Transposição através de linhas convergentes num só ponto de uma imagem desenhada numa superfície para um plano perpendicular, resulta numa figura aumentada e deformada. Essa inversão da perspectiva implica numa reviravolta do olhar: ele vê-se vendo-se. Este olhar que nos surpreende — e nos olha como um objeto — reordena todas as linhas, a partir de um ponto em que não estamos, numa espécie de rearticulação raiada das coisas. Um olhar que "não está no lugar". No campo escópico, o Olhar está do lado de fora e eu sou o quadro.[7] Prenúncio da visão ambulante contemporânea.

O olho barroco é um olhar anamórfico. É integrando várias artes e espaços — escultura e arquitetura — ao espaço-plano da pintura, fazendo a superfície entrar fisicamente na vertical, nos lugares, que ele produz a ilusão de corpos em movimento ou espaços ampliados, duplos.[8] Este lugar de convergência é um espaço expandido.

A espacialidade barroca procede por recobrimento, coexistência, jogo de luzes e forças, engendramento por serpentina e elipse. Espaço dinâmico em mutação permanente, sem centro nem ponto fixo. Essa incerteza gera uma forma de ambiguidade, de intervalo, de lacuna, enfim, de diferença. As coisas são intervalos — estão sempre no meio. É a partir desse campo, na intersecção de múltiplos olhares, que as formas tomam forma.[9]

O mesmo "impulso alegórico" é característico da arte mais contemporânea, com seus procedimentos de apropriação, reciclagem e acumulação. O paradigma é o palimpsesto: na estrutura alegórica, um texto é lido através de outro. A arte existe como uma trama de referências, não necessariamente localizada numa forma, *medium* ou local.[10]

Essas passagens são constitutivas da atualidade das imagens. Entre foto, cinema e vídeo — além da pintura e da arquitetura — produz-se uma multiplicidade de sobreposições e configurações. O "entre-imagens"[11] é o espaço de todas essas passagens. Ao mesmo tempo absolutamente visível e secretamente imerso nas obras, flutuando entre dois fotogramas ou entre duas telas, entre duas espessuras de matéria ou entre duas velocidades, ele opera na intermediação das imagens. O entre-imagens é o lugar onde a paisagem contemporânea efetivamente se constitui.

Um "espaçamento" que faz com que cada imagem emerja do vazio e nele recaia. Vazio — o "entre" — que é constitutivo e ao mesmo tempo um radical questionamento das imagens. Produção de um espaço que nenhuma palavra poderia resumir ou compreender, supondo-o a ele próprio. Uma nova noção de espaço. O espaçamento entre dois signos, diz Derrida, não é um elemento externo que marca os limites exteriores do sentido. Ao contrário, é o espaçamento entre eles que constitui o interior desses signos.[12]

A desmesura — a heterogeneidade dos regimes de frases, a impossibilidade de submetê-las a uma mesma lei — é própria da linguagem. O problema de encontrar passagens entre essas frases, as condições do agenciamento delas, é discutido por Lyotard através da figura do arquipélago.[13] Todas as noções que viemos tratando reaparecem aqui. Qual objeto poderia corresponder à Ideia kantiana da multiplicação de faculdades, entendidas como capacidades de ter objetos (como territórios, como campo)? Um arquipélago: cada gênero de discurso seria uma ilha, e a faculdade de julgar um almirante que lançaria expedições para mostrar em cada uma o que foi encontrado nas outras. Esse intercâmbio exige um meio — o mar, o *Archepelagos*, como se denominava antigamente o mar Egeu.

Esse meio é chamado por Kant — na introdução à terceira "Crítica" — de campo. Os conceitos, na medida em que são relacionados a objetos, sem que se considere se o conhecimento deles é possível, possuem um campo, determinado somente depois da relação do objeto deles com nossa faculdade de conhecer em geral. Delimitam um território, um domínio. Um campo ampliado, poderíamos acrescentar: toda a concepção contemporânea da arte decorre desse processo de expansão.

Todas as faculdades encontram seu objeto num campo, menos a de julgar: ela permite as passagens entre os territórios das outras. Ela é antes a faculdade do meio, que permite delimitar os domínios e estabelecer a autoridade de cada gênero sobre sua ilha. Também Lyotard tem uma teoria da passagem. Poder-se-ia fazer um inventário das passagens que constituem o arquipélago, enumerar todas as "operações de passagem", como a analogia. Elas remetem ao agenciamento, às condições de síntese do heterogêneo.

Cada frase — cada ilha — é a principio causa de uma diferença entre os gêneros do discurso: uma divergência que não pode ser resolvida equitativamente por falta de uma regra de julgamento. Devido à sua insuperável distinção. Este conflito é colocado pela questão: como encadear? — provocada pelo vazio que separa cada frase da seguinte. Vazio que abre a possibilidade da finalidade, abismo do qual emerge a presença.

Trata-se da expansão do campo por uma interrupção, um espaçamento. Diferenciar consiste em retardar, reduzir o ritmo, incidir sobre o tempo. Mas significa também divergir, através de um adiamento, provocando um encadeamento, um agenciamento. É um instrumento de passagem, possibilita a presença. Multiplicar os intervalos, "testemunhar a diferença".[14]

Qual é o lugar da imagem? A questão — sempre recolocada — do lugar da arte na cidade encontra nas passagens outro encaminhamento. A escultura, que parecia definitivamente condenada ao nomadismo, a não ter lugar na cidade contemporânea, encontra seu espaço na relação com a arquitetura e a paisagem, entre o construído e o não construído, entre o que é propriamente escultórico e o desenho, a fotografia, o vídeo. Como um "campo expandido".[15] Do mesmo modo, é no entrelaçamento das passagens que a imagem hoje encontra seu lugar.[16]

É a propósito da fotografia que se retomaria o conceito de espaçamento.[17] A fotografia surrealista intercalava, no interior da imagem — através da solarização, da incorporação de quadros na cena ou do próprio enquadramento da câmera — um espaçamento que provocava a percepção do real como signo. Uma duplicação que faz coexistir o original e sua cópia, os múltiplos no interior do um. É o sinal de uma ruptura na experiência instantânea do real, quebra que produz uma sequência, um outro espaço. Esse diferenciar, introduzindo na realidade "o tempo de uma respiração", é o que se denomina espaçamento. A imagem espaçada corresponderia ao campo expandido da escultura e da arquitetura.

A figura encontrada por Benjamin para ilustrar essa vocação da fotografia surrealista para arrancar lugares da cidade de sua evidência banal para inter-relacioná-los em novas situações foi a da porta giratória: articulação móvel que abole a diferença entre interior e exterior. Brassai — o fotógrafo do surrealismo — deixou-se atrair por esses lugares da cidade — como as passagens, esta aliança paradoxal de interior e rua — em que a fronteira entre o público e o privado se desvanece. Lugares capazes de transformar a linguagem mais secreta das atitudes corporais em proclamações públicas de *outdoor*, em signo. Janelas, espelhos e enquadramento servem para fragmentar objetos e cenas e dispô-los segundo outras constelações. A fotografia, neste sentido, só pode ser propriamente pensada a partir de uma teoria dos intervalos. Daí emerge o fotográfico.[18] A porta giratória é, como a dobra, outro dispositivo de passagem.

Essas imagens heterogêneas podem adquirir atualidade no seu próprio espaço de reunião. As passagens indicariam a eficácia das imagens sem lugar fixo, ainda que instaladas num espaço de exposição situado e circunscrito. Obras irredutíveis às categorias habituais, deduzidas dos suportes. O cinema sai do filme (da tela) para dar mobilidade às formas espaciais da instalação. A fotografia sai do quadro para permitir a adaptação da imagem ao espaço. O mundo das imagens e dos objetos deixam de se opor.[19]

Mas não é na instalação que a imagem contemporânea encontra lugar, como uma figura condenada ao hibridismo, ao deslocamento. Ao contrário, as passagens, fazendo relações entre as artes, evocam o que elas tem de mais específico. Não por acaso se vê, nas artes plásticas, um retorno à pintura.[20] Todos esses movimentos têm seu espaço no vídeo, na imagem eletrônica. O vídeo assimila todas as outras imagens, permite a passagem entre os suportes, a transição entre pintura, fotografia e cinema. Na medida em que é um *medium* capaz de integrar e transformar todos os outros, o vídeo é o lugar por excelência de passagem: tudo passa na televisão. Para onde vai o vídeo? Para todo lado, em todas as direções.[21]

A questão é: como passar de uma imagem a outra? Várias são as modalidades de trânsito, em geral proporcionadas pelo vídeo. O "tremido", o desfocado e todas as modalidades de fotografia com movimento de câmera — veja-se os instantâneos de W. Klein — fazem passar da fotografia para o cinema. Essa agitação que estria a imagem permite ver de outro modo o que é nítido, a tensão que atravessa a paisagem e que só a pintura parecia então capaz de mostrar. Introduzir movimento em imagens fixas é uma das chaves dos vídeos de R. Cahen. Outra forma de passagem a partir da fotografia. Fazer as cores correrem sobre a imagem, diz, "é como se houvesse um vento agitando a paisagem". Um efeito que "oferece à imagem uma vida interior".

Ao contrário, a interrupção da imagem permite a passagem no sentido inverso: do cinema à fotografia. Trata-se de filmes cujo assunto é a fotografia, que introduzem uma foto no quadro para produzir um efeito de suspensão. Essa parada do movimento automático das imagens — hoje comum com os clipes e a publicidade — tornou-se uma das formas privilegiadas de troca entre os diferentes tipos de imagem. Acelera e para. O mesmo "e..." que incorpora tudo numa única sequência é também o segredo da individuação das imagens.

Uma fixação da imagem que introduz o tempo — a sensação de passado, de lembrança. Barthes[22] localiza na possibilidade da imobilização a diferença entre o cinema e a fotografia: daí buscar o fotograma, o cinema como fotografia. Uma parada que faz pensar no cinema, que nos dá tempo para acrescentar algo à imagem.

Esta possibilidade de desvelamento — em geral pelo close do rosto — explica porque busca-se tanto no cinema reencontrar a estrutura primitiva da reprodução pelo espelho. A reiteração do tema do duplo. O arcaísmo fotográfico de grande parte do cinema contemporâneo. A tendência à ressacralização — pela fotografia — implícita nessa obsessão pela interrupção da imagem.[23]

A interrupção faz aflorar em certos filmes um modo de presença da imagem: o "fotográfico". Os momentos em que o filme é penetrado pela fotografia tornam-se seus "instantes decisivos", carregados de significação. Evidenciam aquilo que não se pode ver simplesmente parando o filme, pois se desvaneceria. A foto seria este momento que não se pode isolar, o fotograma impossível. Entre o instante e a eternidade. Aqueles momentos únicos — a hora do lobo, o gozo, a morte, a iluminação — que se gostaria de conservar para sempre. Pontos de transcendência em que o cinema converte-se em outra coisa.

Múltiplas interpenetrações possíveis — processos de interferência, mistura e incorporação — podem ser retraçadas entre cinema e vídeo. Aquilo que se troca, que se desloca, num sentido e no outro. O cinema contemporâneo integra a tal ponto elementos de linguagem do vídeo que teria se convertido, globalmente, num "efeito-vídeo".[24]

Vários são os procedimentos de tratamento da imagem cinematográfica que denotam um trabalho subterrâneo do vídeo, uma retórica televisiva. Primeiro os movimentos aéreos, autônomos, da câmera, que rompem com o princípio do ponto de vista subjetivo, do cine-olho. A imagem deixa de traduzir um olhar, uma percepção da distância entre as coisas. O zoom e a *steadicam* implicam numa hipertrofia da visibilidade, a construção de um espaço abstrato. Depois a mistura de corpos e cenários, provenientes de fontes distintas e mixados na imagem final. Procedimento técnico do *chroma key*: incrustação eletrônica, abolindo a unidade do espaço e a indissociabilidade do corpo com seu entorno. As misturas de imagens — divisão da tela, sobreimpressão e incrustação — usadas no princípio do cinema, são fundamentais na constituição da simultaneidade e da multiplicação dos pontos de vista da experiência visual contemporânea.

Nenhum cineasta explorou mais intensamente a questão das transformações das imagens que Godard.[25] Ele toma o vídeo como o lugar de sua relação com o cinema. Alguns de seus últimos filmes são tentativas de mixar os *media*, pela imbricação orgânica de imagens de cinema e de vídeo. Tentativas de descobrir novas formas de escrita e um novo corpo de imagens. O vídeo é o ponto de intersecção entre estas duas partes, o suporte destas experiências de decomposição e recomposição.

Várias são as figuras que permitem esse cruzamento. Primeiro, aquilo que Godard chama um *linking* de imagens: mixagem eletrônica, seja colagem, *wipes*, *keying* ou superposição. Não existem mais, para ele, imagens simples, mas apenas imagens múltiplas, dissolvendo-se umas nas outras. Dá-se uma aliança visual entre essas sobreposições flutuantes e os contínuos movimentos de câmera, de modo que o mundo todo parece estar sempre entrando e saindo. A mixagem eletrônica substitui a montagem no interior da imagem. As superposições estabelecem um outro modo de conexão, propriamente visual, não verbal. Vamos de uma imagem a outra através de um evento imagético.

Outro modo de entrecruzar as imagens — destaca Dubois — é a experimentação com a velocidade, através do uso do *slow-motion* e da sequência de cortes rápidos. A mudança de velocidade, tentativa analítica de ir mais devagar para ver melhor, é uma forma orgânica, física, de decomposição da imagem. Toma-a como algo matérico, carnal. Afeta o corpo da imagem, a sua matéria-prima. Não remete mais à fotografia, mas é propriamente videográfica. O *slow-motion* é controlado pelo dedo e o olho, introduzindo uma dimensão tátil, manual, que é própria de toda a produção contemporânea de imagens.

A famosa passagem de *Numéro Deux*, em que a imagem de um casal copulando funde-se organicamente com o rosto da menina que o vê, evidencia o caráter físico, corporal, da integração das imagens. Aquela nova profundidade, material, que se constitui entre as imagens. O rosto é composto pelos corpos modulados por computador, de modo que a segunda imagem parece literalmente uma emanação da primeira. Essa interpenetração das imagens, dotando-as de maior espessura, próxima da aventura do corpo na pintura, é uma nova forma de montagem ficcional. O vídeo faz aparecer aquilo que não se pode filmar, a imagem entre os corpos.[26]

Não por acaso outro de seus filmes chama-se *Ici et Ailleurs*: aqui e em outro lugar, no filme e na TV, na imagem e na palavra. O filme é sobre os possíveis agenciamentos das imagens com as palavras e os sons. Seu objeto emblemático é uma máquina de somar: a "lógica do e". O princípio das passagens da imagem — entre seus diversos tipos — e também o da sua individuação. Vemos simultaneamente várias fotos; no cinema, porém, somos obrigados a vê-las separadamente, uma depois da outra: uma projeção. A imagem seguinte expulsa a anterior. A interrupção do fluxo — o fotográfico — vem então trazer a verdade do cinema.

A questão é: como encontrar a sua própria imagem na desordem das imagens? Como fabricar imagens que fiquem, que deixem rastros? Não há mais imagens simples, elas estão todas imbricadas. Cadeias de imagens, escravas umas das outras, sobre as quais perdemos todo poder. Cada um de nós então é uma interrupção potencial: uma imagem justa, justo uma imagem.

O mesmo vale para os sons. Godard aumenta o volume, um dos ruídos ambientes abafa os outros. Como este som tomou o poder? A um momento, esteve representado por uma imagem. Mas as imagens podem se fazer representar por outros sons: são equivalentes. Imagem e som. É preciso aprender a ver para além do ruído e das outras imagens.

Algumas imagens, diz Deleuze, têm o poder de estocar outras imagens. Estamos tão repletos de imagens que já não vemos as que nos chegam do exterior por si mesmas. As imagens sonoras, por outro lado, têm o poder de capturar outras imagens. Elas ditam nossa percepção. Daí a ação de Godard: restituir às imagens sua plenitude, fazer com que não percebamos menos, devolver às imagens tudo o que elas têm.

Godard faz operar a conjunção "e... e... e". O uso estrangeiro da língua, a diversidade, a multiplicidade. O "e" não é nem um nem outro, é sempre entre os dois, é a fronteira — que não se vê, porque é o menos perceptível. Mas é aí que as coisas se passam, na fronteira entre as imagens e os sons, aí onde as imagens tornam-se plenas demais e os sons fortes demais. O objetivo de Godard: "ver as fronteiras".[27] O "método do e" conjura o cinema do Ser: entre duas imagens, entre o sonoro e o visual, fazer ver o imperceptível.

Deleuze faz do "método do entre" a chave estilística de Godard. A questão não é mais a da associação de imagens mas, dada uma imagem, escolher outra imagem que introduzirá um intervalo entre as duas. O que conta é o interstício entre as imagens, o entre-imagens.[28] Não há mais extracampo, o exterior da imagem é substituído pelo intervalo entre dois enquadramentos na imagem. Proliferação de interstícios.

O motor desse movimento — a ida de uma imagem a outra — não é porém o fotográfico, mas o pictórico. Uma das características do cinema mais contemporâneo é ser, através do vídeo, revisitado pela pintura. Aqueles instantes de suspensão, carregados de sentido — que o cinema toma emprestado da tradição renascentista — introduzem no filme uma comoção comparável à que atravessa a pintura. Ao ser transformado pelo vídeo, o cinema se aproxima, tal como jamais havia feito antes, do pictórico. A pintura é o agente da passagem entre imagem-cinema e imagem-vídeo.

A pintura é a referência principal do cinema contemporâneo. O arcaico no presente, o artesanal na reprodução técnica, o matérico no cinético. Ela é que permite colocar a questão da unidade da imagem, do seu poder de possibilitar a presença. A pintura pode ensinar o cinema a — novamente — ver?

Vários filmes recentes referem-se ao trabalho de pintores — basta citar *A Bela Intrigante* (J. Rivette) e *O Sol do Marmelo* (V. Erice). Em todos, a mesma questão: como conciliar o acontecimento pictórico (único, ali, com seu tempo próprio) e o cinema (reprodução, sem lugar nem tempo)? A imagem — o cinema — pode ser o lugar deste evento? Como podem a paisagem e o rosto advir num suporte que não lhes foi destinado? Daí a exaustiva repetição dos gestos, os inumeráveis rascunhos, compartilhando com o pintor a tentativa de extrair a verdade de um corpo, de uma árvore. No atelier, no jardim, fora do tempo. Ainda que o cinema não possa jamais mostrar o resultado final, a verdadeira pintura. Mas a criação está no filme: a espera do milagre, a dúvida.

O pictórico e o fílmico. Com Godard o cinema transita — não no sentido de suas formas primitivas, os aparelhos óticos — mas para suas raízes: a pintura. A natureza fixa da pintura e móvel do cinema não impedem — diz Bonitzer — que se possa estabelecer vínculos entre eles. A pintura se coloca problemas de movimento e o cinema questões pictóricas, como a da perspectiva. Efeitos como a *mise en abyme* e o *travelling* podem dizer respeito às duas artes. Elas teriam, de fato, uma estrutura comum: o *trompe-l'œil* e o seu contrário, a anamorfose.[29]

É justamente a partir do plano — do movimento e da decupagem supostos nessa noção — que cineastas podem se comparar a pintores. O plano — que pode ser composto, construído, como um quadro — é o que aproxima o cinema da pintura. Os movimentos que — em *Passion* — deslocam os *tableaux vivants* reconstituindo grandes quadros barrocos, estabelecem uma relação ambivalente entre cinema e pintura. Passagem — polifonia, dialogismo — possibilitada pelo *trompe-l'œil* — representação que ao mesmo tempo se denuncia como ilusão.

É isso que faz do *trompe-l'œil* o denominador comum entre cinema e pintura: ele é um dispositivo de trânsito, de cruzamento. Ele estabelece uma contiguidade. O prazer que nos proporciona, diz Lacan,[30] provém do fato de que por um simples deslocamento do nosso olhar percebemos que a representação não se move com ele e que se trata de uma ilusão ótica. Este ponto de vista anamórfico — em movimento — é essencial ao cinema: a câmera é um olho móvel, o *travelling* é um instrumento da percepção. É o mesmo sistema de vasos comunicantes do barroco e das imagens eletrônicas contemporâneas: são campos de passagem.

A anamorfose — que dá sentido ao *trompe-l'œil* — mostra também que a pintura tem, tanto quanto o cinema, relação com o movimento. De Picasso a Bacon, a pintura promove uma aceleração das formas, abolindo ponto de vista, distância, horizonte, quadro. Essa pintura-movimento remete ao cinema. Esses deslocamentos é que fazem do quadro o lugar de um mistério. O "desenquadramento" — o deslocamento de ângulo, a excentricidade do ponto de vista, o campo fragmentado — é, na pintura e no cinema, multiplicador.[31] Faz a imagem transbordar. O quadro delimita o campo: aqui, porém, campo e contracampo se conectam. As fronteiras tornam-se porosas. Imagem vazante, escoando sem cessar na seguinte.

No momento em que, em plena inflação audiovisual, a pintura retorna ao cinema, a questão que se coloca é: como fazer uma imagem?[32] O cinema — ao contrário da fotografia, que procede por instantâneos — pode assumir a produção de detalhes que é própria da pintura, fazendo a câmera se deslocar, aproximando ou afastando-se da tela, parando num rosto, numa mão. Esse trabalho da câmera sobre a pintura tende, porém, a se apresentar — na forma de *travelling* — como o percurso do olho. Mas a trajetória do olhar é errática e descontínua: o cinema deveria adotar — pela câmera lenta — o mesmo traço hesitante e aleatório do pintor.

Tendo em vista que o cinema opera basicamente sobre o princípio da profundidade e não da espessura, enquanto a pintura remete sempre à qualidade de superfície do plano, em que condições o cinema pode interferir com a pintura? O cinema tem meios de contradizer visualmente a sugestão de profundidade, o domínio do dispositivo perspectivo, do ponto de vista? O princípio da montagem pode aproximar mais o cinema da composição pictórica, integrando elementos heterogêneos: uma mancha de cor e uma série de pontos se combinariam com a imagem de um objeto, com um retrato, com motivos arquitetônicos, para criar um efeito de conjunto.

A pintura prepara este terreno ao quebrar a organização ótica convencional e criar um espaço tátil, matérico. Deleuze identifica — na pintura de Bacon — a constituição desse outro dispositivo espacial na figura do diagrama: pintar fazendo marcas, traços variados, áreas de cor e até elementos figurativos. Um conjunto operatório de traços e manchas, linhas e zonas.[33]

A geometria ótica é substituída por uma linha manual que o olho mal consegue acompanhar. Passamos da visão ao tato. A linha — ou mancha — não traça um contorno, não delimita nada. Não vai de um ponto a outro, mas passa entre os pontos. Uma pintura que se faz entre as coisas. As formas podem ser figurativas, mas não têm mais laços figurativos. A ligadura entre eles é propriamente pictórica, feita pelo movimento e a coagulação de seus próprios elementos.

Processo semelhante à passagem — definida por Wolfflin[34] — do linear ao pictórico na pintura do séc. XVII. Substituição das linhas e contornos por um efeito de massas. Tudo se mescla numa trama de linhas que não obedecem a nenhum limite. Os objetos são vistos como manchas. Destaca-se mais a vibração do conjunto do que o perfil de cada coisa. A base da impressão pictórica reside na emancipação da luz — e das sombras — como uma grandeza incomensurável.

A linha muda sem cessar de direção, ocupando toda a superfície, preenchendo todo o quadro. Criando massas de elementos pictóricos, agregados de matéria. A mão se sobrepõe ao olho. O horizonte vira muro, solo. A pintura usa o diagrama para tornar-se uma arte analógica. Uma linguagem de relações: a conexão de planos substitui a perspectiva: a modulação de cor suprime o contraste de luz e sombra e a massa destitui a relação entre forma e fundo. Um espaço feito de junções — "e... e...". A modulação de cor — justaposição de tons puros — engendra um espaço tátil, em que a planaridade da superfície só engendra volume pelas diferentes cores nela sobrepostas. Esse colorismo é, diz Deleuze, a linguagem analógica da pintura: não há mais fora ou dentro, mas somente uma "espacialização contínua" promovida pela cor. Um campo expandido.

A profundidade resultante dessa junção de planos não é a profundidade forte de Cézanne, mas uma "profundidade magra", herdada do cubismo. A mesma — sempre no esteio da modulação goethiana — que Deleuze percebe nos closes de rosto dos filmes de Sternberg: visto entre o branco do cortinado e o branco do travesseiro, o rosto não passa de uma incrustação geométrica no véu. Uma imagem que parece provir do vídeo. A sobreposição do véu lhe dá um volume superficial, uma profundidade rasa.[35]

O diagrama — a profundidade rasa — é também própria do vídeo. O vídeo é tido como mera superfície vazia, sem distância e sem tempo, responsável pela supressão da profundidade que tinha a imagem cinematográfica. Mas ele é também aquilo que dota o cinema de uma "nova profundidade", resultante da composição de rostos, corpos e paisagens. Uns se formando da matéria do outro, através de cores que escorrem de uma imagem para outra, de linhas que se comunicam. O vídeo manifesta a imagem entre as coisas, trabalhando a interpenetração delas, rompendo a superfície fotográfica para duplicá-la com uma profundidade material que é próxima da pictórica.[36]

Essa imagem, trabalhada eletronicamente, não conhece a distinção de superfície e fundo, luz e obscuridade. Ela é antes uma justaposição de áreas escuras e vibrações coloridas, que parecem iluminadas do interior. Uma imagem espessa, móvel, translúcida, feita de camadas que se sobrepõem, de estratos que se dissociam. Os diferentes planos se conjugam numa "massa ótica" no interior da qual operam variações de linhas e tonalidades. Paisagens videoeletrônicas. *Videoscapes*.

O vídeo, ao contrário do cinema, é — por paradoxal que possa parecer — uma "arte manual". Como a monotipia, o baixo-relevo, a xilogravura. Introduz o tátil, a consistência material, em pleno campo eletrônico das imagens contemporâneas. A mesma preponderância da mão que — na fotografia — encontramos nas imagens do fotógrafo cego E. Bavcar.

Essa imagem flutuante e ao mesmo tempo acumulada do vídeo remete à natureza aquosa e informe — algo lamacenta — do barroco. Uma espessura similar, ainda que possa parecer paradoxal, da sua natureza "matérica".[37] A mesma metamorfose da carne num envelope diáfano, como o manto plissado. A figura no vídeo torna-se porosa, o ar de fora se comunicando com as nuvens internas. Caem as barreiras entre sólido, líquido e gasoso. Tudo se torna volátil, irradiado.

Os primeiros dispositivos óticos — como os estereoscópios — já indicam uma nova conformação da imagem. Cada elemento parece chapado, sem que se tenha entre eles um afastamento gradual, uma distância. Há apenas uma sucessão abrupta. Revela um campo agregado de elementos disjuntos, que os olhos só podem apreender como áreas separadas.[38]

Superação do universo retiniano. A imagem não é mais constituída em função de um ponto de observação — a perspectiva retiniana. Mas como um quadro que se apresenta segundo vários pontos de vista (distâncias, dimensões) diferentes e simultâneos. Em vez do cine-olho, o cego visionário, a imagem como algo a ser montado, articulado.

Mas o protótipo do espaço moderno da visualidade é, como demonstrou H. Damisch, a *tavoletta* de Brunelleschi. Uma tela com uma minuciosa pintura de uma catedral. A parte que corresponde ao céu é recoberta por uma camada de prata, onde se refletem as nuvens reais, empurradas pelo vento. A figuração em *trompe-l'œil* da profundidade comporta, de fato, uma composição de dois planos heterogêneos.

A perspectiva só conhece as coisas que pode reduzir a seus termos, que ocupam um lugar, cujo contorno pode ser definido por suas linhas. Mas o céu não ocupa um lugar, não tem medidas. As nuvens são "corpos sem superfície", sem forma precisa, cujos limites se interpenetram.[39] Escapando, graças à fluidez de sua matéria, ao regime perspectivo, as nuvens criam um espaço volumoso, saturado. Anúncio da imagem massiva do vídeo. O ruído das nuvens.

Para Bellour, esse dispositivo tem o mérito de prefigurar o procedimento da mistura das imagens. Na superfície de prata, que reflete o céu, temos uma imagem que indica a possibilidade de movimento. Um "entre--dois" contemporâneo: se o céu permanece imóvel, remete à pintura ou à fotografia, se as nuvens passam, é ao cinema ou ao vídeo.[40]

O vídeo hoje consiste numa tentativa de abolir a câmera. Desde a câmera obscura, a luz foi pré-condição das imagens. Trata-se agora de fabricar imagens sem precisar recorrer à luz, à ótica: estamos no domínio do espaço conceitual. Como os mapas geográficos. O uso de efeitos de pintura produzem as primeiras imagens de vídeo sem câmera. Trata-se de um trabalho sobre o espaço, não uma escultura do tempo. A constituição de um espaço dividido, múltiplo, através da autonomia do corpo, destacado e reabsorvido pelo cenário. A essência de todo espaço videográfico: ser dividido, plural.[41]

Imagem complexa — amálgama que compõe uma textura dotada de densidade e volume. O vídeo permite esta pregnância em que pintura, fotografia, cinema e arquitetura "fazem corpo". Este entrelaçamento de paisagens é o traçado da cidade de imagens.

Notas

[1] M. Merleau-Ponty, *Le visible et l'invisible*, Paris, Gallimard, 1964, p. 174.

[2] M. Merleau-Ponty, "O olho e o espírito", in *Os pensadores*, São Paulo, Abril, 1972, p. 279.

[3] G. Deleuze, *Mille plateaux*, Paris, Minuit, 1980, p. 37; *Dialogues*, Paris, Flammarion, 1977, p. 71.

[4] G. Deleuze, "Le lisse et le strie", in *Mille plateaux*, *op. cit.*, pp. 592 ss.

[5] G. Deleuze, *Le pli*, Paris, Minuit, 1988, p. 5.

[6] *Idem*, p. 168.

[7] J. Lacan, *O seminário*, livro XI, Rio de Janeiro, Zahar, 1990, p. 83.

[8] C. Buci-Glucksmann, *La folie du voir*, Paris, Galilée, 1986, pp. 47-8.

[9] *Idem*, p. 85.

[10] C. Owens, "The Allegorical Impulse: Toward a Theory of Postmodernism", in *Art After Modernism: Rethinking Representation*, B. Wallis (org.), Nova York, MoMA, 1986, p. 204.

[11] R. Bellour, *L'entre-images*, Paris, Différence, 1990, p. 12.

[12] J. Derrida, *De la grammatologie*, Paris, Minuit, 1967, p. 31. Ver a origem desta noção de espaçamento em M. Blanchot, *L'espace littéraire* e *L'entretien infini*.

[13] J.-F. Lyotard, *Le differend*, Paris, Minuit, 1983, pp. 190-200. Também J.-F. Lyotard, *L'enthousiasme*, Paris, Galilée, 1986, p. 31.

[14] J.-F. Lyotard, *Temoigner du differend*, Paris, Osiris, 1989.

[15] R. Krauss, "Sculpture in the Expanded Field", in *The Originality of the Avant-Garde and Other Modernist Miths*, Cambridge, MIT Press, 1986.

[16] R. Bellour e C. David, "Preface", in *Passages de l'image*, Paris, Centre Georges Pompidou, 1990, p. 7.

[17] R. Krauss, "The Photographic Conditions of Surrealism", in *The Originality of the Avant-Garde and Other Modernist Myths*, *op. cit.*

[18] R. Krauss, *Le photographique: pour une theorie des ecarts*, Paris, Macula, 1990.

[19] J.-F. Chevrier e C. David, "L'actualité de l'image", in *Passages de l'image*, *op. cit.*, p. 32.

[20] H. Foster, *Recordings*, Seattle, Bay Press, 1985.

[21] J.-P. Fargier, "Les életrons ont la vie dure", in *Où va la vidéo*?, Paris, Cahiers du Cinéma, 1986, p. 7.

[22] R. Barthes, *La chambre claire*, Paris, Gallimard, 1980, p. 90.

[23] J.-F. Chevrier e C. David, "L'actualité de l'image", *op. cit.*, p. 23.

[24] P. Dubois, M.-E. Melon e C. Dubois, "Cinema et video: interpenetrations", *Communications*, nº 48, 1988.

[25] P. Dubois, "Video Thinks what Cinema Creates". in *Jean-Luc Godard, Son + Image*, Nova York, MoMA, 1992

[26] R. Bellour, *L'entre-images*, *op. cit.*, pp. 174-86.

[27] G. Deleuze, "Sobre a imagem-movimento". in *Conversações*, Rio de Janeiro, Editora 34, 1992.

[28] G. Deleuze, *L'image-temps*, Paris, Minuit, 1985, p. 234.

[29] P. Bonitzer, *Décadrages*, Paris, Cahiers du Cinéma, 1987, pp. 29-35.

[30] J. Lacan, *O seminário*, livro XI, *op. cit.*

[31] P. Bonitzer, *Décadrages*, *op. cit.*, pp. 80-5.

[32] H. Damisch, "L'épée devant les yeux", *Cahiers du Cinéma*, nº 386, 1987.

[33] G. Deleuze, *Francis Bacon. Logique de la sensation*, Paris: Différence, 1981, p. 65.

[34] H. Wolfflin, *Conceitos fundamentais da história da arte*, São Paulo, Martins Fontes, 1989, p. 21.

[35] G. Deleuze, *L'image-mouvement*, Paris, Minuit, 1983, p. 133.

[36] R. Bellour, *L'entre-images*, *op. cit.*, pp. 161-5.

[37] H. Wolfflin, *Renascença e barroco*, São Paulo, Perspectiva, 1968.

[38] J. Crary, *Techniques of the Observer*, Cambridge, MIT Press, p. 125.

[39] H. Damisch, *Theorie du nuage*, Paris, Seuil, 1972, pp. 166-71.

[40] R. Bellour, "La double helice", in *Passages de l'image*, *op. cit.*, p. 38.

[41] J.-P. Fargier, "Bill Viola ou l'espace retrouvé", in *Où va la vidéo?*, *op. cit.*, p. 74.

A ÚLTIMA IMAGEM

Katia Maciel

O cinema é a última imagem.

"Desde o cinema dos primeiros tempos aos últimos filmes mudos, o cinema parecia haver conquistado domínios imensos, depois, o que ele ganhou? Ele aperfeiçoou sua iluminação e seu relato, sua técnica: mas no domínio da arte... Eu chamo arte, aqui, a expressão das relações desconhecidas e afinal convincentes entre os seres e as coisas" (Godard, *Histoire(s) du Cinéma*).

Entre os seres e as coisas...

O cinema é o último entre dois. Real e imaginário, sujeito e objeto, o mesmo e o outro existem ainda que como partes indiscerníveis, na arte cinematográfica.

O cinema, depois da pintura e da fotografia, ainda é o universo de um tipo determinado de representação ligada à ilusão, e, portanto, é uma expressão da imaginação. Ora, a discussão do cinema como arte da ilusão sempre teve como pressuposto antagônico o real. Isto é, ao se discutir se o cinema é ou gera a ilusão em muitos sentidos, discute-se ao mesmo tempo se ele é ou gera o real em outros sentidos. Ao manter essa relação entre termos distintos, entre dois, o cinema produz distâncias, ou, ainda, ele se produz na distância. "Distância" entre a ilusão e o real, entre o imaginário e o real. A imagem é criada através dessa distância, ela necessita do afastamento, de um certo intervalo de tempo. O cinema é imagem.

Paul Virilio[1] define o nosso tempo como a *Era Paradoxal*. Após a *Era da Lógica Formal* da imagem ligada à pintura, à gravura e à arquitetura no século XVIII, e a *Era da Lógica Dialética*, da fotografia e do cinematógrafo no século XIX, a *Era Paradoxal* da imagem se inicia com a videografia, a holografia e a infografia.

A primeira era aparece, segundo Virilio, associada à representação da realidade, a segunda à representação da atualidade e a terceira ao fim da representação na virtualidade. Na *Era Paradoxal* a imagem atinge a alta definição, não apenas como resolução técnica, mas sobretudo como substituição do real. A imagem define o real, portanto o absorve e elimina.

Nesta era o tempo real prevalece sobre o espaço real, a imagem prevalece sobre o objeto e o virtual prevalece sobre o atual. Tudo fica reduzido ao tempo. No decorrer das eras passamos da eternidade à instantaneidade. Neste tempo absoluto fundem-se imagem e objeto em uma realidade virtual.

A realidade virtual não é o resultado de um registro passado, não está inscrita em qualquer suporte, não é presentificação de uma ação passada, não é uma presença em tempo distinto. A realidade virtual é a presença do objeto em tempo real tendo como único suporte a memória visual.

Se observarmos as eras definidas por Virilio, não como uma linha evolucionista onde as etapas se sucedem e se eliminam, mas apenas como um encadeamento de estruturas que prevalecem em tempos definidos, podemos perceber continuidades e buscar outras possibilidades de articulação entre estruturas de tempos diferentes. Podemos nos perguntar, por exemplo, que estatuto teria a pintura da *Era Formal*, e o cinema da *Era Dialética*, na *Era Paradoxal*? Que lugar teriam as imagens em um mundo onde a produção incessante de clichês produz a não-visão, a não-imagem?

Os clichês, a não-imagem, são fragmentos de imagens sem contexto, não possuem outra referência senão a própria imagem. Ora, a imagem que não possui mais referente real ou imaginário é ainda imagem?

A imagem que elimina o referente e se substitui ao real, ainda que como simulacro de uma presença e de um sentido, inverte a lógica causal do real e de sua reprodução. A imagem que antecede o real provoca uma fusão objeto/imagem em um curto-circuito que implode o real e sua imagem.

Como vemos, toda a indiferença virtual se diferencia muito da condição da imagem que conhecíamos até então, isto é, de uma imagem que se define a partir de algum referente.

A imagem do cinema não é indiferente e por isso é ainda imagem, compreendida como outro, sonho, espelho, fantasia, duplo... No cinema, a imagem imagina. O cinema silencia, cria ausência, segredo, suportes para a imaginação... para a relação entre dois. É nesse sentido que o cinema é a última imagem, porque ainda é relação. As próximas imagens, aquelas digitalizadas, concebidas através de cálculos matemáticos de computadores, as imagens de síntese, propõem a interação em tempo real. A natureza das imagens mudou inteiramente.

A grande mudança está exatamente nestes termos: interação/tempo real. A geração das imagens a partir de cálculos já é um dado há séculos, mas, como afirma Couchot,[2] a velocidade dos computadores suprimiu a distância que separava a imagem do observador na representação ótica. Desta forma, a imagem numérica responde a qualquer intervenção ao mesmo tempo em que é gerada. A imagem matricial pode então ser recriada a cada instante em uma eterna metamorfose. Fim da imagem-relação, da imagem-meio, da imagem-mídia. A interação impõe o contato imediato, a hibridação, a circulação, a contaminação.

A imagem que tem como suporte o próprio corpo é este corpo. A imagem que não representa mais o objeto mas o simula é o objeto. Afinal, se a imagem não representa, não reapresenta a coisa, e se a morfogênese das novas imagens (geradas a partir de uma linguagem numérica) transformou-se, ou retirando toda a sua exterioridade e tornou-a parte, tornou-a o mesmo e não o outro, o que nos resta na imagem da imagem? A ausência, o vazio, a dissolução de todas as distâncias. Resta-nos a falta da imagem na imagem. Não é à toa que muitas vezes diante de imagens numéricas, ainda que sejam "belos" fractais, sentimos o vazio. É que, de fato, elas nada representam além desse vazio.

Sujeito, objeto e imagem não são mais definidos nas suas distâncias, mas na contiguidade que transforma um em outro numa metamorfose permanente.

As imagens virtuais são aquelas que preexistem ao real e geram realidade. Essas imagens anulam as distâncias e tocam o tempo, criando o tempo real. Elas anunciam que atingiram enfim a ambição de toda e qualquer imagem: representar da forma mais perfeita e verdadeira o real, e destroem assim toda a ideia de representação porque não mais representam: elas são. Essas imagens não se confundem com o que até então entendíamos como imagem: reflexo, duplo, ausência, silêncio, segredo, imaginação. Elas significam, antes de tudo, a falta da própria imagem; ao contrário, significam não-imagem. A imagem como relação entre dois, como referida a um real possível, na era virtual, é interação com um real até então impossível, um real que antecede a si mesmo.

O que vemos portanto são não-imagens que se afirmam como as verdadeiras imagens, por afinal parecerem mais reais, quando, de fato, o efeito da sua ação é a mais completa desrealização.

Aí está toda técnica, toda velocidade, toda luminosidade, tudo em tempo real a serviço da não-imagem. A não-imagem é a imagem indiferente, aquela que não nos concerne, é a encarnação do vazio. E portanto somos absorvidos, aprisionados, controlados por essa indiferença. Indiferença provocada pela proliferação abusiva de imagens. Tudo é imagem. Ora, se tudo é imagem, nada é imagem, não há mais coisas e representações das coisas, mas falsas representações de coisa alguma. É o contexto da simulação, onde tudo parece ser, mas nada é.

Em relação a este estado de coisas, caberia investigar quais seriam as relações possíveis entre a imagem e a não-imagem, ou ainda entre a última imagem e as novas imagens, entre o cinema e as imagens de síntese.

Entretanto o processo que vive a arte do cinema é distinto e independente do processo tecnológico ligado ao desenvolvimento das imagens de síntese, relacionadas sobretudo às demandas do mecanismo de informação e outros mecanismos tecnocientíficos.

Serge Daney[3] abre a revista sobre cinema intitulada *Trafic* com um ensaio, "Un journal de l'an passé". "Voltam então as perguntas obvias que pareciam que jamais seriam colocadas. Por exemplo: o cinema é uma arte? Ele seria conservado, integralmente ou parcialmente? E o que será do que amamos nele? E de nós que nos amamos indevidamente através dele? E do mundo que ele nos havia prometido e do qual nos tornamos cidadãos?"

Estamos diante de um cinema que se pergunta se ainda é cinema. Um cinema diante de suas próprias incertezas. Esta é uma questão que não se vincula, no sentido artístico, à velha discussão cinema e televisão, e muito menos à questão atual, cinema e novas tecnologias da imagem. Entretanto, esta questão se desdobra na possibilidade e na impossibilidade da relação do cinema com as demais produções visuais.

Por outro lado, a atual produção de "novas" imagens não conhece a crise, e muito pouco ainda a própria crítica. Ao contrário, o uso incessante das imagens de síntese indica o enorme sucesso dessa nova tecnologia que se apresenta como uma prática acessível, de grande rapidez e alto nível técnico, embora ainda de custo elevado.

Podemos dizer que vivemos uma época de um absoluto negativo para o cinema e de pleno positivo para as imagens virtuais; precisamos dessas diferenças para compreendermos as relações que se estabelecem entre estas duas formas de produção de imagens.

Torna-se evidente o porquê de determinadas produções cinematográficas terem sucumbido à influência da era computadorizada, resultando na realização de filmes que são verdadeiros programas de computador. Alguns realizadores tentaram através da utilização de novas técnicas criar novos filmes, mas criaram no máximo novos *softwares*.

A nova geração de *filmes softwares* mostra a tentativa de um determinado cinema de avançar a reboque da nova tecnologia. Esses filmes não fazem cinema, mas apenas efeitos especiais. É o caso de filmes como *Tron: Uma Odisseia Eletrônica* ou *O Exterminador do Futuro II*, que impressionou pelo uso do programa de modelagem. Neste processo, cria-se a imagem cinematográfica como imagem de síntese, isto é, imagens geradas em função de outras imagens, que não possuem qualquer outro referente real ou imaginário.

Ao se constituir no curto-circuito de imagem a imagem, essa tendência anuncia o tão decantado fim do cinema, o fim através da proliferação aleatória de imagens sem presença, sem sentido, proliferação de um cinema sem cinema.

Há todavia outra tendência no uso das novas tecnologias pelo cinema que, ao contrário, potencializa a imagem cinematográfica através da reinvenção da própria linguagem do cinema. É o exemplo de Peter Greenaway em *A Última Tempestade*, utilizando o Hariet e o HDTV para recriar a montagem do quadro no quadro, utilizando as novas possibilidades tecnológicas para inserir o extracampo no campo, seja no som ou na imagem. Neste caso, toda a potencialidade plástica da informação digital (dada pela estocagem maleável de elementos possibilitada pelo uso de vários instrumentos que podem criar alterações infinitas) é utilizada como meio para a realização artística, e não como uma nova estética em si mesma.

Este cinema não é seduzido pela tecnologia, mas, ao contrário, a seduz. Ele se apropria das imagens virtuais para criar uma versão cinematográfica do virtual. Este cinema leva às últimas consequências o novo tecnológico, não como um clichê a mais, mas como possibilidade estética de um novo cinema, de uma nova imagem.

"As gerações futuras descobrirão o cinema com a sua perda" (Serge Daney).

O cinema não é mais o mesmo. É o que dizem, e, sobretudo, o que vemos. Mas, se tudo se encaminha para um apagamento das distinções entre as imagens, se Raymond Bellour fala do entre-imagens, como o destino comum a todas as imagens, como imagens que passam, ou ainda se Daney fala do visual como também um fim das diferenças entre as imagens; enfim, se parece definitiva uma aproximação máxima entre as artes visuais, que então o cinema desempenhe o seu papel enquanto a última imagem e empreste sua substância às novas tecnologias da imagem.

Porque, ainda segundo Daney, a imagem secreta uma certa heterogeneidade que nos lembra que não estamos sós; a imagem é então a condição de possibilidade da própria alteridade.

O duplo absoluto ocasionado pelo imediato da interatividade destrói os limites entre o mesmo e o outro e portanto a ilusão de sermos o duplo, isto é, simultaneamente o mesmo e o outro. Ilusão real em qualquer imagem de cinema.

Como iludidos que somos e portanto deliberadamente incuráveis (Clement Rosset),[4] nós nos perguntamos: diante da era da simulação, da interatividade, do tempo real, da visão sintética, da automação da percepção, da não-imagem, o que o cinema se tornará?

Digital com certeza. Mas este será o fim ou o meio?

Notas

[1] P. Virilio, *L'esthétique de la disparition*, Paris, Galilée, 1980.

[2] E. Couchot, "Sujet, objet, image", in *Nouvelles images, nouveau réel*, Georges Balandier (org.), Paris, Cahiers Internationaux de Sociologie, nº 82, jan.-jun. 1987.

[3] S. Daney, *Devant la recrudescence des vols de sacs à main*, Lyon, Aléas, 1991.

[4] C. Rosset, *O real e seu duplo*, Porto Alegre, L&PM, 1988.

ALGO ASSIM COMO: COMUNICAÇÃO... SEM COMUNICAÇÃO

Jean-François Lyotard

A fim de dramatizar a questão colocada: "Arte e comunicação", gostaria apenas de lembrar o regime de comunicação que é próprio, ou que acreditamos ser próprio — após Kant, ao menos — da recepção estética; e, para situar este regime de comunicação, citarei apenas duas frases — aforismos —, que em princípio são perfeitamente contraditórias:

"Nenhuma obra de arte deve ser descrita ou explicada sob as categorias da comunicação."

"Seria mesmo possível definir o gosto como a faculdade de julgar aquilo que torna nosso sentimento, procedente de uma dada representação, universalmente *comunicável* sem a mediação de um conceito."

A primeira frase é de Theodor W. Adorno (*Théorie esthétique*, p. 149, tr. fr. M. Jimenez), a segunda de Immanuel Kant (*Critique de la faculté de juger*, p. 129, tr. fr. A. Philonenko).

Estes dois aforismos parecem ser antinômicos, um dizendo que a arte não tem nenhuma relação com a comunicação, e o outro que a recepção da arte pressupõe e exige uma comunicabilidade universal sem conceito. O filósofo está acostumado com teses contrárias. A passagem de Adorno citada inscreve-se nas objeções que ele opõe à redução hegeliana da obra à dialética do conceito. Adorno, com alguma premonição, percebe que se anuncia no pensamento hegeliano algo assim como uma cobertura filosófica para uma ideologia *comunicacionalista*, e isto provavelmente — nos aproximamos então da formulação de Kant — devido ao próprio fato de que, nessa filosofia especulativa de Hegel, existe uma absoluta hegemonia do conceito. Ora, naquilo que Adorno chama de *comunicação*, é implicitamente necessária a ideia de que, se existe tal coisa na arte e através da arte, deve ser sem conceito. Tanto que, apesar da aparente contradição, Adorno inscreve-se aqui em uma tradição do pensamento da arte proveniente de Kant. Existe uma forma de pensar a arte que não é um pensamento da não-comunicação, mas sim da comunicação não conceitual.

A questão que desejo dramatizar é: o que ocorre com uma comunicação sem conceitos no momento mesmo em que os próprios "produtos" das tecnologias aplicadas à arte não podem ser feitos sem a intervenção maciça e hegemônica do conceito? O conflito em torno da palavra *comunicação* dá a entender que a obra, ou em todo caso tudo aquilo que é recebido enquanto arte, induz um sentimento — antes de induzir uma inteligência — que é, constitutivamente e portanto imediatamente, universalmente comunicável, por princípio. Tal sentimento se diferencia assim de uma simples preferência subjetiva. Esta comunicabilidade, enquanto exigência e não enquanto fato, justamente porque a supomos original, *ontológica*, escapa à atividade comunicacional, a qual não é uma receptividade, mas algo que se maneja, que se faz. Eis aí aquilo que, a meus olhos, conduz nossa problemática: "as novas tecnologias e a arte" ou, em outras palavras, "arte e pós-modernidade". Essa comunicabilidade, tal como se encontra desenvolvida na análise kantiana do belo, é bem "anterior" à comunicação no sentido das teorias da comunicação, que incluem a pragmática comunicacional (*pragma* é o mesmo que *Handeln*). Essa comunicabilidade a priori, que ocorre no sentimento do belo imediatamente, é sempre pressuposta em qualquer comunicação conceitual.

Kant significa, ao mostrar que o sentimento do belo difere dos outros afetos ou afeições com os quais somos tentados a confundi-lo, entre os quais o sentimento do sublime, que ele *deve* ser *transitivado* imediatamente, sem o que não será sentimento do belo. A exigência de tal assentimento, em princípio universal, é constitutiva do julgamento estético. Se, portanto, nos restringirmos a uma descrição psicológica ou social ou pragmática, em geral antropológica, renunciamos a fornecer à arte, do lado de sua recepção, um estatuto específico, e concluímos, no fundo, que não existe arte. Caso abandonemos essa transitividade potencial, imediata, exigível no julgamento de gosto e que é, ao mesmo tempo, exigida para que haja arte, abandonaremos ao mesmo tempo a ideia de uma comunidade relacionada àquilo que Kant chama de *sensus communis*, ou seja, de uma *sentimentalidade* imediatamente comunicável.

De fato, não podemos dizer que um sentimento possa receber o assentimento de todos sem mediação, i-mediatamente, sem pressupor algum tipo de *comunidade de sentimento* que faça com que cada um dos outros indivíduos, colocado diante da mesma situação, da mesma obra, possa ao menos dispor de um mesmo julgamento sem elaborá-lo conceitualmente. Na análise do sentimento estético encontra-se em jogo, portanto, a análise do estado de uma comunidade em geral. Aquilo que está em jogo na recepção das obras é o estatuto de uma comunidade sentimental, estética, bastante "anterior" a qualquer comunicação e a toda pragmática. O recorte da relação intersubjetiva ainda não foi feito e haveria um assentimento, uma unanimidade possível, exigível, em uma ordem que não pode ser "ainda" a da argumentação entre subjetividades racionais e falantes.

Introduz-se, então, a hipótese de um outro tipo de comunidade, irredutível às teorias da comunicação. Se admitirmos que a comunicabilidade está, em princípio, incluída no sentimento estético singular, e se admitirmos que este sentimento estético singular é o modo i-mediato — ou seja, sem dúvida o mais pobre e mais puro — de uma passibilidade em relação ao espaço e ao tempo, formas necessárias da *aisthèsis*, será então que esta comunicabilidade pode persistir quando as formas que deveriam originá-la são determinadas conceitualmente, seja em sua própria geração, seja em sua transmissão? O que ocorre com o sentimento estético quando situações *calculadas* são propostas como estéticas?

A oposição entre sistema linear e sistema figurativo indicada na argumentação do colóquio, sem falar da esperança depositada na produção calculada de imagens, me parece não ser pertinente em relação à oposição que tento enunciar entre *passibilidade* e atividade. A passibilidade como possibilidade de sentir (*pathos*) supõe uma doação. Se somos passíveis, é porque acontece alguma coisa conosco, e quando esta passibilidade possui um estatuto fundamental, a própria doação é algo fundamental, original. Aquilo que acontece conosco não é, de forma alguma, algo que tenhamos antes controlado, programado, captado através de um conceito (*Begriff*). Ou, por outro lado, se aquilo de que somos passíveis foi antes tecido por conceitos, como poderia *nos atingir*? Como poderia nos comover se já sabemos, se podemos saber, de que, através de que, com o que, para que é feito? Ou então, se tal sentimento, no sentido bem radical que Kant tenta dar a este termo, ocorre, é preciso admitir que aquilo que acontece conosco é desconcertante. Quando Kant fala da *matéria* da sensação, que ele opõe à sua forma, à sua formação, ele fala exatamente daquilo que não podemos calcular. Não temos nada a dizer sobre aquilo que nos administra, nos dá esta matéria. Não podemos conceitualizar essa espécie de *Outro* com O maiúsculo que Kant chama de grande X. É realmente preciso concordar que a doação procede de um X, que Heidegger chama de *ser*. Essa doação, que é experienciada antes de (ou melhor, *em*) toda captura e conceitualização, *fornece matéria* para a reflexão, o conceito, e é *sobre* ela, para ela, que iremos construir nossa filosofia da estética e nossas teorias comunicacionais. É realmente necessário que haja alguma coisa que esteja dada a priori. O sentimento é a *recepção* imediata daquilo que se dá. As obras produzidas pela nova *tekhné* levam necessariamente, em graus completamente diversos, a locais diversos de si mesmas, indícios de que elas foram determinadas por um (ou vários) *cálculo(s)*, seja em sua constituição e/ou em sua restituição, seja apenas em sua difusão. E por "cálculo" não entendo apenas aquele que ocupa o tempo dos engenheiros de computação, mas até a contabilidade inevitável dos espaços e dos tempos, de todos os tempos, até mesmo daqueles ditos "de trabalho", gastos com a produção dessas obras e de sua difusão.

Toda e qualquer reprodução industrial está conectada a esta problemática profunda e fundamental da re-presentação, e o sentimento estético pressupõe algo que está, necessariamente, implicado e esquecido na representação: a *apresentação*, o fato de alguma coisa estar *aqui agora*. Todas as representações pressupõem o espaço e o tempo como algo através de que e dentro do qual alguma coisa nos acontece, que está sempre aqui e agora: o lugar e o momento. Não são conceitos, mas simplesmente modos da apresentação. No momento em que tratamos das artes da representação, a questão do aqui-agora é ocultada. Como pode haver um sentimento *estético* saído apenas da re-(a)presentação calculada? Como os indícios da determinação das formas através de conceitos, proposta pela nova *tekhné*, poderiam deixar em liberdade o jogo do julgamento reflexivo que constitui o prazer estético? Como a comunicabilidade constitutiva desse prazer, que permanece potencial, prometida e não efetuada, deixaria de ser excluída pela determinação conceitual, argumentativa e tecnocientífica, "realista", daquilo que é comunicado no produto dessas novas tecnologias?

Ao alegar essa estranha problemática do sentimento estético em Kant, em sua i-mediatidade e sua exigência de comunicabilidade universal, sem o que não estamos diante de arte, pretendo apenas sugerir a seguinte hipótese: a primeira coisa a ser atingida, e que reclama, em nossa modernidade, ou nossa pós-modernidade, talvez seja o espaço e o tempo. Aquilo que é atacado seria o espaço e o tempo enquanto formas da doação daquilo que ocorre. A verdadeira "crise dos fundamentos" certamente não era a dos fundamentos da razão, mas sim a de qualquer empreitada científica relativa a objetos ditos reais, quer dizer, dados no espaço e no tempo sensíveis.

Existem, em Kant, duas estéticas, dois sentidos para a palavra *estética*. Na primeira Estética (*Crítica da razão pura*), a questão colocada encontra-se limitada à elaboração do sensível (sua "síntese"), graças à qual ele pode ser conhecido através de conceitos. Como é possível que conceitos possam encontrar uma aplicação na realidade? É preciso que já haja no sensível, tal qual este nos é dado, alguns tipos de síntese de elementos, unidades sensíveis, que o preparam para ser tomado pela inteligibilidade sob os conceitos. Existe uma afinidade entre aquilo que se dá no sensível e o uso que o conceito irá fazer disto. Por exemplo, na série temporal dos sons, há elementos que permitem a aplicação da série numérica. É esta primeira síntese que Kant chama de *esquemas* e que, no sensível, prepara a aplicação conceitual. Podemos conhecer o sensível porque este se encontra em um estado de afinidade com a inteligência. Na terceira *Crítica*, a estética elabora a questão das formas. O objetivo não é, então, o de compreender como a ciência é possível, mas sim o de compreender por que, no aqui e agora da doação, é produzido um sentimento que não é outra coisa senão a transcrição afetiva das formas que flutuam livremente no espaço e no tempo. Kant atribui este sentimento à inscrição sobre o sujeito das formas devidas à imaginação produtiva. As sínteses que ocorrem no sensível não são mais concebidas por Kant, aqui, como algo que prepara a ciência, mas sim como algo que possibilita o *sentimento* que é, ele mesmo, preparatório a todo conhecimento. É a maneira pela qual estas formas são acolhidas por um sujeito que o interessa; ele as chama também de *monogramas*.

Inicialmente há, portanto, esse problema esquema/forma, mas há ainda a divisão da apreensão das formas em dois sentimentos estéticos: o sentimento do belo e o sentimento do sublime. Ora, este último, cuja Analítica é introduzida por Kant sem qualquer tipo de justificativa, contrariamente a seu costume, possui a interessante propriedade de não comportar uma comunicabilidade i-mediata. O sentimento do sublime se manifesta quando a apresentação de formas livres é insuficiente. É compatível com a in-forma. Ou melhor, é quando a imaginação que apresenta formas encontra-se em falta que tal sentimento aparece. E este último deve passar pela *mediação* de uma Ideia da razão que é a Ideia de liberdade. Achamos sublimes os espetáculos que excedem toda e qualquer apresentação verdadeira de uma forma, quer dizer, onde aquilo que é significado é a superioridade de nossa potência de liberdade frente àquela manifestada no próprio espetáculo. Ao isolar o sublime, Kant enfatiza algo que está diretamente relacionado com o problema da insuficiência do espaço e do tempo. As formas que flutuam livremente, que suscitavam o sentimento do belo, passam a estar em falta. De um certo modo, a questão do sublime está intimamente ligada àquilo que Heidegger chama de recuo do ser, recuo da doação. A recepção daquilo que é sensível, quer dizer, dos sentidos encarnados no aqui-agora antes de qualquer conceito, não teria mais lugar e momento. Este recuo significaria nosso destino atual.

Em "O princípio da razão" e "A época das concepções do mundo", encontramos o máximo de oposição entre a poética, a receptividade no sentido desta sentimentalidade kantiana, e o *Gestell* (intraduzível: o arrazoamento?), que deve ser atribuído à tecnociência. Para Heidegger, o apogeu da tecnociência era a ciência nuclear; nós avançamos muito em termos de *Gestell* hoje em dia. Fica claro que a *in-stalação* (mesma "raiz" que *stellen*) do conceito até mesmo no espaço-tempo é infinitamente mais fina nas novas tecnologias do que era naquilo que Heidegger conhecia. Oposição entre duas formas de recepção: de um lado a forma poética que ele imputa aos gregos, e de outro a recepção tecnocientífica (ainda é uma recepção ontológica) que é feita sob o regime geral do princípio da razão, e cujo nascimento explícito ele encontra no pensamento de Leibniz. Fica claro que a ideia de combinatória e portanto de tudo aquilo que guia a informática e a comunicação, entre outros, nasce aí, incluindo o infinitesimal.

Esta problemática deve ser retomada, revista e corrigida; parece-me central nesta questão de "arte e comunicação". Nas *Observações* de Hölderlin sobre Édipo, sobre as quais deveríamos meditar, o poeta nota que a verdadeira tragédia de Édipo é que o deus afastou-se categoricamente do homem. A verdadeira tragédia não é *Édipo Rei* (a intriga, a morte, a incompreensão), mas sim *Édipo em Colona*, isto é, o destino já se tendo cumprido, não acontece mais nada ao herói e nada mais está destinado a ele. A perda de todo e qualquer destino indica o essencial do drama, e neste "não acontece mais nada" está também o essencial de nossa problemática. Está claro que aquilo que chamamos de comunicação significa, em todos os casos e sempre, que não acontece nada, quer dizer, que não estamos destinados. E Hölderlin acrescenta, a este respeito, esta frase notável: "no limite extremo do dilaceramento, de fato não resta nada mais além das condições do tempo e do espaço".

No horizonte do dito "fim da arte", descoberto pelo pensamento hegeliano no início do século XIX, encontramos a melancolia do "não resta mais nada além das condições do tempo e do espaço", tratada e cicatrizada nesse imenso luto, essa imensa remissão que o pensamento dialético hegeliano constitui. Não apenas será preciso absorver este "resta apenas o espaço e o tempo" enquanto condições puras (o que é feito desde o início da primeira grande obra, a *Fenomenologia do espírito*, onde é mostrado que o espaço e o tempo não contêm sua verdade em si mesmos, mas sim no conceito, que não há um aqui-agora, que há apenas percepção, que o sensível já se encontra sempre mediatizado pelo entendimento), mas o tema do fim da arte revela em outro plano a persistência do tema do recuo da doação e da crise da estética. Se não há tempo, se o tempo é o conceito, só há arte por erro, ou antes, o momento do fim da arte coincide com o da hegemonia do conceito. Seria preciso ligar esta problemática àquela em que estamos imersos hoje em dia, o logocentrismo generalizado, e mostrar que a indústria da arte pertence indiretamente a esta maneira de realizar a arte. A indústria da arte seria uma realização da metafísica especulativa, uma forma pela qual Hegel está presente, pela qual obteve sucesso, em Hollywood. O que deve ser esclarecido pelas observações de Paul Virilio sobre o problema do espaço e do tempo que ele diz serem *críticas*, em um sentido estratégico, o do Pentágono. Seria preciso também elaborar a posição de Husserl frente à crise das ciências europeias.

É imprescindível que seja feito um estudo sobre as vanguardas. Seu movimento não se deve somente ao fim da arte. Se elas se encontram em uma problemática analógica à que Hegel usa para tematizar o fim da arte, então elas "exploraram" esse "resta apenas..." de forma exemplar. Se não resta mais nada além das condições do tempo e do espaço, ou seja, se no fundo a representação e a encenação das intrigas não são interessantes, se o interessante é o Édipo sem destino, elaboremos então uma pintura do sem-destino. As vanguardas começam a trabalhar sobre as condições do espaço e do tempo. Tentativas que já duram um século e ainda não terminaram. Essa problemática permite restituir a verdadeira questão das vanguardas recolocando-as em seu próprio terreno. Elas foram testemunhas indispensáveis da crise desses fundamentos, crise esta da qual as teorias da comunicação ou as novas tecnologias constituem outros aspectos, bem menos lúcidos que as vanguardas. Estas possuíam ao menos um sentido do enredo, nisto sendo totalmente análogas em seu campo ao que ocorreu nas ciências.

Sob o título geral de crise das ciências, a partir do fim do século XIX, uma imensa discussão é travada sobre a aritmética, ou seja, a ciência do número que é ciência do tempo, sobre a geometria, ciência do espaço, e sobre a mecânica, ciência do movimento, quer dizer, a ciência do espaço e do tempo. É muito difícil de acreditar que aquilo que foi discutido entre cientistas e filósofos durante um século não interesse à pequena ideologia comunicacional. Os problemas de onde nasceram as geometrias não euclidianas, as aritméticas axiomáticas, as físicas não newtonianas são também aqueles que geraram a teoria comunicacional e informacional.

Será verdade que nesta crise, que diz respeito às condições do espaço e do tempo (com suas duas expressões, moderna: nada mais resta senão o espaço e o tempo, e pós-moderna: não nos resta *nem mesmo* o espaço e o tempo), será que neste trabalho, que abordamos sob o ponto de vista da comunicação, há simplesmente a perda de alguma coisa (a doação ou a apresentação) sem que haja um ganho qualquer? Perdemos a terra (Husserl), quer dizer o aqui-agora, mas será que ganhamos alguma coisa, e como a ganhamos? A perda de raízes que se encontra ligada à nova tecnologia pode nos prometer uma emancipação?

Conforme indicado no programa do colóquio, a questão do corpo é colocada aqui, mas não devemos nos fiar por demais nesta palavra já que, se o espaço e o tempo são atingidos e atacados pelas novas tecnologias, o corpo também o é e deve sê-lo. Talvez também devamos ficar de luto pelo corpo.

Quanto à confusão entre passível e passivo. Estes dois problemas são distintos: a passividade se opõe à atividade, a passibilidade, não. Além disso, esta oposição ativo/passivo pressupõe a passibilidade e, de qualquer forma, não é aquilo que está em jogo na recepção das obras de arte. A solicitação de uma atividade ou "interatividade" nos dá, pelo contrário, uma prova de que seria preciso intervir mais, e de que nós acabamos com o sentimento estético. Não se pedia que o espectador fizesse "intervenções" quando se pintava, alegava-se uma comunidade. Hoje, não se visa essa sentimentalidade que podemos encontrar ainda em qualquer esboço de um Cézanne ou de um Degas, mas antes pede-se que aquele que receba não receba, que ele se deixe descapacitar é sua autoconstituição enquanto sujeito ativo em relação àquilo que lhe é destinado: que ele se reconstitua imediatamente e se identifique como alguém que intervém. Vivemos e julgamos justamente de acordo com esta vontade de ação. Quando um computador nos convida a jogar ou nos deixa *jogar*, o aspecto valorizado é que aquele que recebe o convite manifeste sua capacidade de iniciativa, de atividade etc. Nós somos, portanto, ainda tributários do modelo cartesiano do "tornar-se senhor e possuidor...". Ele implica o recuo da passibilidade através do que, exclusivamente, estamos aptos a receber e portanto a modificar e agir, e talvez mesmo a gozar. Esta passibilidade, enquanto gozo e pertencimento necessários a uma comunhão imediata, encontra-se recalcada na problemática geral da comunicação em nossos dias, chegando mesmo a parecer vergonhosa. Mas agir no sentido dessa atividade tão procurada, na verdade significa apenas *reagir*, repetir, na melhor das hipóteses conformar-se febrilmente a um jogo já dado ou instalado (*Gestellt?*). A passibilidade, pelo contrário, tem como questão uma comunidade sentimental imediata que é exigida através do sentimento estético singular, e o que se perde é antes a propriedade que a simples capacidade. A ideologia interacional opõe-se, sem dúvida, a uma passividade, mas permanece confinada em uma oposição totalmente secundária.

A verdadeira questão é a de saber se é ou não mantida a atualidade e a imediatez de um sentimento que faz apelo ao copertencimento a um "solo" que é suposto pelo conceito e pelo cálculo ao mesmo tempo em que o eludem. A obra, inicialmente, é *recebida* apenas devido a essa comunidade imediata, mesmo se a seguir ela possa ser apresentada em uma galeria, em separado. Trata-se de um problema de modalidade de presença, e não de um problema de conteúdo ou de simples forma. A questão da unanimidade sentimental está relacionada não com o que é apresentado ou com as formas da apresentação, mas com a modalidade da recepção, como exigência de unanimidade. Não se trata de situar a passibilidade como um momento, ainda que breve, dentro do processo de apropriação da obra, trata-se antes de dizer (é isto que significa *crítica transcendental* em Kant) que, sem esta dimensão, somos incapazes até mesmo de reconhecer uma obra *de arte*. É uma condição a priori mesmo se ela nunca se encontra marcada de forma perceptível no processo psicossocial.

O que é absolutamente específico da arte? O que ocorre com o espaço e o tempo? Qual o ganho obtido com a tecnociência? O que irá ocorrer com nosso corpo? Não é no discurso da tecnociência, que ocorre *de facto* e *de jure* fora desta situação, no campo totalmente diferente da vontade de identificação, que poderemos quando muito abordar estas questões.

Passibilidade: o contrário de "impassibilidade"? Alguma coisa não se destina a nós, não há nada que nos permita senti-la. Você é tocado, você só irá *sabê-lo* depois. (E acreditando que o sabe, você irá enganar-se quanto a este "toque"). Supomos que os espíritos angustiam-se por não intervir na produção do produto. É porque pensamos a presença apenas de acordo com a modalidade da intervenção dominadora. Não ser contemplativo é uma espécie de mandamento implícito, a contemplação é vista como uma passividade desvalorizada.

Em Kant, a passibilidade não desaparece com o sublime, torna-se uma passibilidade *em falta*. São justamente as belas formas com seu destino, nosso próprio destino, que estão faltando, e o sublime comporta essa espécie de tristeza devida à finitude da "carne", essa melancolia ontológica.

A questão colocada pelas novas tecnologias aqui, quanto à sua relação com a arte, é a do aqui e agora. O que o "aqui" indica quando usamos o telefone, a televisão, o receptor do telescópio eletrônico? E o "agora"? Será que o componente "tele-" não irá, necessariamente, misturar a presença, o "aqui-agora" das formas e de sua recepção "carnal"? O que é um lugar, um momento, que não se encontrem ancorados no "padecimento" imediato daquilo que ocorre? Será que um computador está, de alguma forma, aqui e agora? Pode *ocorrer* algo através dele? Pode ocorrer algo com *ele*?

Tradução de Carlos Irineu da Costa

Posfácio

CARTA A ANDRÉ PARENTE: ENTRE IMAGEM E PENSAMENTO

Éric Alliez

"O mundo vai acabar. A única razão para que pudesse durar é que ele existe. Como é fraca esta razão, comparada a todas as que anunciam o contrário, em particular a seguinte: que tem o mundo doravante a fazer sob o céu?"
Charles Baudelaire

"O surgimento de um não-ente como se ele fosse, eis o que suscita a questão da verdade da arte."
Theodor W. Adorno

Você fez eu me meter nisso e agora, como se não bastasse, quer saber "o que penso". Só me resta então tentar pôr em jogo e em movimento *algo* da relação constitutiva da filosofia como seus "foras-dentros"; e isso de um ponto de vista que envolve o que (se) passa entre imagem e pensamento, nas imagens do pensamento e no pensamento das imagens. Na indecidibilidade da passagem encerrada nesta sua questão "em dupla hélice": da arte e da técnica, da arte na era da técnica.

A riqueza das contribuições que você reúne e apresenta me deixa inclinado a retomar sem maiores formalidades o que parece constituir uma das questões emergentes da coletânea, a qual assim reformularei:

Não é toda a imagem "clássica" do pensamento que se vê invertida, quando o próprio registro da imagem escapa — *objetivamente, isto é, tecnicamente* — à lógica da representação que na forma interior de sua historicidade bimilenar ela havia contribuído para fundar?

Retomada que eu quereria tão paradoxal quanto possível, como uma experiência de pensamento, e de história do pensamento, que se aventuraria a projetar a *lógica paradoxal* das novas imagens (video-, holo-, infográficas) sobre nossa apreensão filosófica de sua pré-história *formal* (ela se consuma no século XVIII) e *dialética* (a do fotograma no século XIX). Parafraseando *La machine de vision* de Virilio, a que se refere K. Maciel: o paradoxo lógico é por fim o de uma imagem que de tal modo domina a coisa representada que a virtualidade domina a atualidade, revirando a própria noção de realidade, que sai dos eixos (*cardo*) com o que Virilio chama, com razão, de o "desnorteio da representação".[1]

Vale lembrar a rigorosa exposição de E. Couchot. Se a perspectiva renascentista repousa sobre a "automatização" de uma lógica figurativa ótica informada por um real a representar de que ainda são tributárias as *técnicas* fotográficas, fotomecânicas, cinematográficas e televisivas, à medida que continuam a obedecer ao modelo único de uma "morfogênese por projeção", não é senão com as tecnologias numéricas que se vê finalmente suspensa a fé perceptiva em uma aderência ao mundo concebido como *lugar das coisas*.

Deste ponto de vista, e no âmbito exclusivo desta revolução que não é mais apenas iconológica mas também, mas antes de tudo ontológica (o real é atingido pelo efeito de *presença paradoxal* de uma imagem que não se re-presenta... nada, que não apresenta senão a si mesma, que não expõe senão sua autorreferência não-sensível, ou an-estésica), na desmedida então desta revolução "onto-iconológica" que substitui a coisa representada em um espaço e um tempo próprios (trata-se, de dela, "restituir" a realidade segundo um movimento comandado por uma finalidade de tipo *fenomenológico*) por uma imagem que não obedece senão a sua Ideia ou Conceito (o que os "idealizadores" chamam de um *programa*) — bem, nesse âmbito que é o do *phylum* maquínico, e do qual só a dupla-desintegração do espaço da matéria e do tempo da luz dá a medida em "tempo real", num momento em que o computador reduz o universo ao *pixel*... é toda nossa história de seres que sentem, seres sensíveis [*d'etres sentants-sensibles*] que se forclui em sua origem aristotélica de doação e de recepção *estéticas* (*aisthesis*, que vem do sensível).

Perdemos a terra, diz Lyotard depois de Husserl. Perdemos a terra, retoma Virilio, em proveito de "um dia subliminar e paraótico" que é a "consequência visível de uma concepção estatística do espaço e do tempo reais" dominada por "pontos *sem dimensão* e instantes *sem duração*, controlados digitalmente por algoritmos de uma linguagem codificada..." (*O espaço crítico*).

Vale dizer que perdemos nossos últimos elos com o mundo natural definido como lugar das coisas. Segundo a fórmula aristotélica: *hama tô pragmati o topos*, o lugar é com a coisa, ou ainda o lugar é a morada da coisa, desta coisa-*pragma* sobre a qual repousa todo o fundamento da epistemologia aristotélica, à medida em que ela é, independentemente de toda percepção ou conhecimento.

Perceber, conhecer, é ser informado da coisa *pela* coisa, no sentido de que formalmente o *eidos* não é mais que a forma real da coisa, o trabalho do intelecto consistindo em distinguir a razão formal na unidade numérica da coisa existente, para dela fazer seu objeto próprio. A coisa realmente inteligida é assim a forma do intelecto que (se) a representa. *Forma intellectus est res intellecta*, escreveu Tomás de Aquino numa língua em que ainda se percebe o caráter imediato da relação entre o sabido (*eidon*) e o visto (*oidia*), entre o que "eu sabia" (que era isso) e o que "eu via" (que estava lá). A representação nunca dizendo senão o resultado formal da informação do intelecto pela *própria* coisa percebida-inteligida.

Mas enfim, você me dirá, pressupõe-se que ninguém ignore a incompatibilidade da *pragmática* aristotélica do visível com qualquer tratamento matemático do espaço da visão, sem o qual as *técnicas da imagem*, desde a *tavoletta* de Brunelleschi, são impensáveis...

Só que se se levar a sério a ruptura ocasionada pela imagem de síntese em relação às coordenadas "ptolomaicas" do mundo da experiência, vai-se descobrir que tais técnicas não afetaram a determinação fenomenológica do sentido enquanto "receptáculo das formas sensíveis (*aisthèton eidon*) sem a matéria" (*De anima*, II, 12, 424a, 17-19). Para dizer de outro modo: a *morfogênese* (por projeção) ainda se apoia em uma *física* (em um referencial físico) que *não* suspende uma fenomeno-logia da imagem: a representação se desenvolve a partir do *reconhecimento* das próprias coisas. Imagem *conforme*, imagem *mimética* ou *enfática* que restitui "o aparecer em" (*emphainein*), o aparecer no lugar das coisas: a produção de imagens se mantém inseparável de uma recognição das modalidades segundo as quais os fenômenos aparecem em sua luz própria (*phôs*, *phainestai*, *phainomenon*). Daí os homens "terem prazer em ver imagens": "ao olhá-las, aprendem e deduzem (*sullogizesthai*) o que é cada coisa..." (*Poética*, 4, 48b, 15-17). Sem esta pre-tensão em que é acionado o silogismo sensível da imagem em representação, não se compreenderia quer a função social de controle e de poder da televisão (que manipula uma cópia carente de modelo), quer a função pedagógica do cinema (uma "pedagogia da percepção", diz Deleuze), ao almejar apresentar de cada coisa a *forma própria*, tornar visível, sensível, na imagem mesmo, o ser mesmo da coisa...

(Quanto ao acordo entre as leis da perspectiva linear e a visão natural, ele estaria implicado na própria expressão *construzione legittima*. Mas será que a invenção dessa "construção" não supõe o surgimento de um sujeito que se retira do mundo para "situá-lo", para "telescopá-lo"? Sob o modelo do *inspectus* cartesiano, a evidência da luz natural seria legitimada por uma "inspeção do espírito...")

Como manda a referência aristotélica, você sem dúvida me perguntará quando, do meu ponto de vista, se quebra na história da filosofia a hegemonia do Princípio Psicofísico que orienta a *imagem-natureza*, e se, e como, esta nova imagem ≥ X é suscetível de entrar em ressonância com a presença paradoxal da *imagem-programa*.

Creio ser possível determinar este "momento" com bastante precisão no contexto do confronto entre a noética aristotélico-tomista e a noética scotista, esta última surgindo munida de uma experiência de pensamento cujo poder de abalar implica nada menos que a onipotência absoluta de Deus.

De potentia absoluta Dei, supor-se-á então que Deus imprimiu uma "espécie" (a *species* traduz o *eidos* dos gregos) inteligível em nosso intelecto, ou uma "espécie" sensível em nosso olho. O sentido (físico ou intelectual) desse modo se dirige ao objeto correspondente como se ele realmente houvesse existido. O argumento *de potentia absoluta* permite assim estabelecer de direito a possibilidade de uma percepção contemporânea à "projeção" de um objeto que a ela não preexista senão na redução do ente a seu conceito. Se a *species* representa a coisa, é no sentido de que dela ocupa o lugar e supre o papel, *tenens, supplens vicem objecti*; de modo que o objeto não mais mendigará sua presença à potência receptiva da imaginação (*in praesentia mendicata a virtude phantastica*).

Daí o caráter absoluto e intencional do objeto em seu *esse repraesentatum*, ilustrado pelo exemplo da estátua que continuaria a representar César se César estivesse não "simplesmente" morto, mas *aniquilado* — ou seja, independentemente da existência ou não existência de César. A coisa (*pragma*) tornada objeto (*objectum*) poderá então ser apreendida independentemente de sua existência efetiva, *sive res sit sive res non sit*, nesta perspectiva *a priori* que Occam não cessará de explorar em função da possibilidade de uma *notitia intuitiva rei non existentis*. Não é mais a representação que se adequa à coisa; é a (re)presentação que *supponit materialiter*, a matéria se vendo assim elevada ao nível de uma quase-forma cuja an-estesia permite apreender a *realitas* como *formalitas* ou *entitas*.

É neste contexto onto-*lógico* em que a objetividade toma sobre si o peso da *realitas* em detrimento de qualquer *phainestai fenomeno*-lógico, que se vê surgirem raciocínios com arestas estranhamente "modernas". Eles coincidem na suspensão da presença como manifestação de uma dimensão "patética" de abertura para um "em face" (o *antikeimenon* do *De anima*). Lembraremos aqui apenas o *esse objectivum et apparens* de Pierre d'Auriole. É que ele (re)presenta tudo o que subsiste de "presença" desde que a visão, não sendo mais visada receptiva de nada, toma sobre si todo o aparecer. A onipotência de um Deus que pode muito bem prescindir da *existentia et praesentia rei* enquanto hipótese *não logicamente-contraditória* permite ressaltar o privilégio absoluto do espírito à medida que o foco da aparição se deslocou da *alétheia* para o *imperium voluntatis*. Foi a partir dessas premissas que J.-F. Courtine pôde mostrar que, de Occam a Suárez, se afirma de modo cada vez mais exclusivo um *conceptus objectivus* que não dá acesso a nada a ele exterior, já que se destina a fornecer ao espírito, como uma presença que, por ter eclipsado totalmente a primeira, não pode ser tomada como segunda, uma imagem que para ele seja apresentação de "coisa" encarada em sua realidade abstrata.

Realitas torna-se aqui o nome próprio do ser, do ser que não será mais efetivo senão enquanto *produtível*. O real [*réel*] tem assim como norma um *real*[2] liberado de qualquer referência ao *esse* entendido como *esse actualis essentia*, um *real* que autoriza a tradução suareziana do *esse objectivum* em *imago repraesentans*. Significando com isso que doravante a verdade diz respeito a uma *repraesentatio* cuja intencionalidade não visa mais senão a um ente pensável, isto é, objetivável ou "projetável". Verdade que será a desta nova ótica através da qual o real [*réel*] deverá ser visto sob o aspecto físico-matemático.

Isso será confirmado pelo surgimento do termo *ontologia* sob a rubrica de uma abstração matemática (Goclenius) que preside o acesso a este modo paradoxal de presencialidade do objeto — abstração feita de toda *praesentia et absentia* fenomenologicamente constatadas. Notaremos que este novo conceito de *realitas* se anunciava na primeira determinação da *res* explicitada por Henri de Gand a partir de *reor*, *reris*, relacionando assim a *res* a um *pensamento calculante*, como a seu modo de apresentação. A visibilidade da coisa é assim reduzida a uma *imagem conceitual* que não depende mais senão da meta-física da (re)presentação que projeta, *de omnipotentia objectalis*.

Eis então como me aproximo de Lyotard, lançando aqui mesmo a única pergunta que conta: "O que acontece com o sentimento estético quando são propostas como estéticas situações calculadas?". Ou ainda: o que acontece com a arte, recuperada pelo conceito de que deveria ter se desvencilhado para poder "representar" o que é esquecido na representação: a apresentação sensível, i. e., "estética"? (Era esta toda a importância, propriamente paradigmática, das *nuvens* de Brunelleschi, dessas nuvens *mostradas* mais do que *demonstradas*, "escapando pela fluidez de sua matéria à racionalização perspectivista" — Bellour remetendo à *Theorie du nuage* de Damisch; ou das *manchas* de Fra Angelico estudadas por Didi-Huberman sob o registro do: *Em que, por que e como isto não se assemelha*?) Mas também: que será de nós num momento em que a arte é tecnicamente suscetível de se transformar em Manifesto do Ideal do Capital, a saturar o campo do real de tal modo que nada mais ocorra que antes não tenha sido controlado, programado, modelizado, isto é, *ratificado*? (Onde se ouve o longínquo eco da fórmula de Henri de Gand: *res dicitur a ratitudine*...) Em sua logística de simulação, será que a imagem numérica não *surrealiza* esta racionalidade capitalista que extrai toda sua potência de uma reversão histórico-transcendental cuja inscrição primeira tentamos apreender: no efeito de intraduzibilidade entre *pragma* e *res*? Lyotard ainda escreve (em "Le temps aujourd'hui"): "O capital não governa o conhecimento da realidade, mas ele dá realidade ao conhecimento". Compreendo que o capital talvez não seja mais que *um meio de investimento* dessa revolução (e talvez não haja outro, de tal dimensão, na história do pensamento ocidental), no qual o que está em jogo é a substituição do conhecimento fenomenológico da *realidade* "pragmática" por uma "realidade" *objetiva* do conhecimento.

Tudo se passando como se a dita Era da Simulação *procedesse* do *conceptus objectivus* da escolástica tardia. Um conceito que não terá jamais representado (*supponit pro*) as coisas individuais e concretas sem constituir seu próprio "ser". É que o ser essencial não re-presenta mais que um caso particular do possível, possível que, enquanto tal, comporta uma aptidão intrínseca para a ex-istência concebida como *efetivação*. Ou real-idade. Sob o risco do resumo: seria esta aptidão que as novas tecnologias *realizariam* pela tradução numérica do possível em *modelizável*. Cito ainda Couchot: "Chega-se, neste ponto, à nova e fantástica potência de figuração numérica e, simultaneamente, a seus limites, uma vez que a imagem numérica *só pode* figurar aquilo que é modelizável".

Daí também a questão da arte ser sempre diferida pela questão da técnica, que a compreende sob a rubrica das "artes da representação". Perguntávamos: que acontece com a arte quando o capital está "visivelmente" a ponto de realizar seu Ideal? Mas como retomar a investigação *estética*, uma vez que o *mundo* não é mais que o efeito virtual de sua "reprodutibilidade técnica?" Quando não é mais o lugar simbólico da obra de arte que se vê ameaçado (Benjamin), mas sim o mundo que está an-estesiado, aniquilado na videosfera? Quando o princípio do idealismo absoluto, do *esse est percipi* (Berkeley), se declina abertamente sob o modo hiper-realista da *annihilatio mundi* (Hobbes).

Admitiremos com Régis Debray que os profetas da Nova Era tinham alguma razão de dizer que *a Guerra do Golfo não ocorreu* [*n'a pas eu lieu*]. Em que território físico, em que corpos, iraquianos ou curdos? A ideia de que uma morte não filmada é ainda assim uma morte, ou de que um míssil Tomahawk não é apenas uma assinatura radar sobre um painel de controle, não é mais uma *evidência* na era *visual* (ela praticamente também não tem mais impacto). Esta paradoxal atualização da tese do *Fim da História* por motivo de desrealização dos combatentes e visualização do Saber Absoluto encontra seu prolongamento "natural" na *Morte da Arte*. Pela mesma Razão, desenvolvida ao longo das *Vorlesungen über die Ästhetik*, de desmaterialização/espiritualização absoluta do sensível. A Pós-História coincide com o Pós-moderno no advento técnico-científico do Saber Absoluto, caracterizado, como se sabe, pelo fato de ser para si mesmo seu próprio objeto. A arte tornando-se "coisa do passado" (Hegel) quando o conhecimento não deixa que nada subsista fora de sua vocação tecno-lógica, nenhum suplemento suscetível de alimentar a experiência estética enquanto experiência do mundo. Uma coisa talvez explicando a outra, a maior parte das imagens de síntese tende a abandonar qualquer dimensão de exploração do imaginário em prol de uma *sintetização completa do real* (ver *Tron*) que das potencialidades do vídeo conserva apenas a internalização do campo (o extracampo do extracampo, como se diz a negação da negação). Passando de uma imagem a outra sem ter mais que se referir ao mundo exterior, será criada uma espécie de tempo puro da imagem cujo efeito de hiper-realidade não manifesta mais que a absoluta racionalizacão do real. A técnica convertida em seu próprio sujeito-objeto: é a indústria da arte como realização da metafísica *especulativa*, "uma forma — prossegue Lyotard — pela qual Hegel está presente, pela qual obteve sucesso, em Hollywood".

Era preciso, creio, acompanhar a Questão da Técnica até seu termo "hollywoodiano" para por fim ser capaz de desfazer seu perfil *tautológico e dominador*. Devemos de fato perguntar se A TÉCNICA, apreendida enquanto essência teleológica de um destino inelutável (o *Geschick* heideggeriano), afastada de qualquer inscrição coletiva, apartada das singularidades operantes e das subjetividades mutantes tornadas híbridas por seus dispositivos, abstraída das práticas polimorfas às quais dá lugar... devemos então nos perguntar se esse *determinismo tecnológico* não é por excelência o meio de produção da *imagem* que o Capital deve de si mesmo transmitir a fim de projetar sua dominação na forma ideal da subsunção absoluta do Ser no Método... O passe de mágica se torna evidente: à guisa de realidade virtual, e de realidade intrínseca de um virtual cuja atualização, cuja apresentação é sempre criação, "Hollywood" não nos propõe senão a *imagem possível* de um real pré-fabricado, preexistente a si mesmo, *e assim expurgado de suas potencialidades*, sobre o qual ela foi decalcada. A redução do determinável ao programável e ao modelizável reproduziria, ampliando-o, o que Deleuze chama de *tara do possível*, "tara que o denuncia como produzido depois, fabricado retroativamente, feito à imagem daquilo a que ele se assemelha" (*Diferença e repetição*, "A distinção do virtual e do possível").

Depois de Bergson, é inútil, creio, discorrer sobre o caráter *dominador* do possível: ele tautologicamente projeta a necessidade reconhecida no passado (o passado reconduzido ao necessário) sobre o futuro (tese da determinação absoluta); daí esta teoria do possível nos haver sido transmitida pela tradição sob o nome de *Kurieuôn logos*: a razão, o "raciocínio dominador". É que o possível só tem sentido na medida em que lhe corresponde uma *realidade purificada* que ele retrojeta sobre suas condições de possibilidade (efeito de necessidade). Em compensação vale destacar que, ao contrário da arte-vídeo, a superprodução das chamadas "imagens virtuais" parece não ter até o momento outro objetivo senão o de *desrealizar a realidade do virtual enquanto virtual* pela reprodução de imagens analógicas, este virtual que tem na obra de arte a realidade de "uma tarefa a cumprir", de um "problema a resolver" (Deleuze); pois o virtual não se apresenta senão para desfazer, des-representar o real que o recalcou em sua representação dominante.

Mas será que desse modo esgotamos a questão daquilo que a imagem de síntese *poderia* produzir — e não mais reproduzir — enquanto *arte do virtual*, uma arte que seria capaz de explorar as potencialidades do silício nas máquinas de terceira geração (as máquinas de *transformação*, depois das máquinas de potência e das máquinas de conhecimento), *modulando a modelização* que a prende à história das técnicas? Nesse caso, com efeito, *a arte numérica não é uma arte do cálculo* (Couchot), à medida que participa do movimento de *desanalogização* que desde sempre afastou a pintura, ou a fotografia "de arte", ou a imagem-cinema, das técnicas de re-presentação de que podem ter sido historicamente contemporâneas.

De acordo com esta hipótese, poderíamos começar a pensar a imagem de síntese como a expressão última e paradoxal da experiência estética, uma vez que esta depende de uma variação [*écart*] figural que remete a analogia a um uso *realmente virtual* cujo primeiro efeito é de des-enquadramento das imagens da reprodução social do mundo, e cuja finalidade consiste em "arrancar o percepto das percepções do objeto e dos estados de um sujeito percipiente [...]. Extrair um puro ser de sensações" (Deleuze e Guattari, *O que é a filosofia?*). O virtual como categoria estética, origem e fim da arte.

Tornando visível a projeção mental desse movimento sob a espécie de uma *analogia virtual*, a imagem de síntese seria capaz de funcionar como o sintetizador de novas alianças entre a imagem e o mundo. Como uma *imagem à potência imagem* apta a suspender a identidade metafórica do sujeito (face à imagem-objeto) para mergulhar o homem num mundo de metamorfoses atômicas preso às novas forças em ação no universo.

(Paro por aqui. Talvez isso não passe de puro delírio, mas não temos escolha, você sabe. O cético convidado por Galileu para olhar em seu telescópio por acaso podia "recusar"? Simulação, recuo da doação, desastre da imaginação? Eu só teria então representado uma coisa para apresentar outra, urgente: pensar o híbrido...)

Tradução de Heloisa Beatriz Santos Rocha
Revisão de Ana Lúcia de Oliveira

Notas

[1] Em francês, tem-se o jogo entre *sort de ses gonds* ("sai dos eixos") e *dévergondage* (literalmente, "conduta desavergonhada", mas no sentido figurado aqui mais pertinente, "excesso", "descomedimento", "desnorteio"). (N. da T.)

[2] Como está indicado no texto, "real", não grifado, remete ao francês *réel*. Quando grifado, *real* [*réal*, em francês] aponta para a *realitas* latina, uma vez que aqui o propósito implícito do autor é uma verdadeira genealogia da *res* em seu efeito de intraduzibilidade com a coisa-*pragma*. Da *res* se podendo dizer que *não* é uma coisa. (N. da T.)

APÊNDICE

SOBRE OS AUTORES

André Parente

Doutor em Cinema pela Université Paris VIII, cineasta, professor da Escola de Comunicação da UFRJ onde coordena o Programa de pesquisa e ensino Cultura e Tecnologia da Imagem. Publicou *Ozu: o extraordinário cineasta do cotidiano* (1990).

Antonio Negri

Antonio Negri foi professor-titular da cadeira de Doutrina de Estado na Universidade de Padova e um dos teóricos do operaísmo italiano dos anos 60, e depois da "Autonomia Operaia" dos anos 70. Seus ensaios de história do pensamento político e seus livros sobre Hegel, Descartes, Marx, Spinoza (cf. *A anomalia selvagem*, edição aumentada, 1993) e Maquiavel foram traduzidos para várias línguas. Vive e ensina atualmente em Paris.

Arlindo Machado

Professor de Comunicação e Semiótica da PUC (SP), é especialista do audiovisual e das novas tecnologias da imagem. Publicou vários livros sobre a imagem e suas repercussões na cultura contemporânea: *Eisenstein, geometria do êxtase* (1979), *A ilusão especular* (1984), *A arte do vídeo* (1989) e *Ensaios sobre a contemporaneidade* (1993) — este último foi publicado apenas em disquete pela Book on Disk.

Benoît Mandelbrot

Diretor de pesquisas no J. Watson Research Center da IBM e membro da Academia Americana de Artes e Ciências. Desenvolveu, a partir do final dos anos 60, a matemática e a geometria fractal, a partir dos trabalhos de Cantor e Peano. Suas principais obras são: *Fractals: Form, Chance and Dimension* (1975) e *The Fractal Geometry of Nature* (1977).

Derrick de Kerckhove

Diretor do Programa McLuhan em Cultura e Tecnologia e professor da Universidade de Toronto, organizou vários livros sobre tecnologia e cultura, entre eles: *La civilisation video-chrétienne* (1990) e *Les transinteractifs* (1990). Seu último livro, *Brainframes: Tecnology, Minds and Business* (1991) descreve as diferenças dos efeitos da televisão, do computador e da hipermídia na cultura contemporânea.

Edmond Couchot

Artista plástico, Diretor do Departamento de Tecnologia da Imagem na Université Paris VIII, departamento que ele ajudou a criar em meados dos anos 80. Em *Images, de l'optique au numérique* (1988) ele sistematiza sua prática enquanto artista das novas tecnologias, e descreve a evolução dos modelos de figuração.

Éric Alliez

Depois de ter ensinado no Collège International de Philosophie (Paris) — do qual ele é atualmente diretor de programa no exterior — e na Université Européenne de la Recherche (Paris), ele é professor da Universidade do Estado do Rio de Janeiro. Fundador do Colégio Internacional de Estudos Filosóficos Transdisciplinares (Rio de Janeiro) e diretor da coleção TRANS. Publicou: *Contretemps: les pouvoirs de l'argent* (1988, com M. Feher, D. Gille e I. Stengers), *Les temps capitaux*, t. 1: *Récits de la conquête du temps* (1991) e *La signature du monde* (1993).

Félix Guattari

Félix Guattari foi codiretor, com Jean Oury, da clínica de "psicoterapia institucional", La Borde. Seus últimos livros publicados no Brasil são *As três ecologias* (Papirus, 1989), *Caosmose* (Editora 34, 1992) e, com Gilles Deleuze, *O que é a filosofia?* (Editora 34, 1992).

Frank Popper

Professor da Université Paris VIII, onde dirige o departamento de Artes Plásticas. Publicou vários títulos nesta área: *Naissance de l'art cinétique* (1967, reeditado em 1970 com o título *Art cinétique*) e *Art, action, participation: le déclin de l'objet*, t. I (1975), *Le nouveau rôle de l'artiste*, t. II e *La créativité aujourd'hui*, t. III.

Gianfranco Bettetini

Diretor do Istituto di Scienze della Comunicazione dell'Università Cattolica di Milano e assistente da direção da sede da RAI (Radiotelevisione Italiana) para a Lombardia, Bettetini é especialista em semiótica da imagem, notadamente da imagem cinematográfica, que ele ajudou a construir, no final dos anos 60, juntamente com Emilio Garroni e Christian Metz. Posteriormente, Bettetini se dedicou à análise do audiovisual na perspectiva da semiótica textual. Entre seus principais livros destacamos: *Cinema, lingua e struttura* (1968), *L'indice del realismo* (1971), *Tempo del senso* (1979) e *La conversazione audiovisiva* (1991).

Jean Baudrillard

Ex-professor da Université Paris X — Nanterre; autor de uma obra que desafia as teorias da comunicação e as descrições sociológicas constituídas: *La société de consommation* (1970), *Pour une critique de l'économie politique du signe* (1972), *La séduction* (1979), *Simulacres et simulation* (1981) e *La Guerre du Golfe n'a pas eu lieu* (1991).

Jean-François Lyotard

Ex-presidente do Collège International de Philosophie, Lyotard é atualmente professor da Irvine University. De sua vasta obra, onde a relação do pensamento e da obra de arte moderna ocupa um lugar privilegiado, destacamos: *Discours, figure* (1971), *Economie libidinale* (1974), *La condition postmoderne* (1979), *Le différend* (1983) e *Leçons sur l'analytique du sublime* (1991).

Jean-Louis Weissberg

Professor da Université Paris XIII, Weissberg mantém atividades de pesquisa em diversas áreas: informática, ciências da educação, robótica e inteligência artificial. É autor de *Guide de l'informatisation: informatique et société* (1987, em colaboração com J.-P. Durand e P. Lévy) e organizou *Les chemins du virtuel: simulation informatique et création industrielle* (1989).

Jean-Paul Fargier

Videomaker e professor do Departamento de Cultura da Imagem da Université Paris VIII, onde é responsável pela disciplina relativa à videoarte. Publicou *Où va la vidéo?* (1986) e inúmeros ensaios sobre o assunto.

Julio Plaza

Artista plástico que utiliza diversos meios de expressão (poemas-objetos, instalações, videoarte, videotexto, holografia etc.), é também professor da Escola de Comunicações e Artes da USP. Publicou *Poemóbiles* (com Augusto de Campos, 1986), *Videografia em videotexto* (1986) e *Tradução intersemiótica* (1987), entre outros.

Katia Maciel

Doutoranda da Escola de Comunicação da UFRJ, tendo realizado o mestrado em Cinema e História na École des Hautes Études en Sciences Sociales (Paris) sob a orientação do professor Marc Ferro (1991). É assistente do Programa de Pesquisa e Ensino Cultura e Tecnologia da Imagem da ECO.

Laymert Garcia dos Santos

Doutor em Ciência da Informação pela Université Paris VII, é atualmente professor da Unicamp e professor visitante do St. Antony's College (Oxford). Ensaísta e tradutor, é autor de *Desregulagens* (1981), *Alienação e capitalismo* (1982) e *Tempo de ensaio* (1989).

Nelson Brissac Peixoto

Doutor em Filosofia pela Université Paris I e professor da Unicamp, é autor de *A sedução da barbárie* (1983), *Cenários em ruínas* (1986) e *América* (1989).

Paul Virilio

Arquiteto e urbanista, antigo diretor da École Spéciale de Architecture, Virilio publicou livros que associam o controle do tempo através de novas máquinas de visão ao aparecimento de novas formas de poder e novos regimes sociais: *Vitesse et politique* (1977), *L'esthétique de la disparition* (1980), *Logistique de la perception: guerre et cinéma 1* (1984), *La machine de vision* (1988) e *O espaço crítico* (1993, nova edição).

Philippe Quéau

Responsável pelo centro de pesquisa do Institut National de l'Audio-Visuel (INA, França), e pelo colóquio realizado todos os anos no Festival IMAGINA, um dos importantes eventos sobre novas tecnologias da imagem no campo do audiovisual. É autor de dois livros sobre o tema: *Eloge de la simulation: de la vie des langages à la synthèse des images* (1986) e *Metaxu: théorie de l'art intermediaire* (1989).

Raymond Bellour

Diretor de pesquisa no CNRS (Centre National de la Recherche Scientifique), Bellour produz paralelamente trabalhos sobre cinema, vídeo e literatura, tanto na França como nos Estados Unidos (onde ensina em tempo parcial no Centro Americano do Cinema, instituição que ele ajudou a fundar). Em 1986 organizou a exposição *Passages de l'Image*, no Centre Georges Pompidou (Beaubourg). É autor de: *L'analyse du film* (1979), *Henri Michaux ou une mesure de l'être* (1986), *Passages de l'image* (1990, organizador) e *L'entre-images* (1990).

Rogério Luz

Artista plástico, doutor em Comunicação pela Université de Louvain e professor da Escola de Comunicação da UFRJ. Investiga as relações discurso/imagem, em particular no cinema, e os processos de subjetivação nelas implicados: *Analyse structurale du récit filmique* (1969), *Expressão corporal, uma política do corpo* (1979) e *Espace potentiel et expérience filmique* (1987).

Serge Dentin

Doutor em Física Teórica pela Université d'Aix-Marseille (1990). Atualmente se dedica à música e a edição da revista *Agone*, da qual é cofundador.

Stella Senra

Doutora em Ciência da Informação pela Université Paris II e professora da PUC-SP. Tem publicado ensaios sobre comunicação, notadamente sobre cinema.

GLOSSÁRIO

ADO

Abreviação de *Ampex Digital Optics*. Caixas pretas fabricadas pela Ampex para a realização, nas ilhas de edição, de efeitos especiais digitais, permitindo a criação de uma gama muito grande de efeitos visuais, através de alterações provocadas nos eixos X (horizontal), Y (vertical) e Z (profundidade) da imagem. Por extensão, o termo passou a ser utilizado para designar as caixas pretas digitais de um modo geral, mesmo as de outros fabricantes.

Alfanumérico

O computador e seus programas trabalham com códigos que permitem tratar a informação composta por números e letras do alfabeto e alguns caracteres especiais. Um dos códigos alfanuméricos mais conhecidos é o ASCII (sigla de *American Standard Code for Information Interchange*).

Algoritmo

Conjunto de passos ou comandos exigidos para a realização de um cálculo numérico ou operações lógicas. Pode ser expresso de várias formas: fluxogramas, código de programação, equações de matrizes numéricas etc.

Anamorfose

Termo utilizado a partir do século XVII para designar certas distorções obtidas na representação de figuras no plano bidimensional devido à mudança da perspectiva de sua visualização. As distorções anamórficas podem ser obtidas por cálculos projetivos, espelhos deformantes, lentes anamórficas, fotografias realizadas com tempos de exposição inadequados, caixas pretas digitais do tipo ADO (ver) etc.

Camera obscura

Termo latino utilizado desde a Idade Média para designar um fenômeno ótico conhecido desde a antiguidade, o qual consiste numa câmara escura com um orifício pelo qual os raios luminosos projetam, no fundo da câmara, a imagem da realidade que se encontra diante dela. A partir do *Quattrocento*, a *camera obscura* se tornou um dispositivo amplamente utilizado na construção da perspectiva. Trata-se de um "perspectivador" (ver) entre outros, que, juntamente com o vidro de Da Vinci, o ponto de mira de Dürer e o quadrado de base (ver) de Alberti, substitui o cálculo descritivo. A *camera obscura* é o princípio arquitetônico base de câmeras fotográficas, de cinema e vídeo.

Câmera de tubo

Câmera constituída de tubos de raios catódicos ou iconoscópios. Os tubos produzem uma transdução fotoelétrica, ou seja, transformam luz em sinal de vídeo. As câmeras podem variar segundo quantidade e tipos de tubos que elas contêm. Hoje em dia, os tubos tendem a ser substituídos pelos CCDs (ver) ou captores que utilizam circuitos integrados.

CAD

O CAD (*Computer Aided Design*) é um tipo de programa de computação gráfica muito utilizado para a criação e visualização de objetos ou modelos.

CAO

Sigla francesa de *Conception Assistée par Ordinateur*, utilizada para designar programas análogos ao CAD (ver).

CD-ROM

Abreviação de *Compact Disc — Read Only Memory*. Videodisco ou disco compacto que nasceu como um subproduto da decisão da Philips e da Sony de utilizar discos compactos digitais para gravação e reprodução de áudio (CD-DA). No início, o CD--ROM foi colocado no mercado como sistema periférico de grande potencial no armazenamento de dados, podendo servir de memória auxiliar do computador e *soft copy* (ver) como base de dados e *softwares*. A utilização dos CDs (CD-DA, CD-ROM, CD-I, CD-XA, CD-MO, CD-WO) é cada vez mais frequente devido à grande capacidade de armazenamento dos discos compactos digitais. Um CD-ROM pode armazenar algo em torno de 600 Mbytes.

Commodore 64

O Commodore 64 é um microcomputador de origem americana — com microprocessador 6510 de 8 bits, memória RAM de 64 Kbytes e memória ROM de 20 kbytes — para uso doméstico e aplicações profissionais e administrativas mais amplas. Seu projeto, concebido para aplicações em jogos com capacidade de síntese musical e gráficos de cores, foi bastante incrementado pela possibilidade de trabalhar com o sistema operacional CP/M, que o converte num computador capaz de executar aplicações e processar trabalhos mais complexos.

CCD

Sigla de *Charge-Couple Device*. Circuitos integrados que estão substituindo os tubos de imagem (ver) nas câmeras de vídeo. Os CCDs propiciaram uma série de transformações nas câmeras eletrônicas: o aumento da compacidade das câmeras, a resolução de alguns problemas técnicos que afetavam os tubos, entre eles a flicagem (ver), e a introdução de efeitos digitais tais como: *still*, fusão, *wipe*, *strobe*, zoom digital, entre outros. No entanto, isso não quer dizer que as câmeras que usam CCD tenham uma melhor resolução de imagem.

Chroma key

O termo *chroma key* pode designar tanto a caixa preta (às vezes chamada de *blue box*) quanto os efeitos que ela permite realizar, entre os quais, o mais conhecido é a incrustação de partes de uma imagem sobre uma outra, através da anulação de uma cor, em geral o azul. O *chroma key* é o dispositivo eletrônico que permitiu que se fizesse as primeiras fusões e trucagens eletrônicas seletivas, sem a necessidade de utilização de máscaras e contramáscaras mecânicas.

Cromossaturações

Trata-se das interferências cromáticas criadas nos ambientes, sejam interiores ou interiores, pelo artista plástico Carlos Cruz-Díez no final dos anos 60 e começo dos 70, com a ajuda de tubos fluorescentes, plexiglas, e outros materiais de "cromointerferências" com o objetivo de interferir nas relações entre o "espectador" e os ambientes.

Cronofotografia

Fotografias realizadas pelo fisiologista francês Étienne-Jules Marey com o seu fuzil fotográfico (1882) — através do aperfeiçoamento do revólver fotográfico elaborado em 1876 pelo astrônomo Janssen. Janssen, Marey e o inglês Eadweard Muybridge foram os principais precursores do cinematógrafo Lumière. Ao contrário do sistema fotográfico criado por Muybridge em 1874 — 12 câmeras fotográficas para decompor os movimentos de um cavalo —, Marey utilizava um dispositivo que possibilitava a decomposição do movimento através da sobreposição de imagens sucessivas numa única placa fotossensível.

Ciberespaço
Termo inventado por William Gibson no romance *Neuromancer* (1984) e que se tornou sinônimo de realidade virtual (ver).

Démos
Termo francês que designa as fitas de vídeo contendo demonstração de trabalhos de computação gráfica (ver).

Data glove
Luvas de dados desenvolvidas por Tom Zimmerman e Jaron Lanier no Visual Programming Laboratory (VPL). São utilizadas para produzir a teledetecção dos movimentos da mão do usuário de um sistema de realidade virtual (ver). A NASA realizou uma experiência que demonstra o uso surpreendente da teleação com luvas de dados: um engenheiro utilizando um sistema de realidade virtual pôde, de dentro de seu laboratório, telecomandar um robô na realização de um reparo de um satélite em órbita.

Data suit
Roupa de dados, criada por Tom Zimmerman e Jaron Lanier, utilizada para produzir a teledetecção dos movimentos do corpo nos sistemas de realidade virtual (ver).

Dinâmicas da interação
Trata-se do processo de repetição de comandos para a realização dos fractais (ver geometria fractal).

Diorama
Pinturas ilusionistas do século XIX realizadas em espaços circulares para criar a ilusão de uma certa vista da cidade. Com o nascimento e o aperfeiçoamento da fotografia, muitos dioramas passaram a ser realizados fotograficamente sob o nome de panorama.

Dispositivos de entrada e saída
Dispositivos que geram os sinais de entrada (*input*, ver) e saída (*output*, ver) de um computador e/ou vídeo.

Efeito Phi
Ver *Phi*-fenômeno.

Estroboscopia
Técnica de iluminação por meio de luz estroboscópica utilizada a partir dos anos 30 por Harold Edgerton para a realização de fotografias e filmes de alta velocidade, permitindo a decomposição de movimentos muito rápidos.

Feed-back
Efeito de autoalimentação gerado por um curto-circuito realizado entre a câmera e o monitor que ela grava ao mesmo tempo em que ela o alimenta com seu sinal. O resultado é o de uma imagem que se repete ao infinito.

Filagem
Equivalente de flicagem (ver).

Fisiocromias
Ver cromossaturações.

Flicagem
Termo que veio do inglês (*flickering*) e designa o efeito, no cinema e no vídeo, de cintilação da luz nas zonas da imagem contendo grande intensidade de luz devido a uma falta de sincronismo. Em linguagem de vídeo, é o efeito produzido por uma montagem de planos curtíssimos, podendo, por vezes, conter um único *frame*.

Flickering
Ver flicagem.

Fractal
Termo criado pelo matemático Benoît Mandelbrot a partir da palavra latina *fractus* que designa um seixo como fragmento, mas também como forma irregular. Fractal é todo objeto ou forma fragmentária e irregular: ver geometria fractal. Por extensão se fala em imagens fractais, imagens de síntese construídas a partir das equações ou algoritmos de Mandelbrot.

Frame
A unidade mínima de uma imagem eletrônica. No padrão da imagem eletrônica transmitida no Brasil, cujo sistema de cor é o PAL-M, um *frame* é uma imagem completa realizada em 1/30 de segundo, contendo 525 linhas ou varreduras.

Fuzil fotográfico
Dispositivo técnico concebido por Marey para produzir cronofotografias (ver).

Geometria euclidiana
A geometria desenvolvida por Euclides, o pai da geometria, três séculos antes de Cristo, em um conjunto de livros chamados *Elementos*. Neles, Euclides desenvolve um conjunto de postulados e axiomas e formaliza as proposições fundamentais que dominaram a geometria durante dois milênios.

Geometria fractal
Geometria resultante de um conjunto de conceitos e equações criadas por Benoît Mandelbrot para dar conta das formas irregulares da natureza — as nuvens, as montanhas, os rios, a costa marítima, as árvores etc. —, bem como dos fenômenos dinâmicos não lineares — turbilhões, instabilidades, flutuações. Um dos conceitos básicos dos fractais é a *self-similarity*: a parte de um objeto fractal se assemelha ao todo.

Hard copy
Qualquer forma de sinal de saída impresso por oposição aos dados armazenados no disco ou na memória digitalmente (*soft copy*, ver). Por extensão, o termo designa qualquer suporte de imagens no qual as imagens se inscrevem no suporte de forma tangível: imagens impressas, imagens do filme fotográfico ou cinematográfico, imagens gravadas em fitas cassetes etc. O *hard copy* contém uma imagem tangível e passiva, ou seja, que não pode ser alterada pelo modo de visualização.

Hardware
O conjunto das unidades físicas que constituem um computador, a parte física de um sistema computacional.

Halftone

Técnica de cópia fotográfica que emprega retícula para transformar as gradações tonais contínuas da fotografia em uma série de pontos discretos.

Hariet

Caixa preta digital de última geração utilizadas para a produção de efeitos digitais em ilhas de edição, tais como as máquinas do tipo ADO (ver) e Quantel (ver).

HDTV

Abreviação de *High Definition Television*. A televisão de alta definição ainda não é explorada comercialmente, entre outras coisas porque as grandes empresas japonesas e europeias ainda não chegaram a um acordo quanto à definição de seus padrões técnicos. Sabe-se que é uma televisão que terá uma resolução de imagem ultrapassando as 1200 linhas horizontais — quase o dobro da televisão atual.

Hipermídia

Hipermídia é um termo muitas vezes empregado como sinônimo de multimídia (ver). A hipermídia parte de uma hibridação de traços tomados de empréstimo de várias mídias, constituindo uma rede original de interfaces através do uso do computador como interface amigável.

Holografia

Inventado em 1947 por Gabor, a holografia é, hoje, um procedimento bem conhecido. Trata-se de uma fotografia resultante do registro de um fenômeno de difração da luz proveniente de um objeto de três dimensões iluminado por um raio laser. Quando se ilumina essa fotografia com um raio laser (ver), ele reproduz as três dimensões do objeto fotografado.

Imagem digital

Imagem obtida através da digitalização de cada um dos *pixels* (ver) da imagem através da atribuição de números para cada um deles, em função de sua crominância e luminância. Muitas vezes se confunde imagem digital e imagem de síntese. Toda imagem de síntese é digital, mas nem toda imagem digital é imagem de síntese. Uma imagem analógica (fotografia, filme ou vídeo) pode ser digitalizada, ou seja, para cada uma dos pontos da imagem é atribuído números em função de sua crominância e luminância. O conjunto dos pontos da imagem se transformará, portanto, numa matriz numérica digital.

Imagem sintética

Ver imagem de síntese.

Imagem de síntese

Imagem obtida através da síntese de matrizes numéricas através de algoritmos (ver) e cálculos algébricos. Hoje, o processo de modelagem e animação da imagem numérica já está automatizado. O que quer dizer que nem sempre é necessário fazer cálculos algébricos na determinação dos algoritmos e das matrizes numéricas. Os programas avançados de visualização e texturização produzem imagens numéricas virtuais. A imagem de síntese é dita virtual porque, ao contrário dos processos de captação mecânicos, ela não remeteria ao "real preexistente". A imagem de síntese é utilizada em videogames, simuladores de voo, vinhetas, publicidade e em efeitos especiais no âmbito do audiovisual.

Imagem numérica
Ver imagem de síntese.

Imagem virtual
Ver imagem de síntese.

Imax Solido (Omnimax)
Tecnologia de projeção cinematográfica de 180° concebido pela companhia canadense Imax e que se caracteriza em primeiro lugar pelo formato 70 mm, mas utilizado horizontalmente. Cada imagem tem uma largura, e não uma altura, de 15 perfurações. Ela mede 70,41 x 52,63 mm. O filme é projetado numa velocidade de 24 imagens por segundo, o que se traduz por 102 metros por segundo. O Omnimax é uma variante do Imax, concebido para salas hemisféricas e panorâmicas do gênero *planetarium*. Utiliza-se o mesmo projetor Imax carregado com uma objetiva *fish eye* para se obter uma imagem que se estende horizontalmente sobre 180°. A mais perfeita aplicação do Omnimax se encontra na Géode da Cité des Sciences de la Villette, em Paris.

Infografia
Termo de origem francesa que tem sido empregado mais recentemente no lugar de computação gráfica (ver).

Input
Sinal de entrada de vídeo ou computador.

Key
Ver *Chroma key*.

Lag
Efeito de remanência que se produz em zonas da imagem muito iluminadas decorrente de um apagamento incompleto da imagem. Esse efeito só se produz nas câmeras eletrônicas com tubo. O CCD (ver) anulou esse efeito. É conhecido popularmente como efeito de rabo de cometa. Quando uma luz marca o tubo, fazendo a mancha persistir por mais tempo, diz-se que o tubo foi marcado. Se a luz é muito intensa, ela pode marcar ou queimar definitivamente o tubo de imagem.

Laser
Sigla de *Light Amplification by Stimulated Emission of Radiation*. Trata-se de uma fonte luminosa produzindo um feixe de luz muito pura e coerente cujos raios de frequências diversas estão em fase.

Light pen
Caneta ótica: dispositivo que permite que se desenhe diretamente na tela ou numa mesa gráfica. A caneta ótica também é utilizada para selecionar menus no lugar do cursor comandado por *mouse*.

Luminósforos
Cristais de fósforos contidos nas telas de TV que se tornam ativos e irradiam luz fosforescente quando excitados pelo feixe de elétrons. O fósforo empregado pode ser diferente segundo o tipo de imagem que o tubo de raios catódicos produz: fósforo branco (P4) para tubos de imagem (ver) monocromáticos, e fósforo P22 para tubos a cores.

Matriz numérica
Matriz de números que codifica os *pixels* da imagem digital, em função de sua crominância e luminância.

Minitel

São terminais de videotextos (ver) instalados na França a partir de 1978. O sucesso foi tão grande que em 1986 já haviam sido instalados 3 milhões de Minitel, que ofereciam aos usuários serviços interativos diversos: teleconsultas, telecompras etc.

Modem

Abreviação de MOdulador-DEModulador. Trata-se de um dispositivo de conversão de sinais de áudio de um aparelho telefônico em sinais digitais e vice-versa. É essencial em telemática, na interligação de computadores via rede telefônica.

Multimídia

Hoje em dia, o conceito de multimídia não se reduz mais a uma simples justaposição mecânica de textos, sons e imagens. A ideia de multimídia supõe uma verdadeira integração dos meios através de uma interface eletrônica e amiga. Essa concepção só se tornou possível no momento em que as tecnologias de edição e impressão de textos, de gravação e transmissão de sons e vozes, de gravação e transmissão de imagens, de telecomunicação e processamento de dados alcançaram a fase da eletrônica digital. Cada vez mais, falar em multimídia equivale a falar de um processo interativo gerado pelo computador, que atua possibilitando a integração de informações e matérias de expressão advindas de mídias que não são tradicionalmente interativas.

Obturador de plano focal

Obturador muito utilizado nas câmeras fotográficas modernas, onde o obturador, próximo ao plano focal (local onde a imagem se projeta), se abre como uma cortina.

Output

Sinal de saída de vídeo ou computador.

Paintbox

Caixa preta digital específica utilizada em videografia e computação gráfica para a realização de pintura eletrônica.

Panorâmica

Movimento de câmera na horizontal ou vertical sem que a base da câmera seja deslocada no espaço.

Panóptico

Termo que designa o dispositivo arquitetônico inventado por Jeremy Bentham no final do século XVIII sob o nome de *panoptikon* (a faculdade de ver com apenas uma olhadela tudo o que se passa), uma verdadeira tecnologia de poder destinada a resolver os problemas de vigilância das prisões, hospitais, casernas e escolas. Trata-se de uma estrutura arquitetônica em forma de anel, no interior da qual se encontra uma torre de onde o vigilante pode ver todas as células que se encontram lado a lado, ao longo do anel. Cada célula-cela contém toda a espessura do anel e tem uma janela para o exterior e outra para o interior, tornando o espaço transparente ao olhar do vigilante da torre central. Desta forma o vigilante vê tudo sem ser visto, provocando um efeito psicológico de autovigilância, na medida em que a vigilância se exerce independentemente da presença do vigilante.

Pantelégrafo

Ao contrário do que se pensa, a transmissão elétrica da voz humana pelo telefone de Bell (1876) é posterior à transmissão da imagem pelo pantelégrafo (ou teleautógrafo) concebido por Giovano Caselli e aperfeiçoado por Blackwell entre 1855 e 1861.

A imagem era transmitida por um dispositivo de varredura de uma imagem fixa gravada em placa metálica. O pantelégrafo é o verdadeiro ancestral do fax e da televisão.

Perspectivadores

Dispositivos físicos utilizados pelos renascentistas para construir uma imagem em perspectiva: os perpectivadores mais conhecidos são o quadrado de base (ver) de Alberti, o vidro de Da Vinci, o ponto de mira de Dürer e a *camera obscura* (ver).

Perspectiva artificialis

Perspectiva utilizada desde o *Quattrocento* e a Renascença italiana para simular, no plano bidimensional, a profundidade de campo de um espaço tridimensional. *A perspectiva artificialis* foi teorizada por Leon Battista Alberti num livro célebre (*Della pittura*) que marcou todos os modelos de figuração ocidentais até o século XIX.

Phi-fenômeno

O *Phi*-fenômeno é o chamado movimento estroboscópico estudado pela Escola Gestaltista no começo do século XX. Para os gestaltistas, e em particular Max Wertheimer, o estudo do movimento aparente comprovou que ele não é uma exceção, mas um caso particular do movimento real. De acordo com a formulação dos gestaltistas, a diferença entre o movimento aparente e o movimento real é apenas uma diferença de grau — o movimento aparente, tal como o movimento percebido na imagem do cinema não é portanto um movimento ilusório —, sendo movimento real um movimento que, em termos de uma apreciação fisiológica, provoca uma maior proximidade dos pontos excitados na superfície cortical, enquanto no movimento aparente os pontos estimulados estariam mais longe uns dos outros, sem no entanto ultrapassarem um certo limiar acima do qual o espectador teria uma percepção de sucessão e não mais uma percepção de movimento. Além do movimento estroboscópico, os gestaltistas estudaram também o movimento autocinético, o movimento induzido, o movimento de pós-efeito figural etc.

Plotter

Dispositivo de saída gráfica dos computadores que serve para traçar diagramas e gráficos.

Programa de modelagem

Programas empregados em computação gráfica para a produção de objetos e imagens tridimensionais.

PTT

PTT (Postes, Télégraphes et Téléphones) é a sigla da agência pública de correio e telecomunicação da França. Hoje, a sigla da agência se transformou para P&T (Postes et Télécommunications).

Pixel

Abreviação de *Picture Element*: é a menor unidade de uma imagem eletrônica, seja ela digital ou analógica.

Quadrado de base

Dispositivo reticulado usado por Leon Battista Alberti, o grande teórico da *perspectiva artificialis* (ver), para produzir uma projeção em perspectiva.

Quantel

Caixa preta de produção de efeitos digitais em ilha de edição fabricada pela firma inglesa Quantel (ver ADO).

Realidade virtual

A realidade virtual se caracteriza pela conjugação de diversos dispositivos tecnológicos para a simulação de experiências em que o espectador/usuário visualiza imagens virtuais — imagens digitais (ver) e imagens de síntese (ver) — e interage com elas através de dispositivos de teledetecção, como as luvas (*data glove*) e roupas de dados (*data suit*), e os capacetes de visualização em 3D. Os dispositivos de realidade virtual possibilitam a um ou vários espectadores/usuários ver e agir como se estivessem diante de espaços e acontecimentos reais. O primeiro protótipo de realidade virtual foram os simuladores de voo criados pela NASA nos anos 70.

RB2

Trata-se de um sistema de realidade virtual concebido por Jaron Lanier para duas pessoas (*Reality Built for Two*) interagirem num espaço virtual. Esse sistema combina a realidade virtual e a telemática de forma que duas pessoas em lugares distantes podem se encontrar para, por exemplo, jogar tênis ou xadrez.

Redes neurais

Sistemas especialistas ou programas usados em robótica e inteligência artificial com o objetivo de fazer com que a máquina reconheça objetos, formas e cores, ou seja, agregados sensíveis. Os sistemas de redes neurais ou neuronais são baseados numa interpretação conexionista e não simbólica ou mecânica do funcionamento do cérebro.

Remanência

Ver *lag*.

Rendering

Processo empregado em computação gráfica para significar o preenchimento das superfícies (texturização) dos objetos e espaços da imagem, utilizando texturas e cores.

Soft copy

Imagem virtual (ver) que tem como "suporte" o disco ou a memória de um computador no qual a imagem não se confunde com o suporte físico. O *soft copy* gera imagens intangíveis e ativas, ou seja, que ao contrário do *hard copy*, podem ser alteradas pelo modo de visualização e teledetecção e que dependem da interação estabelecida pelo usuário em função das possibilidades do programa utilizado.

Software

Programa ou conjunto de programas utilizados no computador para realizar tarefas específicas: editoração e tratamento de texto, modelagem, animação etc.

Siggraph

A Siggraph, sigla de *Special Interesting Group in Computer Graphics*, é a maior feira anual de computação gráfica dos Estados Unidos e uma das maiores do mundo. Ela ocorre todos os anos em Las Vegas entre agosto e setembro.

Sistemas especialistas

Termo empregado em robótica e inteligência artificial para designar os programas de computador construídos para a realização de tarefas específicas que supõem o conhecimento utilizado por um especialista na realização de uma tarefa específica.

Steadicam

Marca registrada de um dispositivo de suporte da câmera que permite a suavização dos movimentos de câmera.

Tavoletta de Brunelleschi

A *tavoletta* um tipo especial de perspectivador (ver) concebido pelo arquiteto e engenheiro italiano da Renascença Filippo Brunelleschi, um dos pais da perspectiva linear juntamente com Leon Battista Alberti.

Telemática

Neologismo criado na França por Simon Nora e Alain Minc para designar os sistemas de comunicação que utilizam simultaneamente a tecnologia de telecomunicação e a tecnologia da informática, tais como o videotexto (ver) e o computador.

Teletexto

Sistema de comunicação visual unidirecional cujo sinal é transmitido por via hertziana.

Transcromias

Ver cromossaturações.

Travelling

Movimento de câmera seguindo um dos eixos X (vertical), Y (horizontal), Z (profundidade). No caso do *travelling*, ao contrário da panorâmica, a base da câmera se desloca no espaço. No caso do *travelling* ótico (ver zoom) a câmera permanece no mesmo lugar.

Videodisco

Ver CD-ROM.

Videotexto

Sistema interativo de comunicação visual capaz de acessar bancos de dados através da rede telefônica com a utilização de modem e terminal de vídeo. O Minitel (ver) é um exemplo de sistema de videotexto lançado na França.

VPL

Capacete lançado pela firma americana VPL (Virtual Products Limited) para ser produzido e utilizado em grande escala em sistemas de realidade virtual (ver). Como todo capacete de visualização em sistemas de realidade virtual, ele proporciona uma visão binocular e contém teledetectores que permitem que o usuário interaja dentro da imagem virtual (ver) como se fosse uma realidade.

Zoom

O *zoom* é um *travelling* (ver) realizado pelo sistema ótico da câmera, ou seja, pela zoom ou objetiva de focal variável. As objetivas de focal variável foram criadas para facilitar o trabalho do câmera da televisão na época em que todos os programas eram transmitidos ao vivo por causa da inexistência do videotape.

ÍNDICE REMISSIVO

BIBLIOGRAFIA GERAL

ADORNO, T. W. *Teoria estética*. São Paulo: Martins Fontes, 1982.

ALEA, T. G. *Dialética do espectador*. São Paulo: Summus, 1983.

ALLIEZ, É. *Tempos capitais I*. São Paulo: Siciliano, 1991.

ANZIEU, D. *Le corps de l'œuvre*. Paris: Gallimard, 1981.

ARISTARCO, G.; ARISTARCO, T. (org.). *O novo mundo das imagens eletrônicas*. Lisboa: Edições 70, 1990.

ARISTÓTELES. *Poétique*. Paris: Seuil, 1980.

_________. *Métaphysique*. Paris: Vrin, 1953.

ARNHEIM, R. *Arte e percepção visual*. São Paulo: Pioneira/Edusp, 1980.

ART-SCIENCES et téchiques: quels liens nouveaux? Organizado por Frank Popper. Collection Déchiffrages, 1990.

ART et communication. Actes du Colloque. Paris: Osiris, 1986.

ATLAN, H. *A tort et à raison: intercritique de la science et du mythe*. Paris: Seuil, 1986.

AUERBACH, E. *Mimèsis: la représentation de la réalité dans la littérature occidentale*. Paris: Gallimard, 1968.

BACHELARD, G. *La poétique de l'espace*. Paris: PUF, 1957.

BAKHTIN, M. *Esthétique et théorie du roman*. Paris: Gallimard, 1978.

_________. *Marxisme et philosophie du langage*. Paris: Minuit, 1977.

BALANDIER, G. *Le pouvoir sur scènes*. Paris: Balland, 1980.

BALTRUSAITIS, J. *Anamorphic art*. Nova York: H. N. Abrahms, 1977.

_________. *Le détour. Pouvoir et modernité*. Paris: Fayard, 1985.

BARTHES, R. *O óbvio e o obtuso*. Lisboa: Edições 70, 1984.

_________. *La chambre claire*. Paris: Gallimard, 1980.

BARTHOLO, R. S. *Os labirintos do silêncio: cosmovisão e tecnologia na modernidade*. Rio de Janeiro: Marco Zero/Coppe, 1986.

BATTCOCK, G. *A nova arte*. São Paulo: Perspectiva, 1975.

BAUDRILLARD, J. *Pour une critique de l'economie politique du signe*. Paris: Gallimard, 1972.

_________. *De la séduction*. Paris: Galilée, 1979.

_________. *Simulacres et simulation*. Paris: Galilée, 1979.

_________. *La Guerre du Golfe n'a pas eu lieu*. Paris: Galilée, 1991.

BAZIN, A. *Qu'est-ce que le cinéma?* Paris: CERF, 1975.

BELLOUR, R. *L'entre-images*. Paris: Différence, 1990.

BENSE, M. *Pequena estética*. São Paulo: Perspectiva, 1975.

BERGER, J. *Modos de ver*. Barcelona: Gustavo Gili, 1980.

BENJAMIN, W. *Obras escolhidas* — t. I, *Magia e técnica, arte e política*; t. II, *Rua de mão única*; t. III, *Charles Baudelaire, um lírico no auge do capitalismo*. São Paulo: Brasiliense, 1985, 1987, 1989.

BERGSON, H. *L'évolution créatrice*. Paris: Felix Alcan, 1939.

_________. *Matéria e memória: ensaio sobre a relação do corpo com o espírito*. São Paulo: Martins Fontes, 1990.

BETTETINI, G. "Por un establecimiento semio-pragmático del concepto de simulación", in *Videocriaturas de fin de siglo*. Madri: Cátedra, 1989.

_________. *La simulazione visiva*. Milão: Bompiani, 1991.

BONITZER, P. *Le regard et la voix*. Paris: 10/18, 1976.

_________. *Le champ aveugle: essais sur le cinéma*. Paris: Cahiers-Gallimard, 1983.

_________. "Les images, le cinéma, l'audiovisuel", *Cahiers du Cinéma*, nº 404, 1986.

BRAND, S. *The Media Lab: Inventing the Future at MIT*. Nova York: Penguin Books, 1986.

BUCI-GLUCKSMANN, C. *La folie du voir: de l'esthétique baroque*. Paris: Galilée, 1986.

_________. *Peinture et cinéma. Décadrages*. Paris: Éditions de L'Étoile, 1987.

BURCH, N. *Praxis du cinéma*. Paris: Gallimard, 1969.

CALABRESE, O. *A idade neo-barroca*. Lisboa: Ed. 70, 1987.

CALVINO, I. *Seis propostas para o novo milênio*. São Paulo: Companhia das Letras, 1990.

CASTORIADIS, C. *Les carrefours du labyrinthe*. Paris: Seuil, 1978.

CHEMINS du virtuel, simulation informatique et création industrielle. Organizado por Jean-Louis Weissberg. *Cahiers du CCI*, número especial, 1989.

COLOMBO, F. "El icono ético. La imagen de síntesis y un nuevo paradigma moral", in *Videocriaturas de fin de siglo*. Madri: Cátedra, 1989.

COMMUNICATIONS, nº 46. *Vidéo*. Número organizado por Raymond Bellour e Anne-Marie Duguet, 1988.

COSTA, M. *Il sublime tecnologico*. Salerno: Edisud, 1990.

COUCHOT, E. *Images: de l'optique au numérique. Les arts visuels et l'évolution des technologies*. Paris: Hermès, 1988.

COURTINE, J.-F. *Suaréz et le système de la métaphysique*. Paris: PUF, 1990.

CRARY, J. *Techniques of the Observer*. Cambridge: MIT Press, 1990.

CYBERSPACE: First Steps. Organizado por Michael Benedikt. Cambridge: MIT Press, 1991.

DAGOGNET, F. *Écriture et iconographie*. Paris: Vrin, 1973.

_________. *Philosophie de l'image*. Paris: Vrin, 1984.

_________. *Étienne-Jules Marey*. Paris: Hazan, 1987.

DAMISCH, H. *Théorie du nuage*. Paris: Seuil, 1972.

_________. *L'origine de la perspective*. Paris: Flammarion, 1987.

DANEY, S. *La rampe*. Paris: Cahiers-Gallimard, 1979.

_________. *Ciné-journal*. Paris: Cahiers-Étoile, 1986.

_________. *Le salaire du zappeur*. Paris: Ramsay, 1988.

_________. *Devant la recrudescence des vols des sacs à main: cinéma, télévision, information*. Paris: Aléas, 1991.

DEBRAY, R. *Vie et mort de l'image: l'histoire du regard en occident*. Paris: Gallimard, 1992.

DE CERTEAU. M. *L'invention du quotidien: arts de faire*, vol. 1. Paris: 10/18, 1980.

_________. *L'ordinaire de la communication*. Paris: Dalloz, 1983.

DEKEN, J. *Les images du futur: l'informatique graphique*. Paris: Mazarine, 1984.

DELEUZE, G. *Francis Bacon. Logique de la sensation*. Paris: Différence, 1981.

_________. *Cinéma 1, l'image-mouvement*. Paris: Minuit, 1983.

_________. *Cinéma 2, l'image-temps*. Paris: Minuit, 1985.

_________. *Le pli. Leibniz et le barroque*. Paris: Minuit, 1987.

_________. *Conversações*. Rio de Janeiro: Editora 34, 1992.

DELEUZE, G.; GUATTARI, F. *Mille plateaux: capitalisme et schizophrénie*. Paris: Minuit, 1980.

_________. *O que é a filosofia?* Rio de Janeiro: Editora 34, 1992.

DIDI-HUBERMAN, G. *Devant l'image*. Paris: Minuit, 1990.

_________. *Fra Angelico: dissemblance et figuration*. Paris: Flammarion, 1990.

ECO, U. *A estrutura ausente*. São Paulo: Perspectiva, 1972.

_________. *I limiti dell'interpretazione*. Milão: Bompiani, 1990.

EDGERTON, H.; KILLIAN, J. R. *Moments of Vision*. Cambridge: MIT Press, 1985.

EHRENZWEIG, A. *Psicanálise da percepção artística: uma introdução à teoria da percepção inconsciente*. Rio de Janeiro: Zahar, 1977.

ESPACE et le temps aujourd'hui. Organizado por Émile Noel. Paris: Seuil, 1983.

FARGIER, J.-P. (org.). "Où va la vidéo?", *Cahiers du Cinéma*, hors série, jul. 1986.

FAURE, E. *L'esprit des formes*. Paris: Le Livre de Poche, 1976.

FLICHY, P. *Les industries de l'imaginaire: pour une analyse économique des media*. Paris: PUG-INA, 1980.

FOUCAULT, M. *Ceci n'est pas une pipe*. Paris: Fata Morgana, 1973.

FRANCASTEL, P. *Art et technique: la genèse des formes modernes*. Paris: Denoel, 1956.

_________. *A realidade figurativa*. São Paulo: Perspectiva, 1975.

_________. *Imagem, visão e imaginação*. Lisboa: Edições 70, 1987.

GANASCIA, J.-G. *L'âme-machine, les enjeux de l'intelligence artificielle*. Paris: Seuil, 1990.

GARDNER, H. *Frames of Mind*. Nova York: Basic Books, 1983.

"GÉOMÉTRIE du hasard", *Traverses*, nº 24, Paris, Centre Georges Pompidou/Minuit, 1982.

GLEICK, J. *Caos, a criação de uma nova ciência*. Rio de Janeiro: Campus, 1991.

GODARD, J. L. *Godard par Godard*. Paris: Flammarion, 1989.

GOETHE, J. W. *Traité des couleurs*. Paris: Triades, 1973.

GUATTARI, F. "La machine à images", *Cahiers du Cinéma*, nº 437, 1986.

_________. *Cartographie esquizoanalytiques*. Paris: Galilée, 1989.

_________. *Caosmose: um novo paradigma estético*. Rio de Janeiro: Editora 34, 1992.

GUINSBURG, C. *Représentation, le mot, l'idée, la chose*. Paris: Annales ESC, nov.-dez. 1991.

HABERMAS, J. *La technique et la science comme idéologie*. Paris: Gallimard, 1973.

HANSEN, J. A. *Alegoria: construção e interpretação da metáfora*. São Paulo: Atual, 1986.

"HASARD, figures de la fortune", *Traverses*, nº 23, Paris, Centre Georges Pompidou/ Minuit, 1981.

HEGEL, G. W. F. *Esthétique*. Paris: Flammarion, 1980.

HENDERSON, L. D. *The Fourth Dimension and Non-Euclidien Geometry in Modern Art*. Princeton: Princeton University Press, 1983.

HOCQUENGHEIM, G.; SCHERER, R. *L'âme atomique: pour une esthétique d'ère nucleaire*. Paris: Albin Michel, 1986.

HOGG, J. *Psicología y artes visuales*. Barcelona: Gustavo Gili, 1975.

HOLTZ-BONNEAU, F. *L'image et l'ordinateur*. Paris: Aubier-INA, 1986.

L'IMAGE, l'imaginaire, *Hors Cadre*, nº 4, 1986.

IMAGES et science. Centre Georges Pompidou/Herscher, 1985.

"IMAGINAIRE numérique". *Actes du Colloque de Saint-Etienne*, organizado por Alain Renaud. Paris: Hermés, 1986.

"IMAGINAIRE scientifique". *Actes du Colloque de La Villette*. Paris: Diffusion Denokl--Gonthier, 1985.

KANT, I. *Critique de la faculté de juger*. Paris: Vrin, 1986.

KRAUSS, R. "Sculpture in the Expanded Field", in *The Anti-Aesthetic*. Washington/ Seattle: Hal Foster/Bay Press, 1983.

LEDRUT, R. *La révolution cachée*. Paris: Casterman, 1979.

LEVOI-GOURHEN, A. *Évolution et techniques*, I, *L'homme et la matière*. Paris: Albin Michel, 1943 e 1973.

_________. *Évolutions et techniques*, II, *Matière et techniques*. Paris: Albin Michel, 1945 e 1973.

LÉVY, P. *La machine univers: création, cognition et culture informatique*. Paris: La Découverte, 1987.

_________. *As tecnologias da inteligência: o futuro do pensamento na era da informática*. Rio de Janeiro: Editora 34, 1993.

LÉVY, P.; WEISSBERG, J.-L.; DURAND, J.-P. *Guide de l' informatisation: informatique et société*. Paris: Belin, 1987.

LOTMAN, I. *La structure du texte artistique*. Paris: Gallimard, 1973.

LYOTARD, J.-F. *Discours, figure*. Paris: Klincksieck, 1971.

_________. *La condition post-moderne*. Paris: Minuit, 1979.

_________. *L'inhumain: causeries sur le temps*. Paris: Galilée, 1989.

LYOTARD, J.-F. *et alii*. *Les immateriaux: modernes et après*. Paris: Autrement, 1985.

MACHADO, A. *A ilusão especular*. São Paulo: Brasiliense, 1984.

_________. *A arte do vídeo*. São Paulo: Brasiliense, 1989.

MALDINEY, H. *Regard, parole, espace*. Lausanne: L'Âge d'Homme, 1973.

MALRAUX, A. *Le musée imaginaire — Les voix du silence*, t. 1. Paris: Minuit, 1951.

MANDELBROT, B. *The Fractal Geometry of Nature*. Nova York: Freeman, 1977.

MCLUHAN, M. *Gutenberg Galaxy: The Making of Tipographic Man*. Toronto: University of Toronto Press, 1962.

_________. *Os meios de comunicação como extensões do homem*. São Paulo: Cultrix, 1969.

MERLEAU-PONTY, M. *Fenomenologia da percepção*. Rio de Janeiro: Freitas Bastos, 1971.

_________. *L'œil et l'esprit*. Paris: Gallimard, 1964.

_________. *Le visible et l'invisible*. Paris: Gallimard, 1964.

MODERNES et aprés: les immatériaux. Organizado por E. Theofilakis. Paris: Autrement, 1985.

MOLES, A.; ROHMER, E. *L'image, communication fonctionnelle*. Paris: Casterman, 1981.

"NOUVELLES images, nouveau réel", *Cahiers Internationaux de Sociologie*, vol. 82, 1987.

OLHAR, O. Organizado por Adauto Novaes. São Paulo: Companhia das Letras, 1987.

ORTIGUES, E. *Le discours et le symbole*. Paris: Aubier-Montaigne, 1962.

PANOFSKY, E. *La perspective comme forme symbolique*. Paris: Minuit, 1975.

PASSAGES de l'image. Organizado por Raymond Bellour. Paris: Centre Georges Pompidou, 1990.

PENROSE, R. *The Emperor's New Mind: Concerning Computers, Minds, and the Laws of Physics*. Nova York: Oxford University Press, 1989.

PESSIS-PASTERNAK, G. (org.). *Do caos à inteligência artificial*. São Paulo: Editora Unesp, 1993.

POPPER, F. *Le déclin de l'objet*. Paris: Chêne, 1975

POPPER, K. R.; ECCLES, J. C. *O cérebro e o pensamento*. Campinas: Papirus, 1992.

PRIGOGINE, I.; STENGERS, I. *La nouvelle alliance*. Paris: Gallimard, 1979.

PUTGEN, H. O.; RICHTER, P. H. *The Beauty of Fractals*. Berlim: Springer, 1986.

QUÉAU, P. *Eloge de la simulation: de la vie des langages à la synthese des images*. Paris: Champ Vallon, 1986.

REDE imaginária: democracia e televisão. Organizado por Adauto Novaes. São Paulo: Companhia das Letras, 1991.

RUYER, R. *La cybernétique et l'origine de l'information*. Paris: Flammarion, 1978.

SARTRE, J.-P. *L'imagination*. Paris: PUF, 1981.

SAUVAGEOT, A. "Nouveaux modes figuratifs, nouveaux modes de spatialisation",

Cahiers de l'Imaginaire, nº 3, 1989.

SCHEFER, J. L. *L'homme ordinaire du cinéma*. Paris: Gallimard, 1980.

SELF-ORGANIZATION and Dissipative Structures. Organizado por W. C. Schieve e P. M. Allen. Austin: University of Texas Press, 1982.

SERRES, M. *Hermès I, La comunication*. Paris: Minuit, 1968.

_________. *Hermès II, L'interference*. Paris: Minuit, 1972.

_________. *Le parasite*. Paris: Grasset, 1980.

_________. *Genèse*. Paris: Grasset, 1982.

SFEZ, L. *La décision*. Paris: PUF, 1984.

_________. *Critique de la communication*. Paris: Seuil, 1988.

SIMON, G. *Le regard, l'être et l' apparence dans l'optique de l'antiquité*. Paris: Seuil, 1988.

SIMONDON, G. *Du mode d'éxistence des objets techniques*. Paris: Aubier, 1958 e 1989.

SUBIRATS, E. *A cultura como espetáculo*. São Paulo: Nobel, 1989.

SUTHERLAND, I. *Sketchpad: A Man-Machine Graphical Communication System*. Cambridge: Massachusetts Institute of Technology/Lincoln Laboratory, 1963.

TACUSSEL, P. "De l'imaginaire numérique à la dimension esthétique et cognitive de l'imaginaire social", *Cahiers de l'Imaginaire*, nº 3, 1989.

TELOS, nº 24. "Hacia un nuevo renacimiento?" (cuaderno central).

THÉVOS, M. *Le théâtre du crime: essais sur la peinture de David*. Paris: Minuit, 1989.

TRAVERSES, nº 44-45, "Machines virtuelles", 1988.

VENETIANER, T. *Desmistificando a computação gráfica*. São Paulo: McGraw-Hill, 1988.

VIDÉO. Montreal: Artexte, 1986.

VIRILIO, P. *Vitesse et politique*. Paris: Galilée, 1977.

_________. *Esthétique de la disparition*. Paris: Balland, 1980.

_________. *Cinéma et guerre: logistique de la perception*. Paris: Éditions de l'Étoile, 1984.

_________. *L'horizon négatif: essai de dromoscopie*. Paris: Galilée, 1984.

_________. *La machine de vision*. Paris: Galilée, 1988.

_________. *L'écran du désert*. Paris: Galilée, 1991.

_________. *O espaço crítico*. Rio de Janeiro: Editora 34, 1993 (edição modificada).

ZUNZUNEGUI, S. *Pensar la imagen*. Madri: Cátedra, 1989.

WILBER, K. (org.) *Le paradigme holographique et autres paradoxes*. Québec: Le Jour, 1984.

WOLFFLIN, H. *Conceitos fundamentais da história da arte*. São Paulo: Martins Fontes, 1979.

_________. *Renascença e barroco*. São Paulo: Perspectiva, 1968.

COLEÇÃO TRANS
direção de Éric Alliez

Gilles Deleuze e Félix Guattari
O que é a filosofia?

Félix Guattari
Caosmose

Gilles Deleuze
Conversações

B. Cassin, N. Loraux e C. Peschanski
Gregos, bárbaros, estrangeiros

Pierre Lévy
As tecnologias da inteligência

Paul Virilio
O espaço crítico

Antonio Negri
A anomalia selvagem

André Parente (org.)
Imagem-máquina

Bruno Latour
Jamais fomos modernos

Nicole Loraux
Invenção de Atenas

Éric Alliez
A assinatura do mundo

Maurice de Gandillac
Gêneses da modernidade

Gilles Deleuze e Félix Guattari
Mil platôs (vols. 1, 2, 3, 4 e 5)

Pierre Clastres
Crônica do índios Guayaki

Jacques Rancière
Políticas da escrita

Jean-Pierre Faye
A razão narrativa

Monique David-Ménard
A loucura na razão pura

Jacques Rancière
O desentendimento

Éric Alliez
Da impossibilidade da fenomenologia

Michael Hardt
Gilles Deleuze

Éric Alliez
Deleuze filosofia virtual

Pierre Lévy
O que é o virtual?

François Jullien
Figuras da imanência

Gilles Deleuze
Crítica e clínica

Stanley Cavell
Esta América nova, ainda inabordável

Richard Shusterman
Vivendo a arte

André de Muralt
A metafísica do fenômeno

François Jullien
Tratado da eficácia

Georges Didi-Huberman
O que vemos, o que nos olha

Pierre Lévy
Cibercultura

Gilles Deleuze
Bergsonismo

Alain de Libera
Pensar na Idade Média

Éric Alliez (org.)
Gilles Deleuze: uma vida filosófica

Gilles Deleuze
Empirismo e subjetividade

Isabelle Stengers
A invenção das ciências modernas

Barbara Cassin
O efeito sofístico

Jean-François Courtine
A tragédia e o tempo da história

Michel Senellart
As artes de governar

Gilles Deleuze e Félix Guattari
O anti-Édipo

Este livro foi composto em Sabon
pela Bracher & Malta, com CTP e
impressão da Prol Editora Gráfica
em papel Pólen Soft 80 g/m² da Cia.
Suzano de Papel e Celulose para a
Editora 34, em junho de 2011.